Wenn Steine reden könnten

aus Niedersachsens Geschichte

Band IV

Bilder der Titelei:

Seite 1
Burg Wittlage
Fabricius-Denkmal Osteel
Münstermann-Altar in Hohenkirchen

Seiten 2/3
Schloßruine Freudenthal in Uslar
Schloß Veltheim
Gnadenbild von Germershausen

Landbuch-Verlag GmbH, Hannover, 1998

Alle Rechte vorbehalten,
Reproduktionen, Speicherung in
Datenverarbeitungsanlagen, Wiedergabe auf
elektronischen, fotomechanischen oder
ähnlichen Wegen, Funk und Vortrag
– auch auszugsweise –
nur mit Genehmigung des Verlages.

Alle Fotos vom Verfasser.

Gesamtherstellung:
Landbuch-Verlag GmbH, Hannover

ISBN 3 7842 0558 5

Ernst Andreas Friedrich

Wenn Steine reden könnten

aus Niedersachsens Geschichte

Band IV

Landbuch

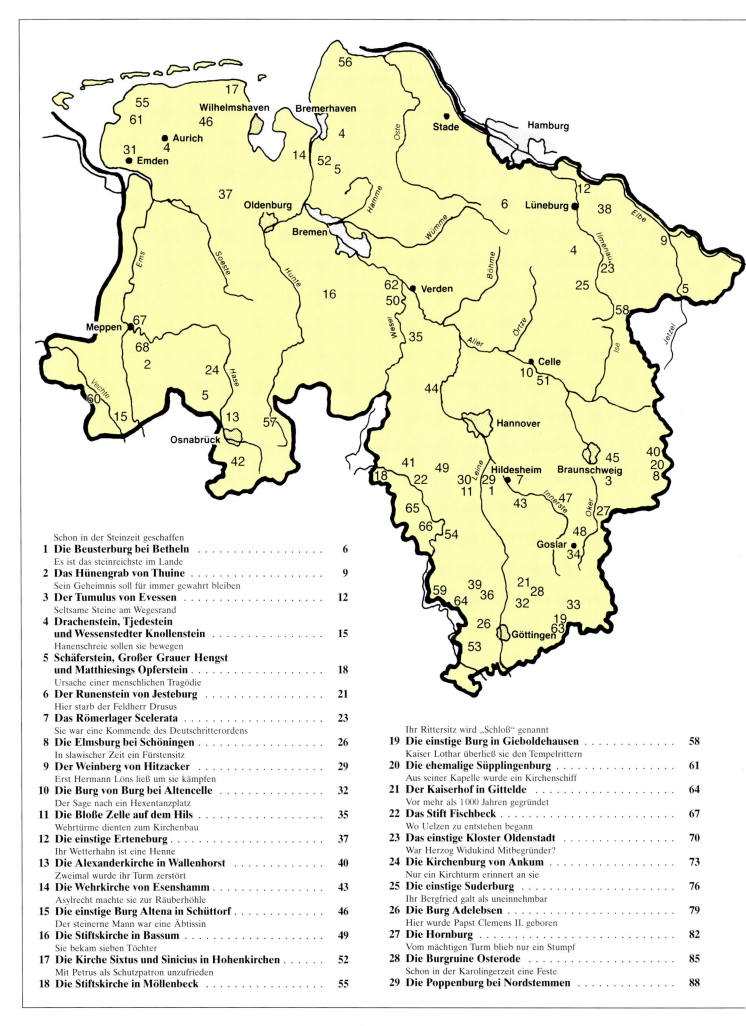

	Schon in der Steinzeit geschaffen	
1	**Die Beusterburg bei Betheln**	6
	Es ist das steinreichste im Lande	
2	**Das Hünengrab von Thuine**	9
	Sein Geheimnis soll für immer gewahrt bleiben	
3	**Der Tumulus von Evessen**	12
	Seltsame Steine am Wegesrand	
4	**Drachenstein, Tjedestein und Wessenstedter Knollenstein**	15
	Hanenschreie sollen sie bewegen	
5	**Schäferstein, Großer Grauer Hengst und Matthiesings Opferstein**	18
	Ursache einer menschlichen Tragödie	
6	**Der Runenstein von Jesteburg**	21
	Hier starb der Feldherr Drusus	
7	**Das Römerlager Scelerata**	23
	Sie war eine Kommende des Deutschritterordens	
8	**Die Elmsburg bei Schöningen**	26
	In slawischer Zeit ein Fürstensitz	
9	**Der Weinberg von Hitzacker**	29
	Erst Hermann Löns ließ um sie kämpfen	
10	**Die Burg von Burg bei Altencelle**	32
	Der Sage nach ein Hexentanzplatz	
11	**Die Bloße Zelle auf dem Hils**	35
	Wehrtürme dienten zum Kirchenbau	
12	**Die einstige Erteneburg**	37
	Ihr Wetterhahn ist eine Henne	
13	**Die Alexanderkirche in Wallenhorst**	40
	Zweimal wurde ihr Turm zerstört	
14	**Die Wehrkirche von Esenshamm**	43
	Asylrecht machte sie zur Räuberhöhle	
15	**Die einstige Burg Altena in Schüttorf**	46
	Der steinerne Mann war eine Äbtissin	
16	**Die Stiftskirche in Bassum**	49
	Sie bekam sieben Töchter	
17	**Die Kirche Sixtus und Sinicius in Hohenkirchen**	52
	Mit Petrus als Schutzpatron unzufrieden	
18	**Die Stiftskirche in Möllenbeck**	55
	Ihr Rittersitz wird „Schloß" genannt	
19	**Die einstige Burg in Gieboldehausen**	58
	Kaiser Lothar überließ sie den Tempelrittern	
20	**Die ehemalige Süpplingenburg**	61
	Aus seiner Kapelle wurde ein Kirchenschiff	
21	**Der Kaiserhof in Gittelde**	64
	Vor mehr als 1000 Jahren gegründet	
22	**Das Stift Fischbeck**	67
	Wo Uelzen zu entstehen begann	
23	**Das einstige Kloster Oldenstadt**	70
	War Herzog Widukind Mitbegründer?	
24	**Die Kirchenburg von Ankum**	73
	Nur ein Kirchturm erinnert an sie	
25	**Die einstige Suderburg**	76
	Ihr Bergfried galt als uneinnehmbar	
26	**Die Burg Adelebsen**	79
	Hier wurde Papst Clemens II. geboren	
27	**Die Hornburg**	82
	Vom mächtigen Turm blieb nur ein Stumpf	
28	**Die Burgruine Osterode**	85
	Schon in der Karolingerzeit eine Feste	
29	**Die Poppenburg bei Nordstemmen**	88

	Einst für Augustiner-Chorherren erbaut	
30	**Die Kirche von Wittenburg**	**90**
	Von zwei Burgen gibt es nur noch eine	
31	**Die Wasserburg Hinte**	**93**
	Sie gehörte zu den anmutigsten Burgen	
32	**Die Katlenburg**	**95**
	Wahrscheinlich von Kaiser Lothar gegründet	
33	**Das Schloß Herzberg**	**97**
	Ein Rest kaiserlicher Pracht	
34	**Die Domvorhalle in Goslar**	**99**
	Hier sollen Zwölflinge geboren worden sein	
35	**Die einstige Burg Wölpe**	**102**
	An heidnischer Opferstätte errichtet	
36	**Die Martinikirche von Moringen**	**105**
	Ihr Turm wurde zum Wahrzeichen des Ammerlandes	
37	**Die Peterskirche zu Westerstede**	**108**
	In einem Ringwall entstanden	
38	**Die Kirche Peter und Paul in Thomasburg**	**111**
	Ein monumentales Bauwerk im Töpferdorf	
39	**Die Stiftskirche in Fredelsloh**	**113**
	Wo Till Eulenspiegel Pförtner gewesen sein soll	
40	**Das Kloster Mariental**	**116**
	Aus kostbarem Sandstein erbaut	
41	**Die Stiftskirche von Obernkirchen**	**119**
	Wurden hier Töchter der Heiligen Elisabeth erzogen?	
42	**Das ehemalige Kloster Oesede**	**122**
	Sie galt nahezu als Fürstensitz	
43	**Die Burg Wohldenberg**	**125**
	Eine wundersame Erscheinung bestimmte den Namen	
44	**Das Kloster Mariensee**	**128**
	Zwei Brüder töteten sich gegenseitig	
45	**Das Schloß Veltheim**	**131**
	Nur seine Wälle sind noch erhalten	
46	**Das einstige Schloß Wittmund**	**133**
	Schon Steinzeitmenschen waren hier zuhause	
47	**Die Burgruine Lichtenberg**	**135**
	Kein Stein blieb auf dem anderen	
48	**Die Wälle der Harliburg**	**137**
	Als „Ithfeste" sagenumwoben	
49	**Die Burgruine Lauenstein**	**140**
	Von ihr ging viel Macht aus	
50	**Die einstige Burg Hoya**	**143**
	Wie kam eine Liebesgeschichte zu den Nonnen?	
51	**Das Kloster Wienhausen**	**145**
	In seiner Nähe stand eine heilige Eiche	
52	**Das feste Haus Hagen**	**148**
	Welfische Grenzfeste wurde zum Räubernest	
53	**Die Ruine der Brackenburg**	**150**
	Schon Römer sollen hier Wache gehalten haben	
54	**Die Burgruine Polle**	**152**
	Vom einstigen Fürstensitz blieb nur ein Rest	
55	**Das Schloß Berum**	**155**
	Gegen See- und Strandraub errichtet	
56	**Das Schloß Ritzebüttel**	**157**
	Fünf Bischöfe waren ihre Bauherren	
57	**Die Burg Wittlage**	**160**
	Stand sie einst an einem See?	
58	**Die Burg Bodenteich**	**162**
	Bevor es zu rauchen begann	
59	**Das Schloß Fürstenberg**	**165**
	Ein Blitz zerstörte die Kirche	
60	**Das ehemalige Kloster Frenswegen**	**168**
	Wo ein bedeutender Astronom Pastor war	
61	**Die Warnfriedkirche in Osteel**	**171**
	Von einem Erzbischof für seine Geliebte erbaut	
62	**Der Erbhof von Thedinghausen**	**174**
	Wo „Maria in der Wiese" verehrt wird	
63	**Die Wallfahrtskirche in Germershausen**	**177**
	Die „Perle der Weserrenaissance" ging in Flammen auf	
64	**Die Schloßruine Freudenthal in Uslar**	**180**
	Vom Bauherrn nie bewohnt	
65	**Das Schloß Schwöbber**	**182**
	Sein Bauherr war eine Frau	
66	**Das Wasserschloß Hehlen**	**185**
	Ein Gotteshaus besonderer Art	
67	**Die Gymnasialkirche in Meppen**	**187**
	Ihre Chorgemälde überstanden den Bildersturm	
68	**Die Kapelle von Bückelte**	**190**

Vorwort

Die in den Jahren von 1989 bis 1995 erschienenen drei Bücher „Wenn Steine reden könnten" haben einen erfreulich großen Leserkreis gefunden. Dieser Erfolg ließ den Gedanken reifen, noch einen weiteren Band zu erstellen, zumal die Geschichte Niedersachsens noch genügend Themen zu bieten vermochte, die seltsame, rätselhafte oder auch geheimnisumwitterte Geschehnisse zum Gegenstand haben. Wenn man sie sucht, findet man sie in allen Teilen des Landes wie auch im gesamten Verlauf seiner Geschichte. Einige Beispiele: Hütet der Boden in Schellerten bei Hildesheim noch Hinweise auf die Römerzeit? Was für dramatische Folgen löste im Norden des Lüneburger Landes der Runenstein von Jesteburg aus? Welche Streiche soll Till Eulenspiegel dem Kloster Mariental bei Helmstedt gespielt haben? Wie faszinierend war das Wirken des ostfriesischen Pastors David Fabricius als Astronom und wie kläglich war sein Tod durch Mörderhand? Das sollen – wie erwähnt – nur einige beispielhafte Hinweise sein, die zugleich zu verdeutlichen vermögen, welch unterschiedliche Begebenheiten dieser Art die Geschichte Niedersachsens zu bieten vermag.

Es gibt noch mehr derartige Themen, die es ebenfalls verdienen würden, unter dem Titel „Wenn Steine reden könnten" gedruckt dargestellt zu werden. Doch solch einem Vorhaben – so wünschenswert es auch wäre – steht nun entgegen, daß sich geeignete Themen auf niedersächsischem Boden nicht mehr in ausreichender Zahl finden ließen, um ein weiteres Buch füllen zu können. Deshalb soll der hiermit vorgelegte vierte Band zugleich auch der letzte der Reihe sein. Mit diesem Hinweis verbinde ich meinen Dank an den Landbuch-Verlag Hannover, der es mir ermöglicht hat, nach meinen drei Büchern über die Naturdenkmale Niedersachsens auch noch vier über die Geschichte des Landes, das meine zweite Heimat geworden ist, zu verfassen. Mein Dank gilt wiederum auch den zahlreichen Geschichtswissenschaftlern und Heimatkundlern, auf deren Forschungsarbeit ich aufbauen konnte.

Zudem möchte ich meiner Tochter Ilona Rettberg danken, die mich seit Jahren nicht nur auf vielen Erkundungsfahrten durch das Land begleitet, sondern mir jeweils auch wertvolle Anregungen bei der Themensuche gegeben hat. Darüber hinaus hat sie alle zur Erstellung der Manuskripte notwendigen Computer-Arbeiten ausgeführt. Ich würde mich sehr freuen, wenn auch dieser vierte Band „Wenn Steine reden könnten" wieder viele Leser fände und ihnen Anregungen zum Besuch der im Buch in Wort und Bild dargestellten historischen Stätten gäbe.

Hannover, im März 1998
Dr. Ernst Andreas Friedrich

1

Schon in der Steinzeit geschaffen

Die Beusterburg bei Betheln

An der Westflanke des Hildesheimer Waldes trifft man nördlich des alten Ortes Betheln auf die Reste einer Wallanlage, die man die Beusterburg nennt. Dieses Erdwerk, das die Gedanken der Betrachter weit in die Vergangenheit zurückzuführen vermag, erhielt seinen Namen von dem Flüßchen Beuster, das hier entspringt, nach Südosten abfließt und der Innerste zustrebt. Die Wallanlage an der Beusterquelle nahm und nimmt noch immer auf einem sich nach Südwesten neigenden Bergrücken eine Fläche ein, die annähernd die Form eines Ovals besitzt, das rund 500 Meter in der Länge und 400 Meter in der Breite mißt. Die umschlossene Fläche beträgt rund 15 Hektar. Zu erkennen ist heute noch ein Vorwall von etwa 0,5 Meter Höhe, an dessen Innenseite ein Graben entlangführt. Dieser ist besonders im Nordosten deutlich ausgeprägt, wo er sich als tiefer Spitzgraben zeigt. Hier ist auch ein innerer Wall bis zu 2 Meter Höhe hinter dem Graben erhalten. Die Bedeutung dieser Anlage war jahrhundertelang in Dunkel gehüllt, bis von 1930 an auf Initiative des Hildesheimer Vereins für Anthropologie, Völkerkunde und Vorgeschichte mit ersten Untersuchungen begonnen wurde. Die anschließend von Dr. Kurt Tackenberg geleiteten Grabungen sollten Erkenntnisse über den Aufbau sowie über die zeitliche Einordnung und kulturelle Bedeutung dieser Anlage erbringen. Was sich dabei ergab, erwies sich für niedersächsische Verhältnisse als einzigartig.

Tackenberg, der später Professor für Vor- und Frühgeschichte an der Universität Bonn wurde, nahm die Grabungen in den Jahren 1933, 1935 und 1936 systematisch vor. Dabei zeigte es sich, daß die Schaffung der Beusterburg bereits in der Jungsteinzeit um die Wende des 4. zum 3. vorchristlichen Jahrtausends begonnen wurde. Und da sich in Niedersachsen dergleichen kein zweites Mal findet, gilt sie als die größte erhaltene Wallanlage der jüngeren Steinzeit im ganzen Land. Es soll zwar noch eine weitere Wallanlage dieser Art auf dem Marienberg bei Nordstemmen gegeben haben, die jedoch nicht näher untersucht wurde. Auf deren Gelände wurde in den Jahren von 1858 bis 1867 das Welfenschloß Marienburg erbaut, das seitdem weithin in das Land grüßt. Wie bei den Grabungen an der Beusterburg festgestellt werden konnte, hat sie zu einem späteren Zeitpunkt, der um 800 nach Christus vermutet wird, eine zweite Ausbauphase erlebt. Die Beusterburg besaß aber nicht nur Wall und Graben, sondern auch – wie Erdanschüttungen noch zu erkennen geben – eine Palisade, nämlich eine Befestigung aus zugespitzten, dicht gereihten Holzpfählen. Im Südwesten und Südosten, wo sich Steilhänge befinden, ist die Befestigung der Beusterburg als Terrasse ausgebildet.

Aufgrund der Bauweise und der Funde wies Tackenberg diese Wallanlage der Michelsberger Kultur zu, die nach einer einstigen befestigten Höhensiedlung auf dem Michelsberg nahe der badischen Stadt Bruchsal benannt ist. Diese Kulturgruppe, die sich im Westen Europas am Rhein und in den Gebieten östlich und westlich des Stromes ausbreitete, gelangte dabei über Süd- und Westdeutschland hinaus in die Gebiete der heutigen Schweiz sowie Frankreichs und Belgiens und dann wohl auch in den Norden Deutschlands. Sie schuf überall große Erdwerke auf Höhen, und zwar jeweils da, wo stets auch Wasser vorhanden war. Zu ihrer Hinterlassenschaft zählen Henkelkrüge, Tulpenbecher, Flaschen und tellerförmige Tonscheiben, die alle als Leitformen innerhalb der zumeist noch unverzierten rundbogigen Keramik angesehen werden. Bei den Steingeräten wie Beilen, Äxten und Klingen gelten vor allem spitznackige Beile als typisch. Auch ein Teil der in der Beusterburg aufgefundenen, nach mehreren Hunderten zählenden Rand-, Wand- und Bodenscherben von Keramikgefäßen sowie Bruchstücke von Tontellern mußten nach Tackenbergs Ansicht der Michelsberger Kultur zugeordnet werden. Daraus schloß er, daß das gesamte Erdwerk an der Westflanke des Hildesheimer Waldes dieser jungsteinzeitlichen Kulturgruppe zugerechnet werden müsse.

Tackenbergs Meinung wurde jedoch von einigen weiteren Forschern angezweifelt. Diese glaubten in den aufgefundenen Scherben anderes zu erkennen und ordneten sie der ebenfalls jungsteinzeitlichen Trichterbecherkultur zu, deren Verbreitungsgebiet von Südskandinavien über Nordwestdeutschland bis in den Osten Mitteleuropas reichte. Zwar bestanden in beiden Kulturen die Gefäße aus zumeist unverzierter Keramik, doch die Formen waren unterschiedlich. Die Gefäße der Michelsberger Kultur besaßen in der Regel keine Standfläche, sondern runde Böden sowie oben am Rand Ösen zum Aufhängen, während die Gefäße der Trichterbecherkultur flache Böden zum Hinstellen hatten und deshalb auch keine Vorrichtung zum Aufhängen benötigten. Es bestehen darüber hinaus noch andere Auffassungen über die Entstehungszeit der Beusterburg, die in die Bronze-

Die in der Steinzeit geschaffene Beusterburg bei Betheln gilt als das älteste erhaltene Erdwerk Niedersachsens. Dem Fundmaterial zufolge dürfte sie bereits vor rund 5000 Jahren entstanden sein. Trotz ihres hohen Alters und der Bewaldung sind die Wälle und Gräben noch an einigen Stellen zu erkennen.

zeit weisen. Doch die meisten Forscher bleiben bei der Annahme, daß ein Teil des Fundmaterials von der Beusterburg sowie die gesamte Anlage durchaus 5000 Jahre alt sein könne und damit der mittleren Jungsteinzeit zugeordnet werden müsse.

Als recht merkwürdig erschien bei der Erforschung der Beusterburg, daß ihr Graben zahlreiche Erdbrücken besitzt und der Vorwall dazugehörige Durchlässe aufweist. Zudem ließ sich erkennen, daß die 1,2 bis 1,3 Meter breiten Wallöffnungen einst von starken Pfosten flankiert waren. Und überdies konnten an zwei Durchlässen Spuren von Verrammelungshölzern entdeckt werden, mit denen sich die Zugänge verschließen ließen. Diese vielen Öffnungen wie auch die niedrigen Wälle paßten nun aber ganz und gar nicht zum Bild einer Festungsanlage, weil sie eine Verteidigung doch nur erschwert hätten. Auch konnten keine Spuren von Gebäuden im Inneren des Erdwerkes entdeckt werden. Und als im Boden des Innenraumes der Anlage auch noch relativ hohe Phosphatwerte festgestellt wurden, begann Tackenberg das Erdwerk als ein Schutzgehege für Vieh zu deuten. Durch die Wallöffnungen – so nahm er an – wurden die Tiere zur Tränke an die Bäche in den Talungen getrieben.

Es bestand wohl auch ein enger Zusammenhang zwischen diesen Nutztieren und den Salzquellen, die am Nordfuß des Hildesheimer Waldes nahe der Beusterburg bei Heyersum sprudelten. Einerseits benötigten die Tiere als Pflanzenfresser zur Verdauung Salz und andererseits lieferten sie den hier ansässigen wie auch den durchziehenden Menschen Milch, Fleisch und Felle sowie zur Herstellung von Gebrauchsgeräten Horn und Knochen. Die Altbevölkerung dieses Gebietes, das allein schon mit seinen fruchtbaren Lößböden von der Natur begünstigt war, verstand es schon in der Steinzeit, das hier aus dem Boden quellende salzhaltige Wasser in Tonschalen aufzufangen, zu verdichten und zu sieden. Bald sollen auch Händler in immer größerer Zahl herbeigekom-

Nahe der Beusterburg liegt westlich der von Heyersum nach Betheln führenden Straße im Osterholz ein Hügelgräberfeld, das den Restbestand eines in der Bronzezeit angelegten Friedhofes bildet. Viele Grabhügel sind noch gut zu erkennen.

men sein, um gegen Bernsteinschmuck, Feuersteinbeile und andere begehrte Waren Salz einzutauschen. Als in der Zeit um Christi Geburt die Römer ihre Eroberungskämpfe gegen die hier beheimateten Cherusker führten (s. „Das Römerlager Scelerata"), kamen im Gefolge der Streitmacht auch römische Handelsleute an die Salzquellen von Heyersum. Von diesen Händlern weiß man, daß sie jeweils in den flachen, jedoch breiten Salzbach eine Münze warfen, damit der Flußgott sie – wie es ihnen ihr Aberglaube eingab – beim Durchqueren vor einem Radbruch bewahrte. Als die hier später über den Salzbach gebaute Brücke 1934 erneuert werden mußte, wurden bei den Arbeiten römische Münzen in größerer Zahl gefunden. Die Saline Heyersum stellte 1876 ihren Betrieb ein, nachdem es rentabler geworden war, Salz in Bergwerken zu gewinnen.

Das menschliche Dasein schon vor langer Zeit im Gebiet nahe der Beusterburg hat ein weiteres augenfälliges Zeugnis hinterlassen: das Hügelgräberfeld Osterholz bei Betheln. Hier sind westlich der von Heyersum nach Gronau führenden Straße noch nahezu 100 heute von Buchenwald überschattete Grabhügel erhalten, die den Restbestand eines Friedhofes aus der von etwa 1600 bis 1200 vor Christus reichenden älteren Bronzezeit bilden. Die Toten waren in Baumsärgen beigesetzt worden, die dann mit Erde überdeckt wurden. Um sie als Totenstätten zu kennzeichnen, waren die entstandenen Hügel, die Durchmesser bis zu 25 Meter bei Höhen bis zu 4 Meter besitzen, jeweils mit einem Steinkranz umgeben worden. Dieses beeindruckende Hügelgräberfeld soll einstmals noch weitaus größer gewesen sein. Doch allein bei Kultivierungsmaßnahmen in den Jahren zwischen 1883 und 1907 seien etwa 30 Grabhügel eingeebnet worden. Man schätzt, daß einst 200 bis 300 Grabhügel vorhanden waren. Mehrmals vorgenommene Ausgrabungen brachten bronzene Lanzenspitzen, Urnenscherben, Lederreste und auch menschliche Zähne an den Tag. Zudem wurde bei den Grabungen die Vermutung geweckt, daß bereits auch Plünderer am Werk gewesen waren.

Von diesem Hügelgräberfeld aus kann man gut zur Beusterburg gelangen. Gegenüber dem an der Gronauer Landstraße am Waldrand liegenden Parkplatz führt ein Feldweg in südöstliche Richtung, der nach etwa 600 Meter von einem anderen, von Betheln kommenden Feldweg gekreuzt wird. Diesem Weg folgt man bergauf bis in den Wald hinein. Dort trifft man auf eine Informationstafel, die in Wort und Bild einen Überblick über die Wallanlage vermittelt.

2

Es ist das steinreichste im Lande

Das Hünengrab von Thuine

Im Südosten des heutigen Kreises Emsland liegt an der Bundesstraße 214 in der Mitte zwischen Lingen und Fürstenau das Dorf Thuine, dessen Bestehen weit in die Vergangenheit zurückreicht. Das bezeugt etwa 1 Kilometer nordöstlich des Dorfes im Wald ein Hünengrab, das zu den größten in Niedersachsen wie auch über die Landesgrenzen hinaus zählt. Das soll nicht heißen, daß man es in einem Atemzuge mit der Visbeker Braut und dem Bräutigam nennen könnte, die man in der „klassischen Quadratmeile der Vorgeschichte" auf der Ahlhorner Heide im Landkreis Cloppenburg findet und die den gewaltigsten Gräbern der nordischen Megalithkultur zugerechnet werden (s. Bd. II „Visbeker Braut und Bräutigam"). Doch immerhin besitzt das Thuiner Hünengrab eine Länge von 27 Meter, eine Breite von 3,30 Meter und ist bis zu 1,65 Meter hoch. Die Innenmaße seiner Steinkammer betragen 25,2 Meter in der Länge, 1,65 Meter in der Breite und 0,8 Meter in der Höhe. Die Steine, aus denen es errichtet wurde, sind Findlinge aus grauem und rotem Granit. Die Kammer besitzt 17 Joche, die je aus zwei Tragsteinen und einem Deckstein bestehen. Sie ist in einem verhältnismäßig guten Zustand erhalten – lediglich einer der Decksteine fehlt. Zwar haben auch hier Grabplünderer gewühlt, angeblich am Anfang des 19. Jahrhunderts auch Offiziere aus der Armee Napoleons, wobei mehrere Steine abgesunken sein sollen. Doch Ortskundigen war es möglich zu bestimmen, wo die Steine ursprünglich gelegen hatten, so daß sie wieder in die alte Ordnung zurückversetzt werden konnten. Aber seitdem wurde längst wieder in der Grabanlage gestöbert.

Das Thuiner Hünengrab stellt eine Besonderheit dar, und zwar insofern, als es nicht wie sonst üblich mit einer Steinreihe eingefaßt ist, sondern mit einer Doppelreihe. Dabei besteht die äußere Einfassung aus 51 Steinen und die innere, deren Steine etwas kleiner sind, aus 56. Der doppelte Steinkranz ist oval geformt bei einer Länge bis zu 34 Meter und einer Breite bis zu 7,3 Meter. Der Sinn derartiger Steinumfassungen ist von der Forschung noch nicht eindeutig geklärt. Sollten sie von den Toten Störungen jedweder Art fernhalten? Oder sollten sie umgekehrt einen Bannkreis bilden, der die Lebenden vor vermeintlichen Übergriffen der Toten auf sie bewahrte? Doch was auch immer zugetroffen haben mag, hatten die Steinumfassungen zumindest einen praktischen Zweck, nämlich die Erde festzuhalten, mit der die Grabkammer einst überhügelt worden war und von der sie längst wieder durch die Niederschläge weggespült wurde. Und ebenso sind

Das Kloster Thuine entstand in einem Gebiet, das schon Jahrtausende vorher von Menschen besiedelt worden war. Von ihm wird heute nicht nur ein Krankenhaus betreut, sondern es werden noch weitere Aufgaben der christlichen Nächstenliebe wahrgenommen.

Das Hünengrab von Thuine zählt zu den bedeutendsten, die sich in Niedersachsen erhalten haben. Seine Besonderheit besteht darin, daß es nicht nur mit einer einfachen Steinreihe eingefaßt wurde, sondern mit einer Doppelreihe.

die sterblichen Überreste der hier Beigesetzten verschwunden, weil sich in den kalkarmen Sandböden des Emslandes keine Knochen zu erhalten vermögen. Wer sich die Mühe macht, sämtliche noch vorhandenen Steine des Thuiner Hünengrabes zu zählen, kommt auf die stattliche Zahl von 171. Unter allen bekannten Großsteingräbern Niedersachsens findet sich kein weiteres, das so viele sichtbare Steine besitzt wie das Thuiner. Vergleichsweise besteht der große Visbeker Bräutigam aus 131 sichtbaren Steinen, die allerdings größer sind als die Thuiner.

Bei einer Untersuchung dieses Grabes, die um 1820 vorgenommen wurde, konnten vier Äxte, ein Meißel und etliche Späne aus Feuerstein, zudem vier kleine Bernsteinperlen sowie dreizehn Gefäße und eine große Menge tiefstichverzierte Urnenscherben gefunden werden. Von diesen Fundstücken, die später dem Landesmuseum in Hannover übergeben wurden, verweisen die Urnenscherben in die um etwa 1800 vor Christus begonnene Bronzezeit, in der die Körperbestattung von der Totenverbrennung abgelöst wurde. In dem Hünengrab von Thuine wurden jedoch nur am Anfang dieses Zeitabschnittes Urnen beigesetzt. Denn die Angehörigen der neuen Volksstämme, die zu jener Zeit in das Land an der Ems gekommen und keltischer Herkunft waren, legten Urnenfriedhöfe an. Wenn die Leichen verbrannt waren, kamen die geringen Überreste samt Beigaben in Urnen aus Ton, die dann in den Boden des Friedhofes eingesenkt und leicht überhügelt wurden. Derartige Urnenfelder entstanden auch im Umland von Thuine – es sollen insgesamt sechs gewesen sein. Das Dorf Thuine hat aber geschichtlich noch mehr aufzuweisen, was allein schon sein Name verrät.

Das Wort Thune oder Thuine bedeutete ursprünglich Zaun oder Umfriedung. Später stand es auch für Burg, und dies insbesondere dann, als sich das Wort

zu einem keltischen „dunum" gewandelt hatte. Dieses wiederum schliff sich zu „dun" und weiter zu „den" ab, wie es heute noch in den Ortsnamen Verden, Emden, Münden, Minden, Ahlden und anderen vorhanden ist. Auch Verdun und London werden zu dieser Namensgruppe gezählt. In Thuine, das bis heute die alte Wortform bewahrt hat, gab es einst ebenfalls eine burgartige Anlage. Es war der ehemalige Haupthof, der sich der Überlieferung nach im Eigentum des Heiligen Liudger befand. Dieser, der von Werden an der Ruhr aus den Friesen und Sachsen den christlichen Glauben brachte und im Jahre 805 zum ersten Bischof von Münster geweiht wurde, soll den Thuiner Haupthof mit allen Rechten an eine ritterliche Familie verlehnt haben, die sich fortan „von Thuine" genannt habe. Einen Hinweis auf die gehobene Stellung dieses Hofes glaubt man auch örtlichen Bezeichnungen entnehmen zu können. So heißt der Bach, der durch den Ort fließt, „Kunkenbeke" und das Gelände, in dem er entspringt und in dem sich auch das Hünengrab befindet, „Kunkenvenne". In diesen Bezeichnungen steckt das altsächsische Wort „kunning", das auf königlichen Besitz hindeutet.

Während dieser Besitz im Laufe der Zeit in den Hintergrund der Geschichte trat und schließlich ganz aus ihr verschwand, erlangte Thuine durch eine Klostergründung im Jahre 1857 neue Bedeutung, die heute noch anhält. In jener Zeit, in der Typhus und Tuberkulose die Bevölkerung heimsuchten, erschienen beim Thuiner Pfarrer Johann Dall zwei junge Schwestern aus Straßburg, die Spenden für arme Kranke und verwaiste Kinder sammelten. Das gab dem Pfarrer Dall den Gedanken ein, in Thuine ebenfalls eine klösterliche Niederlassung zu gründen, die der Kindererziehung und der Krankenpflege dienen sollte. Er bat das Straßburger Mutterhaus in einem Brief, ihm zwei Schwestern zu schicken, die ihm bei der beabsichtigten Klostergründung helfen sollten. Dieser Bitte wurde entsprochen. In Thuine trafen zwei Schwestern ein, von denen eine schon als Spendensammlerin hier gewesen war. Bald folgte noch eine dritte Schwester. Pfarrer Dall, schon 70 Jahre alt, setzte seine ganze noch verfügbare Kraft dafür ein, Räumlichkeiten zu schaffen, die den wachsenden Aufgaben seiner Stiftung gerecht zu werden vermochten. Durch ein Übereinkommen mit dem Mutterhaus in Straßburg erreichte er es auch, in Thuine eine eigene Schwesterngemeinschaft zu gründen, die der Regel des Heiligen Franziskus folgte. Als Pfarrer Dall 1874 im Alter von 91 Jahren starb, zählte die von ihm gegründete Klostergemeinschaft 42 Schwestern.

Die Pflegestation war zunächst in einer Scheune neben der Unterkunft der ersten drei Schwestern eingerichtet worden. Doch schon 1860 entstand ein geräumigeres Gebäude, das dem Schutze des Heiligen Georgs anvertraut wurde und heute der älteste Teil des Mutterhauses ist. Die darin eingerichteten Krankenzimmer reichten aber noch immer nicht aus, um dem Bedarf gerecht zu werden. So wurde 1870 ein richtiges Krankenhaus gebaut und mit zehn Betten ausgestattet. Aber auch dieses war bald zu klein, so daß in Thuine das Bauen weiterging, nämlich 1882, 1902 und 1925. Im Jahre 1945 entstand eine Krankenpflegeschule, und von 1953 bis 1955 kam ein weiteres Krankenhaus mit 120 Betten hinzu. In diesem brach aber am Weihnachtsabend des Jahres 1962 ein Brand aus, der das Dachgeschoß vernichtete. Bei der Behebung des Schadens wurde das Dachgeschoß so vergrößert, daß das Krankenhaus nun Raum für 150 Betten bot. Dieses stattliche Bauwerk und das Kloster, das noch immer besteht und nach wie vor ein Ort tätiger christlicher Nächstenliebe ist, bilden heute einen Ortsteil von Thuine mit eigener Kirche. Indessen hält das Hünengrab im Thuiner Holz das Gedenken an längst vergangene Zeiten wach. Ein Abbild von ihm wurde in das Thuiner Ortswappen aufgenommen.

3

Sein Geheimnis soll für immer gewahrt bleiben

Der Tumulus von Evessen

Am einstigen Dietweg, der seit uralter Zeit am Südrand des Elms entlangführte und dessen östlicher Teil heute ein Stück der Bundesstraße 82 bildet, sind zwischen Braunschweig und Schöningen viele Siedlungen entstanden, von denen einige mit Besonderheiten aufzuwarten vermögen. So gibt es in Lucklum eine Kommende des Deutschritterordens, in Veltheim (Ohe), in Destedt und in Sambleben Schlösser, in Kneitlingen das Geburtshaus von Till Eulenspiegel und weiteres mehr. Zum Sehenswerten zählt auch der schon in vorfränkischer Zeit entstandene und im Jahre 952 erstmals schriftlich erwähnte Ort Evessen, der zu jener Zeit „Hebesheim" hieß. In diesem Ort, in dem sich ein fränkischer Königshof befunden hatte, erhebt sich unmittelbar an der heutigen Schöppenstedter Straße ein von einer alten Linde gekrönter Hügel, der schlicht „Hoch" und vornehmer lateinisch „Tumulus", was Hügel bedeutet, genannt wird. Er ist etwa 7 Meter hoch und besitzt die Form eines abgeplatteten Kegels. Wer diesen auffallenden Hügel einst errichtet hat und zu welchem Zweck, ist unbekannt und wird es wohl auch bleiben. Denn in Evessen besteht ein Gemeindebeschluß, daß der Hügel niemals aufgegraben werden darf. Wenn in ihm – so wird diese ablehnende Haltung begründet – ein Verstorbener bestattet worden wäre, würde es sich um den ältesten Einwohner des Ortes handeln, und dessen Ruhe soll nicht gestört werden. Zudem sollen die Wurzeln der Linde, die auf dem Hügel steht und unter der bis zum Jahre 1808 das Vogteigericht Evessen tagte, nicht beschädigt werden. Eine erste Abfuhr wurde 1898 der Gesellschaft für Anthropologie, Ethnologie und Urgeschichte erteilt, die anläßlich einer Tagung in Evessen eine „Paradegrabung" vornehmen wollte.

So ist es bisher allein der Sage vorbehalten, Entstehen und Zweck des Tumulus von Evessen zu erklären, was auch schon geschah. Es wird erzählt, daß der Hügel aus einem Lehmklumpen entstanden sei, den sich ein bei nassem Wetter vom Elm gekommener Riese mit Hilfe eines jungen Baumes von den schmutzigen Stiefeln gestrichen habe. Den Baum habe er dann in den Lehmklumpen gesteckt, und aus diesem Gebilde habe sich der Tumulus zu seinem heutigen Aussehen entwickelt. Diese Sage dürfte ein Produkt der reinen Phantasie sein. Der Wirklichkeit näher kann dagegen eine andere Sage kommen, nach der in dem Hügel ein in einem goldenen Sarg liegender König begraben sei. Läßt man das Gold und den König weg, bleibt ein Rest übrig, der die mitunter gebräuchliche Bezeichnung „Fürstengrab" verdienen könnte. Aber auch das ist sehr fraglich, wie die folgende Begebenheit erkennen läßt: Bei Evessen gab es einst zwei weitere „Hoch" genannte Hügel. An einem von ihnen – so hat es Pastor Johann Friedrich Falcke aus Evessen überliefert – suchte im November 1744 ein Bauer nach rotem Sand und stieß dabei auf gegeneinandergestellte Steine. Da er einen Schatz zu finden hoffte, holte er Hilfskräfte herbei, mit denen zusammen er die großen Steine freilegte. Es zeigte sich, daß diese ein rundes Gewölbe bildeten, doch von einem Schatz war nichts zu sehen. In dem Gewölbe fanden sich lediglich eine unten kugelförmige Urne mit engem Hals und rundem Bauch, verbrannte Knochen und der Backenzahn eines Menschen. Ob im Tumulus auch nicht mehr als dieses enthalten ist?

Der Tumulus von Evessen sah nicht immer so gepflegt aus wie heute, sondern zeigte sich auch schon sehr verwahrlost. Insbesondere war dies der Fall, als Evessen im September 1952 der tausendsten Jährung der ersten schriftlichen Erwähnung seines Ortsnamens feierlich gedenken wollte. Wie es sich in einem Bericht des Landwirts Karl Deecke, der der Besitzer des ehemaligen Klostergutes in Evessen war, nachlesen läßt, sei zu jener Zeit der Hügel von Bäumen und Gestrüpp völlig überwuchert gewesen. Auf ihm hätten sich Mensch und Vieh getummelt, und infolge der Beseitigung der Grasnarbe durch spielende Kinder wie auch durch scharrende Hühner hätten Regen und Frost jahrelang ungestört auf die Oberfläche des Hügels einwirken können, so daß viel Erdreich abgeschwemmt worden sei. Eine umfassende Wiederherstellung des alten Zustandes sei dringend notwendig gewesen. Das geschah dann auch in Gemeinschaftsarbeit der Dorfbewohner. Unter Einsatz von Zugmaschinen, Förderbändern und mehr als 50 freiwilligen Helfern konnte der Tumulus innerhalb von zwei Wochen wieder in einen ordentlichen Zustand gebracht werden. Und dieses wohlgefällige Aussehen hat er noch heute.

Der von Gras überwachsene Hügel läßt sich über eine kleine Treppe und einen Pfad besteigen. Wer sich auf ihn begibt, kann eine merkwürdige Entdeckung machen: In den Stamm der mächtigen Linde, deren Alter auf mehr als 800 Jahre geschätzt wird, sind viele Nägel eingeschlagen. Das hat eine

Der von einer alten Linde gekrönte Tumulus von Evessen soll für immer als Geheimnis hüten, was er in sich birgt. Daß der Hügel nicht angegraben werden darf, gebietet ein Gemeindebeschluß.

besondere Bewandtnis, die im Aberglauben wurzelt. Wenn jemand einen kranken Zahn hatte, glaubte er sich von den Schmerzen dadurch befreien zu können, daß er an den Zahn einen Nagel hielt und diesen dann in den Stamm der Linde schlug. Dabei galt es, eine althergebrachte Besprechungsformel aufzusagen. Offenbar besaß eine zweite Linde, die neben der Evesser Kirche steht, eine ähnliche schmerzstillende Fähigkeit. In ihrem Stamm stecken ebenfalls Nägel, wenngleich nicht so viele wie in dem der Linde auf dem Tumulus.

Auch die Kirche selbst, die in der Nähe des Tumulus errichtet wurde, verdient Beachtung. Das gilt insbesondere für die Wandmalereien im Innern dieses äußerlich schmucklos im romanischen Stil erbauten Gotteshauses. Leider gingen Teile der einst reichen Ausmalung durch Umbau- und andere Restaurierungsarbeiten verloren. Gut erhalten sind zwei von einst mehreren im 16. Jahrhundert entstandenen Bildern, auf denen Gebote Gottes dargestellt worden waren. Die beiden erhaltenen Bilder schmücken hinter dem Altar die Ostwand der Kirche. Das eine zeigt, wie Moses – braungewandet – von Gottvater aus einem brennenden Busch heraus die Gesetzestafeln empfängt. Neben ihm steht ein Engel in einem langen weißen Gewand. Zwischen diesem und Gottvater schwingt sich ein kaum noch leserliches Schriftband, dem Fachkenner das erste der

Die Kirche von Evessen, die nahe dem Tumulus errichtet wurde, ist äußerlich schmucklos. Um so schmuckvoller war einst ihr Inneres, wie heute noch gut zu erkennen ist.

Zu den Wandmalereien in der Kirche von Evessen gehört dieses Bild, das zeigt, wie zwei Männer beim Kartenspiel vom Teufel zum Betrügen und zum Morden angeleitet werden.

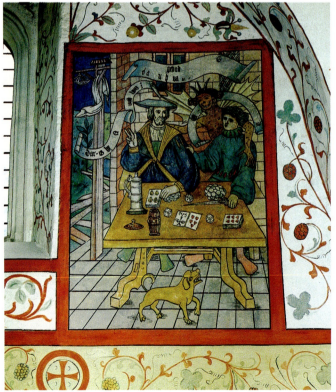

Zehn Gebote zu entnehmen vermögen. Auf dem anderen Bild sind zwei Männer zu sehen, vor denen auf einem Tisch Spielkarten liegen und eine Bierkanne steht. Der ältere der Männer nimmt mit der linken Hand Geld an sich, während er mit der erhobenen rechten Hand offensichtlich schwört, daß er nicht falsch gespielt hat. Der jüngere Mann hat nach einem Dolch gegriffen, bereit, den anderen zu ermorden. Beide Männer sind vom Teufel gefaßt, der hinter ihnen steht. Dieser ist mit Fledermausflügeln und drei Hörnern dargestellt. In Verbindung mit den wenigen noch vorhandenen Buchstaben auf dem Schriftband, das sich quer durch dieses Bild zieht, wird vermutet, daß hier das fünfte und das achte Gebot in einer Darstellung vereinigt sind. Weitere Gebote waren wahrscheinlich an der Südwand der Kirche wiedergegeben – hier allerdings nur durch Schriftbänder ohne Bilder. Von besonderer Bedeutung dürfte dabei sein, daß die Kirche von Evessen die einzige im Braunschweiger Land ist, in der Gebote Gottes – wenngleich auch nur noch bruchstückhaft – in niederdeutscher Sprache zu finden sind.

4

Seltsame Steine am Wegesrand

Drachenstein, Tjedestein und Wessenstedter Knollenstein

Die meisten der vielen Gesteinsblöcke, die einst von den Gletscherströmen der Eiszeiten aus dem europäischen Norden ebenso wie in andere Gebiete auch in den Raum des heutigen niedersächsischen Tieflandes verbracht worden sind, haben zu Bauzwecken verschiedenster Art gute Dienste geleistet. Sie wurden dazu zertrümmert und selbst bis zu Straßenschotter zerkleinert. Eine größere Zahl dieser erratischen, das heißt umherirrenden und zumeist „Findlinge" genannten Gesteinsblöcke blieben jedoch erhalten, weil sie für kultische Handlungen Verwendung gefunden hatten. Sie dienten frühen Menschen zur Errichtung von Großsteingräbern, aber auch von Stätten, an denen Gottheiten verehrt werden konnten. Einer größeren Zahl dieser Steine nahm sich die Sage an, und das insbesondere dann, wenn ein Stein ein Merkmal aufwies, das ihn von anderen auffallend unterschied. Ein markantes Beispiel bietet dafür in Niedersachsen der Drachenstein bei Donnern im Süden des Landkreises Cuxhaven – ein Block aus feinkörnigem Gneis, der nach und nach versank und seine wahre Größe heute im Erdreich verbirgt. Doch der kleine Teil, der aus einer noch von Menschenhand offen gehaltenen Mulde etwa 25 Zentimeter aus dem Boden ragt, genügt vollauf, um die Besonderheit des Steines zu verdeutlichen. Auf ihm ist eine versteinerte Schlange zu erkennen, die mit dem Stein auch noch weiter in den Boden reicht. Sie soll eine Gesamtlänge von fast 3,5 Meter besitzen. Doch da sich die Schlange 24 mal krümmt, ist ihr Bildnis nur 2,2 Meter lang, dafür aber entsprechend breiter.

Um diesen seltsamen Stein hat sich eine Sage gesponnen, die in mehreren Versionen überliefert ist. Allen aber ist gemeinsam, daß hier einst ein großes Wunder geschehen sei. Danach hat sich über Nacht auf einer Viehweide plötzlich ein See gebildet, dessen Wasser stark nach Schwefel gerochen haben und so giftig gewesen sein soll, daß das von ihm trinkende Vieh verendete. Nachdem der Hirte diese Neuigkeit nach Donnern gebracht hatte, versuchte eine hochbetagte Frau, die als sehr klug galt, die verängstigten Dorfbewohner zu beschwichtigen. Auch der Bültensee und der Silbersee seien durch Erdfälle plötzlich entstanden, sagte sie. Doch mit dieser Erklärung gab sich der Hirte nicht zufrieden. Er trieb das Vieh auf einem weiter abseits führenden Weg zur Weide und schlich sich dann durch das Gebüsch in die Nähe des Sees. Zu seinem Erstaunen sah er einen schlangenförmigen Drachen von fast 7 Meter Länge, der im Wasser badete. Als er das im Dorf erzählte und zudem, daß einige seiner Tiere, die von dem Wasser getrunken hatten, verendet seien, steigerte sich die Angst der Bewohner zu großer Furcht. Es wurde nun beschlossen, den See mit Busch- und Pfahlwerk so zu umhegen, daß er für das Weidevieh nicht mehr zu erreichen war.

Diese Umzäunung soll jedoch nicht vermocht haben, die Tiere vom vergifteten Wasser fernzuhalten. Erst als man sich an den Pastor von Beverstedt wandte, wurde Abhilfe geschaffen. Der Pastor führte sieben Gemeinden zu einem öffentlichen Gebet zusammen, dessen Kraft es vermochte, den See verschwinden zu lassen. Als einige Männer dieses Geschehen näher untersuchen wollten, fanden sie anstelle des Sees einen mächtigen Gesteinsblock, in den das Untier eingeschlossen worden war. Dabei hatte es sich verkleinert und zeigte sich fortan als eine schlangenförmige helle Gesteinsader. Den Drachenstein findet man östlich von Donnern rechts des nach Wehdel führenden Weges in einem kleinen mit Kiefern und Moorbirken durchsetzten Eichenhain knapp 2 Kilometer vom Ort entfernt.

Zu den seltsamen Steinen, die Niedersachsen in größerer Zahl aufweisen kann, zählt auch der Tjedestein, den man in Wiesens im Südosten des Auricher Stadtgebietes findet. Er ist wie die meisten anderen ein Findling aus Granit, besitzt aber mit 0,55 Meter Höhe und einem Umfang bis 1,42 Meter nur geringe Ausmaße. Um so größer sind die Rätsel, die er schon aufgegeben hat. Sie knüpfen sich an die merkwürdige Figur, die auf dem Stein – in erhabener Form gemeißelt – zu sehen ist. Diese stellt auf der oberen Fläche des Steines ein vierarmiges Hammerkreuz dar, das schon unzutreffend als Fenster gedeutet wurde. Das Kreuz läuft auf der vorderen Seite des Steines in zwei Beine aus, die jedoch eher den Zinken einer Gabel ähneln. Diese Deutungen und der Name des Steines verwoben sich zu einer Sage, derzufolge im Dreißigjährigen Krieg, als Ernst Graf von Mansfeld mit seinem Söldnerheer in Ostfriesland für Unruhe sorgte, eines Abends in Wiesens ein betrunkener Landsknecht durch das

Der Drachenstein von Donnern ist fast völlig im Erdboden verschwunden. So ist auch nur noch ein kleines Stück der schlangenförmigen Quarzader zu sehen, die diesem merkwürdigen Stein den Namen gegeben hat.

Fenster einer Schenke ein mit einer Forke von der Feldarbeit heimkehrendes Mädchen erschossen haben soll. Zur Erinnerung an diesen Mord soll der von einem Bildhauer gestaltete Stein errichtet und nach dem Mädchen, das Tjede hieß, benannt worden sein. Nach einer anderen Fassung der Sage sei diese Untat in napoleonischer Zeit geschehen und der Mordschütze ein französischer Soldat gewesen.

Diesen Sagen – ob in der einen oder der anderen Version erzählt – wird jedoch kein Wahrheitsgehalt zuerkannt. Gutachten zufolge, die man von mehreren Fachgelehrten eingeholt hat, soll es den Tjedestein schon lange vor dem Dreißigjährigen Krieg gegeben haben. Dabei mutet allerdings die Auffassung, daß dies bereits vor mehr als 3000 Jahren in der Bronzezeit der Fall gewesen sei, reichlich verwegen an. Diese Annahme stützte sich darauf, daß man aus jener fernen Zeit von Felsen und Höhlenwänden in Spanien, Frankreich und Irland ähnlich geformte Zeichen wie das auf dem Tjedestein kennt. Es ließ sich auch eine Erklärung finden, wie dieses Zeichen nach Ostfriesland gekommen sein konnte, nämlich durch den Handel, der vom ostfriesischen Küstengebiet aus bereits in der Bronzezeit mit Irland betrieben wurde. Von dort sollen in jener frühen Zeit auch die Metalle bezogen worden sein, aus denen die goldene Sonnenscheibe von Moordorf, die Goldschalen von Terheide und mehrere aufgefundene Bronzegegenstände gefertigt worden sind.

Neuere Forschungen verweisen jedoch die Entstehung der Figur auf dem Tjedestein in das 11./12. nachchristliche Jahrhundert. In dieser Zeit war es im ostfriesischen Gebiet Brauch geworden, die Verstorbenen in steinernen Sarkophagen zur letzten Ruhe zu betten. Da Ostfriesland selber außer Findlingen keine Steinvorkommen besitzt, mußten die Sarkophage aus Gegenden bezogen werden, die von der Natur mit Gestein reicher bedacht worden sind. Das war vor allem auch im Bentheimer Land der Fall. Dort wurden von Bildhauern Sarkophage aus Sandstein hergestellt, mit Verzierungen versehen und auch nach Ostfriesland geliefert. Eines der häufigsten Schmuckmotive war ein Kreuz, das auf einem Bogen steht, der seinerseits den Hügel von Golgatha – die Kreuzigungsstätte Jesu – andeuten sollte. Dieses Motiv diente auch zur Verzierung des Tjedesteines, wobei allerdings der Hügel etwas schmal geraten ist, weil der kleine Granitfindling keine breitere Ausformung zuließ. Jedenfalls kann gefolgert werden: Wenn dieses Motiv im 11./12. Jahrhundert auf Steinsärgen aus südlicheren Regionen nach Ostfriesland gelangte, wird es wohl nicht schon Jahrhunderte oder Jahrtausende vorher auf den Tjedestein gekommen sein. Da diese Bestattungssitte im 13. Jahrhundert wieder aufhörte, neigte man zur Ansicht, daß dieser Findling das Symbol im 11./12. Jahrhundert bekommen haben könnte. Auch wenn der Tjedestein nicht so alt ist, wie schon vermutet wurde, lohnt es, ihn zu besuchen. Er steht in Wiesens auf dem Brink, wo er von 13 Eichen umgeben ist. Diese wurden 1870 zu Beginn des Deutsch-Französischen Krieges gepflanzt. Sie sollen an die zwölf Soldaten aus Wiesens erinnern, die der Preußenkönig und spätere deutsche Kaiser Wilhelm I. wegen ihrer sportlichen Leistungen zu den Waffen gerufen hatte. Die 13. Eiche wurde dem Monarchen gewidmet.

Viele der in Niedersachsen entstandenen Sagen, die insgesamt nach Tausenden zählen, wurden um Steine gewoben. Offenbar gibt es aber auch Steine, um die sich erst Sagen zu bilden beginnen. Einer von diesen liegt am Nordrand des Dorfes Wessenstedt, das man im Landkreis Uelzen 4 Kilometer nördlich

Über den Knollenstein von Wessenstedt wurde schon viel gerätselt. Er könnte aus dem Helmstedter Braunkohlenrevier stammen. Doch niemand weiß, wie er an seinen Fundort im Gebiet der Lüneburger Heide gekommen ist.

Der Tjedestein von Wiesens hat schon viel Kopfzerbrechen darüber bereitet, was seine seltsame Verzierung – ein Hammerkreuz auf einer Gabel – bedeuten soll. Der Sage nach soll er an ein ermordetes Mädchen namens Tjede erinnern.

des Klosterortes Ebstorf findet. Wessenstedt hat bereits dadurch eine gewisse Bedeutung erlangt, daß sein Name in die Archäologie Eingang gefunden hat. Nach ihm nannte der bedeutende aus Bleckede an der Elbe stammende Vorgeschichtsforscher Gustav Schwantes, als er anhand von Funden ein Ablaufschema der Eisenzeit erarbeitete, die erste von deren insgesamt vier Stufen die „Wessenstedt-Stufe". Diese begann in Norddeutschland nach dem Ausklingen der Bronzezeit etwa um 700 vor Christus und währte bis etwa zum Jahre 500. Dann folgten bis Christi Geburt nacheinander die Stufen Jastorf, Ripdorf und Seedorf.

Kennzeichnend für die Wessenstedter Stufe sind vor allem noch ungegliederte rundbauchige Gefäße, die in den folgenden Stufen gefälligere Formen erhielten. Alles, was sich bei den Grabungen in und um Wessenstedt auffinden ließ, stammt aus dieser Gegend.

Anders hingegen verhält es sich mit dem erwähnten Stein am Nordrand von Wessenstedt, von dem schon mancher Betrachter meinte, er habe seine Form durch Menschenhand erhalten. Das trifft jedoch nicht zu. Sein Aussehen kennzeichnet ihn eindeutig als Knollenstein – eine Gesteinsart, die eine unregelmäßige Oberfläche besitzt. Dieser Stein, der rechteckig ist und in der Länge 1,9 Meter, in der Breite 1,2 Meter sowie in der Höhe 0,5 Meter mißt, wurde nicht wie viele Findlinge im Gebiet der Lüneburger Heide von den eiszeitlichen Gletscherströmen aus dem europäischen Norden hierher verbracht, sondern hat einen anderen Ursprung. Er ist ein Braunkohlenquarzit und gehört damit einer Gesteinsart an, wie sie in Niedersachsen im Helmstedter Braunkohlenrevier durch Verkieselung von Sanden entstanden und in die Kohlenflöze eingelagert worden ist (s. Bd. I „Die Lübbensteine bei Helmstedt"). Damit beginnt das Raten, wie dieser Stein von Helmstedt nach Wessenstedt gekommen sein mag. Entdeckt und ausgegraben wurde er in einem Acker in der Nähe des Dorfes, was um das Jahr 1950 oder etwas später geschehen sein soll. Alles was sonst über den Stein gesagt wird, gehört in den Bereich der Mutmaßung. Doch um sich nicht in der Phantasie zu verlieren, aber dennoch zu wissen, wovon man redet, hat sich für den Stein bereits ein Name gebildet, den man zumindest als wahrheitsgemäß bezeichnen kann. Man nennt ihn den „Rätselstein".

5

Hahnenschreie sollen sie bewegen

Schäferstein, Großer Grauer Hengst und Matthiesings Opferstein

Zu den von Sagen umwobenen Steinen Niedersachsens zählen auch jene, die den Menhiren zugeordnet werden könnten. Diese Bezeichnung ist einer keltischen Sprache – dem Bretonischen – entnommen, das heute noch in der Bretagne im Nordwesten Frankreichs gesprochen wird. In dieser Sprache bedeutet „men" Stein und „hir" lang. Demnach ist ein Menhir ein länglicher Stein, der vor Jahrtausenden in der Zeit der Megalithkultur von Menschenhand an seinen Platz verbracht und aufgestellt worden ist. In Niedersachsen findet man ein gutes Beispiel im Süntelstein, der im Landkreis Osnabrück bei Vehrte auf der Venner Ecke am Südhang des Wiehengebirges steht. Er ist etwas mehr als 3 Meter hoch und besteht aus Granit (s. Bd. I „Die Zwölf Apostel an der Lethe"). Menhire – einzeln oder in Gruppen – gibt es vielerorts. Die eindrucksvollste Anlage solcher Steine läßt sich bei Carnac in der Bretagne bestaunen, wo nahezu 3000 Menhire von je 2 bis 4 Meter Höhe in langen Reihen aufgestellt sind. Auch in Niedersachsen soll es Steinreihen aus der Zeit der Megalithkultur gegeben haben – so in der Gegend von Harrendorf im heutigen Landkreis Cuxhaven. Sie sind jedoch nicht mehr vorhanden.

Solche rätselhaften Steine haben schon immer die Phantasie von Menschen beflügelt, und so ist es nicht verwunderlich, daß man ihnen sogar Bewegungskünste nachgesagt hat. Fernand Niel, ein französischer Forscher, schreibt in seinem Buch „Auf den Spuren der Großen Steine", daß dieses Bewegen – den Sagen zufolge – an bestimmten Tagen und Stunden geschieht. Die Steine drehen sich dann entweder um sich selbst oder entfernen sich mehr oder weniger weit von ihrem Standort, um dann wieder zurückzukehren. Beispielsweise wird den erwähnten Steinen von Carnac nachgesagt, daß sie sich heute noch in der Weihnacht ins Meer begeben würden, um zu baden. Sagen dieser Art gibt es über Menhire viele, aus welchen Gründen auch immer sie entstanden sein mögen. Ebenso lassen sich in Niedersachsen solche

Dem Schäferstein bei Lübbow wird nachgesagt, daß er eines alten Gottes Altar sei, der sich vor Unwillen umdreht, wenn in der Weihnacht von Lübbow her der erste Hahnenschrei zu hören ist. Dieser Granitblock soll einst einen Umfang von 17 Meter besessen haben.

Der Große Graue Hengst, der östlich von Albstedt auf einer Weide liegt, ist ebenfalls von Sagen umwoben. Danach soll er unter sich einen Riesen begraben haben, der sich jeweils zu befreien versucht, wenn nach Mitternacht im nahen Haslah zum ersten Mal der Hahn kräht. Dabei soll sich der schwere Stein dreimal leicht bewegen.

Steine, die sich der Sage nach bewegen, aufspüren. Beispiele bieten hier der Schäferstein bei Lübbow im Landkreis Lüchow-Dannenberg, der Große Graue Hengst bei Albstedt im Landkreis Cuxhaven und Matthiesings Opferstein in Ueffeln im Landkreis Osnabrück.

Der Schäferstein, der am Rande des Waldes nordwestlich von Lübbow seinen Standort hat, ist ein Granitblock von gut 1 Meter Höhe über dem Boden und von je 1,5 Meter Länge und Breite. Wie es heißt, soll sein Umfang einst 17 Meter betragen haben. Doch seien dann von ihm wesentliche Stücke abgesprengt worden. Diesem Stein wird unter anderem die Besonderheit nachgesagt, daß er sich vor Unwillen umdreht, wenn in der Weihnacht von Lübbow her der erste Hahnenschrei ertönt. Einer

Auch Matthiesings Opferstein, der sich in Ueffeln in einem kleinen Eichenhain befindet, gehört zu den Steinen, die sich der Sage nach bei einem Hahnenschrei um Mitternacht um ihre eigene Achse drehen. Dieser Granitfindling soll in heidnischer Zeit eine kultische Bedeutung besessen haben.

weiteren Sage nach geht sein Name auf einen Schäfer zurück, der zur Zeit, als sich im Wendland das Christentum zu verbreiten begann, hier seine Herde weidete. Dieser verliebte sich in ein Sachsenmädchen und erweckte bei ihr bald Gegenliebe. Aber dann wurde es – wie in vielen Sagen üblich – tragisch: Das Mädchen war eine Christin, während der Schäfer noch ein Heide war. Dieses Problem ließ sich zunächst noch einfach lösen. Denn in einem Eichenwald am rechten Jeetzelufer lebte ein alter Einsiedler, der darauf bedacht war, den christlichen Glauben zu verbreiten. Dieser vermochte auch, nachdem ihn das Mädchen darum gebeten hatte, den Schäfer dem Christengott zuzuführen. Doch als der Schäfer getauft war, geschah es, daß von seiner Herde ein Tier nach dem anderen erkrankte und verendete. Der Schäfer sah in dem Unglück die Rache seiner alten Gottheiten und kehrte, um weiteren Schaden zu verhüten, zu ihnen zurück. Die Verehrung, die er dem alten Einsiedler entgegengebracht hatte, verwandelte sich so in Haß, daß er ihn erschlug. Daraufhin eilte er, von Angst ergriffen, davon. Indessen zog ein Gewitter auf, und als der Schäfer an einem großen Stein Schutz suchen wollte, fuhr ein Blitz herab. Der Stein hob sich, und der Schäfer fiel in den Abgrund, über den sich dann der Stein wieder senkte. Das soll beobachtet worden sein und wurde weitererzählt. Dabei erhielt der Schäferstein seinen Namen.

Der Große Graue Hengst von Albstedt, der entgegen seinem Namen aus rötlichem klein- bis mittelkörnigen Granit besteht, liegt östlich dieses Ortes auf einer Weide. Da seine Form länglich erscheint, vermag er den Eindruck zu erwecken, daß er einstmals aufrecht gestanden habe. Um ihn hat sich eine Sage gesponnen, die von zwei Riesen handelt, von denen einer aus Harrendorf – wo es einst die eingangs erwähnten Steinreihen gab – und der andere aus Ohlenstedt stammte. Diese seien zunächst miteinander eng befreundet gewesen und hätten sich öfter gegenseitig besucht. Doch eines Tages seien sie so sehr in Streit geraten, daß sich der eine verärgert erhoben und seinen ungastlichen Freund verlassen habe. Dieser sei ihm jedoch gefolgt, um ihn mit Steinen zu bewerfen. Das aber habe sich der andere nicht gefallen lassen. Er soll einen gewaltigen Findling ergriffen und ihn mit aller Kraft seinem Gegner an den Kopf geschleudert haben, so daß dieser samt dem Stein im weichen anmoorigen Erdreich versunken sei. Dabei habe er sich der schweren Last nicht wieder zu entledigen vermocht und liege noch heute unter ihr begraben. Doch immer wieder versuche er sich zu befreien, und zwar jeweils dann, wenn im nahen Haslah der Hahn zum ersten Mal nach Mitternacht kräht. In diesem Augenblick soll sich der schwere Stein, der etwa 1,5 Meter aus dem Boden ragt und einen Umfang von 8,5 Meter besitzt, dreimal leicht bewegen. Das hat einst zu dem Spruch geführt: „Wenn in Haslah de Hahn kreiht, denn dreiht de graue Hingst sick um." Da Harrendorf der Nachbarort von Albstedt ist, könnte zwischen den verschwundenen Menhiren von Harrendorf und dem Großen Grauen Hengst eine Beziehung bestanden haben.

Über diesen Stein gibt es noch eine weitere Sage, die seinen Namen zu erklären versucht. Danach lebte während der Kriege Karls des Großen gegen die Sachsen in dieser Gegend ein Bauer, der geschworen haben soll, daß er eher samt seinem Roß zu Stein werden wolle, als daß der christliche Glaube auf seinen Hof kommt. So sei er mit in den Krieg gegen den Frankenkönig gezogen. Da er lange Zeit nicht zurückgekehrt sei, habe er als verschollen gegolten. So habe seine Tochter den Hof geerbt und habe dann auch geheiratet – einen Christen! Als der Bauer nach Jahren doch noch zurückgekommen sei und an seinem Hof ein Kreuz gesehen habe, soll er kehrt gemacht haben und mit seinem Pferd über einen Sumpf gesprungen sein. Dabei sei er vom Pferd gefallen und im Sumpf versunken. Man habe nie wieder etwas von ihm gesehen. Doch wo das Pferd versank, habe sich am nächsten Morgen ein großer grauer Stein befunden, der noch heute an dieser Stelle liegt und der „Graue Hingst" genannt wird. Heute reiten auf ihm gelegentlich nur noch spielende Kinder. In der Gemarkung von Albstedt gibt es noch einen weiteren Stein aus Granit, der den Namen Kleiner Grauer Hengst erhielt und südlich vom Großen Grauen Hengst auf einer Weide aufgestellt wurde.

Zu den Steinen, die sich angeblich bei einem Hahnenschrei bewegen, zählt auch Matthiesings Opferstein, den man in Ueffeln im Nordwesten des Landkreises Osnabrück finden kann. Er liegt nahe dem nördlichen Ortsausgang vor dem Friedhof in einem Eichenhain, hat eine Höhe über dem Erdboden von etwa 1,3 Meter, besitzt einen Umfang von etwa 9 Meter und besteht wie viele andere Findlinge aus Granit. Von ihm wird erzählt, daß ihn der Teufel gegen die Ueffelner Kirche schleudern wollte, um sie zu zerstören. Dieses Vorhaben sei jedoch verhindert worden, weil die Macht des Teufels dadurch gebrochen wurde, daß stets zur Mitternacht der Hahn auf dem benachbarten Hof Matthiesing gekräht habe. Der Stein habe sich dann um seine eigene Achse gedreht. In dieser Sage, die den Widerstreit der zum Teufel gewandelten heidnischen Götter gegen den siegenden Christengott zum Ausdruck bringen will, lebt offensichtlich die Erinnerung an eine kultische Bedeutung dieses Steines in heidnischer Zeit fort. Ergänzend sei hinzugefügt, daß sich eine gleichlautende Sage um den eingangs erwähnten Süntelstein rankt, der ebenfalls vom Teufel auf eine Kirche geschleudert werden sollte und ein Hahnenschrei dieses Vorhaben verhinderte. Auch von diesem Menhir sagte einst der Volksmund, daß er sich bei Hahnenschrei um sich selber dreht.

6

Ursache einer menschlichen Tragödie

Der Runenstein von Jesteburg

Jesteburg, das im Landkreis Harburg nördlich des Naturschutzparkes Lüneburger Heide an dem Flüßchen Seeve zu finden ist, macht auf viele Besucher einen anheimelnden Eindruck. Dazu tragen die freundlichen Häuser ebenso bei wie die den Ort eingrünenden Bäume und Sträucher. Jesteburg wurde 1253 erstmals schriftlich erwähnt, doch seine Gründung dürfte weiter in die Vergangenheit zurückreichen. Es gibt sogar eine Vermutung, daß der Name des Ortes auf Segestes zurückgeht, der der Schwiegervater und politische Widersacher des Cheruskerfürsten Arminius war. Wie erwiesen ist, strebte Arminius nach seinen Siegen über die Römer und dem von ihm herbeigeführten Sturz des Markomannenkönigs Marbod die Königsherrschaft über alle Germanen an. Doch das wußte Segestes als Gegenspieler auf grausame Weise zu verhindern, indem er ihn erdolchen ließ. Das geschah im Jahre 19 nach Christus auf einem „Propagandafeldzug" durch die Nordheide, wo Arminius die hier siedelnden Langobarden für seine Pläne zur Schaffung eines germanischen Großreiches zu gewinnen suchte. Durch den Meuchelmord ging Segestes aus dem Streit zwar als Sieger hervor, doch der Namensgeber für Jesteburg ist er dennoch nicht geworden. Der älteste überlieferte Name des Ortes heißt Gersetheborg und nicht Segesteborg.

Jesteburg hat anderes aufzuweisen, das Beachtung verdient. Dazu gehört der im Jahre 1768 erbaute hölzerne und mit Schindeln gedeckte Glockenturm gegenüber dem Eingang der Kirche. In diesem hängen drei Glocken, von denen die kleinste zu den ältesten im Lande Niedersachsen zählt. Ähnlich alt soll auch eine Glocke im Dom von Bardowick sein. An der Stelle der heutigen Kirche in Jesteburg stand bis 1841 eine ältere, die etwa 1000 Jahre vorher von dem Hamburger Erzbischof Ansgar – dem „Apostel des Nordens" – über einer heidnischen Opferstätte errichtet worden sein soll. Ansgar, der vor den im Jahre 840 in Hamburg eingefallenen Normannen nach Süden ausgewichen war, hat um diese Zeit im Seevetal nordöstlich von Jesteburg das Kloster Ramelsloh und dessen Kirche gegründet (s. Bd. II „Die Stiftskirche von Ramelsloh"). Die alte Glocke, die heute im Jesteburger Glockenturm hängt, soll noch aus der Zeit des Bischofs Ansgar stammen. Das kann jedoch nicht zutreffen. Untersuchungen haben ergeben, daß diese Glocke etwa um das Jahr 1190 gegossen wurde.

Unscheinbarer als der Glockenturm und von den Besuchern Jesteburgs weitaus weniger beachtet ist ein mysteriöser Stein, der an dem alten Brunnen neben der ehemaligen Zehntscheune – der heutigen Ortsbücherei – liegt. Er ist quaderförmig, besteht aus weißgrauem Quarz und hat eine platte, wie zerschrammt wirkende Oberfläche, die rund 60 Zentimeter lang und 40 Zentimeter breit ist. Die etwa 80 Schrammen erweisen sich bei näherer Betrachtung als figurenartige Zeichen, die entweder durch Einwirkungen der Natur entstanden sein können oder von Menschenhand eingemeißelt worden sind. Man glaubt sogar, in den Zeichen Runen erkennen zu können, was aber mehr bezweifelt als für wahr gehalten wird. Obgleich sie noch niemand zu deuten wußte, gaben sie diesem Stein den Namen „Runenstein". Er wurde in der Heide zwischen den Lohbergen und dem Dorfe Seppensen auf einer Anhöhe an der von Harburg kommenden Straße gefunden, wo er als Schlußstein eines Grabhügels gedient haben soll. Auf dieser Anhöhe wurden viele Urnen ausgegraben, die davon zeugen, daß hier einst ein heidnischer Friedhof bestanden hat. Der Stein wurde im Jahre 1780 nach Jesteburg gebracht, wo er zur Ursache einer menschlichen Tragödie wurde.

Der damalige Pastor zu Jesteburg, Johann Carl Gottlieb Runge, der als ein gelehrter Mann und leidenschaftlicher Altertumsforscher galt, ließ den Stein in den Pfarrgarten schaffen, weil er die vermeintlichen Runen entziffern wollte. Fortan soll Runge die meiste Zeit des Tages vor dem Stein verbracht und des Nachts nur noch von dessen Inschrift geträumt haben. Sein Eifer, mit dem er die Deutung der Zeichen geradezu erzwingen wollte, soll sich zusehends in Besessenheit und Wahnsinn verwandelt haben. In diesem Zustand soll er alle von ihm gewonnenen Erkenntnisse schriftlich festgehalten haben. Das habe viele dicht beschriebene Seiten ergeben, die er zu einem umfangreichen Manuskript zusammengefaßt und dann in dieser Form als „wissenschaftliche Arbeit" Verlegern in Hamburg, Hannover und Celle angeboten habe. Aber jeder von diesen soll in dem Manuskript nur das verworrene Geschreibsel eines Irrsinnigen gesehen haben, das mit gelehrten Floskeln durchwoben war. Dieses Werk soll als Abschrift erhalten geblieben sein. Das Leben von Pastor Runge endete tragisch. Er kam in das ehemalige St.-Michaelis-Kloster zu Hildesheim, das Wahnsinnige aufnahm. Dort lebte er noch einige Zeit. Doch eines Tages entwich er aus dem Irrenhaus – die Suche nach ihm blieb ohne Erfolg. Am Morgen des

Der Runenstein von Jesteburg hat mit seinem Aussehen schon eine menschliche Tragödie bewirkt. Er trieb einen Pastor, der die Schrammen auf der Oberfläche des Steines für Runen hielt, sie aber nicht zu deuten vermochte, in den Wahnsinn und dann zum Selbstmord. Bevor der Runenstein seinen heutigen Platz erhielt, lag er auf einem Grabhügel in der Heide.

5. Juni 1794 fand ihn sein Amtsnachfolger im Jesteburger Pfarrgarten tot auf dem Runenstein liegend. Pastor Runge, erst 51 Jahre alt, hatte sich mit einer Pistole erschossen.

Einer Sage nach sollen die merkwürdigen Zeichen auf dem Stein ganz anders entstanden sein, als angenommen wird. Es sei keines Menschen Hand gewesen, die sie schuf, sondern die des Teufels. Dieser habe auf dem Stein, als er noch auf der Anhöhe zwischen Seppensen und den Lohbergen lag, in einer mondhellen Sommernacht mit einem Schneider aus Seppensen Karten gespielt. Dabei habe der in der Gestalt eines Jägers erschienene Teufel beim Ausspielen der Karten jeweils so heftig mit den Handknöcheln auf die Steinplatte gedrückt, daß die wunderlichen Eintiefungen entstanden seien. Diese Sage brachte dem Stein auch den Namen „Teufelsstein" ein. Er bekam darüber hinaus noch zwei weitere Namen, nämlich „Blutstein" und „Hexenstein". Blutstein wurde er genannt, weil er dem Volksglauben zufolge an einem bestimmten Tag im Monat August Blut ausgeschwitzt habe. Und die Bezeichnung Hexenstein erhielt er, weil an ihm der Sage nach eine junge Hexe mit ihrem Buhlen, dem Leibhaftigen, Zusammenkünfte hatte.

Dieser Sage soll eine wahre Begebenheit zugrunde liegen. Der Stein hat in einem Hexenprozeß des Jahres 1661 eine Rolle gespielt. In diesem Jahre wurde am 31. Juli in Hamburg eine junge, aus den Lohbergen stammende Frau auf dem Scheiterhaufen als Hexe verbrannt, weil sie unter Folterqualen gestanden hatte, sich an dem Stein mit dem Teufel getroffen zu haben. Der Prozeß mit dem schrecklichen Ausgang war ihr gemacht worden, weil sie den Heiratsantrag eines mehr als 30 Jahre älteren Hamburger Gerichtsdieners abgelehnt hatte, worauf sich dieser vor ihrer Kammertür erhängte. Das geschah im Hause des damaligen Hamburger Bürgermeisters, in dessen Diensten die junge Frau stand. Ihr Großvater, der Waldhüter in den Lohbergen war, hatte sie nach Hamburg geschickt, um ihre Zusammenkünfte am Runenstein mit einem hannoverschen Reiteroffizier zu beenden.

7

Hier starb der Feldherr Drusus

Das Römerlager Scelerata

Wenige Kilometer östlich von Hildesheim gelangt man auf der Bundesstraße 1 nach Schellerten, das heute der Gemeindesitz für zwölf weitere Orte in diesem Gebiet der fruchtbaren Hildesheimer Börde ist. Mit Schellerten verbinden sich aller Wahrscheinlichkeit nach folgenschwere Geschehnisse, die zwei Jahrtausende zurückliegen. Sie ereigneten sich in der Zeit kurz vor Christi Geburt, in der in Rom Kaiser Augustus herrschte. Dieser hatte es sich in den Kopf gesetzt, den römischen Machtbereich immer mehr nach Norden und Osten auszuweiten und so ganz Germanien dem römischen Reich einzuverleiben. Mit dieser Aufgabe betraute er seinen zweiten Stiefsohn Nero Claudius Drusus, den seine Gemahlin Livia – ebenso wie ihren ersten Sohn Tiberius Claudius Nero – mit in die Ehe gebracht hatte. Drusus wurde zum Statthalter von Germanien ernannt und erhielt, um es zu erobern, das Kommando über die römische Rheinarmee. Der Rhein bildete zu jener Zeit die Grenze zwischen Gallien, das von den römischen Legionen besetzt war, und dem von Kaiser Augustus begehrten Germanien. Diese Grenze wurde nun von Drusus überschritten. Im Jahre 12 vor Christus erkundete er zunächst das Gebiet an der Nordsee, wobei er auch die Insel Borkum besetzte und dann ein Stück die Ems flußaufwärts fuhr (s. Bd. III „Borkums Alter Leuchtturm"). Im Jahr darauf unternahm er einen zweiten Vorstoß nach Germanien, bei dem er vom Rhein aus mit seinem Heer vermutlich dem Lauf der Lippe nach Osten folgte und dann noch weiter bis zur Weser zu den später mit den Römern besonders eng verbündeten Cheruskern vordrang. Auf dem Rückmarsch ließ er in Germanien zwei Kastelle anlegen, davon eines am Zusammenfluß von Elison und Lippe – heute Oberaden an der Sesekemündung – und das andere am Taunus in der Nähe des Rheins. Das Lager von Oberaden, das auch als Kastell bezeichnet werden könnte, läßt sich deswegen so eindeutig auf Drusus zurückführen, weil dendrochronologische Untersuchungen, nämlich die Auswertung von Jahresringen an einem Holzpfahl, eine genaue Datierung des Lagers ermöglichen.

Wie die Heerzüge des Drusus auf dem Boden Germaniens verlaufen sind, läßt sich nur noch im großen Ganzen nachvollziehen, weil die Geschichtsbücher, die Aufidius Bassus als Zeitzeuge über den Germanischen Krieg verfaßt und in ihnen die Geschehnisse bis in Einzelheiten beschrieben haben soll, verloren gegangen sind. Die heute vorhandenen Kenntnisse über das damalige Geschehen in Germanien stammen alle aus zweiter Hand – sie wurden von späteren römischen Geschichtsschreibern wie Cassius Dio, Sueton, Florus und anderen überliefert. Das geschah jedoch nicht lückenlos, so daß sich in diesen Quellen für viele Fragen keine unumstrittenen Antworten mehr finden lassen. Gleiches gilt für den letzten Zug des Drusus, der ihn im Jahre 9 vor Christus quer durch Germanien bis an die Elbe führte. Drusus hat dabei die Weser im Cheruskerland – man vermutet bei Höxter/Holzminden – überschritten, ist dann weiter in das Gebiet, in dem später Hildesheim, Braunschweig und Magdeburg entstanden sind, vorgedrungen und hat schließlich die Elbe erreicht. Hier sei ihm eine große, in weiße Schleier gehüllte Frau begegnet, die ihm – erstaunlicherweise in lateinischer Sprache – dringend zur Umkehr geraten habe. Einer Sage nach soll dies auf dem Höhbeck geschehen sein (s. Bd. I „Das Kastell auf dem Höhbeck"). Andererseits besteht die Meinung, daß die Begegnung mit der verschleierten Frau in der Magdeburg stattgefunden habe. Drusus sei diesem Rat ohne Zögern gefolgt. Auf dem Rückweg stürzte er jedoch mit seinem Pferd und erlitt dabei einen Beinbruch, an dessen Folgen er in einem römischen Sommerlager einen Monat später – noch nicht ganz 30 Jahre alt – starb.

Dieser Tod wie auch der Ort des Lagers haben immer wieder Rätsel aufgegeben. Denn die Verletzung des Drusus sei nicht so gefährlich gewesen, daß er daran hätte sterben müssen. Die Verschlimmerung seines Zustandes sei erst eingetreten, als ein von seiner Mutter Livia aus Rom gesandter Arzt die Behandlung übernommen hatte. Das habe den Verdacht geweckt, daß der Arzt im Auftrage Livias Drusus vergiftet habe. Der Grund zu dieser Ermordung sei darin zu sehen, daß Drusus als überzeugter Republikaner gegen die Interessen seiner Mutter verstoßen habe, die unbedingt Kaiserin bleiben wollte, um als solche – wie man damals glaubte – göttlich und damit zugleich unsterblich zu sein. Aus Italien war auch eiligst in einem stürmischen Ritt Tiberius herbeigekommen, der seinen Bruder noch lebend antraf und von ihm das Kommando über sein Heer übernahm. Als Drusus dann gestorben war, überführte Tiberius den Leichnam nach Rom. Doch vorher hatte er das Lager verfluchen und abbrechen lassen. Seitdem wurde der Standort des Lagers von

Wie der im Römerlager Scelerata gestorbene Feldherr Drusus aussah, zeigt diese alte römische Goldmünze, die hier vergrößert wiedergegeben ist. Diese Abbildung stellte freundlicherweise das Kestner-Museum in Hannover zur Verfügung.

den Römern als „Scelerata" bezeichnet. Dieses lateinische Wort hat mehrere Bedeutungen: Es kann unter anderem verrucht, entweiht, durch Frevel befleckt und auch unheilvoll heißen.

Wo mag sich wohl das Römerlager, in dem Drusus starb, befunden haben? Diese Frage stellte sich der um die Erforschung der Geschichte Niedersachsens verdiente Lehrer Hans Dobbertin aus Eldagsen im Landkreis Hannover. In der Literatur ist die Ortsangabe des Lagers nur weitläufig überliefert, nämlich zwischen Elbe, Saale und Rhein. Damit wäre kaum etwas anzufangen, wenn es nicht noch andere Hinweise gäbe. Zu diesen gehört vor allem die römische Bezeichnung des Lagers selbst, in der Dobbertin eine latinisierende Umformung des Namens der hier gelegenen germanischen Siedlung zu erkennen glaubt, nämlich den des eingangs erwähnten Ortes Schellerten. Wie verblüffend die Ähnlichkeit mit der lateinischen Bezeichnung „Scelerata" ist, zeigt die frühere Schreibweise von Schellerten, die noch 1266 „Scelerthe" lautete. Nach landläufiger Auffassung soll sich der Name Schellerten von der Schelle herleiten, die früher ihre als unversiegbar geltende, heute jedoch längst nicht mehr vorhandene Quelle im Süden des Ortes hatte. Der Name des Ortes Schellerten wurde auch schon „Schelferten" geschrieben wie zum Beispiel auf der Landkarte, die der Göttinger Universalgelehrte Karl Friedrich Gauß von diesem Gebiet in den Jahren von 1831 bis 1844 geschaffen hat. Nach Auffassung von Dobbertin bezieht sich diese Schreibweise auf die besonders auffälligen Schilfplätze, die es einst im Quellgebiet der Schelle gegeben hat.

Die Siedlung dürfte in dieser fruchtbaren Lößbörde schon lange, bevor die Römer kamen, bestanden haben. Der Ort gehört zu denjenigen, deren Namen einst mit „ithi" endeten und damit ein hohes Alter zu erkennen geben. Wenn sich an dieser Stelle ein Römerlager befunden hat, war die Stätte für diesen Zweck auch insofern gut gewählt worden, als es hier neben der damals noch vorhandenen Quelle in jener frühen Zeit bereits eine wichtige Fernstraße gab, auf der sich ein Heer wie das der Römer mit allem Drum und Dran zur Durchquerung Germaniens gut zu bewegen vermochte. Diese Straße wurde später zur Reichsstraße 1, die von Köln nach Königsberg führte, und heute ist sie die Bundesstraße 1. Einen Hinweis auf das Aussehen des Römerlagers Scelerata entnahm Dobbertin einer Mitteilung des Schriftstellers Cassius Dio, nach der es von einem Graben umzogen gewesen sein soll. Es sei – so vermerkte Cassius Dio – gesehen worden, daß zwei junge Männer mitten durch die Schanzanlagen geritten sind.

Wo die aus Wall und Graben bestehenden

Schanzanlagen einst verliefen, ist nach Auffassung von Dobbertin nach einem Grundriß von Schellerten aus der Zeit um 1850 zu entnehmen. Dieser gibt zu erkennen, daß Schellerten ursprünglich breite Ortsränder besaß. Hier können sich die später eingeebneten Schanzanlagen befunden haben. Aus dem Grundriß des Ortes um 1850 geht zudem hervor, daß die Grundfläche des alten Schellerten in Form und Größe fast der des eingangs erwähnten Lagers Oberaden/Elsey entsprach, das Drusus an der Lippe hatte anlegen lassen. Es war gewissermaßen die gleiche Machart. Die ehemaligen breiten Ortsränder von Schellerten sind inzwischen überbaut worden, so daß äußerlich von irgendwelchen Überresten aus der Römerzeit nichts mehr zu erkennen ist. Es sind auch keinerlei Funde wie etwa Münzen, Schnallen, Bronzegefäße, Tonscherben oder dergleichen mehr, die auf die einstige Anwesenheit von römischen Legionären im Gebiet von Schellerten eindeutig hinweisen könnten, bekannt geworden.

Daß die Römer aus dem von Tiberius verfluchten Lager Scelerata abgezogen sind, bedeutet nicht, daß sie das Gebiet für immer verlassen hätten. Nachdem Drusus in Rom mit viel Gepränge beigesetzt worden war, wurde er in den Folgejahren von den Römern nahezu vergöttert. Dabei wurden zu seiner Ehrung Bauwerke errichtet und nach ihm benannt. So entstand unter anderem auch auf germanischem Boden in der Nähe vom Lippekastell Aliso – dessen Reste in Anreppen bei Elsen unweit Paderborn an der Bundesstraße 1 gefunden wurden – ein Drusus-Altar. Dessen Bau hatte vermutlich Tiberius, der bereits ein Jahr später wieder in Germanien erschienen war, veranlaßt. Dobbertin hält es für möglich, daß Tiberius auf den Spuren des Drusus erneut in das Gebiet von Schellerten gekommen war und in dessen Nähe auch zum Entstehen von Hildesheim beigetragen hat. In jener Zeit könne bereits der Bau der Mauer begonnen worden sein, aus der später die Bernwardsmauer an der Hildesheimer Domburg erwuchs (s. Bd. III „Die Michaeliskirche in Hildesheim").

Daß Schellerten ein sehr alter, schon früh in heidnischer Zeit entstandener Ort ist, zeigt sich auch an der Lage seiner Kirche. Für sie fand sich, als das Christentum Einzug hielt, in dem zu jener Zeit schon seit Jahrhunderten bestehenden Dorf kein Platz, so daß sie außerhalb der eng bebauten Fläche errichtet werden mußte. Man findet die Kirche im Südwesten des heutigen Ortes.

Von dem Lager, das einst die Römer in Schellerten errichtet und dessen Namen sie als „Scelerata" überliefert haben sollen, ist nichts geblieben. Daß Schellerten sehr alt ist, gibt auch der Standort seiner Kirche zu erkennen. Als sie errichtet wurde, mußte dies am Rand der Siedlung geschehen, weil es im Ort für sie keinen Platz mehr gab.

8

Sie war eine Kommende des Deutschritterordens

Die Elmsburg bei Schöningen

Im Elm und um ihn herum wurden im Laufe der Geschichte mehrere Burgen erbaut, die entweder Zentren weltlicher Herrschaft waren oder der Bevölkerung in Kriegszeiten als Zufluchtsstätten dienten. Die ältesten dieser Befestigungen werden in der Krimmelburg und in der Brunkelburg gesehen, die bereits in vorgeschichtlicher Zeit in beherrschender Lage errichtet worden waren, nämlich an den Hängen nördlich und südlich des von Westen her tief in den Bergrücken des Elms einschneidenden Reitlingstales. Als im 10. Jahrhundert die Slawen immer weiter nach Westen vorzudringen versuchten, wurde zu deren Abwehr nördlich des Elms in der Schunterniederung sogar eine Kette von Burgen geschaffen (s. „Die ehemalige Süpplingenburg"). Eine der vielen Burgen im Bereich des Elms verdient besondere Erwähnung, und zwar nicht von ihrer Größe und Bedeutung her, sondern weil sie den Namen des Bergrückens trägt, auf dem sie erbaut wurde: die Elmsburg. Von ihr sind zwar nur Wälle und Mauerreste geblieben, die aber sicherlich einiges zu erzählen hätten, wenn sie reden könnten. Man findet ihren von hohen Buchen überdeckten Standort im Südosten des Elms in der Nähe der alten Salzstadt Schöningen, die – das sei nebenbei erwähnt – seit ihrem Bestehen schon viele namhafte Persönlichkeiten der deutschen Geschichte gesehen hat. In ihr weilten der Frankenkönig Pippin sowie sein bedeutender Sohn Kaiser Karl der Große und später mehrmals Kaiser Otto III. (s. Bd. II „Die Lorenzkirche von Schöningen").

Die Elmsburg dürfte wie die Krimmel- und die Brunkelburg ebenfalls schon in vorgeschichtlicher Zeit als Wallanlage entstanden sein. Sie war – wie das Gelände zu erkennen gibt – von zwei Wällen

An die Elmsburg bei Schöningen, die schon in vorchristlicher Zeit zu entstehen begann, erinnern heute nur noch Wälle und Mauerreste. Dabei sind auch die Grundmauern einer Kirche zu erkennen. Nach einem Brand wurde die Burg aufgegeben.

Die Hügelgräber, die in der Nähe des Burgplatzes liegen, stammen Grabungen zufolge aus der frühen Bronzezeit.

umgeben. Der äußere, der sehr unregelmäßig geführt war und dabei einen Erdfall nutzte, umschloß eine bis zu 137 Meter lange und bis zu 114 Meter breite Fläche. In der Mitte des inneren Walles, dessen Ausmaße entsprechend geringer waren, befanden sich im Mittelalter Gebäude, von denen heute nur noch die schon erwähnten Mauerreste übrig sind. Die Steine, aus denen die Gebäude bestanden, wurden abgetragen und weggeschafft. Ein Teil von ihnen diente der Pflasterung von Forstwegen, und ein anderer Teil wurde zur Ausbesserung von Häusern und sonstigem Mauerwerk im Dorf Twieflingen verwendet, das südlich der Burg außerhalb der Bewaldung des Elms in der fruchtbaren Feldflur liegt.

Zu den Baulichkeiten der Elmsburg gehörte später eine Kirche, die – wie bei Ausgrabungen festgestellt wurde – zweimal errichtet worden war. Der erste Bau war im 11. Jahrhundert entstanden und der zweite, größere im 13. Jahrhundert. Das vermochte der Ausgräber Hans Adolf Schultz vom Braunschweigischen Landesmuseum für Geschichte und Volkstum an den zwei übereinander liegenden Gipsfußböden wie auch an Abweichungen in der Grundrißgestaltung zu erkennen. Die zweite Kirche war nur zum Teil auf dem Fundament der ersten, die geschleift worden war, erbaut worden. Als bemerkenswert wurde vom Ausgräber auch empfunden, daß die zweite Kirche nicht so sorgfältig wie die erste erstellt worden war. Beim Aufdecken der Fundamentmauern fand er an der Südseite der Kirche acht Skelette von Menschen, die hier in einer mit hochkant gestellten Steinen umsetzten Grube bestattet worden waren. Die Skelette lagen hintereinander gestreckt auf dem Rücken und hatten die Hände auf dem Unterleib gefaltet. Beigaben, die über die Bestatteten Aussagen hätten machen können, waren nicht vorhanden.

Von dieser einstigen Kirche wird angenommen, daß sie im 12. Jahrhundert zusammen mit der Burg als ehemaliges Reichsgut und später als bischöflich-halberstädtisches Lehen in die Hände der Welfen gekommen war. Die Elmsburg gehörte zu den Besitzungen Herzog Heinrichs des Löwen, der der Enkelsohn Kaiser Lothars und dessen Gemahlin Richenza war (s. Bd. I „Der Kaiserdom von Königslutter"). Und ein Sohn Heinrichs des Löwen, Pfalzgraf Heinrich bei Rhein, übergab die Elmsburg mit allem Drum und Dran 1221 dem Deutschritterorden zur Ehre der Jungfrau Maria. 1239 schenkte der Enkel Heinrichs des Löwen, Herzog Otto das Kind, dem Deutschritterorden einen Wald neben der Elmsburg und 1241 zudem noch den Grund und Boden dieses Waldes. Nach 1264 wurde die Ordenskommende vom Osten des Elms nach Lucklum am Westrand dieses 20 Kilometer langen Bergrückens verlegt. Dort hatte der Orden, um seinen Umzug in eine verkehrsgünstiger gelegene Gegend zu ermöglichen, nahe dem Eingang des Reitlingstales Land erworben. Mit der Auflösung des Ordens 1809 durch

Nachdem 1221 der Pfalzgraf Heinrich bei Rhein, der ein Sohn Herzog Heinrichs des Löwen war, die von ihm ererbte Elmsburg dem Deutschritterorden geschenkt hatte, wurde die Ordenskommende 1264 aus dem Elm nach Lucklum verlegt. Dort ist noch heute die Gesamtanlage der Kommende mit Rittersaal und Ordenskirche, die dieses Bild zeigt, erhalten.

Napoleon I. änderte sich in Lucklum vieles, doch manches aus der Ordenszeit blieb auch erhalten. So wurde das alte Kommendehaus zum Herrenhaus des heutigen Rittergutes Lucklum, und im ersten Stockwerk dieses altehrwürdigen Gebäudes befinden sich noch immer die einstige Gerichtshalle und daneben der eindrucksvolle Rittersaal.

Die alte Burg im Ostelm wurde ab 1364 an verschiedene adelige und auch bürgerliche Familien in Lehnbesitz gegeben. Im Jahre 1572 wurde die Elmsburg von einem Brand heimgesucht, der an ihr große Schäden verursachte. Sie verfiel danach immer mehr, so daß sie schließlich aufgegeben werden mußte. Als 1843 an ihrer Ruine Messungen und andere Untersuchungen vorgenommen wurden, waren bereits nur noch Reste vorhanden, die sich weiter verringerten. Trotz eifrigen Bemühens bei der Erforschung der Vergangenheit der Burg blieben einige Fragen ohne Antwort. Das gilt insbesondere auch für ihren Namen. Man weiß zwar, daß sie nach dem Elm benannt wurde. Doch woher dieser Name kommt, ist unklar. Das Wort „Elm" soll laut Duden „Ulme" bedeutet haben, während dies Hans Bahlow in seinem etymologischen Lexikon „Deutschlands geographische Namenwelt" verwirft und meint, daß sich im Namen des Elms die feuchte Bodennatur dieses Bergrückens widerspiegele. Eine andere ungeklärte Frage ist, ob die Hügelgräber in der Nähe der Elmsburg schon vor dem Entstehen eines Schutzwalles vorhanden waren oder erst nach dessen Errichtung angelegt worden sind. Wie Grabungen gezeigt haben, waren diese Hügelgräber in der Zeit entstanden, die von den Historikern nach einem Dorf nordöstlich von Prag Aunjetitzkultur genannt wird und damit die frühe Bronzezeit von etwa 1800 bis 1500 vor Christus bezeichnet. Einige der Gräber sind freigelegt und können wie auch die Burgreste jederzeit besichtigt werden. Die Burgstelle läßt sich nur zu Fuß erreichen, und das am einfachsten von Schöningen oder von Twieflingen aus.

9

In slawischer Zeit ein Fürstensitz

Der Weinberg von Hitzacker

Wo die bei Dönitz in der Altmark entspringende Jeetzel in die Elbe mündet, liegt eingeengt und zum Teil auf einer Insel die Stadt Hitzacker. Sie entstand am Fuße eines Berges, der den Südausläufer des Höhenzuges bildet, der am Westufer der Elbe entlang bis kurz vor Bleckede reicht. Die an dessen Südende nach drei Seiten steil abfallende Erhebung ist der Weinberg, der seinen Namen nicht zu Unrecht trägt. Seine Hänge waren in früheren Jahrhunderten mit Rebstöcken bepflanzt, deren Trauben genießbaren Wein ergeben haben sollen. Vom Weinberg aus lassen sich das Elbtal und die Jeetzelniederung weithin überblicken. Die Möglichkeit zu dieser Fernsicht verlieh dem Berg eine besondere strategische Bedeutung, die auch genutzt wurde. Das bezeugten auf der Kuppe des Weinberges noch bis ins 19. Jahrhundert hinein Mauerreste, die von einer schon 1162 urkundlich nachgewiesenen Burg stammten. Diese wenigen Überbleibsel, zu denen Scherben, aber auch die Reste eines Turmes gehörten, haben immer wieder zu Grabungen angeregt. Dabei schaufelten Fachkundige Einblicke in eine wechselvolle Geschichte frei, die der Weinberg andernfalls weiter gehütet hätte.

Zu denen, die zum Spaten griffen, gehörte Professor Dr. Ernst Sprockhoff, der an der Universität Kiel lehrte und in der Geschichtsforschung eine führende Stellung einnahm. Sprockhoff begann seine Grabung im Jahre 1960. Dabei legte er quer auf dem etwa 100 Meter langen und 40 Meter breiten Plateau des Weinberges einen Suchgraben an, der ihn einen Wall entdecken ließ, den er als slawisch einstufte. Da dieser Wall von spätmittelalterlichen Schuttmassen überdeckt war, bezeichnete ihn Sprockhoff als

Auf dem Weinberg von Hitzacker stand einst eine Burg, von der aus das Elbtal und die Jeetzelniederung weithin überwacht werden konnten. Heute sind von der Burg, die aus slawischer Zeit stammte, nur noch Reste im Erdreich vorhanden.

„unterirdisch". Oberirdisch hingegen war von dem slawischen Wall keine Spur mehr zu entdecken. Sprockhoff stellte seine Untersuchungen bald wieder ein, weil es ihm nur darum gegangen war, Erkenntnisse bestätigt zu bekommen, die er bei seinen Ausgrabungen auf dem nordöstlich von Gorleben an der Elbe gelegenen Höhbeck gewonnen hatte (s. Bd. I „Das Kastell auf dem Höhbeck"). Um die Erlangung weiteren Wissens über den Weinberg bemühte sich mit einer Probegrabung in den Jahren 1965 und 1966 Dr. Berndt Wachter, ein Gymnasiallehrer aus Dannenberg, der sich um die Geschichtsforschung im Wendland in besonderer Weise verdient gemacht hat.

Wachter wollte auf dem Weinberg einen umfassenden Einblick in die Fundsituation gewinnen und nahm zu diesem Zweck 1970 im Rahmen des Forschungsprogramms „Hannoversches Wendland" eine größere Grabung in Angriff. Dabei ging er sehr überlegt zu Werke und versuchte zuerst herauszufinden, wo wohl die Grabung den meisten Erfolg zu erzielen versprach. So brachte er zunächst mit einem Motorbohrgerät 138 Bohrungen nieder, um einen sicheren Einblick in den Schichtenaufbau des Weinberges zu gewinnen. Dieser Wunsch wurde ihm etwa ab 1 Meter Tiefe erfüllt. Von da an fanden sich in den Bohrfüllungen neben Holzkohle und Holzresten auch Keramik- und Knochenstücke sowie Fischschuppen von einer Herdstelle der obersten slawischen Schicht in 1,40 Meter Tiefe. Die Analyse der Bodenproben ließ Wachter eine deutliche Zweiteilung der einstigen Bebauung auf dem Weinberg erkennen. Danach muß an der Ostseite des Berges mit Blick auf die Stadtinsel und die Jeetzelniederung eine Kopfburg angenommen werden, während in der Westhälfte nach einem 10 bis 20 Meter breiten spurenarmen Zwischenbereich eine dichte Bebauung bestanden hat. Nach diesem Ergebnis der Bohrungen legte Wachter die Grabungsfläche in den Bereich der Hausbebauung.

Um den von Sprockhoff entdeckten unterirdischen Wall gründlicher untersuchen zu können, mußte in den Berg bis in eine Tiefe von 5 Meter und zum Teil noch tiefer eingedrungen werden. Dann wurde erkennbar, daß der etwa 2 Meter hohe Wall aus Kies und kiesigem Sand, wie er auf dem Weinberg ansteht, aufgebaut war. In den Sand eingeschoben fanden sich Holzkohlekegel, deren Funktion sich Wachter nicht sogleich zu erklären vermochte. Da es keine aufwendige Anlage war, schloß er daraus, daß der Weinberg in der ersten Phase der Besiedlung dieses Gebietes durch Slawen, die aus dem Osten einsickerten, lediglich als vorgeschobener Beobachtungsposten gedient habe. Als sich im Laufe des 8. Jahrhunderts die Zahl der Ankömmlinge aus dem Osten immer mehr vergrößerte, wurden auch die Berührungen zwischen germanischer und slawischer Bevölkerung immer kritischer, so daß sich Karl der Große zu einem Vorstoß an die Elbe genötigt sah. Diese Aktion hielt Wachter für den auslösenden Faktor dafür, daß der nur schwach gesicherte Posten auf dem Weinberg zu einer Burg ausgebaut wurde. Auf den Kieswall setzte man mit Sand gefüllte Holzkästen, damit der Wall schnellstmöglich um mindestens 2 Meter höher wurde. Da sich solch eine aufwendige Bauweise aus der frühen Zeit im Wendland kein weiteres Mal fand, wird daraus gefolgert, daß die Weinbergburg eine herausgehobene Stellung besaß und ein Fürstensitz gewesen sein konnte. Derartige in altslawischer Zeit erfundene Holzkasten-Konstruktionen gab es vordem nur östlich der Elbe im Lausitzer Gebiet.

Wie weiter festgestellt wurde, mußte der Wall bis zum 11. Jahrhundert dreimal erneuert werden, weil seine Holzteile jeweils bei kriegerischen Einwirkungen in Flammen aufgingen. Die letzte slawische Wallerneuerung bestand allerdings nur aus einer Lehmverkleidung des alten Walles. Hinweise fand Wachter auch darauf, daß in der Burg auf dem Weinberg das Handwerk eine bedeutende Rolle spielte. Hier wurden Tierknochen und Geweihstücke zu Gebrauchsgegenständen wie Knochenspitzen, Nähnadeln, Kämme und Spinnwirteln verarbeitet. Es fanden sich sogar auch Schachfiguren, die arabischen Vorbildern nachgestaltet waren. Zudem wurde Glas hergestellt, das unter anderem der Fertigung von Ringen und Perlen diente. Aber auch Metall wurde verarbeitet: Eisen zu Messern und Scheren sowie Bronze zu Gürtelschnallen und Futteralbeschlägen. Selbst auf die Verwertung von Gold deuten Funde hin. Weiter gehörte zu diesem Burghandwerk, das sich im 11./12. Jahrhundert entfaltet hatte, die Herstellung von Keramikgegenständen verschiedener Art.

Mit der handwerklichen Entwicklung vermehrten sich zugleich die Handelsbeziehungen. Zudem nahm der deutsche Einfluß zu. Heinrich der Löwe, der Herzog von Sachsen und Bayern war, hatte von 1160 an in mehreren Feldzügen das Gebiet von Mecklenburg und Vorpommern bis zur Peene erobert und in Ratzeburg, Schwerin und Dannenberg deutsche Grafen eingesetzt. Ihm wird auch zugeschrieben, daß er den slawischen Fürstensitz auf dem Weinberg übernahm, ihn zu einer Burg ausbaute und diese einem Burggrafen, der dem Dienstadel entstammte, anvertraute. Auf welche Weise die Übernahme der Burg geschah, ist jedoch nicht überliefert. Vermutet wird, daß sie sich nicht gewaltsam, sondern auf friedlichem Wege vollzogen hat. Um 1162 war Thiedericus de Hidesaker Burggraf, auf den der erwähnte älteste urkundliche Nachweis des Namens der Stadt Hitzacker zurückgeht.

Die herzogliche Burg wandelte sich im 13. Jahrhundert zu einer Ritterburg, der ein tragisches Ende beschieden war. Als sich die Burg 1296 im Besitz des Ritters Hermann Ribe befand, machte er

Der Weinberg von Hitzacker, an dessen Südfuß - durch die Jeetzel von ihm getrennt - die Stadt entstand, erhielt seinen Namen von den Rebstöcken, mit denen er einst bepflanzt war. Seit 1980 wachsen erneut Weinreben auf ihm. Damit gilt er als der nördlichste Weinberg in Deutschland.

sie zu einem Räubernest, von dem viel Unheil ausging. Um Ribes räuberische Unternehmungen zu unterbinden und damit den Landfrieden zu wahren, zogen Markgraf Otto von Brandenburg, Herzog Otto von Braunschweig und Lüneburg, Markgraf Hermann von Brandenburg sowie die Herzöge Johann und Albrecht von Sachsen-Lauenburg gemeinschaftlich vor Hitzacker. Sie nahmen den Raubritter und seine Knechte gefangen, kerkerten sie ein und zerstörten die Burg. Diese wurde zwar wieder aufgebaut, erlangte jedoch keine Bedeutung mehr. Auf der Jeetzelinsel unterhalb des Weinberges war im 13. Jahrhundert zusammen mit der Stadt Hitzacker eine weitere Burg entstanden, die mit ihrem viermal größeren Gelände der auf dem Weinberg erfolgreich Konkurrenz zu machen vermochte. Doch ebenso wie von dieser ist auch von der Burg in der Stadt, die ab 1604 von Herzog August dem Jüngeren von Braunschweig-Lüneburg – dem späteren Gründer der berühmten „Bibliotheca Augusta" in Wolfenbüttel – in ein Schloß umgewandelt worden war, nichts geblieben. Ihre letzten Reste wurden im 18. Jahrhundert abgebrochen. Die Burg auf dem Weinberg wurde 1464/65 letztmals sicher erwähnt.

Wer sich heute auf den Weinberg bemüht, kann von der einstigen Burg und den Ausgrabungen nichts mehr entdecken. Die letzten geringfügigen Spuren der Burg sind den Bauten und Anlagen zum Opfer gefallen, die hier errichtet wurden, als Hitzacker gegen Ende des 19. Jahrhunderts nach dem Erbohren von zwei Mineralquellen ein Badeort für Trinkkuren werden wollte. Diesem Wunsch war jedoch kein Erfolg beschieden, weil – von Fehlern der Verwaltung abgesehen – Hitzacker keinen Eisenbahnanschluß besaß und daher zu jener Zeit für Kurgäste nur umständlich zu erreichen war. Die Bauten auf dem Weinberg verschwanden wieder und hinterließen von ihren Grundmauern die Spuren, die heute auf dem Plateau des Berges zu sehen sind. Aufmerksamen Besuchern des Weinberges wird nicht entgehen, daß es auf ihm verhältnismäßig viele Obstbäume gibt. Diese wurden angepflanzt, nachdem der Weinbau aufgegeben und der anschließende Versuch, hier eine Baumwollpflanzung anzulegen, gescheitert waren. Der herrliche Ausblick lohnt jedoch noch immer den Aufstieg.

10

Erst Hermann Löns
ließ um sie kämpfen

Die Burg von Burg bei Altencelle

Die Bezeichnung „Burg von Burg" mutet seltsam an, entspricht jedoch den Tatsachen. Diese erstaunlich gut erhaltene Wallanlage im Süden des heutigen Celler Stadtgebietes gab der in ihrer Nähe entstandenen dörflichen Siedlung den Namen Burg, so daß es zu dieser merkwürdigen Bezeichnung kam. Der etwa 3 Meter hohe, von einem Wassergraben umzogene Ringwall ist nahezu kreisrund mit einem Durchmesser bis maximal 85 Meter. Dieser Wall wurde nahe der Fuhse inmitten sumpfigen Wiesenlandes auf einer zu seiner Entstehungszeit schwer zugänglichen Sandinsel errichtet – ein Standort, der die Sicherheit, die das Bauwerk allein schon gewährte, noch erheblich vergrößerte. Der Abstand zur Fuhse soll damals nur 50 Meter betragen haben, während der Fluß heute ungefähr 200 Meter entfernt verläuft. Wenn man die Wallanlage sinnend betrachtet, drängt sich die Frage auf: Was mögen es wohl für Menschen gewesen sein, die dieser doppelten Sicherheit bedurften? Waren es diejenigen, von denen man am Föscherberge zwischen Burg und Altencelle im Erdboden in großer Menge angeschmauchte Knochen und Urnenscherben gefunden hat? Eine Untersuchung dieses Fundgutes ergab, daß es von Menschen stammte, die im 7. Jahrhundert gelebt hatten. Mit dieser Feststellung wurde der Annahme der Boden entzogen, die Toten vom Föscherberge könnten die Erbauer des Ringwalles von Burg gewesen sein. Diese Menschen waren längst gestorben, als man die Wallburg zu errichten begann.

Erstes Licht in das Dunkel brachte Professor Dr. Carl Schuchhardt, der sich im Jahre 1906 mit der Burg von Burg kurze Zeit befaßte. Schuchhardt, der Museumsdirektor in Hannover war und sich den Ruf erworben hatte, der führende deutsche Archäologe seiner Zeit zu sein, nahm einen Einschnitt in den Wall vor. Dieser gab ihm zu erkennen, daß es sich um die Schutzburg eines sächsischen Edlen aus spätkarolingischer Zeit, das heißt aus dem 9. Jahrhundert, gehandelt habe. Damit traf er schon ziemlich ins Schwarze. Eingehender als er untersuchte drei Jahrzehnte später – im Frühjahr 1935 und im Frühjahr 1936 – der Kieler Professor Dr. Ernst Sprockhoff die Burg von Burg. Dieser machte mehrere Schnitte durch den Graben und durch Teile des Walles. Zudem legte er einen großen Teil der Innenfläche der Anlage frei. Dabei entdeckte er an der westlichen Innenseite des Walles die Pfostengrundrisse von drei Häusern unterschiedlicher Größe und Bauart. Eine genauere Untersuchung zeigte dann, daß zwei Häuser je eine Herdstelle besessen hatten, während sie beim dritten – dem kleinsten von ihnen – fehlte. Dieses dritte Gebäude deutete Sprockhoff als Stall oder Schuppen. Der übrige Innenraum des Ringwalles erwies sich als unbebaut. Im Osten der Anlage konnte das Tor ausgemacht werden, das von vier Pfosten begrenzt war. Vor dem Tor erkannte Sprockhoff eine feste Erdbrücke. Zudem fand er auch einige bräunliche Tonscherben.

Die Burg von Burg bei Altencelle – eine kreisrunde Wallanlage – wurde auf einer Sandinsel inmitten sumpfigen Wiesenlandes errichtet. Ihr Entstehen wird in der Zeit vermutet, in der ungarische Reiterhorden deutsche Siedlungsgebiete überfielen.

Alles in allem stellte Sprockhoff große Ähnlichkeiten mit anderen derartigen Anlagen fest, die er bereits vorher untersucht hatte. Dabei fiel ihm besonders auf, daß die Burg von Burg der Hünenburg Stöttinghausen südöstlich von Twistringen im Nordosten des Landkreises Diepholz so gut wie in jeder Hinsicht glich. Beide besaßen und besitzen noch immer die gleiche Form, Größe und Bauweise des Walles sowie des Grabens, und in beiden hatten sich innerhalb des Ringes Häuser in sich ähnlicher Art befunden. Der einzige wesentliche Unterschied ist geländebedingt. Denn während die Burg von Burg – wie erwähnt – auf einer Sandinsel inmitten sumpfigen Wiesenlandes errichtet wurde, fand die bei Stöttinghausen ihren Standort am Ende einer Geestzunge. Zudem besaß sie Vorburgen, die in Burg fehlen. Für Sprockhoff war jedoch die große Ähnlichkeit der Ringwälle das Bemerkenswerteste. Er schloß daraus, daß beide Burgen trotz der räumlichen Entfernung voneinander einen gemeinsamen Plan zur Grundlage hatten. Und das wiederum konnte nur möglich gewesen sein, weil die Erbauer dieser Burgen dem – wie Sprockhoff es nannte – „weitreichenden Willen eines Höheren" gefolgt waren. Dieser „Höhere" war für Sprockhoff kein anderer als König Heinrich I.

Heinrich aus dem Herzogsgeschlecht der Liudolfinger war der erste Sachse, der die deutsche Königswürde erlangte. Das geschah 919 zu der Zeit, als ungarische Reiterhorden deutsche Siedlungsgebiete überfielen, die Bewohner niedermetzelten und deren bewegliche Habe raubten. Das mißfiel König Heinrich sehr. Und da er nicht nur „recht froh und wohlgemut am Vogelherd saß", wie es in einem

Große Ähnlichkeit mit der Burg von Burg besitzt die Wallanlage von Stöttinghausen im Nordosten des Landkreises Diepholz. Daraus wird geschlossen, daß beiden Burgen trotz der räumlichen Entfernung voneinander ein gemeinsamer Bauplan zugrunde liegt.

Gedicht des einstigen Wiener Hofbeamten Johann Nepomuk Vogl heißt, sondern voll zielstrebiger Tatkraft war, schmiedete er Pläne, wie er den Nachfahren der Hunnen erfolgreich entgegentreten könne. Dafür hielt er vor allem zweierlei für unbedingt notwendig: die Aufstellung eines schlagkräftigen Reiterheeres und die Anlage von Wallburgen. Diesen Heinrichsburgen hat Sprockhoff sowohl die Burg von Burg als auch die von Stöttinghausen zugerechnet. Das würde bedeuten, daß sie frühestens im 10. Jahrhundert entstanden sind. Es gibt aber auch noch andere Ansichten als die von Sprockhoff. Nach diesen gehört die Burg von Burg nicht zu den Heinrichsburgen. Das ist den hier aufgefundenen Tonscherben zu entnehmen. Diese stammen aus der Zeit ab 850 und geben damit zu erkennen, daß die Wallanlage in der Tat schon vor der Zeit Heinrichs I. bestanden haben muß. Andererseits weisen diese Scherben nicht über die Zeit nach 1050 hinaus, und das bedeutet, daß die Anlage Ende des 11. Jahrhunderts bereits verlassen war. Damit liegt der Gedanke nahe, daß sie zugunsten einer anderen inzwischen entstandenen Burg aufgegeben wurde.

Ob die Burg von Burg jemals der umwohnenden Bevölkerung Zuflucht gewähren mußte, ist nicht bekannt. Umkämpfen ließ sie jedoch Hermann Löns, nämlich im vorletzten Kapitel seines Romans „Der Wehrwolf". In diesem Buch, das Löns selber „eine Bauernchronik" nannte, beschrieb er Ereignisse, die sich zur Zeit des Dreißigjährigen Krieges im Gebiet zwischen den Städten Celle und Burgdorf zugetragen haben oder haben könnten. Was Löns an seiner der Burg von Burg nachempfundenen Fluchtburg geschehen ließ, war eine in dichterischer Freiheit erdachte Kampfhandlung in der letzten Phase dieses schrecklichen Krieges. Danach waren in die Wallburg Bewohner aus dem Umland geflüchtet, und Kriegsknechte des schwedischen Feldmarschalls Hans Christoph Graf von Königsmarck versuchten, ihnen auf den Leib zu rücken. Als die Schweden zum Sturmangriff ansetzten, sprangen sie in den den Ringwall umgebenden Wassergraben und begannen sogleich vor Schmerzen zu brüllen. Jeder von ihnen war auf einen der spitzen Pfähle gesprungen, die im Graben unter der Wasseroberfläche eingerammt waren. Auch ein Angriff, bei dem die Schweden den Graben mit Hilfe darübergelegter Leitern zu überwinden versuchten, wurde abgewehrt, so daß letzten Endes die in die Burg geflüchteten Heidebauern die Sieger waren. In Romanen ist eben alles möglich. Sprockhoff bedachte diese Burg mit dem Namen „Lönswall".

In der Nähe der Burg von Burg gab es eine weitere, die die Nienburg genannt wurde. Diese befand sich im Südosten von Altencelle und war auf einer in das Allertal vorspringenden Geestnase angelegt worden. Damit war ihr Standort einst nördlich, östlich und südlich von der Aller umflossen, was ihrem Schutz sehr zugute kam. Im Westen hatten die Erbauer der Burg einen tiefen Graben angelegt. Das Plateau, auf dem sich die Nienburg einst befand, hatte die Form eines etwa 150 Meter langen und 80 Meter breiten Rechteckes. Es war von einem Wall umrandet, der an drei Seiten noch schwach zu erkennen ist. Sprockhoff hat auch hier Grabungen vorgenommen, die er aber nicht fortsetzte. Seine Vermutungen gingen dahin, daß es sich um ein Kastell aus der Zeit der Karolinger gehandelt haben könnte. Damit wäre sie ebenfalls älter als die Heinrichsburgen. Etwa 300 Meter nordwestlich der Nienburg gab es eine weitere Befestigungsanlage: die Burg von Altencelle, wo Sprockhoff in den Jahren 1938/39 den Spaten angesetzt und festgestellt hatte, daß diese Burg einen Wohnturm, einen Palas sowie einige weitere Gebäude besaß. Es könnte sich dabei um die Wehranlage gehandelt haben, die die Nachfolgerin der Burg von Burg geworden war und deren Funktion übernommen hatte. Im Gegensatz zur Burg von Burg wie auch zur Nienburg besitzt man über die Burg von Altencelle Hinweise aus Urkunden, in denen sie 990 erstmals erwähnt ist. Sie wurde gegen Ende des 13. Jahrhunderts von einem Großbrand vernichtet. Heute sind von ihr nur noch Spuren eines Ringwalles aus dem 10. Jahrhundert zu erkennen.

11

Der Sage nach ein Hexentanzplatz
Die Bloße Zelle auf dem Hils

Der etwa 15 Kilometer lange Hilskamm im Nordosten des Landkreises Holzminden stellt für die Geologen das Musterbeispiel einer Reliefumkehr dar. Er bildet die westliche Begrenzung jener Mulde, in deren Mitte aus einer 1744 „auf grünem Plan" gegründeten Glashütte das älteste heute noch bestehende Werk der glaserzeugenden Industrie Niedersachsens hervorgegangen ist. Gründer der einstigen Glashütte Grünenplan waren der gegenüber der Technik sehr aufgeschlossene Braunschweiger Herzog Karl I. und sein einfallsreicher Oberforstmeister Johann Georg von Langen (s. „Das Schloß Fürstenberg"). Die Hilsmulde ist im Laufe von Jahrmillionen durch natürliche Ausräumung entstanden, während sich die Abtragung ihrer aus gelblichweißem Sandstein bestehenden Umrandung unvergleichlich langsamer vollzogen hat. Dieser vor rund 100 Millionen Jahren in der Kreideformation des Erdmittelalters gebildete Kamm, der nach außen steil und nach innen flach abfällt, besitzt die Form eines nach Südosten geöffneten Ovals oder – wie es auch heißt – die Form eines Ohres. Dabei wird weniger an das Ohr eines Menschen gedacht, sondern mehr an eines des Teufels. Diese Ohrform ist auf Landkarten gut zu erkennen, aber auch in der Natur, wenn man

Die höchste Erhebung auf dem Hils, die man die Bloße Zelle nennt, galt früher im Volksglauben als ein Platz, an dem sich ähnlich wie auf dem Brocken im Harz in der Walpurgisnacht die Hexen versammelt und getanzt haben sollen. Die Bloße Zelle ist heute mit einem Stein gekennzeichnet.

auf dem Hils den Wilhelm-Raabe-Turm besteigt und den Blick über die Landschaft schweifen läßt. Diesen Aussichtsturm findet man auf dem 472 Meter hohen Großen Sohl – der zweithöchsten Erhebung des Hilskammes.

Die höchste Erhebung auf dem Hils, dessen Name sprachverwandt mit „heilig" sein soll, ist mit 480 Meter die nicht weit vom Großen Sohl entfernte Bloße Zelle. Auf dieser befindet sich eine geheimnisumwitterte Eintiefung, die vom Volksmund den Namen „Teufelsküche" erhielt. Da sie heute von Gräsern, Büschen und Bäumen überwuchert ist, läßt sich nur vermuten, daß sie rund ist, einen Durchmesser von etwa 12 Meter besitzt und bis in 2 Meter Tiefe reicht. Man kann auch nicht erkennen, ob sie von der Natur oder von Menschenhand geschaffen wurde. Deshalb zog man auch schon den Teufel als Verursacher des seltsamen Gebildes in Betracht. Gegen Mitte des 16. Jahrhunderts wußte der berühmte Kupferstecher Matthäus Merian bereits zu berichten, daß auf der Bloßen Zelle „die Hexen in der Walpurgis-Nacht gleich wie auff dem Brockenberge am Hartze ihre Täntze halten". Der Sage nach hat hier der Teufel von Zeit zu Zeit seine Getreuen versammelt, die auf Besenstielen durch die Lüfte herbeiritten, nachdem sie sich vorher mit einer Salbe aus Totenfett und Alraunwurzel bestrichen hatten. Am Versammlungsort angekommen, hätten sie zunächst ihr Hexenmal vorzeigen und dem Teufel huldigen müssen. Dabei habe dieser von ihnen verlangt, daß sie Gott und den Heiligen absagen und sich ihm – dem Satan – aufs neue unterwerfen. Um dies sichtbar zu bekunden, hätten sie ein Kreuz mit den Füßen treten müssen. Daß dieser Platz „Teufelsküche" genannt wurde, soll daher rühren, daß hier einst ein großer Opferkessel gestanden habe.

Allgemein ist bekannt, daß die heidnischen Sachsen – und nicht nur diese – auf Bergen und Hügeln, auf Felsen und Klippen, an Quellen und Höhlen sowie in heiligen Hainen und an anderen Orten, die die Natur besonders augenfällig gestaltet hatte, zusammenkamen, um ihren Göttern zu opfern oder auch um Recht zu sprechen. Nach Einführung des Christentums zur Zeit Kaiser Karls des Großen drohte jedoch jedem die Todesstrafe, der sich an derartigen Orten einfand und heidnische Kulthandlungen vornahm. Zudem bestand bereits seit Papst Gregor I., der schon 200 Jahre vor Karl dem Großen lebte, das Bestreben, Kultplätze mit großer Anziehungskraft durch christliche Kapellen, die in unmittelbarer Nähe der heidnischen Heiligtümer errichtet wurden, oder zumindest durch Anbringen von Kreuzen zu entdämonisieren. Die heidnischen Stätten, die sich nicht christianisieren ließen, wurden verteufelt und erhielten Namen wie „Teufelsaltar", „Teufelskanzel", „Teufelssteine", „Teufelsbad" und dergleichen mehr. Zudem legte man die christlichen Feste an die Zeitpunkte heidnischer Feiern und gab den Festbräuchen so weit wie irgend möglich einen christlichen Bezug.

Dieses Bestreben kommt auch darin zum Ausdruck, daß der 1. Mai im christlichen Kalender mit dem Namen „Walpurga" belegt wurde. Die Trägerin dieses Namens war eine vornehme Angelsächsin, die zur Zeit Karls des Großen in dessen Reich kam, um hier ihrem Verwandten Wynfreth, der als Heiliger Bonifatius weithin bekannt wurde, beim Missionieren zu helfen. Als Äbtissin des mittelfränkischen Klosters Heidenheim führte sie ein gottgeweihtes Leben voller guter Taten. Als sie im Jahre 779 starb, fand sie in der Frauenabtei des Benediktinerklosters Eichstätt ihre letzte Ruhe. Auch sie wurde heiliggesprochen. Wie die Entwicklung zeigte, gab sie ihren Namen jedoch weniger dem 1. Mai als Tag, sondern so gut wie ausschließlich der Nacht vorher. Diese Nacht, die den Übergang der kalten zur warmen Jahreszeit kennzeichnete, heißt bis heute die „Walpurgisnacht". Was jedoch von abergläubischen Menschen in sie hineingeheimnist wurde, war mit Sicherheit nicht im Sinne von Walpurga. Dem Volksglauben nach buhlten in dieser Nacht auf dem Brocken die Hexen mit dem Satan. Auf diesem Berg, der mit 1142 Meter der höchste des Harzes und zugleich ganz Norddeutschlands ist, trafen sich nach der Christianisierung noch lange die Anhänger des alten Glaubens am Abend des letzten Apriltages. Doch solche Zusammenkünfte gab es nicht nur auf dem Brocken, sondern auch anderswo und so auch auf dem Hils. Wie lange hier diese Zusammenkünfte stattgefunden haben, ist nicht überliefert.

Eine besondere Bedeutung als Hexentanzplatz besaß auf niedersächsischem Boden der Sage nach der Lünzhopsberg bei Drantum östlich von Cloppenburg. Dieser Hexenberg, der der Hügel eines großen Megalithgrabes aus der Jungsteinzeit war, ist heute nicht mehr vorhanden. Er wurde im Jahre 1906 von dem Bauern, zu dessen Land er gehörte, auf der Suche nach Überbleibseln aus der Heidenzeit abgetragen. Die Grabsteine verwendete er zum Bau einer Scheune auf seinem Hof. In diesem Gebiet des einstigen altsächsischen Lerigaues wurde aber noch mehr zerstört, das Einblick in die heidnische Vergangenheit gewährt hätte. Hier, wo sich in unmittelbarer Nähe zwischen Ahlhorn und Visbek die „klassische Quadratmeile der Vorgeschichte" befindet (s. Bd. II „Visbeker Braut und Bräutigam"), wurde diese 1964 beim Bau der „Hansalinie" der Bundesautobahn nicht nur durchschnitten. Die Autobahn wurde auch direkt über ein sächsisch-karolingisches Gräberfeld aus der Zeit vom 7. bis 9. Jahrhundert mit rund 500 Körperbestattungen und 24 Pferdegräbern hinweggeführt. Allerdings hatten hier auch schon die Franken bei ihrem Kampf gegen den Sachsenherzog Widukind mit der Zerstörung heidnischer Kultstätten begonnen – ein Vorgang, der die Schändung in jüngster Zeit etwas entschuldigt.

12

Wehrtürme dienten zum Kirchenbau

Die einstige Erteneburg

Im Lüneburger Raum – dem ehemaligen Bardengau – gab es einst mehr Burgen, als es die auf „burg" endenden Ortsnamen heute noch erkennen lassen. Es sollen zwei Dutzend gewesen sein. Die verhältnismäßig große Zahl solcher Festungen war neben anderen Gründen auf das Bestreben der Billunger Markgrafen und späteren Sachsenherzöge wie auch auf das der Welfen als ihren Nachfolgern zurückzuführen, ihr Herrschaftsgebiet gegen die von jenseits der Elbe nach Westen vordringenden slawischen Volksstämme zu sichern. Von den einstigen Burgen ist nicht viel erhalten. Entweder wurden sie völlig zerstört, wie es mit der Lüneburg geschehen ist, oder es blieben von ihnen nur Reste übrig, die man für Bauzwecke unterschiedlicher Art – dabei auch zur Errichtung von Kirchen – nutzte. Für die letztgenannte Verwendung bietet die ehemalige Erteneburg ein bezeichnendes Beispiel. Diese gab ihren Namen einem Ort, der sich um sie bildete. Er heißt heute Artlenburg und liegt im Norden des Landkreises Lüneburg am Südufer der Elbe schräg gegenüber dem holsteinischen Lauenburg. Es ist ein Gebiet, das von der Geschichtsschreibung schon sehr früh wahrgenommen wurde. Bis hierher soll bereits in den Jahren 12 bis 9 vor Christus der römische Feldherr Drusus auf seinen Erkundungszügen in das nördliche Germanien vorgestoßen sein (s. „Das Römerlager Scelerata"). Und der berühmte Geograph, Astronom und Mathematiker Claudius Ptolemäus, der im 2. Jahrhundert nach Christus in Alexandria im Norden Ägyptens lebte, soll schon diesen Ort als Elbübergang in einer Landkarte verzeichnet haben.

Die Elbe durchfloß vor ihrer Eindeichung im 13. Jahrhundert in diesem Bereich mit mehreren Armen ein weites Marschland, das auch feste und trockene Stellen besaß und sich deshalb zur Durchquerung eignete. So entstand hier bereits in früher Zeit eine Furt, die zu einer wichtigen Nord-Süd-Verbindung für eine Heer- und Handelsstraße wurde. Diese führte im Süden über Bardowick nach Lüneburg und im Norden, in zwei Hauptlinien gegabelt, einerseits nach Hamburg und andererseits nach Lübeck. Am Nord- wie auch am Südufer der Elbe entstanden je eine Burg, die unliebsame Eindringlinge abwehren sollten, die aber auch als Einnahmequellen genutzt wurden, indem man an ihnen den Passanten Gebühren abverlangte. Die südliche Burg soll dabei am Hauptarm der Elbe gelegen haben, der im Vergleich zu den anderen Elbarmen viel Strömung besaß und deshalb den Namen „Ertene" erhielt, was „die Bewegte" bedeutet haben soll. Dieser Name ging dann auch auf die Burg über, die bereits im Jahr 822 als ein Besitz der Karolinger bezeichnet wurde.

Die Erteneburg wurde im 10. Jahrhundert ein Stützpunkt der Billunger in ihrem Kampf gegen die Wenden. Herzog Magnus Billung, der letzte seines Geschlechtes, starb hier 1106. Er hinterließ ein umfangreiches Erbe, das über seine beiden Töchter Wulfhild und Eilika an die Welfen und an die Askanier ging. Wulfhild, die ältere Schwester, hatte sich mit Herzog Heinrich dem Schwarzen von Bayern, einem Welfen, verheiratet, und Eilika war mit Graf Otto dem Reichen von Ballenstedt, einem Askanier, vermählt. Nach dem Tod von Magnus ging der Billunger Besitz um Lüneburg und Bardowick an Wulfhild und damit in den Herrschaftsbereich der Welfen über. Wulfhild und ihr Gemahl wurden die Großeltern Heinrichs des Löwen. Dieser weithin bekannt gewordene Welfenherzog weilte mehrmals auf der Erteneburg. Er hielt hier Landtage ab und stellte Urkunden aus. Im Jahr 1160 empfing er auf dieser Burg den Dänenkönig Waldemar. In seiner kriegerischen Auseinandersetzung mit Kaiser Friedrich I. Barbarossa floh Heinrich 1181 vor dem herannahenden kaiserlichen Heer nach Stade. Doch vorher zerstörte er die Erteneburg durch Brand. Damit wollte Heinrich vermeiden, daß dieser wertvolle Stützpunkt der Welfenlande in die Hände seines Gegners fallen und ihm gleichermaßen gute Dienste leisten konnte.

Was von der Erteneburg noch verblieb, ging in den Besitz des askanischen Herzogs Bernhard I. von Sachsen über, der dort 1182 zusammen mit seinem Bruder, Markgraf Otto, einen Hoftag abhielt. Anschließend ließ er die verbliebene Ringmauer der Burg abtragen und mit den dabei gewonnenen Steinen am gegenüberliegenden Nordufer der Elbe die Lauenburg errichten. Am Südufer der Elbe blieb der Rest der ehemals so wehrhaften Anlage zurück. Darunter befand sich ein Turmstumpf aus Findlingsblöcken, der in den Bau der Artlenburger Kirche einbezogen wurde. Dieser wuchtige Turm, der heute noch zu bestaunen ist, besitzt 2 bis 3 Meter dicke Mauern, die innen rund und außen achteckig sind. An ihn fügte man zu Beginn des 14. Jahrhunderts eine Kirche in gotischem Stil und weihte sie dem Heiligen Nikolaus als dem Schutzpatron der Fischer, Schiffer und Kaufleute. Von den Feuersbrünsten, die mehrmals im Ort Artlenburg wüteten, blieb auch die

Kirche nicht verschont. Am 23. April 1821 brannte sie sogar bis auf die Grundmauern nieder. Auf diesen wurde sie danach wieder aufgebaut – nunmehr im klassizistischen Stil. Dieses Gotteshaus ist heute noch vorhanden. Der Elbübergang befindet sich aber nicht mehr bei Artlenburg, sondern bei Lauenburg.

Ein weiterer Ort, dessen Kirchturm schon anderen Zwecken als der Aufnahme von Glocken diente, ist Betzendorf, das man südwestlich von Lüneburg nahe der Bundesstraße 209 findet. Dieser Turm, der eine Höhe von 25 Meter besitzt, wurde aus Bruchsteinen errichtet, wobei sich die Mauerstärke von unten nach oben verringert. Wie genaue Messungen ergeben haben, beträgt sie zu ebener Erde 2,63 Meter und am oberen Ende 1,17 Meter. An diesen trutzigen fensterlosen Turm wurde – so wird vermutet – schon vor mehr als einem Jahrtausend ein Gotteshaus angebaut, das wohl zunächst nur aus Holz bestand, jedoch um 1350 durch eine Steinkirche in gotischem Stil ersetzt wurde. Innerhalb des Turmes läßt sich der Eingang zu einem unterirdischen Gang erkennen, der aber verschüttet ist. Wohin er einst führte, ist sein Geheimnis. Ebenso wenig weiß man, woher der Name des Ortes kommt. Eine möglicherweise zutreffende Vermutung geht dahin, daß er ein Gewässername sein könnte und sich von den alten Wörtern „beki" oder „bezi" herleitet, die Bach bedeuteten. Sie konnten ein Hinweis auf das sumpfige Gelände gewesen sein, in dem Betzendorf entstand. Die den Heiligen Petrus und Paulus geweihte Kirche wurde auf einem Hügel errichtet, der sich über das Sumpfland erhob. Ob der alte, trutzig wirkende Wehrturm jemals umkämpft war, ist nicht bekannt.

Ebenso wie in Artlenburg und Betzendorf wurde auch in Barskamp, das heute zur Gemeinde Bleckede gehört, zum Bau der Kirche ein alter Wehrturm genutzt. Dieses Gotteshaus soll um das Jahr 950 vom Sachsenherzog Hermann Billung gegründet und dem Schutz des Heiligen Vitus – einem der 14 Nothelfer – anvertraut worden sein. Weiter ist überliefert, daß es sehr klein war und aus Feldsteinen bestanden hat. Dieses Kirchlein wurde um 1400 durch einen Ziegelbau ersetzt, der 1768 von Grund auf erneuert wurde und dabei seine noch heute erhaltene Form als barocker Saalbau erhielt. Einer besonderen Fürsorge bedurfte der Turm, dessen Mauerwerk sich durch Senkungen nach und nach immer mehr verschoben

Von den vielen Burgen, die es einstmals im Lüneburger Raum gegeben hat, blieben lediglich einige Wehrturmreste übrig, die später – wie hier in Barskamp – zu imposanten Kirchtürmen umgestaltet wurden.

Auch die Kirche von Betzendorf besitzt einen trutzigen fensterlosen Turm aus Bruchsteinen, der zu Wehrzwecken errichtet worden war. Von ihm soll ein unterirdischer Gang abgeführt haben, der heute verschüttet ist.

Die Kirche von Artlenburg ist ebenfalls an den Stumpf eines alten Wehrturmes angebaut, auf den später Fachwerk mit einem spitzen Turm aufgesetzt wurde. Der Turmstumpf, dessen Mauern neu ummantelt wurden, soll ein Überrest der ehemaligen Erteneburg sein, die hier einen Elbübergang am Südufer des Flusses schützte.

hatte. Um ihn vor dem Einsturz zu bewahren, wurde er zunächst mit Stützpfeilern abgesichert. Später erlaubte dann die moderne Technik, ihn durch Einspritzen von Zement so zu festigen, daß die Stützpfeiler wieder entfernt werden konnten. Seitdem können die Glocken, deren schwerste 24 Zentner wiegt, wieder läuten, ohne daß befürchtet werden muß, daß der alte Turm einstürzen könnte.

Nach Meinung von Fachkennern gibt es im weiten Umfeld kein Geläut, das dem Wohlklang des Barskamper gleichkommt. Von besonderer geschichtlicher Bedeutung im Gebiet von Barskamp ist auch der hier gelegene Schieringer Forst, in dem sich mehrere Großsteingräber und zudem der noch unerforschte Schieringer Opferberg befinden (s. Bd. II „Das Dünengelände bei Bleckede").

13

Ihr Wetterhahn ist eine Henne

Die alte Alexanderkirche in Wallenhorst

Wallenhorst, das man nördlich von Osnabrück an der Bundesstraße 68 findet, ist ein sehr alter Ort. Er entwickelte sich in einem Gebiet, in dem schon ausgangs der Steinzeit Menschen lebten. Das bezeugen zahlreiche Großsteingräber, von denen jenes als das bedeutendste gilt, das „Karlsteine" genannt wird. Dieses Grab, das in der Schlucht des Hons auf einer einst freien Anhöhe weithin sichtbar angelegt worden war und heute von Wald umdüstert ist, stellt allein schon von seinem Äußeren her eine Besonderheit dar: Es ist das einzige Hünengrab in ganz Niedersachsen, das nicht aus Findlingen errichtet wurde, sondern aus Sandsteinblöcken, die nebenan im Piesberg gebrochen worden waren. Im Gebiet um Wallenhorst gibt es zudem viele Hügelgräber, die aus der Bronzezeit stammen und ebenfalls Zeugen einer frühen Besiedlung sind. Doch was sich hier einst zugetragen hat, ist nirgends schriftlich festgehalten. Lediglich Sagen vermögen einiges Licht in das geschichtliche Dunkel zu bringen.

So weiß man auch nur von einer Sage her, daß es bei Wallenhorst in einem heiligen Hain einen Heidentempel gegeben habe, der vom Frankenkönig Karl – nachdem er in einer blutigen Schlacht im Wittenfelde zwischen Vörden und Engter das Heer des Sachsenherzogs Widukind besiegt hatte – zerstört worden sei. Karl habe hier anstelle des heidnischen Heiligtums eine christliche Kirche erbauen lassen, die die erste im Osnabrücker Land gewesen sei. Auf den Turm der Wallenhorster Kirche habe der Frankenkönig eine goldene Henne setzen lassen und damit den Wunsch verbunden, daß diese im Osnabrücker Land weitere Kirchen ausbrüten möge. Eine davon ist im Jahre 785 „aus dem Ei geschlüpft", um im Bild zu bleiben. Es war der vom Lütticher Bischof Agilfred geweihte Osnabrücker Dom.

Während dieses bedeutende Gotteshaus sein Entstehen tatsächlich dem Frankenkönig verdankt, ist das Gründungswerk in Wallenhorst lediglich durch die Sage mit seinem Namen verbunden. Man kann deshalb auch nicht der Mitteilung einer Aufschrift Glauben schenken, die über dem Südportal der heutigen Kirche in den Sandstein gemeißelt ist und auf das Gründungsjahr der Kirche hinweisen soll. Es ist zu lesen: „VnI Deo s. CaroLVs eX fano saCraVIt". Das heißt, daß die Kirche „der hl. Karl aus einem Heidentempel dem einen Gott geweiht hat". Wenn man die großgeschriebenen Buchstaben der lateinischen Inschrift, die zugleich römische Ziffern darstellen, addiert, ergibt sich die Zahl 777, und diese soll das Gründungsjahr bezeichnen. Doch die Inschrift liefert keinen historischen Beweis, denn sie wurde erst bei einer Kirchenrenovierung im Jahre 1767 auf Veranlassung des damaligen Pastors Friedrich Gosmann angebracht, der die Gründungssage der Wallenhorster Kirche – wie zu jener Zeit noch üblich – für geschichtliche Wahrheit hielt.

An den überlieferten Sagen ist sicherlich einiges wahr. Bezweifelt wurde jedoch, daß die heutige alte Wallenhorster Kirche bereits zur Zeit Karls des Großen erbaut worden ist. Wie Nachforschungen ergeben haben, ist der älteste Teil der heutigen alten Kirche erst ab der Mitte des 12. Jahrhunderts entstanden. Das schließt nicht aus, daß sich am Standort der Kirche bereits vorher ein älteres Gotteshaus und noch früher vor der Einführung des christlichen Glaubens ein Gebäude für kultische Zwecke heidnischer Art befunden haben. Offensichtlich war dies auch der Fall. Unter dem Boden der heutigen Kirche wurden Fundamentreste der vorherigen und darunter Pfostenlöcher mit Brandspuren aus der Zeit vor 800 gefunden, die diese Annahmen bestätigen. Seit man dies entdeckt hat, wird die ältere Kirche mit dem Grafen Waltbert – einem Enkel Widukinds – in Verbindung gebracht, der etwa von 850 bis 872 der Graf des Lerigaues – des Gebietes westlich von Wildeshausen – war. Das Wirken dieses Grafen begann mit einer Aktion, die weithin großes Aufsehen erregte und unter anderem dem Dorf Wallenhorst im Jahre 851 die erste schriftliche Erwähnung einbrachte.

Graf Waltbert war im Jahre 850 mit einem Empfehlungsschreiben von Kaiser Lothar I. in der Tasche nach Rom gezogen, um vom damaligen Papst Leo IV. eine wunderbringende Reliquie zu erbitten, mit deren Hilfe er in seinem Herrschaftsgebiet den ins Wanken geratenen christlichen Glauben wieder festigen wollte (s. Bd. I. „Die Alexanderkirche in Wildeshausen"). Der Papst erfüllte den Wunsch des Grafen aus dem Sachsenland und schenkte ihm neben einigen anderen Reliquien die Gebeine des Heiligen Alexander, der schon als Jugendlicher wegen seiner Glaubensstärke den Märtyrertod hatte erleiden müssen. Der Heilige bewies bereits auf der Rückreise Waltberts seine wundertätige Kraft. Überall, wo der feierliche Zug anhielt, strömten Menschen

Die alte Alexanderkirche in Wallenhorst gilt als das älteste christliche Gotteshaus im Osnabrücker Land. Sie soll – wie es jedoch nur durch eine Sage überliefert ist – auf Geheiß Karls des Großen anstelle eines von ihm zerstörten heidnischen Heiligtums erbaut worden sein.

herbei, um das mit Tüchern verhüllte Haupt des Heiligen zu küssen. Dabei sollen – wie überliefert ist – ein Blinder sein Augenlicht wiedererlangt haben und eine taube Frau ihr Gehör. Eine andere Frau, deren Hände verwachsen waren, habe wieder gerade Finger bekommen und auch ein Mädchen, das einen krummen und verrenkten Fuß besessen hatte und deshalb hinken mußte, sei geheilt worden. Insgesamt – so hat der Chronist Meginhart in seinem Bericht festgehalten – seien bei der Überführung der Gebeine des Heiligen Alexander von Rom nach Wildeshausen 29 Wunder geschehen.

Der denkwürdige Zug hatte auf dem Rückweg im Januar 851 den um Osnabrück gelegenen Gau Threcwithi erreicht, überquerte hier aller Wahrscheinlichkeit nach den Osning im Paß von Iburg, führte weiter nach Osnabrück und dann durch die Honer Schlucht am Piesberg vorbei nach Wallenhorst. Der Zug hatte auf seiner langen Strecke täglich etwa 30 Kilometer zurückgelegt. Da es an dem Tage, an dem er von Osnabrück kommend Wallenhorst erreichte, nur 9 Kilometer waren, wird vermutet, daß sich hier Widukindscher Besitz befand, den Waltbert besuchte. Zudem wird vermutet, daß es bereits eine

Die lateinische Aufschrift über dem Südportal der alten Wallenhorster Alexanderkirche soll zugleich auf deren Gründungsjahr 777 hinweisen. Diese Jahreszahl ergibt sich, wenn man die großgeschriebenen Buchstaben, die zugleich römische Ziffern darstellen, addiert.

Kirche gab, in der der Heilige Alexander aufgebahrt wurde oder aber – was auch möglich sein konnte – daß der Graf des Lerigaues hier auf dem Besitz seiner Familie eine Kirche erbauen und dem Heiligen Alexander weihen lassen wollte, nachdem in Wallenhorst die erwähnte Heilung des blinden Mannes erfolgt und damit eine starke Stütze des Glaubens geschaffen war.

Die entstandene und dem Schutze des Heiligen Alexander anvertraute Kirche wurde im Laufe der Jahrhunderte baulich mehrmals verändert. So stockte man um 1150 die Seitenschiffe auf, und zwischen 1200 und 1250 nahm man eine Erhöhung des Mittelschiffes vor. Weitere wesentliche Veränderungen folgten im 14. und 15. Jahrhundert, und um 1500, als im Osnabrücker Land zwischen den Ständen soziale Spannungen entstanden und unruhige Zeiten angebrochen waren, wurde an der Westseite des Mittelschiffes ein trutziger Turm angebaut. Dieser bewährte sich vor allem im Dreißigjährigen Krieg und auch noch in den Jahren danach, in denen die Bewohner des Kirchspiels Wallenhorst ihre wertvollen Habseligkeiten in der Kirche eingelagert hatten. Wenn auch nichts geraubt wurde, hatte das Gotteshaus dennoch Schaden genommen, den es nun zu beheben galt. Nachdem in den herrschenden Glaubenswirren auch geklärt war, daß die Alexanderkirche katholisch bleiben sollte, wurde sie mit farbigen Schnitzfiguren ausgeschmückt und – damit diese besser zur Geltung kommen konnten – dem Kirchenraum durch Vergrößerung der Fenster mehr Licht zugeführt.

Die Zunahme der Einwohnerzahl von Wallenhorst ließ neben dem alten Dorf ein neues entstehen, in dem auch eine Pfarrkirche errichtet wurde. Als diese 1881 fertiggestellt war, weihte man sie ebenfalls dem Heiligen Alexander. Sie bekam zudem einen Teil der Innenausstattung der alten Kirche. Obgleich die neue weitaus größere Ausmaße erhielt und dadurch imposanter wirkt, ist die alte nicht vergessen. In ihr finden noch immer Gottesdienste statt. Auch Trauungen werden in ihr vorgenommen, und überdies wird sie für kulturelle Veranstaltungen genutzt.

14

Zweimal wurde ihr Turm zerstört

Die Wehrkirche von Esenshamm

Bevor die Weser zwischen Nordenham und Bremerhaven die Nordsee erreicht, fließt sie an Esenshamm vorüber. Dieser Ort ist an ihrem Westufer auf einem Stück Land entstanden, das sich erst im Alluvium, das heißt in erdgeschichtlich jüngster Zeit, gebildet hat. Das geschah durch Ausschwemmungen des nahen Meeres wie auch des Weserstromes. Auf jenen feinerdigen, als Schlick bezeichneten Ablagerungen, die sehr fruchtbar sind, vermochte sich gutes Weideland zu entwickeln. Dieses nannte man – zumal wenn es mit einem Graben umfriedet war – „Hamm". Um gegen Überflutungen so gut wie nur möglich geschützt zu sein, schütteten die hier siedelnden Menschen bereits in früher Zeit Warfen, Wurten oder Wierden genannte Hügel auf und errichteten dann darauf ihre Behausungen in Form von niedrigen schilfgedeckten Hütten. Die Hügel wurden nach und nach miteinander durch Dämme verbunden, um trockenen Fußes zu den Nachbarn gelangen und um überhaupt beweglicher sein zu können. Zudem entstanden festere Häuser. Wann das alles geschah, läßt sich nicht genau ermitteln. Dagegen weiß man mit einiger Sicherheit, daß dieses Gebiet zumindest schon zur Zeit um Christi Geburt begehbar war, als die Römer unter ihren Kaisern Augustus und Tiberius Germanien auch von der Nordsee aus zu erobern versuchten und – geradezu wie zur Bestätigung ihrer Anwesenheit – hier eine korallenrote, mit kleinen Figuren verzierte irdene Schale verloren. Diese wurde nach ihrem Auffinden dem Oldenburger Museum für Naturkunde und Vorgeschichte übergeben. Es war ebenfalls ein Römer, von dem die erste Nachricht über das Gebiet an der Nordseeküste stammte, nämlich der Schriftsteller Plinius der Ältere, der von 23 bis 79 nach Christus lebte.

Der zweite Teil des Namens Esenshamm bezeichnet – wie erwähnt – umfriedetes Weideland. Was aber bedeutet der erste Teil? Darüber wurde schon viel gerätselt. Ist er auf eine Witwe namens Ese zurückzuführen, die einer schriftlichen Überlieferung aus dem Jahre 1654 zufolge der Kirche das Land geschenkt haben soll, auf dem das Gotteshaus sowie die Pastorei und die Küsterei erbaut worden sind? Oder kommt ein Hinweis, der sich aus einer Sage ergibt, dem wahren Geschehen näher? Danach wären zwei Schwestern, die Es und Sam geheißen haben sollen, die Stifterinnen der Kirche gewesen. Eine weitere Mutmaßung stammt von Siebrand Meyer, einem Pastor, der von 1739 bis 1775 in Esenshamm amtierte. Dieser meinte, daß die Entstehung des Kirchenhügels wie auch der Name des Ortes auf heidnische Zeit zurückgehen. Auf dem Hügel habe es eine Opferstätte gegeben, die dem Götzen Hesus oder Esus geweiht gewesen sei. Pastor Meyer berief sich dabei auf den lateinischen Kirchenschriftsteller Lucius Caecilius Firmianus Lactantius, der um die Wende des dritten zum vierten nachchristlichen Jahrhundert lebte, aus Nordafrika stammte und der „christliche Cicero" genannt wurde. Dieser, der auch in Trier wirkte, bezeichnete Esus als einen der Hauptgötter der Gallier, der als so grausam gegolten haben soll, daß ihm nur gehenkte Menschen als Opfer dargebracht werden durften. Wie der gallische Esus, der mit dem römischen Kriegsgott Mars verglichen wurde, nach Esenshamm gelangt sein soll, ist allerdings eine offene Frage.

Das Christentum wurde in Esenshamm von Willehad, dem Apostel der Friesen, eingeführt, der der erste Bischof von Bremen war und vor 789 im benachbarten Blexen die Hippolytkirche als Stützpunkt für die Friesenmission gegründet hatte (s. Bd. II „Die Hippolytkirche in Blexen"). Wie andere Missionare bevorzugte Willehad zur Errichtung christlicher Gotteshäuser Orte, an denen vorher Götzen gedient worden war. So geschah es wohl auch in Esenshamm, zumal sich der heidnische Opferhügel von seiner Größe her für den Bau einer Kirche geradezu anbot. Diese war zwar – so wird vermutet – zunächst nur ein hölzernes Bethaus, das aber in der ersten Hälfte des 14. Jahrhunderts in einen stattlichen Quaderbau aus Portasandstein umgewandelt wurde. Die neue Kirche bekam einen Westturm und an ihrer Ostseite einen Chor mit fünf Seiten eines Achteckes. Sie war nicht allein zur Ehre Gottes erbaut worden, sondern auch zum Schutz der Bewohner des Ortes gegen Angriffe von Feinden. So erhielt ihr Portal in der Mauer seiner Innenseite eine Vorrichtung zum Verrammeln der Tür. Eine zweite Tür, die die Kirche besaß, wurde um 1600 zugemauert, doch im 19. Jahrhundert bekam das Bauwerk erneut eine zweite Tür.

Die Kirche von Esenshamm galt weit und breit als die wehrhafteste. Um sie herum war ein 30 Meter breiter Wassergraben angelegt, so daß der ganze Kirchhof verteidigt werden konnte. Die Kirche mit ihrem einst trutzigen Turm sollte nur letzte Zuflucht gewähren. In den mittelalterlichen Häuptlingskämpfen spielte die Kirche von Esenshamm eine besondere Rolle. Gegen sie wandten sich 1384 die Bremer im

Bunde mit dem Rüstringer Häuptling Edo Wiemken dem Älteren (s. Bd. III „Die Burgen in Wilhelmshaven"). Dieser hatte seine Halbschwester Jarst samt einer reichen Mitgift dem Häuptling Hayo Hosken von Esenshamm zur Frau gegeben. Doch Jarst wurde schon bald von ihrem Gatten wegen einer anderen Frau verstoßen. Edo Wiemken fand zwar im Häuptling von Seedick rasch einen neuen Gemahl für seine Halbschwester, vermochte aber die ihm angetane schwere Kränkung nicht zu verwinden. So kam es zu seinem Bündnis mit den Bremern, deren Handelskoggen der Häuptling von Esenshamm schon oft ausgeplündert hatte. Edo Wiemken und die Bremer belagerten die Kirche von Esenshamm, in die sich Hayo Hosken zurückgezogen hatte, zwei Wochen lang und schossen sie mit Steinwurfgeräten wie auch mit Donnerbüchsen sturmreif. Dann nahmen sie den Kirchhof ein und zerstörten den Kirchturm, indem sie ihn zuerst untergruben und zugleich mit Holzbalken abstützten. An diese Balken legten sie Feuer – und nun dauerte es nicht mehr lange, bis der Turm einstürzte. Hayo Hosken wurde an Edo Wiemken ausgeliefert, der ihn grausam peinigen und schließlich mit einem Hanfseil durchsägen ließ.

Die Kirche von Esenshamm bekam in der Folgezeit einen neuen Turm, der aber zunächst wesentlich niedriger als der zerstörte war. Erst 1678 wurde er vergrößert und mit einem höheren Helm ausgestattet. In diesen Turm schlug jedoch 1783 der Blitz ein, wobei ein Feuer entstand, das ihn bis auf die Mauern niederbrannte. 1785 wurde er erneut aufgerichtet. Bei den Löscharbeiten war die Orgel leicht beschädigt worden, die von dem in Hamburg ansässigen, jedoch aus Schmalenfleth in der Wesermarsch stammenden berühmten Orgelbauer Arp Schnitger geschaffen worden war. Zum Glück hatte das Feuer das Kirchenschiff verschont, so daß dessen mit Gemälden und Schnitzereien geschmückte Innenausstattung erhalten blieb. Auffallend ist die große Zahl der Geschenke, die die Kirche zu ihrer Ausschmückung erhalten hat. Besonders beachtenswert ist das um 1600 angefertigte Kirchengestühl mit seinem Reichtum an Hausmarken, die in die Kopfbretter des Gestühls geschnitten sind. Die Hausmarken dienten in der Zeit, in der noch nicht jeder lesen und schreiben konnte, als Besitzzeichen und darüber hinaus auch als Unterschrift der Schreibunkundigen.

Besuchern, die nicht aus Esenshamm oder seinem Umland stammen, vermag der Friedhof an der Kirche eigenartig zu erscheinen. Dieser Eindruck ist auf die zahlreichen Grabkeller zurückzuführen, die hier seit Beginn des 18. Jahrhunderts angelegt worden sind. Den Anlaß für diese Grabbauten gab der nasse Untergrund in der Wesermarsch. Bereits einen halben Meter unter der Erdoberfläche stieß man hier schon auf Wasser. Verstorbene wurden zudem in der

Auf dem Friedhof um die Kirche von Esenshamm fallen dem Besucher die zahlreichen Grabkeller auf, von denen dieses Bild einen zeigt. Sie sollen die Beigesetzten vor dem hier in der Wesermarsch sehr hochstehenden Grundwasser schützen.

Kirche beigesetzt, wie die Leichensteine, die im Gang vom Chor zum Quergang liegen, zu erkennen geben. Auch im Kirchenschiff befinden sich von Steinplatten gedeckte Grabstätten. Beisetzungen dieser Art wurden bis 1802 vorgenommen.

Die Kirche von Esenshamm steht auf einem alten heidnischen Opferhügel. Sie galt einst im weiten Umkreis als die wehrhafteste und spielte in den friesischen Häuptlingskämpfen eine besondere Rolle. Dabei wurde ihr erster Turm zerstört, der – wieder aufgebaut – nach einem Blitzschlag niederbrannte, so daß er ein drittes Mal errichtet werden mußte.

15

Asylrecht machte sie zur Räuberhöhle

Die einstige Burg Altena in Schüttorf

Schüttorf, am ehemals wichtigen nach Groningen und Amsterdam führenden Schiffahrtsweg der Vechte gelegen, ist die älteste Stadt im Landkreis Grafschaft Bentheim. Der Ort, in dessen Nähe die Scherben eines mehr als 4000 Jahre alten Gefäßes aus der jüngeren Steinzeit gefunden wurden, erhielt bereits 1295 durch den Bentheimer Grafen Egbert städtische Rechte. Aber auch schon vorher hatte Schüttorf 200 Jahre lang als Gerichtsstätte und Kirchenplatz derartige Privilegien besessen. Die erste Kirche soll hier bereits um das Jahr 800 von dem später heiliggesprochenen christlichen Glaubensboten Liudger gegründet worden sein. Dieser stammte aus Friesland und war von Kaiser Karl dem Großen zum ersten Bischof von Münster berufen worden (s. Bd. III „Die Amanduskirche in Aschendorf"). Schüttorf besaß auch eine Burg. Diese hieß Altena, lag im Südosten des Ortes und war aus einem 1154 erstmals erwähnten Haupthof der Bentheimer Grafen hervorgegangen. Die im gotischen Stil erbaute Burg wurde nach der Errichtung der strategisch günstiger gelegenen Burg Bentheim der Alterssitz für Witwen aus dem Grafenhause. Für diese neue Nutzungsart ließ die Gräfin Anna, die eine Tochter des wohlhabenden Grafen Konrad von Tecklenburg war, die Burg Altena von 1565 an in ein Renaissanceschloß umgestalten, das sehr prächtig gewesen sein soll.

Der alten Burg Altena, deren erste Erwähnung aus dem Jahre 1372 stammt, war in ihrer Frühzeit eine merkwürdige Rolle zugedacht. Zu jener Zeit besaß Schüttorf, das sich mit seinen Häusern an die Burg anlehnte, die sogenannte peinliche Gerichtspflege. Mit der Bezeichnung „peinlich" wurde zum Ausdruck gebracht, daß es um Strafrecht ging. Hatte das Femgericht einen Verbrecher wegen Totschlages oder anderer Übeltaten verurteilt, durfte er in der Burg Zuflucht nehmen. In ihr war er ein Jahr und einen Tag vor allen Verfolgungen sicher. Und wenn Verurteilte innerhalb dieser Frist nicht entfliehen konnten oder wollten und sich nach Ablauf der Frist bis zu einem bestimmten Abstand vom Burgtor entfernt ungehindert zu zeigen vermochten, erhielten sie das Recht, ein weiteres Jahr und einen Tag in der Burg zu bleiben. Dieses seltsame Asylrecht führte zu nichts Gutem. Es leistete dem Verbrechen neuen Vorschub mit dem Ergebnis, daß die Burg zu einer Räuberhöhle wurde. Dieses Zufluchtsrecht wurde deshalb auch bald wieder aufgehoben, und die Burg erhielt neue Aufgaben, zu denen die erwähnte Nutzung durch verwitwete Gräfinnen gehörte. Im 19. Jahrhundert zog eine Textilfabrik in sie ein. Zu dieser Zeit hatten die Baulichkeiten bereits zu verfallen begonnen. Ihre Reste wurden 1973 gänzlich abgetragen, um dem Neubau einer Straße Platz zu machen. Nahe dem Standort der alten Burg Altena wurde ein Denkmal errichtet, das an das erwähnte merkwürdige Asylrecht für Verfolgte erinnern soll.

Unabhängig davon wie die Burg Altena endete, waren von ihr, als sie gräflicher Amtssitz war, wertvolle Impulse auf die Entwicklung der Stadt Schüttorf ausgegangen. Es wird sogar für möglich gehalten, daß Schüttorf der Stammsitz der Grafen zu Bentheim ist. Jedenfalls ließen diese der aufblühenden Marktsiedlung ihre besondere Fürsorge angedeihen. Schüttorf gehörte vermutlich auch zur Hanse, denn es besaß einen bedeutenden Umschlagplatz für die Verschiffung des begehrten Bentheimer und Gildehäuser Sandsteins, die beide von hier aus bis nach Amsterdam und Emden verfrachtet wurden. Mit dieser Möglichkeit zum Abtransport von Bausteinen war für Schüttorf die Zeit seines größten Wohlstandes angebrochen. War der Ort schon früher durch Wälle und doppelte Gräben gegen Überfälle geschützt worden, so erhielt er nun eine Stadtmauer mit sieben Türmen. Erbaut wurde diese fast 10 Meter hohe und bis zu 2 Meter breite Mauer auf Geheiß des Grafen Simon, der ein Enkel des eingangs erwähnten tatkräftigen Grafen Egbert war. Von der Stadtmauer sind heute noch beeindruckende Reste erhalten. Gleichzeitig mit ihrem Entstehen soll an dem Vechteübergang südlich der Altstadt der Wachtturm „Mansbrügge" gebaut worden sein, der ebenfalls zur Stadtbefestigung gehörte. Auch von ihm ist noch ein Rest vorhanden.

Im 13. Jahrhundert bekam Schüttorf auch eine gräfliche Münzstätte, und im 14. Jahrhundert stiftete Graf Bernhard I. von Bentheim mit Hilfe eines angesehenen Schüttorfer Bürgers ein „Mariengarten" genanntes Beginen- oder Süsternhaus. Diese dem Augustinerorden angeschlossene klosterähnliche Einrichtung für Jungfrauen und Witwen wurde jedoch in der Reformationszeit von Graf Arnold I. aufgehoben. Dessen Enkel Graf Arnold II., der an der Universität Straßburg studiert hatte und 1573 von seiner Mutter – der Gräfin Anna – die Regierungsgeschäfte übernahm, gründete um 1588 in den verwaisten Schüttorfer Klostergebäuden ein akademisches Gymnasium. Dieses erlangte rasch einen guten Ruf, wurde

In Schüttorf entstand die erste Kirche im Bentheimer Land. Dieses Gotteshaus, das dem Heiligen Laurentius geweiht wurde, besitzt einen 81 Meter hohen Turm, der zu den höchsten Kirchtürmen Deutschlands zählt.

jedoch schon drei Jahre später von dem umsichtigen Grafen aus Sicherheitsgründen in das westfälische Steinfurt verlegt, das ebenfalls zu seinem Herrschaftsgebiet gehörte. Es waren Kriegszeiten angebrochen: der Freiheitskampf der Niederländer gegen die Unterdrückung durch die Spanier. Darunter hatte auch die Grafschaft Bentheim sehr zu leiden. Denn in ihr Gebiet fielen immer wieder spanische Soldaten ein, um zu rauben und zu morden. Graf Arnold II. war sehr bemüht, Greueltaten dieser Art mit friedlichen Mitteln wie Einladungen der spanischen Offiziere zu Gastlichkeiten im Bentheimer Schloß, aber auch durch Geldzahlungen abzuwenden, was jedoch nicht immer gelang. Er gab auch den von Spaniern heimgesuchten Bewohnern seiner Grafschaft Geld, damit sie überleben konnten. Zur Zeit der Gegenreformation wurde das einstige Süsternhaus im Jahre 1688 wieder den Katholiken verfügbar gemacht. Von diesen mußte es 1701 aufgegeben werden, und 1842 verschwand es völlig.

Schüttorf ist nicht nur die älteste Stadt in der Grafschaft Bentheim, sondern hier wurde auch die erste Kirche in diesem Gebiet gegründet, nämlich – wie schon erwähnt – von dem später heiliggesprochenen Liudger. Darauf weisen die beiden ältesten Urkunden hin, in denen Schüttorf genannt ist. Sie stammen aus den Jahren 793 und 802 und besagen, daß hier Liudger Land übertragen wurde. Wie diese frühe Kirche aussah, ist nicht überliefert. Ihre Nachfolgerin ist die Laurentiuskirche, die ihr heutiges Aussehen in der zweiten Hälfte des 15. Jahrhunderts erhielt. Seitdem zeigt sich dieses Gotteshaus dem Betrachter als eine dreischiffige Hallenbasilika, die aus Bentheimer Sandstein errichtet ist. Ihr mächtiger Turm, der erst im Jahre 1502 entstand, ist an die Westseite des Kirchenschiffes angebaut. Er besteht aus drei hohen, deutlich abgesetzten Geschossen und endet mit einem achtseitigen Pyramidenhelm. Bei seiner Höhe von 81 Meter zählt er zu den höchsten Kirchtürmen Deutschlands. Mit der Wahl des Heiligen Laurentius zum Schutzpatron sollte zugleich an den Tag erinnert werden, an dem König Otto I., der von 962 an auch römischer Kaiser war, auf dem Lechfeld bei Augsburg die anstürmenden Ungarn besiegte. Das geschah am 10. August – dem Laurentiustag – des Jahres 955. Der wegen seiner Ritterlichkeit und Glaubensstärke sehr verehrte Laurentius war der Überlieferung nach im Jahre 285 in Rom auf einem glühenden Rost gebraten worden, weil er die Schätze seiner Kirche nicht herausgeben, sondern sie den Armen bewahren wollte. An sein schreckliches Martyrium erinnert noch heute das Kirchensiegel der reformierten Gemeinde in Schüttorf, das den Heiligen mit dem Bratrost zeigt.

Wo einst die Burg Altena stand, wurde in neuerer Zeit ein Denkmal errichtet, das seltsam anmutet. Es soll an das merkwürdige Asylrecht erinnern, das die Burg Altena zu einer Räuberhöhle machte.

Schüttorf besaß früher eine Stadtmauer mit sieben Türmen. Wie unser Bild zeigt, sind von dieser Mauer noch beeindruckende Reste zu sehen.

16

Der Steinerne Mann war eine Äbtissin

Die Stiftskirche in Bassum

Ansgar, der in Dänemark und Schweden missioniert hatte und deshalb „Apostel des Nordens" genannt wurde, war als Erzbischof von Hamburg und Bremen auch an der christlichen Durchdringung des nördlichen Niedersachsens maßgeblich beteiligt (s. Bd. I „Die Stiftskirche in Bücken" u. Bd. II „Die Stiftskirche in Ramelsloh"). So wurde er, der nach seinem Ableben heiliggesprochen wurde, um 860 auch zum Gründer des Kanonissenstiftes Bassum. In der Nähe dieses Ortes, der im Oberwald des Largaues lag und heute zum Landkreis Diepholz gehört, befanden sich eine Thingstätte und vermutlich auch ein Heiligtum aus germanischer Zeit. Zudem führte hier ein alter Heerweg entlang. Das alles dürfte dazu beigetragen haben, daß an dieser Stelle schon früh eine christliche Mission eingerichtet und eine Taufkirche erbaut wurden. Ansgar nannte den Ort nach einem sächsischen Edlen namens Birk, dem entweder der Grund und Boden gehörte oder dessen Besitzungen in der Nähe lagen, „Bircsinum" oder – wie der Chronist Adam von Bremen den Namen überlieferte – „Birxinon". Möglicherweise stammte auch Liutgard, die erste Äbtissin des Kanonissenstiftes, aus dem Geschlecht dieses Edelings. Jedenfalls vermachte sie dem Stift, das zur Heimstatt gottgeweihter, jedoch nicht als Nonnen im Klosterstand lebender Jungfrauen wurde, ihr gesamtes vom Vater geerbtes Vermögen.

Aus dem Namen Bircsinum beziehungsweise Birxinon wurde im Laufe der Zeit Birsen, dann Barsen, Barssen, Bassen und schließlich Bassum. Die Kirche und das Stift wurden den Heiligen Victor und Mauritius geweiht, die der Legende nach zwei glaubensstarke Christen in römischen Kriegsdiensten gewesen waren. Mauritius, der der Anführer der aus Oberägypten stammenden Thebäischen Legion war, hatte sich lieber töten lassen, als daß er als Christ an der Christenverfolgung des Kaisers Maximian im Jahre 286 im Wallis, wo heute noch der Ortsname St. Moritz an ihn erinnert, teilgenommen hätte. Und Victor nahm ebenfalls seines christlichen Glaubens willen den Tod auf sich. Allerdings bestehen unterschiedliche Auffassungen darüber, um welchen Victor es sich handelte. War es jener römische Veteran, der auf die Mörder des Mauritius stieß und sich weigerte, an dem anläßlich dieser Tötung veranstalteten Festschmaus teilzunehmen und dabei bekannte, selbst ein Christ zu sein? Oder war es der Reiteroberst, der in der Nähe von Xanten am Niederrhein, wo bis zum heutigen Tage die beeindruckenden Reste einer Römerstadt zu bestaunen sind, zusammen mit seinen an den Christengott glaubenden Soldaten in Sumpflöchern ertränkt wurde und später dem mächtigen Dom von Xanten den Namen gab? Oder war es ein ganz anderer Victor? Die Auswahl ist groß. Das „Vollständige Heiligen-Lexikon" von Johann Evangelist Stadler und J. N. Ginal, Ausgabe 1975, zählt 169 Heilige dieses Namens auf. Doch welcher Victor auch immer es gewesen sein mag, gilt er als der eigentliche Patron des Stiftes Bassum, das noch immer ein Bild von ihm im Siegel führt.

Die erste Kirche in Bassum war ein schlichter, aus Baumstämmen gezimmerter Holzbau, der vermutlich – wie in der Zeit vor der Jahrtausendwende üblich – gelegentlich erneuert wurde. In jener Zeit, in der Adaldag Erzbischof von Bremen war, erhielt die Bassumer Kirche ihre Reliquien des Heiligen Victor. Sie sollen ihr aus Anlaß eines Neubaues der Kirche im Jahre 980 von Erzbischof Adaldag überbracht worden sein. Wie das neue Bauwerk ausgesehen hat, ist nicht bekannt. Am Anfang des 13. Jahrhunderts entstand der spätromanische Backsteinbau, von dessen ältesten Teilen der hohe Chor, die Apsis und der Triumphbogen noch heute erhalten sind. Teile des Langhauses und des Querhauses, die um 1230 errichtet wurden, als Gerhard von der Lippe Erzbischof in Bremen war, stehen ebenfalls noch. Die übrigen Baulichkeiten von damals wurden Opfer eines Brandes, der 1327 die Kirche schwer beschädigte und alle Stiftsgebäude vernichtete. Schon ein Jahr später begann der Wiederaufbau, nachdem Erzbischof Burchard von Bremen die Gläubigen seines Sprengels in einem Sendschreiben aufgefordert hatte, mit Spenden dazu beizutragen. Er verhieß allen, die diesem Aufruf innerhalb von zwei Jahren Folge leisten, einen Ablaß von Sündenstrafen.

Das Aufbauwerk begann, wenngleich auch nur langsam. Das neue Gotteshaus wurde weitgehend wieder in den alten Formen als Hallenkirche erstellt, allerdings in einem Stil in Richtung Gotik. Aber auch dieses Bauwerk blieb vom Feuer nicht verschont. Der neue Brand entstand 1797 durch Einschlag eines Blitzes in den Turm. Dieser wurde dabei zerstört, und fünf der Glocken zerbarsten. Der Turm, der sich hoch und schlank über der Vierung erhoben hatte, wurde später durch einen niedrigeren, jedoch wuchtiger wirkenden ersetzt, den die Kirche heute noch trägt und der ihr ein kraftvolles Aussehen verleiht.

Als die Reformation das Sachsenland ergriff und sich seit 1525 auch im Gebiet von Bassum ausbreitete, wurde sie am Tor des Stiftes energisch abgewiesen. Die damalige Äbtissin Anna Frese widersetzte sich so sehr, daß erst 1541, nachdem sie schon verstorben war, die Lehren Martin Luthers Eingang finden konnten. Sie führten 1544 zu einer Neuordnung „binnen dem Closter tho Barssen". Das Kanonissenstift wurde ein weltliches Damenstift, das es noch heute ist. Nur mit dem Reliquiar, in dem die Reliquien aufbewahrt wurden, wußte man offenbar nichts Rechtes mehr anzufangen. Das Reliquiar war ein aus Eichenholz gefertigter, mit Gold und Edelsteinen verzierter Schrein, der unter der Deckplatte eines Altars untergebracht war. Als im Dreißigjährigen Krieg an einem Tag des Jahres 1627 kaiserliche Landsknechte in Bassum Stift und Kirche ausplünderten, brachen sie auch den Altartisch und den darunter verwahrten Eichenschrein auf, raubten dessen kostbare Verzierung und verstreuten die Reliquien – darunter die Hirnschale des Heiligen Victors – auf dem Fußboden. Sie wurden später wieder aufgesammelt und von der Äbtissin Marschalk in ihrem Zimmer auf die Böhrte gestellt. Auf diesem Wandbrett blieben sie fast zweieinhalb Jahrhunderte stehen. Erst bei der 1866 erfolgten Renovierung der Kirche wurden die Reliquien wieder würdiger untergebracht, nämlich unter der Sandsteinplatte des Altars. Seit 1960 befindet sich der Reliquienschrein in einer ausgemauerten Nische der Rückwand des Altars auf dem hohen Chor hinter einem Glasfenster. Leider sind durch die Brände und die Renovierungen die Wandmalereien, die das Innere der Kirche einst schmückten, verlorengegangen.

Als das bedeutendste Monument zur Geschichte des Stiftes Bassum wird das Grabmal der Äbtissin Anna erachtet, die am 26. November 1585 verstarb. Diese war eine Schwester des letzten Hoyaer Grafen Otto VIII., der drei Jahre vor ihr das Zeitliche gesegnet hatte (s. „Die einstige Burg Hoya"). Das Grabmal der Anna von Hoya – ein Hochgrab aus Sandstein – zeigt auf der Deckplatte des Sarkophags die liegende Figur der Äbtissin in der Ordenstracht einer Stiftsdame jener Zeit. Obgleich ihr Antlitz strenge Züge zu erkennen gibt, erscheint sie als eine noch recht jugendliche Frau. Wie der Inschrift des Grabmals zu entnehmen ist, starb sie im Alter von 53 Jahren. Von ihrem Sarkophag heißt es, daß er sein eigenes bewegtes Schicksal habe. Er stand zunächst mehr als 100 Jahre lang mitten auf dem hohen Chor der Bassumer Stiftskirche, wurde dann aber in den Jahren 1696/97 abgerissen und an einem anderen Ort wieder errichtet.

Er soll danach noch mehrmals seinen Standort gewechselt haben, wobei die von ihm entfernte Statue der Äbtissin zum Entstehen der seltsamen und nahezu vergessenen Sage vom Steinernen Mann Anlaß gegeben habe. Wie man sich erzählte, soll in der Kirche zu Bassum neben dem Turmaufgang lange Jahre ein Mann aus Stein gestanden haben, mit dem jede Bassumer Äbtissin vermählt worden sei. Durch diese Trauung, die jeweils bereits bei der Amtseinführung vollzogen worden sei, durfte sich die Äbtissin fortan „Frau" nennen. Der Steinerne Mann soll Nachforschungen zufolge die Statue der Anna von Hoya gewesen sein. Diese konnte wegen ihrer herben Gesichtszüge und der Halskrause von der Bevölke-

Im südlichen Seitenschiff der Bassumer Kirche befindet sich der Sarkophag der 1585 verstorbenen Äbtissin Anna, die eine Gräfin von Hoya war. Wie es heißt, wirkt das Steinbild dieser Äbtissin mit seinen herben Gesichtszügen männlich.

rung, die das vollständige Hochgrab nicht mehr kannte, durchaus als Mann mißdeutet worden sein. Heute hat das Hochgrab seinen Standort im südlichen Seitenschiff der Bassumer Kirche.

Bei Bassum gab es einst auch eine Burg. Sie hieß Freudenburg und soll – Rekonstruktionszeichnungen zufolge – recht stattlich gewesen sein. Doch wie sie wirklich aussah, weiß längst niemand mehr. Sie war westlich des Stiftes auf einem Hügel inmitten von Sumpfland errichtet und mit einem Wassergraben umgeben worden. Als Erbauer wird Graf Otto III. von Hoya genannt. Zur Freudenburg, die 1388 erstmals schriftlich erwähnt wurde, konnte man nur an einer schmalen Stelle nahe der eingangs erwähnten alten Thingstätte gelangen. 1407 wurde die Burg von den Hoyaer Grafen an die Edelherren von

Bevor die Kirche von Bassum ihr heutiges kraftvolles Aussehen erhielt, war sie mehrmals von Bränden und kriegerischen Ereignissen heimgesucht worden. Dabei gingen auch die Wandmalereien verloren, die ihr Inneres schmückten. Erhalten blieben bis heute Teile des spätromanischen Backsteinbaues.

Diepholz verpfändet. In deren Besitz blieb sie ein gutes Jahrhundert lang. Dann fiel sie 1582 an Hessen. Im Dreißigjährigen Krieg wurde die Freudenburg von Tillyschen Truppen belagert, blieb für sie aber uneinnehmbar. Etwa um 1730 brannte sie nieder. An ihrer Stelle wurde ein Amtshaus errichtet. 1816 kam das Bassumer Gebiet an Hannover. Trotz der Veränderungen auf dem Freudenberg ist auch hier wie im Stiftsgelände der Atem der Geschichte noch zu spüren.

17

Sie bekam sieben Töchter

Die Kirche Sixtus und Sinicius in Hohenkirchen

Im Norden des Kreises Friesland, wo sich das Land dem Meer zuneigt und gegen dessen räuberische Zugriffe durch feste Deiche geschützt ist, findet man den nach seiner Kirche benannten Ort Hohenkirchen. Bei diesem Namen kommt man leicht zur Ansicht, daß ihn das Gotteshaus deshalb bekommen hat, weil es auf einer mehr als 6 Meter hohen Warf steht. Doch dieser erhöhte Standort im weithin flachen Land war dafür nicht ausschlaggebend. Vielmehr ist der Name aus „Gokerke" – Gaukirche – durch eine Lautverschiebung von G zu H entstanden und als „Hokerke" im Sinne von „Hauptkirche" zu verstehen, wie in gleicher Weise das Wort „Hochaltar" den Hauptaltar einer Kirche bezeichnet. Darauf hat schon Carl Woebcken, der unermüdlich forschende und schreibfleißige einstige Pastor aus dem östlich von Jever liegenden Ort Sillenstede in seinem 1932 erstmals erschienenen Buch „Das Land der Friesen und seine Geschichte" hingewiesen.

Die Kirche von Hohenkirchen war – wie aus einer lateinisch abgefaßten Urkunde des Jahres 1143 hervorgeht – die „Ecclesia matricularis de wenga", das heißt die Mutterkirche vom Wangerland. Sie entstand an einer Stelle, an der bereits vor Einführung des Christentums Menschen zusammengekommen waren, nämlich auf einer Thingstätte. Die Gründung dieser im Jahre 864 erstmals genannten Kirche wird dem Heiligen Ansgar – dem Apostel des Nordens – zugeschrieben. Dieser, der der erste und zugleich einzige Erzbischof in Hamburg war, mußte nach dem Normanneneinfall im Jahre 840 von dort flüchten. Als neuen Sitz des Erzbistums, den er fünf Jahre später einrichtete, wählte er Bremen. Er vertraute die Kirche von Hohenkirchen den Heiligen

Sixtus und Sinicius an, unter deren Schutz er vorher schon das Gotteshaus in Ramelsloh gestellt haben soll. Die beiden Ramelsloher Urkunden, die auf die Gründung der dortigen Kirche Bezug nehmen, werden allerdings als Fälschungen erachtet (s. Bd. II „Die Stiftskirche von Ramelsloh").

Da Ansgar, der von 801 bis 865 lebte, der Erbauer des Gotteshauses von Hohenkirchen gewesen sein soll, dürfte es sich in dieser frühen Zeit nach Meinung von Fachkundigen zunächst nur um eine schlichte Holzkirche gehandelt haben. Der heutige spätromanische Bau aus Granitquadern, der sich lang über die geräumige Warfkuppe erstreckt, entstand in der ersten Hälfte des 12. Jahrhunderts. Etwa 100 Jahre später wurde an der Ostseite des Schiffes der Chor in gotischem Stil angebaut. Die Kirche erhielt keinen Turm, sondern auf ihrem Dachfirst in knapp 20 Meter Höhe nur einen schlanken 11 Meter hohen Dachreiter. Dennoch ist sie mächtiger als die im Wangerland entstandenen sieben weiteren Kirchen, die sie ihre Töchter nennen kann. Es sind dies die Kirchen von Wangerooge, Minsen, Wiarden, Wüppels, Oldorf, Tettens und Mederns, von denen zwei – Wiarden und Minsen – ebenfalls auf hohen Warfen stehen und weithin zu sehen sind. Die drei auf Warfen erbauten Kirchen haben einst auch den Seefahrern auf dem nahen Meer den Weg gewiesen. Zum Aufhängen der Glocken wurde in Hohenkirchen nordöstlich des Gotteshauses ein Trägergerüst errichtet, das zuerst aus Holz gezimmert war, jedoch später durch eines aus Backsteinen gemauertes und damit stabileres ersetzt wurde.

Das Gotteshaus in Hohenkirchen sah zuerst eher einer Wehrkirche ähnlich. Dieser Eindruck wurde noch verstärkt, als sie Edo Wiemken der Ältere, der der Häuptling von Rüstringen war, von 1359 an befestigte. Dabei wurde die Warf von einem Graben umzogen, von dem sich heute noch letzte Reste erkennen lassen. Den einzigen und auch nur kargen Schmuck am Äußeren des Gebäudes bilden die Sandsteineinrahmungen der hohen rundbogigen Fenster. Hingegen bietet das Innere der Kirche dem Besucher um so Prachtvolleres. Dazu zählt vor allem der farbenfreudige und reich mit Schnitzwerk ausgestattete Altar, der von dem berühmten Hamburger Meister Ludwig Münstermann geschaffen und im Jahre 1620 aufgestellt wurde, als in den deutschen Landen der Dreißigjährige Krieg wütete, jedoch die Nordwestecke des Reiches unberührt ließ.

Von diesem Altar heißt es, daß das betrachtende Auge nirgends Ruhe findet. Bei seiner Erschaffung sei Münstermann von dem Bestreben nach Bewegung und Raumtiefe beherrscht gewesen. Er habe sogar auf ein zentrales Altarbild verzichtet und sich

Die Kirche von Hohenkirchen ist die Mutterkirche des Wangerlandes, die der Heilige Ansgar – der Apostel des Nordens – gegründet haben soll. Sie kann die im Wangerland entstandenen sieben weiteren Kirchen ihre Töchter nennen.

Der prachtvolle Altar der Kirche von Hohenkirchen ist ein Werk des Hamburger Meisters Ludwig Münstermann. Bei der Betrachtung des Altars – so heißt es – findet das Auge keine Ruhe.

Die Kirche von Hohenkirchen weist eine weitere Besonderheit auf: ihr Eingangstor zum Kirchhof. Dieses ist zugleich das Kriegerdenkmal des Ortes.

im Mittelfeld mit einer relativ kleinen und freiräumlich gestalteten Darstellung des Abendmahles begnügt. Dabei nahm er offenbar einen Stich als Vorlage, der nach dem bekannten Bild von Leonardo da Vinci gefertigt war. Diese Szene ist am Hohenkirchener Altar links und rechts von je zwei der vier Evangelisten Matthäus, Markus, Lukas und Johannes flankiert, und die beiden Seitenflügel blieben der Aufnahme von Reliefbüsten der Reformatoren Martin Luther und Philipp Melanchthon vorbehalten. An der Predella – dem Sockelstück des Altars – ist die Geburt Christi mit der Anbetung durch die Hirten zu sehen, und oben zeigt der Aufsatz des Altars die Kreuzigung Christi.

Auch die reichverzierte Kanzel stammt aus Münstermanns Werkstatt. Ihr Korb ist mit den Gestalten der vier großen Propheten aus dem Alten Testament – Isaias, Jeremias, Ezechiel und Daniel – geschmückt, und ihren Schalldeckel zieren fünf Medaillons, auf denen die Kirchenväter Hieronymus, Bernhard, Augustinus, Athanasius und Basilius dargestellt sind. Ebenso besitzt der von liegenden Löwen getragene becherförmige Taufstein, der gleichfalls von Münstermann geschaffen wurde, an seiner Wandung Bildreliefe. Diese zeigen die Verkündigung, die Anbetung der Könige, die Taufe Christi sowie zwei nicht identifizierte Heilige. Die Löwen, auf denen der Taufstein ruht, gelten als Symbole dämonischer Mächte. Auch auf Mauervorsprüngen im Chorraum standen einst holzgeschnitzte Heiligenfiguren, die jedoch in das Landesmuseum für Kunst und Kulturgeschichte in Oldenburg kamen und dort als bedeutende Schnitzereien niederrheinischer oder flämischer Werkstätten aufbewahrt werden. Sie gelten als kulturelle Zeugnisse, weil sie zu erkennen geben, wie ein Bauernland seine Gaukirche mit Meisterwerken der Bildschnitzkunst zu zieren vermochte. Als eine weitere Besonderheit kann erachtet werden, daß das Eingangstor zum Kirchhof zugleich das Kriegerdenkmal des Ortes darstellt.

18

Mit Petrus als Schutzpatron unzufrieden

Die Stiftskirche in Möllenbeck

Als Herzog Arnulf von Kärnten deutscher König war und auch die Kaiserwürde erlangt hatte, unterzeichnete er im Jahre 896 eine Urkunde, mit der er dem Stift Möllenbeck – der ältesten geistlichen Stiftung in den heutigen schaumburgischen Landen – seinen Schutz zusicherte. Gründer dieses einst bedeutenden Kanonissenstiftes waren die Edelfrau Hildburg sowie der mit ihr verwandte Priester Folkard und der Mindener Bischof Drogo. Das Stift „Mulinpeche" – wie sein Name in der Gründungsurkunde lautet – sollte Heimstatt einer Gemeinschaft von Frauen werden, die ihr Leben ganz in den Dienst Gottes stellten. Hildburg war der Gründungslegende zufolge die Gemahlin des Edlen Uffo, der im Weserbergland zwei Burgen besaß. Dieser hatte eine Pilgerfahrt in das Heilige Land unternommen, von der er erst nach vielen Jahren zurückkehrte. Hildburg, die ihn schon für tot gehalten hatte, soll ihn mit den Worten empfangen haben: „Gott und Euer Herrschaft habe ich neun Töchter geboren, sie sind aber noch nicht getauft". Uffo sei über diese Mitteilung sehr bestürzt gewesen. Doch als er merkte, daß Hildburg mit dem Wort „Töchter" Kirchen meinte, habe er die Frömmigkeit seiner Gemahlin gelobt und die gegründeten Gotteshäuser – darunter auch die Kirche von Möllenbeck – von Bischof Drogo weihen lassen. Zunächst war es nur eine kleine Kirche, an deren Stelle jedoch in der ersten Hälfte des 10. Jahrhunderts, der sogenannten ottonischen Zeit, ein Großbau aufgeführt wurde.

Die Örtlichkeit, an der die Stiftsgebäude entstanden und die heute südöstlich von Rinteln nahe der Grenze zu Westfalen zu finden ist, war gut gewählt worden. Abgesehen davon, daß das Gebiet schon lange vorher besiedelt war, trafen hier – und treffen noch immer – mehrere Straßen zusammen, von denen heute eine die „Deutsche Märchenstraße" genannt wird. Außer der vorhandenen Besiedlung und der verkehrsgünstigen Lage bot sich auch das Gelände zur Errichtung von Stiftsgebäuden an. Sie konnten auf einer leichten Anhöhe, die zungenförmig in die Weseraue hineinragt, erbaut werden. Als sich der Konvent bildete, weihte Bischof Drogo Hildburgs Nichte Wendelburg zur ersten Äbtissin. Das Stift wurde dem Schutze des Apostelfürsten Petrus und der Jungfrau Maria anvertraut. Doch als 1248 ein großer Teil der Gebäude in Flammen aufging, verzichtete man fortan auf Petrus als Patron mit der Begründung, er habe sich nicht bewährt. Zum neuen Schutzherrn wurde der Heilige Dionysius, der der erste Bischof von Paris war, auserkoren. Doch vorsichtig, wie man durch die schlechte Erfahrung mit Petrus geworden war, setzte man nicht auf Dionysius allein, sondern erwarb zusätzlich noch Reliquien von anderen Heiligen, auch wenn es nur winzige Teilchen waren. So gelangten unter anderem auch Partikel der geheiligten Ärzte Cosmas und Damian nach Möllenbeck.

Die Stiftskirche, die durch den Großbrand von 1248 weitgehend zerstört wurde, muß ein stattliches Bauwerk gewesen sein. Sie soll in der Anlage und in ihren Ausmaßen der Klosterkirche Corvey und dem Dom von Minden sehr geähnelt haben. Als typisch gilt bei diesen Kirchen das Westwerk mit einer Dreiturmgruppe. In Möllenbeck haben die beiden Rundtürme, die wie riesige Bleistifte spitz zum Himmel ragen, den Großbrand überstanden, während der stark beschädigte Mittelturm abgebrochen werden mußte. An seiner Stelle wurde zwischen den beiden Rundtürmen eine Verbindung als Giebelfront errichtet. An die Kirche schlossen sich nördlich die Räume des Kanonissenstiftes an. Kanonissen, die zumeist aus begüterten Adelsfamilien stammten, waren keine Nonnen und lebten daher auch nicht nach den strengen Regeln der Klosterzucht. Dennoch oblag es auch ihnen, ihr freies Leben so zu führen, daß es dem christlichen Glauben dienlich war. Sie durften Vermögen besitzen, konnten – wenn sie es wünschten – jederzeit aus dem Stift wieder austreten und durften auch heiraten. Aber letztlich wurde aus dem Möllenbecker Kanonissenstift doch noch ein Kloster – ein Wandel, an dem auch die Gewalten der Natur beteiligt waren. Diese hatten im Sommer 1342 die Weser in einem Ausmaß über die Ufer treten lassen, wie es bis heute kein weiteres Mal geschah.

Die riesigen Wassermassen, die die gesamte Weseraue hoch überflutet hatten und dabei das Flußbett der Weser verlagerten, verursachten in Möllenbeck sowie in anderen Orten schwerste Schäden. Als nach der großen Überflutung in diesem Gebiet auch noch die Pest wütete und zudem die Landwirtschaft von einer Krise erfaßt wurde, wanderte die Bevölkerung aus Möllenbeck und den umliegenden Orten ab. Das hatte zur Folge, daß um das Stift ein nahezu menschenleerer Raum entstand. Das Stift begann zu verarmen, zu verfallen und zu verwaisen. Zuletzt gehörten ihm nur noch die Äbtissin, die Pröpstin und eine einzige Kanonisse an.

Möllenbeck selbst, das sich in der Zeit vor der Flutkastrophe zu einer Stadt mit Markt, eigener Pfarrkirche und Landwehren entwickelt hatte, wurde nahezu ausgelöscht. Es ist später ab 1776 neu entstanden, jedoch nicht mehr als Stadt, sondern nur noch als ein Dorf. Vorteile hingegen vermochte Rinteln aus den in der Weserniederung eingetretenen Veränderungen zu gewinnen. Ehemals als Dorf rechts der Weser entstanden, wuchs es nun nach der Flußbettverlagerung links der Weser zu einer blühenden Stadt heran. Es wurde ein wichtiger Flußübergang und von den Schaumburger Grafen entsprechend ausgebaut. Viele der vom Hochwasser und den anderen Heimsuchungen von Haus und Hof vertriebenen Menschen fanden in Rinteln ein neues Zuhause.

Das heruntergekommene Stift Möllenbeck wurde 1441 vom Augustinerorden übernommen. Die Mönche in schwarzer Kutte und Kapuze, die sich Chorherren nannten, und ihre Laienbrüder erwiesen sich als sehr tatkräftig. Sie erneuerten die verfallenen Stiftsgebäude und richteten Werkstätten ein, zu denen eine Schmiede, eine Tischlerei und eine Mühle gehörten. Zudem machten sie die nahe Weserniederung durch Trockenlegung wieder ertragsfähig. Mit dem Betreiben von Ackerbau und Viehzucht wurden sie so wohlhabend, daß sie 1479 den Bau einer neuen Klosterkirche in Angriff nehmen konnten. Doch dieses Gotteshaus, das 15 Altäre bekam, wurde bereits 1492 samt den übrigen Klosterbauten Opfer eines zweiten Großbrandes, der nahezu die gesamte Klosteranlage vernichtete. Offensichtlich war Dionysius kein besserer Schutzpatron als Petrus. Mit dem Wiederaufbau der Kirche und der Klausur wurde unverzüglich begonnen. Bis zum Jahre 1503 entstand die noch heute vorhandene quadratische Vierflügelanlage, deren Südflügel in seiner gesamten Länge von der neuen Kirche eingenommen wird. Die Länge je Seite beträgt etwa 70 Meter. An der Westseite führt der Laieneingang durch ein schmales Gewölbe in das Innere der Kirche. An der Wand dieses Ganges ist ein Teilstück einer Grabplatte angebracht, auf der Hildburg, die Stifterin der Kirche, in Reliefform dargestellt ist.

Zu Beginn des 16. Jahrhunderts hatte das Kloster Möllenbeck den Höhepunkt seines Neuerblühens erreicht. Die Augustiner-Chorherren, die in Gemeinschaft lebende Geistliche waren, bewohnten eine der geräumigsten und am besten eingerichteten Klausuren in Norddeutschland. Die Schaumburger Grafen erwählten das Kloster zu ihrer Grablege. Doch der Blütezeit folgte bald ein wirtschaftlicher Niedergang, der sich in einer zunehmenden Verschuldung äußerte. Das Ansehen des Klosters sank. Im Jahre 1553 wäre es beinahe dem Klosterhaß, der in der Bevölkerung aufgekommen war, zum Opfer gefallen: Es sollte eingeäschert werden. Doch dieses Vorhaben mißlang.

Als 1559 die Reformation an die Klosterpforte pochte, wurde sie auch eingelassen. Aber sie setzte sich nur allmählich durch. Obgleich nun die zwölf Mitglieder des Konvents evangelisch waren, trugen sie das Mönchsgewand weiter und hielten auch am Gebot der Ehelosigkeit fest. Sie suchten sich jedoch neue Aufgaben, die sie in der Armenpflege fanden. Zudem richteten sie 1563 im Kloster eine höhere Schule ein, in der die berufenen Lehrer den Schülern Sprachunterricht erteilten und sie in „allerley Wissenschaften" einführten. Alles, was gelehrt wurde, sollte jedoch im Dienste des Evangeliums stehen. Auch die Malkunst wurde gepflegt, und die Kunstwerke, die aus dem späten Mittelalter als Kirchenschmuck überkommen waren, wurden weiter in Ehren gehalten. Nur die Verehrung der Heiligenbilder mußte unterbleiben. Als 1673 der letzte lutherische Konventuale gestorben war, wurde die Klosterkirche zu einem reformierten Gotteshaus.

Über dieses brach eine schwere Zeit herein, als 1806 Napoleon Europa mit Krieg zu überziehen begann und französische Truppen auch in das Schaumburger Land einfielen. Napoleon schenkte das Möllenbecker Kloster mit allem, was dazu gehörte, seiner Schwester Pauline, und diese ließ alle Kunstgegenstände aus der Kirche versteigern. Dazu gehörten Bilder, Skulpturen und Fenster mit Glasmalereien. Die Kirche, die als Pferdestall benutzt wurde, sollte auf Abbruch verkauft werden. Doch zum Glück fand sich kein Käufer, so daß die Klosteranlage vollständig erhalten blieb. Nur die mittelalterlichen Wirtschaftsanlagen sind verschwunden. Die

An Hildburg, die das Stift Möllenbeck gegen Ende des 9. Jahrhunderts gründete, erinnert heute nur noch ein Reliefbild auf einem Rest ihrer Grabplatte, der an der Wand des ehemaligen Laieneinganges hängt.

Kirche wurde nach ihrer Wiederherstellung 1836 als reformiertes Gotteshaus neu geweiht. Die Möllenbecker Klosteranlage zählt heute auf europäischer Ebene zu den ganz wenigen, die aus der Kirche und drei Klausurflügeln bestehen.

Die Klosteranlage von Möllenbeck wurde mehrmals von Bränden, Überschwemmungen der Weser und kriegerischen Ereignissen heimgesucht. Die beiden romanischen Rundtürme der Kirche, die auf unserem Bild zu sehen sind, haben alle Gefährdungen überstanden.

19

Ihr Rittersitz wird „Schloß" genannt

Die einstige Burg in Gieboldehausen

Im Untereichsfeld – dem Gebiet um Duderstadt – geht die Sage von einem Grafen, der Iso oder Isang geheißen und ein wildes, gottloses Leben geführt haben soll. Das Schlimmste, das ihm nachgesagt wird, ist ein nächtlicher Einbruch in das Kloster Lindau und der Raub einer Nonne, die er sich zu Willen machte. Nachdem die Untat geschehen war, habe sich herausgestellt, daß die hübsche Klosterfrau seine eigene, ihm bis dahin unbekannte Schwester war. Als den Grafen die Nachricht erreichte, daß seine Schwester die Schändung nicht habe verwinden können und aus Kummer darüber gestorben sei, habe ihn große Angst ergriffen. Und als dann auch noch die Türme und Mauern um ihn herum zu wanken begannen, sei er unverzüglich auf dem Rücken seines besten Pferdes aus der Burg geflüchtet. Auf einer Anhöhe bei Gieboldehausen habe er zurückgeblickt und gesehen, wie die Burg in sich zusammenstürzte. Ihre Trümmer seien von Wassermassen überflutet worden, so daß sich in kürzester Zeit eine große Wasserfläche gebildet habe: der Seeburger See, der heute das fünftgrößte Binnengewässer Niedersachsens ist. Die Frage, ob das von dieser Sage überlieferte Geschehen Tatsachen entspricht, läßt sich nicht mit Gewißheit beantworten. Es kann jedoch darauf verwiesen werden, daß es einer Urkunde zufolge, die 1256 von der Gandersheimer Äbtissin Margaretha ausgestellt worden ist, im 9. oder 10. Jahrhundert in Gieboldehausen einen Grafen gab, der Biso hieß und im Lisgau – dem Gebiet südwestlich des Harzes – ein vom Kaiser eingesetzter Gaugraf war. In diesem urkundlich erwähnten Biso, der mit seiner Schwester Bertha nach Rom gereist sei, um dort vom Papst für seine Sünden Vergebung zu erlangen, glaubt man, den lasterhaften Grafen Iso oder Isang der Seeburger Sage zu erkennen.

Daß sich der Zeitpunkt dieser Romreise nicht genau bestimmen läßt, hängt einerseits mit dem Namen des besuchten Papstes zusammen. Zwar ist der Name als Marinus überliefert, doch es ist nicht erwähnt, ob es Marinus I. oder Marinus II. war. Der eine war von 882 bis 884 das Oberhaupt der römisch-katholischen Kirche, der andere von 942 bis 946. Andererseits läßt sich ein Graf Biso historisch nicht dingfest machen. Nach dem Urkundentext der Äbtissin Margaretha blieb die Romreise des Grafen Biso und seiner Schwester nicht ohne Auswirkungen. Als Buße, die dem Grafen auferlegt worden sei, habe er seine Burg in Gieboldehausen und 60 Hufen seines Besitzes dem 852 gegründeten Kanonissenstift Gandersheim geschenkt. Allerdings habe Biso die Burg, die auf einem steilen Sandsteinfelsen gestanden und im weiten Umkreis als eine der stärksten Festen ihrer Zeit gegolten haben soll, völlig verändert. Er habe sie abbrechen und aus den Steinen ihrer Mauern und Türme auf dem Burgfelsen ein Gotteshaus erbauen lassen. Für diese Stiftung habe ihm der Papst Reliquien der Heiligen Laurentius, Andreas und Pankratius mitgegeben. Der Patron der Kirche wurde Laurentius und ist es bis heute geblieben, obgleich es das Gotteshaus von damals nicht mehr gibt. An seine Stelle trat 1441 ein stattliches neues aus Buntsandstein, von dem heute noch einige Bauteile erhalten sind. Die heutige Kirche stammt aus dem 18. Jahrhundert. Wo Graf Biso abblieb, ist in der Urkunde der Gandersheimer Äbtissin nicht erwähnt, wie es sich bei deren Text wohl überhaupt nur um eine Gründungslegende handelt. Als deren historischer Kern wird erachtet, daß das Stift Gandersheim Land in Gieboldehausen geschenkt bekam und darauf eine Kirche erbaute und das möglicherweise schon im 10. Jahrhundert. Ob vorher tatsächlich auf diesem Felsen eine Burg gestanden hat, könnte heute nur noch durch archäologische Untersuchungen nachgewiesen werden.

Die Herrschaft über Gieboldehausen wechselte in der Folgezeit mehrmals. Als sie in die Hände des Welfenherzogs Heinrich Mirabilis von Braunschweig-Grubenhagen gelangte, fand er hier im Jahre 1291 bereits wieder eine landesherrliche Burg vor, jedoch nicht auf dem Sandsteinfelsen, sondern da, wo später nahe der Rhume das Amtshaus von Gieboldehausen entstand. Zu dieser Burg, die rund angelegt war und einen Durchmesser von etwa 80 Meter besaß, gehörte das alte Landgericht, das in Bernshausen am Ostufer des Seeburger Sees tagte und für alle Gieboldehäuser Amtsdörfer zuständig war. Die Burg in Gieboldehausen wie auch der Ort wurden vom Hildesheimer Bischof Siegfried bei seiner Fehde mit den Welfen stark beschädigt. Daraufhin verpfändeten die Welfen Gieboldehausen in den Jahren von 1334 bis 1341 nach und nach an das Erzbistum Mainz, dem sie es dann 1342 sogar verkauften. Unter den Erzbischöfen von Mainz, die jeweils zu den sieben Kurfürsten des Reiches zählten, traten weitere Verpfändungen und damit Besitzwechsel ein. Der Ort blieb dabei jedoch unversehrt. Aber das änderte sich 1403 in der Fehde des Erzbischofs und Kurfürsten Johann von Mainz mit dem Herzog von Braunschweig sowie den

Die heutige Kirche von Gieboldehausen, die den Heiligen Laurentius zum Schutzpatron hat, ist bereits die dritte, die hier auf einem steilen Sandsteinfelsen entstanden ist. Ob an dieser Stelle vor dem Bau der ersten Kirche eine Burg gestanden hat, ist noch nicht eindeutig erwiesen.

Landgrafen von Hessen und Thüringen, in der Gieboldehausen dem Mainzer Erzbischof entrissen wurde. Dies geschah – zu jener Zeit sensationell – mit Hilfe einer dem Rat der Stadt Göttingen gehörenden, im Jahr zuvor gegossenen Kanone und den daraus abgefeuerten Steinkugeln (s. Bd. III „Die Burgruine Grubenhagen"). Gieboldehausen wurde unter den Siegern aufgeteilt, jedoch beim Friedensschluß bereits wieder vereint. Von der Burg ist nichts geblieben – nicht einmal die Akten. Sie waren im Pfarrhaus aufbewahrt und sind mit diesem gegen Ende des 18. Jahrhunderts bei einem großen Brand in Gieboldehausen vernichtet worden.

Gieboldehausen vermag geschichtlich mit einer weiteren bemerkenswerten Besonderheit aufzuwarten: mit einem Burgmannengeschlecht, dessen Wurzel in die Zeit vor mehr als 1000 Jahren reicht und dessen Nachfahren es heute noch gibt. Der Ahne dieses Geschlechtes war Otto Corrigia, der dem Adel Roms entstammt haben und ein tapferer Kriegsheld gewesen sein soll. Er stand – so ist überliefert – 30 Jahre im Dienste Karls des Großen und nahm an dessen Feldschlachten in Italien, Frankreich und Spanien sowie gegen die Wenden und die Ungarn teil. Dann kam er mit Karls Heer nach Deutschland und kämpfte hier an der Seite des christlichen Kaisers gegen die damals noch heidnischen Sachsen. Das geschah auch im Eichsfeld. Corrigia erwies sich als so tapfer, daß er zum Ritter geschlagen wurde. Von diesem Zeitpunkt an nannte man ihn nicht mehr Corrigia, sondern Otto Riem. Sein Sohn Gangolf Riem, der dem Kaiser Ludwig I. diente, zeichnete sich ebenfalls als unerschrockener Krieger aus. So ging es weiter mit Benedix, Wilhelm und Burchardt. Dieser letztgenannte Riem gehörte zu den Mitstreitern König Heinrichs I. aus dem sächsischen Geschlecht der Liudolfinger, der die Herzogtümer Sachsen, Franken, Bayern, Schwaben und Lothringen vereinte

Das gemeinhin „Schloß" genannte Gebäude in Gieboldehausen erhielt sein heutiges Aussehen durch Aufstockungen, die in der ersten Hälfte des 16. Jahrhunderts vorgenommen worden sind. Dieses Gebäude, das sich jahrhundertelang im Besitz der Familie von Minnigerode befand, beherbergt heute ein Kultur- und Begegnungszentrum.

und damit zum Gründer des Reiches der Deutschen wurde (s. Bd. I „Der Werlahügel bei Schladen"). Burchardt Riem hatte sich in den Kämpfen gegen die in das Sachsenland eingedrungenen Ungarn an der Seite König Heinrichs so hervorgetan, daß er von diesem zum Ritter geschlagen wurde.

Die Aufzählung von Kriegshelden mit dem Namen Riem ließe sich noch weiter fortsetzen. Sie werden in Verbindung mit Herzog Heinrich dem Löwen ebenso genannt wie mit den Kaisern Friedrich II., Karl IV. und anderen. Einer von ihnen – Johann II. Riem – kam mehrmals als Kaiserbegleiter nach Italien, wo er beim Papst Honorius großes Ansehen erlangte. Das nutzte er dazu, dem Papst eine nicht näher bezeichnete Bitte zu überbringen, die ihm die Äbtissin von Quedlinburg auf den Weg nach Rom mitgegeben hatte und vom Papst offenbar auch erfüllt worden ist. Denn zum Dank für sein Bemühen bekam Johann II. von der Äbtissin die Dörfer Mingerode und Breitenberg samt allem Zubehör geschenkt. Mingerode, das nördlich von Duderstadt liegt und heute in dessen Stadtgebiet eingemeindet ist, besaß eine stattliche Burg, die unter dem Namen „Minnigerode" zur Stammburg der Riems wurde und nach der sie sich fortan nannten.

Wann die Familie von Minnigerode in Gieboldehausen ansässig wurde und insbesondere wann sie hier das „Haus auf dem Wall" erwarb und zu ihrem Rittersitz ausbaute, läßt sich nur vermuten. Es kann zu Beginn des 16. Jahrhunderts gewesen sein. Dieses Haus soll archäologischen Untersuchungen zufolge zunächst ein zweigeschossiges Steinhaus mit Burggraben gewesen sein. Da jedoch die an ihm vorbeifließende Hahle häufig Hochwasser führte, wurde das Gelände aufgeschüttet und das Erdgeschoß dieses Hauses zum Keller gemacht. Die von Hans von Minnigerode in Auftrag gegebenen baulichen Maßnahmen, die auch zur Aufstockung des Gebäudes mit den beiden noch heute erhaltenen Fachwerkgeschossen führten, wurden in der ersten Hälfte des 16. Jahrhunderts vorgenommen. Dieses spitzgiebelige Bauwerk, das mit einem sechseckigen Dachreiter in der Mitte des Firstes versehen wurde und gemeinhin „Schloß" genannt wird, ist in restaurierter Form heute noch erhalten. Die Familie von Minnigerode, die es jahrhundertelang besaß, hat es 1976 verkauft. Es dient seit 1991 als Kultur- und Begegnungszentrum. Die Scheunen und Stallungen, die einst zum Haus auf dem Wall gehörten, wurden jedoch abgebrochen.

20

Kaiser Lothar überließ sie den Tempelrittern

Die ehemalige Süpplingenburg

Von der Süpplingenburg ist – wenn man von ihrer Kirche absieht – nur der Name geblieben. Er lebt als Ortsbezeichnung fort sowie im Gedenken an einen bedeutenden sächsischen Herzog, der 1125 deutscher König und 1133 römischer Kaiser wurde: Lothar von Süpplingenburg. Diese Wasserburg, die in der Helmstedter Mulde zwischen dem Elm und dem Lappwald auf einer Insel in der sumpfigen Schunterniederung erbaut worden war, galt als ein wichtiges Glied in der einstigen gegen das Vordringen der Slawen gerichteten Burgenkette an der Schunter. Der Erbauer der Süpplingenburg – der östlichsten der elf Befestigungsanlagen dieser Kette – wird in Kaiser Otto III. gesehen, der von 983 bis 1002 regierte. Vermutungen zufolge waren schon vor dem Bau der Süpplingenburg auf deren Schunterinsel Slawen gewesen. Auf diese Möglichkeit soll der Name „Lubbe" für einen großen Knollenstein hinweisen, der hier auf dem Burggelände lag und für einen heidnischen Opferaltar gehalten wurde. Ob diese Deutung zutrifft oder ob es mit dem Stein eine andere Bewandtnis hatte, muß unbeantwortet bleiben. Denn das Wort „Lubbe" ist sehr vieldeutig, wie das Beispiel der Lübbensteine zeigt, in denen es ebenfalls steckt. An der Namensdeutung dieser Steingruppe, die auf dem der Stadt Helmstedt westlich vorgelagerten St. Annenberg zu finden ist, haben sich schon zwei Dutzend Forscher versucht, ohne daß einer zu einem überzeugenden Ergebnis gekommen wäre (s. Bd. I „Die Lübbensteine bei Helmstedt"). Ob möglicherweise der kleine Knollenstein, der noch heute westlich der Süpplingenburger Kirche auf dem Rasen liegt, der heidnische Opferaltar oder ein Teil von ihm gewesen sein könnte, läßt sich ebenfalls nicht beantworten.

Die Süpplingenburg befand sich im 11. Jahrhundert im Besitz des Grafen Gebhard von Querfurt, der sie durch Heirat erworben und zu seiner Stammburg gemacht hatte. Er fiel 1075 in der Schlacht an der Unstrut, wo er sich am Aufstand der Sachsen gegen König Heinrich IV. beteiligt hatte. Es war das Jahr, in dem sein Sohn Lothar geboren wurde. Lothar, der sich als sehr tüchtig erwies, übernahm schon in jungen Jahren das verwaiste Grafenamt von Süpplingenburg und nannte sich nach ihm. Als im Jahre 1106 das Geschlecht der Billunger ausstarb (s. „Die einstige Erteneburg"), wurde er von Kaiser Heinrich V. zum Herzog von Sachsen ernannt. Sein Aufstieg ging steil weiter bis zur Erlangung der Kaiserwürde. Doch auch ihm waren Grenzen gesetzt. Er fand 1137 auf der Rückreise von seinem zweiten Italienzug in Tirol den Tod und wurde – von seiner Gemahlin Richenza in die Heimat überführt – in der von ihm erbauten Kirche von Königslutter beigesetzt (s. Bd. I „Der Kaiserdom von Königslutter"). Als er noch König war, überließ er im Jahre 1130 einen Teil der Grafschaft Süpplingenburg dem Orden der Tempelritter, die später in der Burg eine Komturei – eine Organisationsstelle für die Versorgung ihrer Ritter in Jerusalem – einrichteten. Da über diesen Vorgang keine Urkunde aus jener Zeit vorliegt, läßt sich darüber mit Gewißheit lediglich sagen, daß sie die älteste Komturei im gesamten norddeutschen Raum war, wie überhaupt die Templer als ältester Ritterorden in diesem Raum gelten.

Der Templerorden hatte sich seit 1118 in Jerusalem aus einer kleinen Gruppe französischer Ritter entwickelt, die gemeinsam mit Gottfried von Bouillon ins Heilige Land gekommen und dort geblieben waren. Sie machten es sich zur Aufgabe, die Jerusalem-Pilger auf den gefahrvollen Wegen zu den heiligen Stätten der Christenheit sicher zu geleiten. Ihren Namen bekamen sie, weil ihnen König Balduin II. von Jerusalem als Unterkunft einen Teil seines Palastes überließ, der auf dem Boden des alten salomonischen Tempels von Jerusalem erbaut war. Daraufhin wurden sie „militia templi" – das heißt „Ritterschaft des Tempels" – genannt. Die Templer erhielten 1128 eine Ordensregel, die Abt Bernhard von Clairvaux ausgearbeitet und dabei eng an die Benediktinerregel angelehnt hatte. Daraus ergab sich, daß ein Templer sowohl Mönch als auch Ritter war. Als Ordenstracht bekamen die Tempelritter einen weißen Mantel mit einem blutroten Kreuz, das schon seit dem ersten Kreuzzug in den Jahren von 1096 bis 1099 als Zeichen der Kämpfer der Kirche galt. Bereits zwei Jahre nach seiner Gründung hatte sich der gute Ruf des neuen und noch armen Ordens so verbreitet, daß er wie in Süpplingenburg von vielen europäischen Herrschern Ländereien und Kostbarkeiten geschenkt bekam und reich wurde.

Die Süpplingenburg war für die Ordensritter ein sicherer Hort. Sie war von breiten, tiefen Gräben und einer hohen Umfassungsmauer nach außen so gesichert, daß sie selbst noch im Dreißigjährigen Krieg allen feindlichen Angriffsversuchen widerstand. An die Umfassungsmauer lehnten sich die im

An den Templerorden erinnert in der Kirche von Süpplingenburg die Deckengestaltung im südlichen Seitenschiff des Querhauses. Diese läßt verschiedene Kreuzformen erkennen. Damit soll auf das Wappen des Königreiches Jerusalem hingewiesen werden.

oberen Stockwerk in Fachwerk übergehenden Herrschafts-, Verwaltungs- und Wirtschaftsgebäude an. Das Tor in der Mauer, zu dem eine Zugbrücke führte, war besonders stark befestigt. Was feindliche Angriffe nicht zu erreichen vermochten, gelang jedoch Feuersbrünsten, die zweimal – 1615 und 1697 – Teile der Burg zerstörten. Doch bis dahin hatte sich noch mehr ereignet, das auf das Leben in der Süpplingenburg starken Einfluß nahm. Es war der Untergang des Königreichs Jerusalem im Jahre 1187, dem der Verlust des Heiligen Landes folgte. Die Templer stellten 1291 ihre Kreuzzugstätigkeiten ein und zogen sich nach Zypern und später Frankreich zurück. Dort erwartete sie noch Schlimmeres: der Untergang des Templerordens anfangs des 14. Jahrhunderts. Die Templer wurden vom französischen König Philipp IV., der es auf ihren Besitz – Geld, Ländereien und Burgen – abgesehen hatte, zu Unrecht der Ketzerei beschuldigt. Er ließ die Tempelritter verhaften, viele von ihnen foltern und auf Scheiterhaufen verbrennen, darunter auch ihren Großmeister Jacques de Molay. Der damalige Papst Clemens V., dessen Aufgabe es gewesen wäre, diesen geistlichen Ritterorden vor Unrecht zu schützen, löste ihn stattdessen 1312 durch einen Verwaltungsakt auf. Als Erben der Vermögenswerte der Templer bestimmte er den Johanniterorden.

Die Tempelritter in der Süpplingenburg blieben von Verfolgungen und Greueltaten, die vor und nach der Auflösung des Ordens geschahen, verschont. Ihr letzter Komtur, Herzog Otto von Braunschweig, wurde sogar sehr zuvorkommend behandelt. Er war einer der sechs Söhne des 1279 verstorbenen Braunschweiger Herzogs Albrecht des Langen, von denen drei die Welfenlande regierten und einer Hochmeister des Deutschen Ordens in Preußen war. Herzog Otto, der Komtur der Tempelherren im Braunschweiger Bereich, erhielt nach Auflösung des Templerordens auch weiterhin Einkünfte aus der Komturei Süpplingenburg. Zudem wurde ihm der Tempelhof am Bohlweg in der Stadt Braunschweig bis an sein Lebensende als Wohnsitz überlassen. Erst ab 1357 übernahmen die Johanniter den Braunschweiger Ordensbesitz der Templer und damit auch die Komturei Süpplingenburg. Die Johanniter, die unter dem Namen „Hospitaliter" in Jerusalem bereits vor der Gründung des Templerordens bestanden und sich zunächst nur der Speisung armer sowie der Pflege kranker Jerusalem-Pilger gewidmet hatten, nahmen sich später nach dem Vorbild der Templer auch des militärischen Schutzes der Pilger an. Damit waren sie zu Konkurrenten der Templer geworden. Die Süpplingenburger Komturei blieb bis 1820 bestehen und ging anschließend in braunschweigischen Domänenbesitz über.

Wie eingangs schon erwähnt, ist von der Süpplingenburg außer der Kirche nichts mehr vorhanden. Aber auch dieses im Burghof freistehend errichtete Gotteshaus, das Kaiser Lothar in den Jahren 1130 bis 1135 erbauen ließ und das dem Heiligen Johannes geweiht wurde, hatte viel Ungemach zu erleiden. Es war ursprünglich eine flachgedeckte romanische Basilika mit einer Doppelturmanlage an der Westseite. Diese wurde jedoch bereits um 1200 durch einen Brand weitgehend zerstört. Der Wiederaufbau ließ dann eine Kirche entstehen, die keine Türme mehr besaß, sondern nur noch einen Dachreiter. Aber auch dieses Bauwerk bestand nur ein halbes Jahrhundert bis 1250 – dann stürzte ihr Gewölbe im Mittel- und Querhaus ein. Aufbau und Zerstörung wechselten noch mehrmals, so daß es fast schon an ein Wunder grenzt, heute noch diese Kirche in Süpplingenburg vorzufinden. Sie läßt nicht erkennen, welche Schädigungen sie schon über sich hatte ergehen lassen müssen, sondern macht mit ihrem Mauerwerk aus Bruchsteinen auf den Betrachter einen kraftvollen Eindruck. An die Ordensritter erinnert heute nur noch die Deckengestaltung im südlichen Seitenschiff des Querhauses der Kirche. Die Rippen dieser Decke sind von quergelegten kurzen Stäben so durchschnitten, daß sie verschiedene Kreuzformen darstellen wie

das lateinische Kreuz und das Krückenkreuz. Diese Ornamentik, durch Bemalung hervorgehoben, soll auf das Wappen des einstigen christlichen Königreiches Jerusalem hinweisen.

Die Süpplingenburg war zur Zeit der Kreuzzüge ein sicherer Hort für die Ritter des Templerordens, die dort eine Komturei eingerichtet hatten. Von dieser Burg, die viel Ungemach erleiden mußte, ist nur noch die in romanischem Stil errichtete Kirche vorhanden.

21

Aus seiner Kapelle wurde ein Kirchenschiff

Der Kaiserhof in Gittelde

Gittelde am Westrand des Harzes ist ein sehr alter Ort. Das verrät allein schon sein Name, dessen früheste überlieferte Form „Gelithi" lautete. Die Endung „ithi", die sich sprachlich zur heutigen Endsilbe „de" abgeschliffen hat, kennzeichnet die älteste Form deutscher Ortsnamen, die es schon zur Zeit der Cherusker gegeben haben soll. Sie bezeichnete ganz allgemein einen Ort im Gelände. Wann Gittelde zu entstehen begann, läßt sich nicht ergründen. Urkundlich belegt ist, daß es 953 bereits bestand. In diesem Jahre stellte zu Quedlinburg König Otto I. – von 962 an Kaiser des von ihm geschaffenen Heiligen Römischen Reiches Deutscher Nation – eine Urkunde aus, in der „Gelithi" zum ersten Male schriftlich erwähnt wurde. Was vorher hier in dieser zwischen den einst bewaldeten Vorhöhen des Harzes verlaufenden Talsenke geschah, kann nur vermutet werden. Einen Hinweis gewähren Mauerreste auf einer Anhöhe im Süden des heutigen Ortes, auf der die Johanniskirche steht. Es wird für möglich gehalten, daß hier zur Zeit der fränkischen Eroberung des Sachsenlandes durch Karl den Großen ein Königshof errichtet worden war, der dann zur Gründung von Gelithi führte. Vom Frankenkönig Karl, der am Weihnachtstage des Jahres 800 in Rom von Papst Leo III. zum Kaiser gekrönt wurde, ist bekannt, daß er an den von Westen und Süden in das Sachsenland führenden Straßen an strategisch wichtigen Punkten befestigte Königshöfe anlegen ließ. So geschah es wohl auch im Falle von Gittelde.

Um Näheres über diesen einstigen Königshof, der 953 in den Besitz Ottos I. gelangte, zu erfahren, hat das Braunschweigische Landesmuseum im Mai 1953 im Hinblick auf das tausendjährige Bestehen von Gittelde bei der Johanniskirche mehrere Grabungsschnitte vorgenommen. Diese wurden – wie es im Grabungsbericht von Dr. Alfred Tode heißt – insbesondere nach Norden auf die am Kirchenhügel tiefliegende Straße ausgerichtet, um möglicherweise auf eine querlaufende Umfassungsmauer zu stoßen, wie sie für die fränkischen Königshöfe als umschließende Burgmauer kennzeichnend war. Und in der Tat wurden unter der Kirche zwei in Süd-Nord-Richtung verlaufende Mauerzüge entdeckt. Zudem stießen die Ausgräber 3 Meter nördlich der Chormauer auf eine gleichartige, jedoch von Westen nach Osten verlaufende Mauer, die fast 1 Meter stark war. Überdies wurden Gefäßscherben gefunden, die aus der Zeit vor 800 stammen können. An das frühe Bauwerk erinnert auch noch ein aus brüchigem Gestein bestehender Mauerrest, der „Kaisermauer" genannt wird. Der Sage nach soll in dieser Mauer ein großer Schatz verborgen sein, den aber trotz mehrfacher Versuche noch niemand zu heben vermochte. Um so mehr Schätze, die auch greifbar waren, hielt der Boden im nahen Harz bereit.

Kaiser Otto I. – seit seinem Sieg 955 über die Ungarn auf dem Lechfeld bei Augsburg der „Große" genannt – genehmigte in Gittelde im Jahre 965 einen Markt, der als der älteste im ostfälischen Raum Niedersachsens gilt. Dieser Ort war infolge seiner günstigen Lage zu einem bevorzugten Handelsplatz geworden. Hier mündete die Nürnberger Heerstraße in die Thüringer Straße ein und verlief dann zusammen mit dieser am Harzrand entlang weiter über Seesen bis nach Goslar. Diese nach damaligen Verhältnissen verkehrsreiche Straßenlage, ließ in Gittelde nördlich des zum Kaiserhof aufgestiegenen Königshofes eine blühende Kaufmannssiedlung mit einer eigenen dem Heiligen Mauritius geweihten Kirche entstehen. Zum wirtschaftlichen Aufblühen von Gittelde trug aber noch mehr bei, nämlich das Silber-, Kupfer- und Eisenerz, das vor 1 000 und mehr Jahren hier im Umland geschürft und auch verhüttet werden konnte. Zudem bekam Gittelde vom Kaiser das Recht, Geldmünzen zu prägen, was nicht nur in einer, sondern in zwei Werkstätten geschehen durfte. Die eine befand sich beim Kaiserhof, die andere bei der Mauritiuskirche, der zweiten Kirche im Ort. Die in Gittelde hergestellten Münzen erhielten deutsche Aufschrift. Damit gehörten sie zu den ersten Münzen auf deutschem Boden, die nicht mehr lateinisch beschriftet wurden. Sie hießen „Jelithis Pening" und wurden von den Kaufleuten weit in die damalige Welt hinausgetragen.

An die Gewinnung und Verhüttung der Erze erinnern heute noch Flurnamen im Umland von Gittelde wie auch im benachbarten Bad Grund. Dieser am Südhang des Iberges in einem Talkessel gelegene Ort, der von Bergleuten aus Gittelde und ihren Familien im frühen 16. Jahrhundert besiedelt und mit Hammer und Schlegel erschlossen wurde, hieß urspünglich „Gittelde im Grunde". Das Bergbuch von 1526 vermochte allein 16 Gruben im Iberg aufzuzählen. Die Zahl der Gruben stieg in den Folgejahren noch weiter an. Den Fördermengen entsprechend wuchs auch die Zahl der Hüttenbetrie-

be sowie die der Schmieden. Im Jahre 1558 gab es allein in Gittelde 26 Stahlschmieden, die das aus dem Erz gewonnene Eisen weiterverarbeiteten. Die Zahl der Hüttenbetriebe im Bereich des Iberges belief sich etwa auf ein Dutzend. Der Iberg hatte für den

Da, wo sich heute in Gittelde die Johanniskirche mit dem angrenzenden Friedhof befindet, soll es einst einen Königshof des Frankenkönigs Karl gegeben haben, der im Laufe der geschichtlichen Entwicklung zum Kaiserhof aufgestiegen ist. Aus der zu diesem Hof gehörenden Kapelle entstand durch Um- und Ausbauten die heutige stattliche Johanniskirche.

Im Boden des Hügels, auf dem die Johanniskirche steht, befinden sich noch Reste der sogenannten Kaisermauer, die zum Teil sichtbar sind. Der Sage nach soll dort ein Schatz verborgen sein, den jedoch bisher niemand zu heben vermochte.

Südwesten des Harzes die gleiche bergbauliche Bedeutung wie der Goslarer Rammelsberg für den Nordwesten dieses höchsten Gebirges Niedersachsens.

Wie lange Kaiser Otto der Große und seine Nachfahren den Kaiserhof in Gittelde als Pfalz nutzten, ist nirgends überliefert. Nach dem Aussterben ihres Geschlechtes mit Otto III. kam der Kaiserhof in die Hände der Grafen von Northeim. Während diese hier herrschten, geschah 1027 ein Mord an einem Mörder, der ein Vierteljahrhundert vorher als junger Heißsporn den Grafen Eckehard von Meißen, der dem kinderlos verstorbenen Otto III. auf den Kaiserthron folgen wollte, in der Pfalz von Pöhlde erdolcht hatte. Der damalige Mörder und nunmehr Ermordete, der mit seiner Bluttat Heinrich II. zur Kaiserkrone verhalf, war Siegfried von Northeim (s. „Die Katlenburg").

Der Kaiserhof verlor im Laufe der Zeit seine Bedeutung. Nachdem Gittelde und sein Umland 1157 an den Welfenherzog Heinrich den Löwen übergegangen waren, wurde von dem Hof aus kaum noch Macht ausgeübt. Zudem verringerte sich sein Beitrag zur Versorgung der Bevölkerung mit Nahrungsgütern immer mehr, weil die Bergleute wie auch die in der Erzverhüttung und Metallverarbeitung Tätigen vom Kaiserhof Land übernommen hatten und sich darauf selber Eßbares erzeugen konnten. Das hatte zur Folge, daß sich die Gutswirtschaft des Kaiserhofes allmählich aufzulösen begann. Übrig blieb ein Resthof, den schließlich die Herzöge Albrecht und Wilhelm 1288 den Nonnen des Jacobi-Klosters in Osterode schenkten (s. „Die Burgruine Osterode"). Ab 1400 übertrugen die Welfen die Hoheits- und Verwaltungsaufgaben des Kaiserhofes der nahen Stauffenburg, die sich um diese Zeit in der Hand der Göttinger Linie des Welfenhauses befand und 1442 an die Wolfenbütteler Linie überging. Diese Burg (s. Bd. I „Die Stauffenburg und die Liebenburg") wurde von 1495 bis 1522 der Witwensitz der tüchtigen Herzogin Elisabeth, die eine geborene Gräfin von Stolberg war. Sie holte Bergleute und Stahlschmiede aus ihrem Ostharzer Heimatort sowie aus Ellrich herbei und belebte mit deren Hilfe den Bergbau und das Hüttenwesen in Grund und Gittelde aufs neue.

Dem Flecken Gittelde standen aber auch schwere Zeiten bevor. So wurde er im Dreißigjährigen Krieg am Himmelfahrtstage 1627 von den Kaiserlichen in Schutt und Asche gelegt, und am Gründonnerstag 1718 – nachdem Wohnhäuser und Werkstätten neu entstanden waren – brach ein Riesenbrand aus, der den Ort erneut vernichtete. Aber auch dieser Heimsuchung wurde man Herr, obgleich der Wiederaufbau Jahre und Jahrzehnte in Anspruch nahm. Ebenso wie das alte Gittelde wurde auch der Kaiserhof zerstört. Wann dies geschah, ist allerdings nicht genau überliefert. Möglicherweise war das im Jahre 1444 der Fall, als die Stadt Göttingen die Johanniskirche ausrauben und brandschatzen ließ. Für wahrscheinlicher wird jedoch gehalten, daß der Kaiserhof schon früher in Trümmer sank. Einziges Überbleibsel – von den geringen Mauerresten im Boden abgesehen – ist der Teil der Johanniskirche, der einst die Burgkapelle bildete und noch um 1240 so hieß. Es war ein rechteckiger gotischer Saalbau, der im 17. Jahrhundert umgebaut und mit einem wuchtigen Westturm ausgestattet wurde. Der Turm erhielt einen markanten Aufsatz aus Fachwerk und wurde mit einem geschweiften Dach samt einer Laterne bekrönt.

22

Vor mehr als 1000 Jahren gegründet

Das Stift Fischbeck

Etwa in der Mitte zwischen Hameln und Hessisch Oldendorf liegt an der Bundesstraße 83 das Weserdorf Fischbeck, das als der älteste urkundlich belegte Ort des Schaumburger Landes gilt. Sein Name erschien erstmals 892 in einer Urkunde des damaligen deutschen Königs Arnulf – einem aus Kärnten stammenden Herzog, der 896 auch zum römischen Kaiser gekrönt wurde. Arnulf hatte einem Grafen Ecbert in Fischbeck Königsgut geschenkt. Nach diesem Ereignis dauerte es dann länger als ein halbes Jahrhundert, bis Fischbeck erneut vom Licht der Geschichte erfaßt wurde. Das geschah im Jahre 955, in dem König Otto I. – der spätere Kaiser Otto der Große – die Stiftung des Klosters Fischbeck beurkundete. Es war dasselbe Jahr, in dem Otto I. in der Schlacht auf dem Lechfeld bei Augsburg die Ungarn besiegte. Gründerin dieses Stiftes für fromme Töchter aus Adelsfamilien war Helmburg, die Witwe des 941 verstorbenen Grafen Ricbert von Dolberge. Um das, was zu jener Zeit in Fischbeck und seiner Umgebung geschehen ist, wob sich eine Legende, die auch der Kriminalgeschichte entnommen sein könnte.

Helmburg war in den Verdacht geraten, ihrem Gemahl nach dem Leben zu trachten. Denn als dieser erkrankt war, habe sie ihm in banger Besorgnis um sein Leben ein „Wundertränklein" gereicht, das ihr ein aus dem Heiligen Land heimgekehrter Pilger mit dem Hinweis geschenkt habe, daß diese Arznei jegliche Krankheit zu heilen vermöge. Allerdings dürfe derjenige, der sie einnimmt, keinen Argwohn im Herzen tragen, weil sie dann Wahnsinn erzeuge. Graf Ricbert sei jedoch argwöhnisch geworden, nachdem er bemerkt habe, daß Ritter aus der Umgegend seiner Gemahlin schöne Augen machten. Und das habe dazu geführt, daß er zu toben begann. Um ihn zu beruhigen, habe ihm Helmburg zum Beweis ihrer Unschuld angeboten, sich der Feuerprobe zu unterziehen. Als ein Holzstoß gerichtet und angezündet war, sei sie zweimal durch die lodernden Flammen geschritten, ohne auch nur im geringsten versehrt worden zu sein. Doch beim dritten Male sei ihr ein Funke auf die nackte Schulter gefallen und habe dort ein Feuermal hinterlassen. Dieses habe ihren Gemahl erneut so zum Toben gebracht, daß er sie zum Tode verurteilte.

Ihren Tod sollte Helmburg festgebunden auf einem Karren finden, den zwei wilde Rosse vom steilen Burgberg hinab in das Tal reißen sollten – ein teuflischer Plan, der jedoch mißlungen sei. Denn als die Pferde den Berg hinabgerast waren und an ein Bächlein kamen, seien sie erschöpft stehen geblieben, um ihren Durst zu löschen. In diesem Augenblick sollen sich die Fesseln der unverletzten Helmburg gelöst haben, so daß sie vom Wagen steigen konnte. Sie habe dann ebenfalls von dem Wasser des Baches getrunken, wobei ein goldfarbenes Fischlein in ihrer Hand zurückgeblieben sei. Darin habe sie ein Zeichen Gottes gesehen mit der Folge, daß sie dem Bach den Namen „Fischbeke" gab. Dann sei sie zu einer in der Nähe stehenden Kapelle gegangen, um zu beten. Dabei habe sie gelobt, ihr weiteres Leben in den Dienst Gottes zu stellen und ein Kloster zu stiften. So sei das Kloster Fischbeck entstanden, dessen erste Äbtissin Alfheid – Helmburgs jüngste von ihren fünf Töchtern – wurde. Helmburg selbst verließ 965 Fischbeck und trat in das Stift Hilwartshausen ein. Dieser Ort liegt links der Weser und gehört heute zu Münden. In jenem von König Otto I. gestifteten Kloster wurde sie im Jahre 970 Äbtissin. Drei Jahre später starb sie und fand in Hilwartshausen auch ihre letzte Ruhestätte. Heute trifft man dort nur noch auf einen Gutshof, der der Klosterkammer Hannover angehört.

Wo sich die Burg befunden hat, auf der sie mit ihrem Gemahl einst gewohnt haben soll, geht aus keiner Urkunde oder sonstigen schriftlichen Überlieferung hervor. Möglicherweise war es die Heineburg, deren Wallanlage im Wald auf der markanten Anhöhe südöstlich von Fischbeck knapp 2 Kilometer vom Kloster entfernt heute noch zu sehen ist. Ein geschichtlicher Zusammenhang der Heineburg mit dem Kloster Fischbeck konnte jedoch noch nicht nachgewiesen werden. Fest steht aber, daß diese umwallte Burg aufgrund ihrer Bauweise in das 10. bis 12. Jahrhundert nach Christus datiert werden kann, das heißt, daß sie während der Gründungszeit des Stiftes Fischbeck bewohnt gewesen sein konnte. Von dieser einstigen Burg aus, die auf einer sich 60 Meter über das Wesertal erhebenden Landzunge erbaut worden war, führt ein steiler Weg abwärts, auf dem Helmburgs rasante Talfahrt durchaus hätte stattgefunden haben können, wenn es sich bei diesem Geschehen nicht um eine bloße Sage handeln würde.

Als die Errichtung des Stiftes Fischbeck begonnen wurde, erhielt es zunächst nur eine kleine Kirche, die in der ersten Hälfte des 12. Jahrhunderts durch eine bedeutend größere ersetzt wurde und die heute noch weitgehend erhalten ist. Sie zeigt sich dem Betrachter als eine kreuzförmige flachgedeckte Basilika mit einem mächtigen Westriegel. Bei ihrem Bau galt es eine beträchtliche Schwierigkeit zu überwinden, die sich aus dem hohen Grundwasserstand in diesem Gebiet an der Weser ergab. So konnte die Krypta nicht unterhalb der Erdoberfläche entstehen, sondern nur über dieser. Entsprechend hoch mußte der oberhalb der Krypta befindliche Chor gelegt werden. Die Kirche wurde überwiegend aus Bruchsteinen errichtet, und zwar in romanischem Stil. Es wird vermutet, daß die damalige Michaeliskirche in Hildesheim als Vorbild diente (s. Bd. III „Die Michaeliskirche in Hildesheim"). Doch ein knappes Jahrhundert später – 1234 – brach ein Brand aus, der die Stiftsgebäude vernichtete und dem Inneren des Gotteshauses beträchtliche Schäden zufügte. Aber bereits nach 20 Jahren waren die Stiftsgebäude wieder hergestellt und die Schäden in der Kirche behoben. Allerdings konnten die durch die Hitze des Brandes geborstenen kunstvollen Säulen nicht wieder erneuert werden. An ihre Stelle kamen schmucklose Pfeiler, die zum Teil einfach um die zerstörten Säulen herumgebaut wurden. Wie einer alten Handschrift zu entnehmen ist, seien bei der Einweihung der neuen Baulichkeiten am lichten Tage zwei hell glänzende Sterne erschienen – einer über der Kirche und der zweite über den Stiftsgebäuden.

Das Stift, das bis dahin allein der Jungfrau Maria geweiht war, erhielt zusätzlich Johannes den Täufer zum Schutzpatron. Um die Mitte des 13. Jahrhunderts wurde die Augustinerregel eingeführt, und um 1450 schloß sich Fischbeck der Windesheimer Kongregation an, die auf Klosterreformen abzielte (s. „Das ehemalige Kloster Frenswegen"). Im Jahre 1559 hielt dann die Lehre Martin Luthers ihren Einzug, was erhebliche Veränderungen zur Folge hatte. Es wurden nicht nur die vier katholischen Priester entlassen, sondern auch die Altäre aus der Kirche entfernt. Zudem wurde von den katholischen Gerätschaften sowie von den kostbaren Meßbüchern und Meßgewändern alles verkauft, was sich zu Geld machen ließ. Wie auch andernorts wandelte sich in Fischbeck der Konvent in ein freiweltliches adliges Damenstift um, ein Vorgang, der seinen Grund darin hatte, daß der Adel auch unter neuem konfessionellen Vorzeichen die Zufluchtstätten für unverheiratete Töchter nicht missen wollte.

Was in der Kirche nach dem Räumungsverkauf an Wertvollem übriggeblieben war, wurde im Dreißigjährigen Krieg von kaiserlichen Truppen, die zur Tillyschen Armee gehörten, geplündert. Dabei war Grausamkeit Trumpf. Als die damalige Äbtissin

Auf der Anhöhe südöstlich von Fischbeck findet man noch Wälle und Gräben der Heineburg, von der aus vor der Bewaldung ein weiter Überblick über das Umland möglich war.

Das Stift Fischbeck, das im Jahr 955 gegründet wurde, besitzt eine kreuzförmige Basilika mit einem mächtigen Westriegel aus der ersten Hälfte des 12. Jahrhunderts.

Agnese von Mandelsloh die Tür eines Nebengebäudes zuzuhalten versuchte, hieb man ihr einfach die Hand ab und drang zu den dort aufbewahrten Kleinodien vor. Die Äbtissin starb an dieser und weiteren Verletzungen, die man ihr noch beigebracht hatte. Ein im Kriegsjahr 1629 von Corveyer Mönchen unternommener Versuch zur Rekatholisierung der Fischbecker Kirche scheiterte. Die Mönche wurden, nachdem sie das ganze Kloster in Besitz genommen hatten, nach der für die katholische Liga verlorenen Schlacht bei Hessisch Oldendorf wieder aus Fischbeck vertrieben, wobei sie noch letzte Wertgegenstände mitgehen ließen.

Trotz der Heimsuchungen, die die Fischbecker Klosteranlage im Laufe ihrer mehr als tausendjährigen Geschichte über sich ergehen lassen mußte, ist sie erhalten und sehr sehenswert geblieben. Dementsprechend zählt sie auch viele Besucher. Das äußere Aussehen der Kirche zeigt sich am besten, wenn man sich ihr von der Nordseite her nähert. Hier ist die Kirche nicht umbaut, während sonst ringsum – vor allem aber an der sonnigen Südseite – Stiftsgebäude stehen, die den dreiseitigen Kreuzgang umschließen.

Zur Innenausstattung der Kirche gehören ein Triumphkreuz mit einem überlebensgroßen Corpus Christi, ein Kopfreliquiar aus vergoldeter Bronze, ein überlebensgroßes Holzbildnis der Stiftsgründerin Helmburg sowie eine lebensgroße, ebenfalls aus Holz geschnitzte Figur des Christus im Elend. Zwei weitere Holzfiguren stellen die Apostelfürsten Petrus und Paulus dar. In der Kirche befindet sich auch ein Bildteppich aus dem Jahre 1583, der als die Nachbildung eines um 1300 entstandenen, jedoch verloren gegangenen Wandteppichs angesehen wird. Er ist von Stiftsdamen aus bunter Wolle gewirkt worden und zeigt in sechs Medallions die eingangs erwähnte Gründungslegende des Stifts. Daß es einen Vorgängerteppich gegeben hat, ist eine Vermutung, die sich unter anderem darauf stützt, daß die Gewänder der abgebildeten Figuren die Mode der Zeit um 1300 erkennen lassen.

Wo Uelzen zu entstehen begann
Das einstige Kloster Oldenstadt

Das Gebiet des Landkreises Uelzen ist äußerst geschichtsträchtig. Das gilt in besonderem Maße für den nordöstlichen Teil, wo sich Hügelgräber und alte Urnenfriedhöfe bis in die Gegenwart erhalten haben. Hier entdeckte um 1897 der aus Bleckede an der Elbe stammende spätere Kieler Universitätsprofessor Dr. Gustav Schwantes als fünfzehnjähriger Schüler erste Hinweise auf die Elbgermanen, deren Siedlungsraum vom südlichen Holstein elbaufwärts bis in das nördliche Böhmen reichte und die sich von den damaligen keltischen Bewohnern des süddeutschen Raumes deutlich unterschieden (s. Bd. II „Ein Sandfeld bei Jastorf"). Was der junge Schwantes durch sein eifriges Ausgraben und Untersuchen von Urnen herausfand, ging unter dem Begriff „Jastorf-Kultur" in die Forschungsgeschichte ein. Aber bereits vor Schwantes wurden in diesem Gebiet zahlreiche archäologische Untersuchungen vorgenommen, die insbesondere bei Ripdorf in der Nähe von Oldenstadt sehr ergiebig waren. Hier wurde um die Mitte des 19. Jahrhunderts ein ganzer Urnenfriedhof ausgegraben, dessen aus dem 3. und 2. vorchristlichen Jahrhundert stammendes Fundgut von Schwantes als „Ripdorf-Stufe" in die Jastorf-Kultur eingeordnet wurde. Aber auch in Oldenstadt selbst wurden bedeutende Funde gemacht, darunter elf Näpfchensteine, die in heidnischer Zeit zu kultischen Zwecken dienten. Die Entdeckung dieser Steine wurde von ihrer Anzahl her als ein Rekord gewertet. Einer von ihnen, der zehn Näpfchen aufweist, liegt heute am Eingang der Schule in Oldenstadt.

Dieser Ort, der im Nordosten von Uelzen – heute jenseits des Elbe-Seitenkanals – zu finden ist, gilt als die Keimzelle der Stadt Uelzen. Deren Name, der sich von „Ulleshusen" und „Ullessen" herleitet und auf einen Adligen namens Ullo zurückgehen soll, bezog sich zunächst nur auf Oldenstadt. Hier soll es eine alte Thingstätte der Langobarden, die zu den von Schwantes entdeckten Elbgermanen gehörten, gegeben haben. Zudem wird vermutet, daß sich hier vor der Christianisierung auch ein heidnisches Quellheiligtum befunden hat, für das aus christlicher Zeit der Name „Martinsquelle" überliefert ist. Anstelle des heidnischen Heiligtums wurde ein christliches Gotteshaus errichtet und dem Heiligen Martin geweiht. Es war eine Kapelle, die mehrere Jahrhunderte lang bestand und im Jahre 1410 zum letzten Male schriftlich erwähnt wurde. Nicht weit von dieser Kapelle entfernt wurde um das Jahr 960 das Kloster Ulleshusen gegründet. Es wird vermutet, daß dies unter dem Schutze Kaiser Ottos des Großen geschah. Das neue Kloster diente nicht allein der Festigung des christlichen Glaubens in diesem Gebiet, sondern stand zugleich in der vorgeschobenen Vorpostenlinie, die gegen die Wenden gerichtet war.

Gründer des Klosters war Bischof Bruno von Verden, der als ein Billunger bezeichnet wird. Ob er tatsächlich diesem sächsischen Herzogsgeschlecht entstammte, gilt jedoch nicht als erwiesen. In dem Kloster, das der Jungfrau Maria und Johannes dem Täufer geweiht war, lebten zunächst Nonnen. Um 1135 wurde es in ein Mönchskloster umgewandelt und mit Benediktinern aus Corvey an der Oberweser besetzt. Der Grund dieser Umwandlung soll darin bestanden haben, daß die Nonnen kein gottgefälliges Leben geführt hätten, was jedoch bezweifelt wird. Es soll eher so gewesen sein, daß der damalige Corveyer Abt Wibald, der als sehr ehrgeizig galt, mit der Umwandlung in ein Mönchskloster kirchenpolitische Ziele verfolgte. Der erste Abt des Mönchsklosters war Siegfried von Plötzkau, der 1130 von Kaiser Lothar als Markgraf der Nordmark eingesetzt worden war. Abt Siegfried wurde 1151 nach einem Streit mit Bischof Hermann von Verden von diesem vertrieben, vermochte aber nach einigen Monaten unter Mithilfe des Corveyer Abtes Wibald sein Amt zurückzuerlangen.

Am Eingang der Schule in Oldenstadt liegt einer der hier gefundenen elf Näpfchensteine. In heidnischer Zeit dienten diese Steine kultischen Zwecken.

Von der einstigen Klosterkirche in Oldenstadt ist heute noch ein Teil des Langhauses erhalten. Dieses romanische Gebäude stammt aus dem 12. Jahrhundert.

Die Oldenstädter Klosterkirche, die heute als Gemeindekirche dient, mußte im Laufe der Jahrhunderte mehrmals Änderungen ihres Aussehens über sich ergehen lassen. Ursprünglich war sie wohl überhaupt nur ein schlichter Holzbau, der in ottonischer Zeit in ein steinernes Bauwerk umgewandelt wurde. Dessen Grundmauern verliefen – wie Ausgrabungen in den Jahren von 1970 bis 1973 gezeigt haben – innerhalb des heutigen Baues, der jedoch erst wesentlich später entstand. Zunächst erhielt das damalige Gotteshaus in einem weiteren Bauabschnitt zwei Rundtürme, die es heute nicht mehr gibt, die aber auf einem Merianstich aus dem Jahre 1664 deutlich zu erkennen sind. Sie blieben nur bis in das 18. Jahrhundert bestehen und wurden dann abgebrochen. Die Stellen, wo sie einst standen, wurden später in der an der Westseite der Kirche vorgenommenen Pflasterung in Form von zwei Rundungen kenntlich gemacht. Zur Zeit des Abbruches der beiden Türme verschwand auch der größte Teil der Klostergebäude.

Das ottonische Gotteshaus selbst war schon Jahrhunderte früher abgebrochen und vermutlich in der zweiten Hälfte des 12. Jahrhunderts durch eine dreischiffige romanische Basilika aus Feldsteinen ersetzt worden. Dieser Neubau soll nach der erwähnten Umwandlung des Nonnenklosters in das Mönchskloster vorgenommen worden sein. Von dieser romanischen Basilika blieben äußerlich nur das westliche Langhaus und Teile des südlichen Querhauses erhalten. Das Kloster wurde 1531 zur Zeit der Reformation von den Mönchen verlassen. Im Ostteil der Kirche richtete sich von diesem

Die beiden Rundtürme der Klosterkirche in Oldenstadt blieben bis in das 18. Jahrhundert bestehen, danach wurden sie abgebrochen. Wo sie standen, wurde im Pflaster an der Westseite des Langhauses angedeutet.

Zeitpunkt an die evangelische Gemeinde ein, während die Klostergebäude neuen Zwecken zugeführt wurden. Nach dieser Zeit wurden an der Kirche noch Umbauten vorgenommen, so auch an dem romanischen Langhaus, das seit dem 17. Jahrhundert als Kornspeicher sowie als Viehstall genutzt wurde. Heute hingegen gilt dieser inzwischen restaurierte Teil des Langhauses als ein im norddeutschen Raum einzigartiges Baudenkmal. Das Gotteshaus selbst zeigt sich als eine einschiffige Kreuzkirche mit einem Evangelientürmchen über der Vierung. Es bildet jetzt zusammen mit dem einstigen 1625 erbauten herzoglichen Jagdschloß, das jahrhundertelang als Amtshaus genutzt wurde und von 1885 bis 1954 Sitz der Landkreisverwaltung war, das „Historische Zentrum Oldenstadt".

In Oldenstadt hat sich auch Merkwürdiges zugetragen, für das es bis heute keine rechte Erklärung gibt. Neben dem Kloster hatte sich im Laufe der Zeit an der Wipperau eine Marktsiedlung zur Stadt entwickelt, die nach 1250 von den meisten ihrer Bürger verlassen wurde. Die Abwanderer gründeten 2,5 Kilometer weiter westlich an der Ilmenau eine neue Stadt Ullessen, weil sie sich im Schutze einer dort bestehenden Burg offenbar sicherer fühlten. Aus dieser Gründung, die zuerst Löwenwold genannt werden sollte, entstand die heutige Stadt Uelzen. Diese wurde nach dem gleichen Planungsschema erbaut, das auch schon der alten Stadt Ullessen, deren Name sich zu Oldenstadt wandelte, zugrunde gelegen hat. Und nun das Merkwürdigste: Dieses Planungsschema hat eine auffallende Ähnlichkeit mit demjenigen, nach dem 100 Jahre vorher die Altstadt von München, die aus einer seit 1102 bekannten Siedlung des Klosters Tegernsee hervorging, errichtet worden war. Ebenso wie Münchens Altstadt bekam der Uelzener Stadtkern drei jeweils 200 Meter lange und 20 bis 25 Meter breite Marktstraßen in T-förmiger Anordnung, wobei die Lüneburger Straße in Uelzen der Kaufinger Straße in München entspricht. Der Baugrund wurde in Grundstücke von einheitlicher Größe eingeteilt. Auffallend ist, daß in diesem Grundriß kein Marktplatz vorgesehen war. Ein Stadtkern von dieser Form findet sich in ganz Norddeutschland kein weiteres Mal.

Wie konnte die frappierende Ähnlichkeit der Grundrisse von Uelzen und München zustandekommen? Die Antwort auf diese Frage wird in der Person Heinrichs des Löwen gesucht, der – bevor er von Kaiser Friedrich I. Barbarossa geächtet wurde – Herzog von Sachsen und von Bayern war. Er gilt als der Gründer Münchens, und einer Sage zufolge soll auch die Gründung Uelzens auf ihn zurückgehen. Doch wie sollte das möglich gewesen sein? Zwischen der Gründung Münchens und der von Uelzen lagen – wie erwähnt – 100 Jahre, während Herzog Heinrich 66 Jahre alt wurde und vor der Gründung Uelzens bereits über 50 Jahre tot war. Bedenkt man, daß Uelzen nach dem Grundriß des alten Ullessen angelegt wurde, liegt der Gedanke nahe, daß vielleicht hier eine Beziehung zu München und Heinrich dem Löwen zu finden sein könnte. Doch dem steht entgegen, daß das Kloster und der Marktort Ullessen zum Bistum Verden und damit nicht zum Herrschaftsgebiet Heinrichs des Löwen gehörte. Das Rätsel bleibt also ungelöst.

24

War Herzog Widukind Mitbegründer?

Die Kirchenburg von Ankum

Das Osnabrücker Nordland ist ein uraltes Siedlungsgebiet. Das bezeugen die Hünengräber auf dem geheimnisumwitterten Giersfeld wie auch die in der sagenumwobenen Maiburg (s. Bd. I „Die Hünengräber auf dem Giersfeld"). Insgesamt sind noch 15 derartige wie von Riesenhand geschaffene Grabstätten vorhanden, und von 15 weiteren lassen sich die Spuren der Steinsetzungen nachweisen. Diese Gräber sind vor nahezu 5 000 Jahren in der Jungsteinzeit errichtet worden. Seitdem hat sich die Besiedlung in diesem Gebiet ohne Unterbrechung bis heute fortgesetzt. Die Wohnstätten der seßhaft gewordenen Bevölkerung entstanden auf Höhenrücken, die in der älteren, nach der Weichsel benannten Kaltzeit übersandet und mit Granitblöcken übersät worden waren. Auf den sandigen Böden konnte Ackerbau betrieben werden, während dies in den sumpfigen Niederungen nicht möglich war. Als ältester der im Osnabrücker Nordland auf Sandböden entstandenen Orte gilt Ankum, dessen Name als „Ainghem" bereits in einer 977 von Kaiser Otto II. ausgestellten Urkunde enthalten ist. Für das hohe Alter dieses Ortes, nach dem ein Teil des Hügellandes den Namen „Ankumer Höhen" bekam, spricht auch seine zentrale Lage: Auf Ankum laufen Straßen und Wege aus allen Himmelsrichtungen zu. In diesem besonderen Ort, der ein Dorf geblieben ist, jedoch städtisches Aussehen besitzt, war in einer schon von den Ureinwohnern als Ringwall angelegten Zufluchtsstätte am Westabhang des Vogelberges ein christliches Gotteshaus erbaut worden – ein Vorgang, der mit dem Sachsenherzog Widukind in Verbindung gebracht wird. Dieser, der 785 Christ wurde, soll hier Stammgüter besessen haben.

Der Sage nach gründete Wiho, der erste Bischof von Osnabrück, das Ankumer Gotteshaus als Taufkirche für den altsächsischen Farngau. Aus dieser frühen Kirche, die im westlichen Teil der Wallanlage errichtet worden war und ein schlichter Holzbau gewesen sein wird, entwickelte sich im Laufe der Jahrhunderte eine Kirchenburg, die als eine der bedeutendsten auf deutschem Boden galt. Sie war mit einer 3,5 Meter hohen und 1 Meter breiten Mauer umschlossen, die in ihrem untersten Teil aus mächtigen Findlingen bestand. In die Mauer waren viele Schießscharten eingebaut. Zudem besaß sie drei turmartig befestigte Tore. Jeder dieser Tortürme bestand aus zwei Stockwerken, von denen das obere bewohnbar war. Einer der Türme diente sogar als Rathaus. Später wurden die Türme auch zur Festsetzung von Gefangenen genutzt. Innerhalb der Ummauerung befanden sich neben der Kirche der Friedhof sowie Speichergebäude. Diese Speicher, von denen es mindestens acht gegeben hat, dienten nicht nur der Lagerung von Vorräten, sondern auch als Raststätten für Kirchgänger aus dem Umland und in Kriegszeiten als Zufluchtsort. Später wurden sie als Wohnungen vermietet. Auch die Kirche selbst konnte verteidigt werden. Sie besaß einen wehrhaften Turm, und auch die Fenster ihres Schiffes waren in Art und Größe so beschaffen, daß sie jederzeit als Schießscharten dienen konnten. Außer der Kirche war das Dorf Ankum, das sich in einem Bogen um sie legte, mit einem Verteidigungswall umgeben.

Der Schutz der Ankumer Kirche war Vermutungen zufolge anfänglich der Jungfrau Maria anvertraut worden. Zu dieser Annahme führte ein Kirchensiegel, das im Pfarrarchiv aufgefunden wurde. Später trat an die Stelle der Gottesmutter der Heilige Nikolaus, der noch heute der Schutzpatron ist. Wann und warum der Wechsel vorgenommen wurde, kann ebenfalls nur vermutet werden. Sicher dürfte jedoch sein, daß es sich nicht so verhalten hat, wie etwa in Möllenbeck bei Rinteln. Dort wurde der Apostelfürst Petrus als Schutzheiliger gnadenlos abgesetzt, weil er einen Brand des Klosters nicht zu verhindern vermochte. An seine Stelle berief man den Heiligen Dionysius mit der Hoffnung, daß dieser als Beschützer zuverlässiger sein möge (s. „Die Stiftskirche in Möllenbeck"). In Ankum folgte man mit dem Patronatswechsel einer Zeitströmung. Während die ersten auf sächsischem Boden von Kaiser Karl dem Großen gegründeten Kirchen den Heiligen Petrus als Schutzpatron erhielten, wurden die Stiftungen seines Sohnes Kaiser Ludwigs des Frommen der Jungfrau Maria geweiht. Als dann in der zweiten Hälfte des 10. Jahrhunderts die Ottonen als Kaiser das Heilige Römische Reich Deutscher Nation regierten, wurde der Heilige Nikolaus zum bevorzugten Schutzpatron erkoren. Nikolaus, der schon zu Lebzeiten wundertätig gewesen sein soll, war Bischof von Myra in Lykien im Südwesten Kleinasiens, wo er am 6. Dezember seines 65. Lebensjahres zwischen 345 und 352 – genauer weiß man es nicht – verstarb. Er lebte jedoch im Gedenken der Christenheit als Schutzheiliger unter anderem der Schiffer, Fischer, seefahrenden Kaufleute und nicht zuletzt der Kinder fort. Die Ankumer hielten dem Heiligen Nikolaus die Treue,

An die Kirchenburg von Ankum, die als eine der bedeutendsten auf deutschem Boden galt, erinnern an der Südseite des Ankumer Kirchenhügels noch die Marktarkaden, in die 1924 eine Kapelle eingebaut wurde.

obgleich über ihre Kirche großes Unheil hereinbrach.

Die Ankumer Kirchenburg wurde im Laufe der Jahrhunderte mehrmals umkämpft. Dabei erlitt sie im Jahre 1340 beträchtliche Schäden, die jedoch in den Folgejahren behoben werden konnten. Viel Böses hatte Ankum auch während der Zeit des Freiheitskampfes der Niederländer gegen die Unterdrückung durch die Spanier zu erleiden. Immer wieder fielen umherziehende spanische Truppen in Orte des nordwestlichen Niedersachsens ein, um zu rauben und zu morden. In Ankum geschah dies in den Jahren 1594 und 1608. Als dann 1609 erneut spanische Soldaten einen Überfall unternehmen wollten, waren die Ankumer erstmals zur Gegenwehr gerüstet. Kaum hatten die Spanier die Öffnung des geschlossenen Schlagbaumes gefordert, wurde ihnen mit einem Gegenangriff geantwortet, so daß sie Hals über Kopf flüchteten. Der Vogt Schwiethart Kempe hatte von dem Nahen der Spanier rechtzeitig Kenntnis erhalten und konnte die Schützen des Kirchspiels und zudem einige Soldaten aus Fürstenau zur Verteidigung Ankums aufbieten. Schlimmes geschah jedoch erneut, als 1618 der Krieg begonnen hatte, der als der Dreißigjährige in die Geschichte einging. Nun waren es nicht mehr nur Spanier, die Ankum und sein Umland heimsuchten, sondern auch andere Heerhaufen. So überfielen im Frühjahr 1620 Niederländer Ankum, und das gleich zweimal. 1621 wurde dann das Gebiet vom Söldnerführer Christian Herzog von Braunschweig-Wolfenbüttel mit seiner Streitmacht durchzogen, und 1622 quartierte sich der Söldnerführer Ernst Graf von Mansfeld mit Reitern und Musketieren in Ankum ein.

Der Ort wurde in diesem schrecklichen Krieg noch mehrmals in Mitleidenschaft gezogen. Doch was auch geschah – die Ankumer Kirchenburg überstand alle Widerwärtigkeiten. Die Wehranlage wurde erst im 19. Jahrhundert zerstört, jedoch nicht von Feindeshand, sondern durch zwei Feuersbrünste. Als am 22. Juli 1848 im Dorf Ankum ein Großbrand ausgebrochen war, griff das Feuer auch auf die Kirchenburg über. Dort sollen Vermutungen zufolge die Tortürme und die Speicherhäuser vernichtet worden sein. Zudem erfaßten die Flammen den Turm der Kirche, zerstörten dessen Spitze und brannten ihn innen völlig aus. Dabei schmolzen sogar die drei Glocken. Auch das Dach des Kirchenschiffes verbrannte. Nach dieser Katastrophe wurden die Schäden an der Kirche wieder behoben, wobei der Turm eine glockenförmige Haube erhielt. In diese schlug am 21. Juni 1892 ein Blitz ein mit der Folge, daß die Dächer des Turmes und des Kirchenschiffes erneut in Feuer und Rauch aufgingen. Nach diesem Unglück geschah, was viele für unfaßbar hielten: Die Gemeinde Ankum ließ nach einem dreijährigen Streit, der sogar den Preußischen Landtag beschäftigte, die noch stabile Brandruine mit Ausnahme des Turmes abbrechen und an ihrer Stelle eine neuromanische Kreuzkirche errichten. Die Gegner dieser Maßnahme hätten es lieber gesehen, wenn die alte dreischiffige romanische Basilika wieder hergestellt und damit das kulturelle Erbe gewahrt worden wäre. Heute erinnern an die einstige Kirchenburg außer dem Turm der Kirche, der um ein Stockwerk erhöht wurde, nur noch einige Mauerreste mit Strebepfeilern sowie drei Treppenaufgänge und die erneuerten Marktarkaden.

Der mächtige Turm, dessen unterer Teil noch aus dem Jahre 1514 stammt, ragt seit seiner Aufstockung vom Markt aus gesehen bis in eine Höhe von 83 Meter. Damit beherrscht er das Ankumer Ortsbild vollkommen. Er fällt jedem Besucher – aus welcher Richtung er auch kommen mag – sogleich in die Augen. Doch er ist auch schon von weitem zu sehen, was eine kleine Geschichte in rührender Weise bestätigt. Als nach dem Zweiten Weltkrieg ein aus der Kriegsgefangenschaft heimkehrender Ankumer auf dem Bahnhof in Bersenbrück ankam und westwärts in Richtung Ankum blickte, soll er lediglich gesagt haben: „Hei staht noch". Gemeint war der Turm der Ankumer Kirche, der ihn aus rund 5 Kilometer Entfernung begrüßte.

Die Kirche von Ankum wurde mehrmals umkämpft und auch durch Feuersbrünste beschädigt. Nach dem letzten Brand im Jahre 1892 wurde die alte romanische Basilika mit Ausnahme des Turmes abgebrochen und an ihrer Stelle die heutige neuromanische Kreuzkirche errichtet.

25

Nur ein Kirchturm erinnert an sie

Die einstige Suderburg

Südlich von Uelzen, wo einst in sächsischer Zeit die Südgrenze des Bardengaues verlief, entstand etwa in der ersten Hälfte des 10. Jahrhunderts eine Burg, die nach ihrer südlichen Lage im Gau ihren Namen erhielt: Suderburg. Das geschah in der Zeit, in der im Jahre 919 der tüchtige Sachsenherzog Heinrich aus dem Hause der Liudolfinger deutscher König geworden war und nach dessen Ableben sein Sohn Otto 936 den Königsthron bestiegen und zudem 962 die römische Kaiserkrone erlangt hatte. Damals waren im Bardengau die Billunger begütert – ein Adelsgeschlecht, das mit dem Königshaus verschwägert war, dessen Stammbaum sich jedoch unerforschbar im Dunkel der Geschichte verloren hat. Besonders bekannt wurde von ihnen der mit der Herzogsgewalt in Sachsen betraute Markgraf Hermann Billung, der an dem Heideflüßchen Örtze die nach ihm benannte Hermannsburg errichten ließ (s. Bd. III „Die Kirche Peter und Paul in Hermannsburg"). Der Hauptsitz der Billunger war jedoch Lüneburg mit der Burg auf dem Kalkberg, der weithin bekannten Salzquelle und dem bedeutenden Benediktinerkloster Sankt Michael, das Hermann Billung gemeinsam mit seinem jüngeren Bruder Amelung, der Bischof von Verden war, erbauen ließ (s. Bd. I „Der Kalkberg von Lüneburg"). Zu jener Zeit waren längs der Ilmenau ein Dutzend Burgen gegründet worden, die mit dazu beitragen sollten, den Bardengau an seiner Ostgrenze gegen die Slawen zu schützen. Eine von ihnen soll die Suderburg gewesen sein. Wenn dies zutrifft, war deren Grundstein in der ersten Hälfte des 10. Jahrhunderts gelegt worden.

Es gibt allerdings auch Zweifel, ob sich das alles tatsächlich so verhalten hat. Dabei wird vor allem der strategische Wert der Suderburg bezweifelt. Sie war als die südwestlichste der geschaffenen Burgenkette relativ weit von der Ostgrenze des Bardengaues entfernt und konnte damit nur in geringem Maße zur Verteidigung gegen die Slawen beitragen. Das besagt jedoch nicht, daß die Suderburg zu jener Zeit überhaupt noch nicht bestanden hätte. Daß es sie in der ersten Hälfte des 10. Jahrhunderts bereits gab, beweist die Gründung des Klosters Kemnade an der Oberweser, die in den Jahren zwischen 959 und 965 erfolgte. Dieses vom Bardengau weit entfernte Benediktiner-Nonnenkloster wurde von Hermann Billungs Nichten Imma und Frederuna, die die Töchter von Hermanns älterem Bruder Wichmann waren, gestiftet und von ihnen mit der Suderburg beschenkt. Das bedeutet, daß die Suderburg schon vor dieser Zeit bestanden haben muß.

Wie diese Burg ausgesehen und wo sie genau gestanden hat, ist nicht mehr bekannt. Von ihr ist außer einem Wehrturm, an den später die Kirche angebaut wurde, nichts geblieben. Dieser gedrungene, durch Mauervorlagen verstärkte Rundturm, dessen Durchmesser knapp 8 Meter beträgt und der heute ein spitzes rotes Ziegeldach besitzt, ist aus Feldsteinen errichtet. Doch einer der Bausteine unterscheidet sich von allen anderen. Er ist ein aus Granit bestehender Mahlstein, der in den Turm rechts neben der Tür eingemauert ist. Die Menschen hatten erkannt, daß Granit zum Mahlen von Korn ungeeignet ist, weil er sich dabei abreibt sowie glatt schleift und damit rasch unbrauchbar wird. Deshalb verwendete man fortan zum Mahlen Basalt, der im Rheinland gewonnen wurde. Diese Umstellung vollzog sich in der ersten Hälfte des 10. Jahrhunderts. Das hat in Suderburg zur Ansicht geführt, daß der Mahlstein aus Granit ebenfalls um diese Zeit ausgewechselt und dann in den Turm eingebaut worden sei und das Bauwerk um diese Zeit entstanden sein könnte. Das muß sich aber nicht unbedingt so verhalten haben. Denn als der Turm entstand, konnte der Mahlstein schon lange vorher ausgedient haben. Das angefügte Gotteshaus ist ein Fachwerkbau, der erst 1753 als Saalkirche mit kreuzförmigem Grundriß errichtet wurde. Sie ist wie schon ihr Vorgängerbau dem Heiligen Remigius geweiht worden, der fränkischer Herkunft und zu seinen Lebzeiten in den Jahrzehnten um das Jahr 500 Bischof von Reims war, wo er den Frankenkönig Chlodwig taufte. Es gibt die Vermutung, daß auch die Billunger, deren Stammbaum sich – wie erwähnt – in die Vergangenheit verliert, fränkischer Abstammung waren und ihre Vorfahren einst mit Karl dem Großen in das Sachsenland gekommen sind. So konnte es durchaus auch zutreffen, daß die Suderburg aus einem befestigten Haupthof der Billunger hervorgegangen ist. Nach dem Aussterben dieses Geschlechtes ging sie auf die Welfen über (s. „Die einstige Erteneburg").

Um die Kirche von Suderburg rankt sich eine Sage, wie sie vielerorts entstanden und als die „Glockensage" bekannt geworden ist (s. „Die Martinikirche von Moringen"). Als der Kirchenbau vollendet war und eingeweiht werden sollte, hatte man vergessen, vorher die Glocken zu weihen. Die Folge dieser Unterlassung sei gewesen, daß die Glocken, als sie

zum ersten Mal geläutet werden sollten, durch die offenen Kirchturmluken weit hinaus in das Land flogen. Dort hätten sie sich tief in den Erdboden gewühlt und würden noch heute darin verborgen liegen. Dieses Stück Land heißt noch immer

Der runde Turm der Suderburger Remigiuskirche, die heute ein kreuzförmiger Saalbau aus Fachwerk ist, war ursprünglich ein aus Feldsteinen und einem Mühlstein erbauter Wehrturm. Die Suderburg, zu der er gehörte und die es nicht mehr gibt, wurde erstmals im 10. Jahrhundert als Besitz der Billunger Herzöge genannt.

„Glockenkamp" oder „Glockenberg". Suderburg besitzt zudem einen sagenumwobenen Hünenstein, den Jedutenstein, den man südöstlich des Ortes auf dem Blauen Berg findet. Er besteht aus Granit und ist mit 1,8 Meter Länge, 1,5 Meter Breite und 1,2 Meter Höhe der kleinere von einstmals zwei Steinen dieses Namens. Der größere, der fast 3 Meter breit und mehr als 5 Meter lang gewesen sein soll, wurde gesprengt und im Jahre 1848 mit zum Bau der Eisenbahnbrücke zwischen Bevensen und Medingen verwendet. Die entstandene Sage weiß zu berichten, daß im Jedutenstein eine wunderschöne Prinzessin schlummerte, die als die letzte Nachfahrin des Heidekönigs von einer bösen Frau verwunschen worden war. Der Sage nach habe jedoch die Hoffnung bestanden, daß eines Tages ein Jüngling aus königlichem Geschlecht kommen, mit dem Schlag einer Gerte den Stein öffnen und die Königstochter befreien wie auch freien werde. Dann werde das Paar den Thron des alten Heidekönigs auf der Magetheide besteigen und über das weite Heideland herrschen. Als der größere Stein für den Bau der erwähnten Eisenbahnbrücke gesprengt wurde, sollen von nah und fern Neugierige gekommen sein, die die im Stein schlummernde Prinzessin sehen wollten. Sie kamen vergeblich.

Der Name Jedute, den der noch vorhandene kleinere Stein trägt, leitet sich nach einer von mehreren Erklärungen von Judith her, jener biblischen Heldin, die Jerusalem vor dem assyrischen Feldherrn Holofernes gerettet haben soll. Sie habe

Südöstlich von Suderburg liegt auf dem Blauen Berg ein Granitfindling, den man Jedutenstein nennt. Über die Bedeutung dieses Steines und seines Namens ist schon viel gerätselt worden, ohne zu einem Ergebnis zu gelangen.

Holofernes getötet, indem sie ihm den Kopf abschlug. Ob diese Namensdeutung mit wirklichem Geschehen am Jedutenstein übereinstimmt, muß jedoch dahingestellt bleiben. Eine Meinung geht dahin, daß sich an ihm eine alte Gerichtsstätte befunden habe. Der Name Jedute ist jedoch nicht einmalig, sondern kommt auch noch andernorts vor. So befindet sich in Wulsdorf, das ein Stadtteil von Bremerhaven ist, neben der alten Kirche ein Jedutenberg, und in Spaden, das zur Gemeinde Schiffdorf und mit dieser zum Landkreis Cuxhaven gehört, lebt der Name in einer Straßenbezeichnung „Am Jedutenhügel" fort. In diesem Hügel soll einer Sage nach eine Jedute genannte heidnische Götzin begraben worden sein. Einen wahren Hintergrund dürfte dagegen eine andere Sage haben, nach der im Mittelalter zur Zeit der Raubritter die Suderburg im Besitz eines Ritters namens Krülcken gewesen sei, der den reisenden Kaufleuten großen Schaden zugefügt haben soll. Nach dem von ihm verübten Mord an einem braunschweigischen Kaufmann sei aber sein schändliches Tun gewaltsam beendet worden: Man habe ihn am Ort seiner Mordtat getötet und dort auch verscharrt. An dieser Stelle – dem nach ihm benannten Krülckengrund – soll er ab und zu auch noch heute des Nachts spuken.

26

Ihr Bergfried galt als uneinnehmbar
Die Burg Adelebsen

Der im Nordwesten des Landkreises Göttingen im Tal der zur Weser fließenden Schwülme eingebettete Flecken Adelebsen, ist eine alte Siedlung. Sie wurde als „Ethelleveshuson" erstmals im Jahre 990 erwähnt, und zwar in einer Urkunde Kaiser Ottos III. Wann die Burg dieses Namens erbaut wurde, läßt sich dem urkundlichen Hinweis jedoch nicht entnehmen. Lediglich eine Sage will Näheres wissen. Danach sei die Burg zur Zeit Heinrichs I., der als Sachsenherzog von 919 bis 936 zugleich deutscher König war, entstanden. Bauherr sei Heinrichs Knappe Detmar gewesen, der sich – zum Ritter geschlagen – mit dem Edelfräulein Adeleiff, der Pflegetochter König Heinrichs, vermählte. Als Mitgift habe diese von ihrem Pflegevater das Gebiet erhalten, das sie – wie es heißt – an einem Tage zu umreiten vermochte. Es sei ein sehr großes Stück Land gewesen, in dem sich auch ein hoher Felsen aus Buntsandstein erhob, der von der Natur zur Errichtung einer Burg geradezu geschaffen schien. Auf ihm sei dann die Burg erbaut und von Detmar nach dem Namen seiner Gemahlin „Adeleiffhuson" genannt worden. Wann die Burg dieses Namens tatsächlich entstand, läßt sich nicht nachweisen. Belegt hingegen ist, daß sie im Jahre 1295 bereits vorhanden war und seit 1329 „dat Hus to Adelevessen" hieß.

Als ältester Bauteil gilt die auf der südlichen Spitze des Felsens errichtete Hauptburg mit dem Bergfried – einem fünfeckigen neungeschossigen Turm, der noch heute von Besuchern sehr bestaunt wird. Dieses mächtige, düster wirkende Bauwerk aus Sandsteinquadern, das ursprünglich auch einen Zinnenkranz besessen haben soll, erlangte an der Außenseite eine Höhe von fast 39 Meter bei einer Mauerstärke bis zu 4,30 Meter. Der Zugang befand und befindet sich noch immer in etwa 4 Meter Höhe über der Hoffläche und konnte nur mittels einer Leiter – heute durch eine Holztreppe ersetzt – erstiegen werden. Weitere Gebäude kamen hinzu und bildeten zusammen mit dem wuchtigen Turm die Oberburg. An deren Südwestseite entstand später von 1740 an die Unterburg mit doppelgeschossigen barocken Bauten, die die Burganlage in eine schloßartige Adelsresidenz verwandelten. Ende des 19. Jahrhunderts erfolgte eine weitere Veränderung – dieses Mal im Stile der Weserrenaissance. Dabei erhielten die Schloßbauten Mansardendächer, die sie heute noch besitzen.

Die Burg Adelebsen war ursprünglich freies Eigentum der nach ihr benannten Edelherren. Diese genossen ein hohes Ansehen und gehörten zu den vier Familien, die das Recht besaßen, den Grafen für das Landgericht auf dem Leineberg bei Göttingen zu wählen. Sie blieben von der Landesherrschaft bis 1347 weitgehend unabhängig. Erst in diesem Jahre wurde ihre Herrschaft mit dem Erwerb des Gerichts „to dem Asche" auf eine breitere lehnsrechtlich legitimierte Grundlage gestellt. Bis dahin hatte das Buch der Geschichte bereits immer wieder Namen von Mitgliedern dieser Familie festgehalten. So weiß man, daß ein Reinhard von Adelebsen als Schildknappe des Grafen Albrecht von Northeim 1172 mit Herzog Heinrich dem Löwen ins Heilige Land gezogen war. Im Jahre 1246 beauftragte Herzog Otto das Kind die Ritter Detmar und Bodo von Adelebsen, in seinem Namen der Stadt Münden die

Der Bergfried der Burg Adelebsen ist ein mächtiger fünfeckiger Turm, der jeglicher Gefahr zu widerstehen vermochte. Außer zur Verteidigung der Burg diente er als Kerker.

Bestätigung all ihrer Privilegien zuzusagen. Zu Beginn des 14. Jahrhunderts waren die Ritter von Adelebsen bereits die namhaftesten im Göttinger Teil der Welfenlande. Sie wagten es zu jener Zeit sogar, den Fürsten Otto von Waldeck gefangen zu nehmen und ihn im untersten Gewölbe ihres mächtigen Turmes mehrere Jahre einzukerkern, bis er starb. Den starken eisernen Ring, an den die Gefangenen – und so auch der Fürst von Waldeck – jeweils angeschlossen wurden, soll es heute noch geben.

Im Jahre 1387 kämpften Ritter Berthold von Adelebsen und sein Sohn Bodo in der Schlacht auf den Streitäckern zwischen Grone und Rosdorf im Dienste Herzog Ottos des Quaden gegen die Bürger von Göttingen und gerieten dabei in Gefangenschaft. Sie und die anderen kamen erst frei, nachdem der Herzog den Göttingern versprochen hatte, ihnen alles zu vergeben, was sie an ihm gesündigt hatten. In einem anderen Kampf, den 1479 Herzog Wilhelm gegen die Bürger von Einbeck führte, war das herzogliche Banner dem Ritter Bodo von Adelebsen anvertraut. Immer wieder kam es zu bewaffneten Auseinandersetzungen, an denen die Burgherren von Adelebsen beteiligt waren und sich den Ruf eines streitfrohen Geschlechtes erwarben. So ließen sie sich auch nicht die Teilnahme an der blutigen Schlacht entgehen, die zur Zeit der Hildesheimer Stiftsfehde am 29. Juni 1519 auf der Soltauer Heide stattfand (s. Bd. III „Der Gedenkstein im Wieheholz"). Zu diesem Gemetzel hatten sich gleich drei Mitstreiter aus Adelebsen eingefunden: Bodo, Hans und Eilhard.

Die Herren von Adelebsen verwickelten sich immer wieder in Kämpfe. Dabei wurde auch mehrmals ihre Burg belagert. Doch diese war so mächtig und wehrhaft, daß sie niemals in Feindeshand fiel. Es haben aber nicht alle Burgherren von Adelebsen Rühmliches geleistet. Einige von ihnen haben auch bösartig gehandelt etwa so wie Bodo, Bertold und Ditmar, die im Jahre 1434 Göttinger

Bürger auf offener Straße angriffen und beraubten. Sie sahen es als ihr Recht an, von jedem Fremden, der durch den Ort kam, eine Gegenleistung für freies Geleit zu verlangen. Dabei hatten sie es insbesondere auf durchreisende Händler abgesehen, die ihnen einen Teil der mitgeführten Ware überlassen oder Bargeld entrichten mußten. Kein Fremder, der die zwischen den Steilabfall des Burgfelsens und die sumpfige Schwülmeniederung eingezwängte Straße benutzen mußte, kam ungeschröpft davon. Aber eine positive Seite hatte dieses unfreundliche Verhalten letztlich doch: Die Straße wurde sorgfältig gepflastert, so daß den durchziehenden Gespannen die Passage erheblich erleichtert wurde.

Am Westende von Adelebsen gabelte sich – wie auch heute noch – die Straße, wobei die südwestliche Abzweigung zur Weser und die nordwestliche nach Uslar führt. Wer sich heute in Richtung Uslar begibt, sieht nach knapp 4 Kilometer am nördlichen Rand der Straße die Ruine einer Kapelle. Diese war um das Jahr 1200 neben der Zollstelle, die sich hier einst befand, erbaut worden – allerdings aus einem anderen Grund. Hier fanden sich in früherer Zeit Reisende zusammen, die gemeinsam und unter Geleitschutz ihren Weg fortsetzten und zudem in angemessener Weise den Segen von oben erbitten wollten. Reinhard von Adelebsen, der – wie schon erwähnt – als Schildknappe des Grafen Albrecht von Northeim mit Herzog Heinrich dem Löwen im Heiligen Land gewesen war, soll von dort Heiligtümer mitgebracht und diese der Kapelle gestiftet haben. Mit der Zeit sei hier ein Wallfahrtsort entstanden, der später jedoch wieder verfiel. Zu sehen sind heute nur noch die beiden Giebelmauern der Kapelle. Das Adelsgeschlecht von Adelebsen ist in der Mitte des 20. Jahrhunderts im Mannesstamm erloschen.

Von der auf einem hohen Sandsteinfelsen erbauten Burg Adelebsen wurde ein weites Umfeld, durch das wichtige Handelsstraßen führten, beherrscht.

Bei der Kapelle, auf deren Ruine man in der Nähe von Adelebsen an der Straße nach Uslar trifft, sammelten sich einst Reisende, die ihren Weg gemeinsam und unter Geleitschutz fortsetzen wollten.

27

Hier wurde Papst Clemens II. geboren

Die Hornburg

Im nördlichen Harzvorland findet man im Süden des Landkreises Wolfenbüttel die malerisch gelegene Hornburg. Diese Feste wurde auf dem nordwestlichen Ausläufer des Kleinen Fallsteins – einem schmalen Sandsteinsporn – errichtet. Das soll einer Vermutung zufolge schon zur Zeit Karls des Großen geschehen sein, als der Frankenkönig im 8. Jahrhundert gegen die heidnischen Sachsen zu Felde zog (s. Bd. I „Der Sachsenhain bei Verden"). Eine andere Annahme geht dahin, daß die Hornburg zur Zeit König Heinrichs I. entstanden sei, nachdem dieser umsichtige Herrscher aus dem sächsischen Geschlecht der Liudolfinger im Jahre 926 angeordnet hatte, zur Abwehr der damaligen Ungarneinfälle Befestigungen anzulegen (s. Bd. I „Die Werlaburg bei Schladen"). Es gibt noch einen weiteren Erklärungsversuch, der besagt, die Hornburg sei als westliche Grenzfeste des Stiftes Halberstadt geschaffen worden. Auch diese Meinung hat vieles für sich. Die Hornburg gehörte samt der in ihrem Schutz entstandenen Stadt gleichen Namens bis 1932 zum Landkreis Halberstadt. Anschließend kamen Burg, Stadt und Gemarkung Hornburg zum Landkreis Wernigerode, und 1941 wurde das ganze Gebiet dem Landkreis Wolfenbüttel zugeschlagen. Diese letzte Grenzverlegung hatte ihren Grund darin, daß in der Gemarkung Hornburgs Brunnenfelder liegen, die für eine gesicherte Wasserversorgung der 1942 gegründeten Stadt Salzgitter – und dabei vor allem ihrer Industriewerke – benötigt wurden.

Doch wann und zu welchem Zweck auch immer die Hornburg erbaut sein mag, steht fest, daß sie bereits 994 erstmals urkundlich erwähnt wurde. Unterschiedliche Meinungen gibt es auch über die Herkunft ihres Namens. Leitet er sich vom althochdeutschen Wort „horo" für Sumpf her? Oder ist das Wort „horn" im Sinne der Bezeichnung eines spitz auslaufenden Grundstückes zu verstehen? Auch das slawische Wort „hora" für Berg kann darin erkannt werden – eine Erklärung, die jedoch am wenigsten zutreffen dürfte. Die slawische Besiedlung von Gebieten westlich der Elbe vollzog sich weiter nördlich, wo auf niedersächsischem Boden heute noch viele Orts- und Flurnamen daran erinnern (s. Bd. II „Die Hohe Kirche im Lemgow").

Die Hornburg war mehrmals feindlichen Angriffen ausgesetzt, was auf ihre beherrschende Lage an den Straßen Braunschweig-Halberstadt, Braunschweig-Wernigerode und Hildesheim-Halberstadt zurückzuführen war. So wurde sie 1113 von Kaiser Heinrich V. in dessen Kämpfen gegen die aufständischen Sachsen eingenommen und zerstört. Allem Anschein nach kam die Burg zu jener Zeit in die Hände der Halberstädter Bischöfe, die sie zu einem Grenzpfeiler ihres Herrschaftsgebietes gegen Westen machten. 1179 eroberte Herzog Heinrich der Löwe von Braunschweig aus die Hornburg mit der Folge, daß

sie erneut zerstört wurde. Als dies 1430 noch ein weiteres Mal geschah, ließ das Bistum Halberstadt die Hornburg zu einer starken Wehranlage ausbauen. Wie sie nach dieser Umwandlung aussah, wurde auf einem Merian-Stich festgehalten. Dieser zeigt eine mächtige Festung mit auffallend vielen Rundtürmen. Doch als dann 1618 der Dreißigjährige Krieg über das Land hereinbrach, ging wie vielerorts auch für die Hornburg ein glücklicher Zeitabschnitt zu Ende.

In den ersten Jahren dieses schrecklichen Krieges zogen nur hin und wieder fremde Soldaten durch die Stadt. Das änderte sich jedoch, als der Heerführer der kaiserlichen Truppen, Johann Tserclaes Graf von Tilly, 1626 die Burg erstürmen ließ. 1630 waren es dann die gegnerischen Schweden, die die Hornburg eroberten. Diese übergaben jedoch 1632 die Burg an den kaiserlichen Reitergeneral Gottfried Heinrich Graf zu Pappenheim, dessen Name später durch ein Zitat aus der Wallenstein-Trilogie von Friedrich von Schiller zu einem geflügelten Wort wurde. Der Dichterfürst läßt Wallenstein sagen: „Daran erkenn' ich meine Pappenheimer". 1639 erstürmten die Schweden die Hornburg erneut. Doch dann geschah

Die Hornburg wurde oft zerstört und immer wieder aufgebaut. Seit 1921 zeigt sie sich als ein Neubau in historisierenden Formen, bei dessen Errichtung die verbliebenen Mauerreste der Burg mitverwertet wurden.

Im Hornburger Heimatmuseum hängt die Abbildung einer Medaille des Papstes Clemens II., der aus Hornburg stammte.

etwas Merkwürdiges: Am 9. August 1641 übergab der schwedische Burgkommandant die Hornburg kampflos dem kaiserlichen Feldherrn Octavio Reichsfürst von Piccolomini. Warum er das getan hat, ist bis heute ein Rätsel. Offenbar hatte er Angst bekommen, nachdem ein Gerücht in Umlauf gesetzt worden war, die Burg sei für eine Sprengung untergraben worden. Wegen seines unrühmlichen Verhaltens wurde der Schwede in Wolfenbüttel enthauptet. Endgültig besiegelt wurde das Schicksal der Hornburg 1645 durch den schwedischen General Hans Christopher Graf von Königsmarck. Nachdem es nicht gelingen wollte, die Burg im Sturmangriff zu nehmen, ließ Königsmarck einen Mörser auf den Turm der nahegelegenen Marienkirche bringen und von diesem aus eine Bresche in die Festungsmauer schießen. Nach der Einnahme der Burg gab Königsmarck den Befehl zu ihrer völligen Zerstörung. Danach vermochte sie nur noch als Steinbruch zu dienen. Die wenigen verbliebenen Mauerreste wurden mitverwertet, als 1921 nach den Plänen des Burgenbauers Bodo Ebhardt an der Stelle des einstigen Palas ein Neubau in historisierenden Formen entstand, der seitdem privaten Wohnzwecken dient.

Im Gegensatz zur Burg vermochte die Stadt Hornburg ihr Aussehen so zu erhalten, wie es in den Jahrzehnten um 1600 geprägt wurde. Die Stadt war 1512 von einer verheerenden Feuersbrunst heimgesucht worden, die fast alle Häuser vernichtete. Doch die Einwohner verstanden es, diesen Schicksalsschlag in Tatkraft umzusetzen, die neue reichverzierte Fachwerkhäuser entstehen ließ. Das mittelalterliche Stadtbild blieb bis heute erhalten und vermag wohl jeden zu erfreuen, der als Besucher nach Hornburg kommt. Es wird nicht zu Unrecht das „Rothenburg des Nordens" genannt. Die mittelfränkische Stadt „ob der Tauber" ist zwar von Natur aus noch malerischer gelegen und von einer mächtigen, mit vielen Türmen ausgestatteten Mauer umgeben, wie sie Hornburg nicht besitzt, doch von der Pracht der Häuser her kann es durchaus mithalten. Seine gesamte Altstadt ist so beeindruckend, daß sie zum Stadtdenkmal erklärt wurde. Die Bemühungen der Bürger zur Pflege des Stadtbildes erhielten bereits auch öffentliches Lob und Anerkennung. Hornburg wurde 1978 im Bundeswettbewerb „Stadtgestalt und Denkmalschutz im Städtebau" mit einer Goldmedaille ausgezeichnet.

In der Hornburg kam um das Jahr 1005 – genauer weiß man es nicht – ein Junge zur Welt, dem es wohl nicht schon an der Wiege gesungen wurde, daß er einmal Papst werden sollte. Er war der zweite von drei Söhnen des Grafen Conrad von Hornburg und Moersleben und wurde auf den Namen Suidger getauft. Sein Werdegang führte ihn in die Geistlichkeit. Nach seiner Ausbildung empfing er in Halberstadt die Priesterweihe. Im Jahre 1035 wurde er von König Heinrich III., dem Erbauer des Goslarer Kaiserhauses, zum königlichen Kaplan ernannt, und fünf Jahre später wurde er zum Bischof von Bamberg gewählt. Als Heinrich III. im Herbst 1046 in Augsburg mit einem Heer zu seinem ersten Zug nach Rom aufbrach, begleitete ihn Bischof Suidger als Ratgeber. In Rom wurde er auf Vorschlag von König Heinrich zum Papst gewählt. Dies geschah am 25. Dezember 1046. Und wie eine Hand die andere wäscht, krönte der neue Papst noch am selben Tage König Heinrich zum Kaiser und dessen Gemahlin Agnes zur Kaiserin.

Suidger, der sich als Papst Clemens II. nannte, begann unverzüglich mit der Verwirklichung eines Reformprogramms, das den damals üblichen Kauf von geistlichen Ämtern ausschließen sollte. Dieses Bestreben, das ihm viele Feinde einbrachte, führte ihn an verschiedene Orte Italiens. Auf einer dieser Reisen erkrankte er am 1. Oktober 1047 plötzlich so schwer, daß er acht Tage später im Sankt-Thomas-Kloster bei Pesaro starb. Bald lief das Gerücht durch das Land, er sei vom Papst Benedikt, seinem von ihm verdrängten Vorgänger, vergiftet worden. Zu beweisen war es jedoch nicht. Der Leichnam wurde von Vertrauten unter Geheimhaltung und größten Mühen über die Alpen nach Bamberg verbracht, wo er im Dom beigesetzt wurde. Sein Grab wurde 1731 erstmals geöffnet. Dabei zeigte es sich, daß er fast 1,90 Meter groß war und rötlichblondes Haar besaß. Als das Grab 1942 ein zweites Mal geöffnet wurde und man in der Lage war, eine genauere Untersuchung der sterblichen Überreste vorzunehmen, stellte es sich heraus, daß sein früher Tod vermutlich die Folge einer Bleivergiftung war. Im sehenswerten Heimatmuseum von Hornburg gibt es einen Raum, der dem Gedächtnis dieses Papstes gewidmet ist.

28

Vom mächtigen Turm blieb nur ein Stumpf

Die Burgruine Osterode

Die am südwestlichen Harzrand angesiedelte Stadt Osterode mutet den Besucher freundlich an. Sie ist voll Leben und Betriebsamkeit und ihre Baulichkeiten geben zu erkennen, daß innerhalb ihrer Stadtmauer, von der noch ein großer Teil mit zwei alten Türmen vorhanden ist, Bürgerfleiß stets einen hohen Stellenwert besessen hat. Wann sich hier, wo die Söse und der Lerbach den Harz verlassen, Menschen anzusiedeln begannen, kann nicht genau ermittelt werden. Doch mit Gewißheit läßt sich sagen, daß dies lange vor Christi Geburt geschehen ist. Bereits im 6. vorchristlichen Jahrhundert hatten Menschen auf den nahen Kalkbergen eine Wehranlage geschaffen, die etliche Jahrhunderte später in fränkischer Zeit unter dem Namen „Pipinsburg" in die Geschichte einging (s. Bd. I „Die Pipinsburg bei Osterode"). Wenn keine Gefahr drohte, werden sich diese frühen Menschen im Sösetal, wo sie gegen Wind und Wetter besser geschützt waren, sicherlich wohler gefühlt haben als auf den kahlen Höhen der Kalkberge.

Vermutungen zufolge haben sie in der geschützteren Lage auf einem Bergsporn, der zwischen den Tälern der Söse und des Lerbaches nach Westen vorspringt und heute als Friedhof dient, ein Heiligtum besessen. Von diesem, das der Frühlingsgöttin Ostara geweiht gewesen sein soll, habe Osterode seinen Namen erhalten. Doch bei solch einer Äußerung ist jeweils korrigierend anzumerken, daß es eine germanische Gottheit dieses Namens überhaupt nicht gegeben haben soll. Der Name sei nur eine Erfindung des heiliggesprochenen Kirchenlehrers und Geschichtsschreibers Beda Venerabilis, eines Benediktiner-Mönches, der im 8. Jahrhundert in England lebte und als „Vater der englischen Geschichtsschreibung" gilt (s. Bd. III „Der Hünenstein in Osterholz-Scharmbeck"). So hat „Oster" im Namen von Osterode, obgleich er auch schon mit „rr" geschrieben wurde, wohl ebenfalls nur die Himmelsrichtung Osten bezeichnet, wie es in mehr als zwei Dutzend weiteren niedersächsischen Ortsnamen der Fall ist. Doch wie auch immer es sich verhalten haben mag, wurde auf dem Bergsporn zwischen Söse und Lerbach eine Burg erbaut. Wann dies geschah, ist ebenso unbekannt wie der Zeitpunkt des Entstehens des Ortes Osterode. Man weiß noch nicht einmal, was zuerst vorhanden war: der Ort oder die Burg. Und es ist auch unbekannt, ob ursprünglich überhaupt ein Zusammenhang zwischen Ort und Burg bestanden hat.

Erstmals schriftlich erwähnt wurden der Ort Osterode 1136 und die Burg 1153. Seit der Mitte des 12. Jahrhunderts gehörte die Burg dem Sachsenherzog Heinrich dem Löwen und ging nach dessen Tod im Jahre 1195 auf seine Erben über. Es waren seine drei Söhne Heinrich, Otto und Wilhelm, die anfänglich die väterlichen Erblande ungeteilt ließen. Später jedoch – im Jahre 1203 – schlossen sie einen Teilungsvertrag, durch den Otto, der inzwischen als Otto IV. deutscher König und römischer Kaiser geworden war, Besitzer der Burg Osterode wurde. Nach dessen Tod 1218 erbte sein Neffe Herzog Otto das Kind die Burg. Dieser, der schon als Zehnjähriger Herzog geworden war und die Welfenlande wieder in einer Hand vereinte, soll für Osterode viel Gutes getan und vor allem den Bau der Neustadt gefördert haben. Als er 1252 starb, hinterließ er vier Söhne, von denen einer – Albrecht der Lange – mehrmals auf der Burg Osterode residierte und hier Urkunden ausstellte. Ebenso kam Herzog Heinrich der Wunderliche, der Albrechts Sohn war, öfter samt seinem Hofstaat auf die Burg, in der auch Heinrichs Sohn Wilhelm geboren sein soll. Im 14. und 15. Jahrhundert diente die Burg den Herzögen von Grubenhagen als Residenz und auch als Sitz ihrer Witwen. Die letzte Bewohnerin war die 1513 verstorbene Herzogin Elisabeth.

Wie die Burg einst ausgesehen hat, ist nicht überliefert, wie überhaupt ihr Anfang und ihr Ende unbekannt sind. Zu erkennen ist noch heute, daß der Burgplatz eine Fläche von etwa 40 mal 60 Meter eingenommen hatte und von einer Mauer umgeben war, von der sich ein kleiner Rest erhalten konnte. Die Burg hatte einen runden 33 Meter hohen Bergfried, der einen äußeren Durchmesser von 15 Meter und eine Mauerstärke bis zu 3,5 Meter aufwies. Er war aus Quarzkieseln in Gipsmörtel errichtet worden. Von diesem mächtigen Turm, der in mindestens fünf Stockwerke unterteilt gewesen sein und eine hohe Spitze besessen haben soll, blieb jedoch nur die östliche Hälfte übrig, weil er – nachdem die Burg nicht mehr bewohnt war – als Steinbruch genutzt wurde. Zur weiteren Zerstörung der Burg soll auch ein Brand beigetragen haben. Außer der Turmruine, die in den zurückliegenden Jahren sorgfältig restauriert wurde, ist von den Baulichkeiten der Burg so gut wie nichts geblieben. Lediglich einige Mauerbögen und Pfeiler, die auf ein weiteres größeres Bauwerk hindeuten, sind noch zu

An die Vergangenheit Osterodes erinnert noch der Sonnenturm, der als einer der mindestens zehn alten Türme der Osteroder Stadtmauer bis heute erhalten geblieben ist.

Auch der wehrhafte kubische Turm der Schloßkirche St. Jacobi diente der Stadtbefestigung Osterodes. Er hatte die an ihm vorbeiführende Harzrandstraße zu sichern.

erkennen. Nachdem die Burg von den Grubenhagener Herzögen verlassen worden war, begann sie zu verfallen.

Herzog Ernst II., der von 1551 bis 1567 in diesem Teil der Welfenlande herrschte, hatte im Zuge der Reformation das Jacobikloster in der Stadt Osterode, das eine Niederlassung von Zisterzienser-Nonnen war, aufgehoben. Er ließ es ab 1558 zu einem Schloß und Amtssitz der Grubenhagener Herzöge umbauen. Dabei wurde die Klosterkirche, die mit ihrem mächtigen kubischen Turm besonders stattlich anmutet, zu einer Schloßkirche. Zugleich gehörte der Turm zur Stadtbefestigung und hatte die hier vorbeiführende Harzrandstraße zu sichern. Heute finden in der Jacobikirche nicht nur Gottesdienste statt, sondern auch Konzerte vielfältiger Art.

Der Ruine der Burg Osterode hat sich im Laufe der Jahre die Sage angenommen. Doch was von ihr erzählt wird, ist auch von anderen Burgruinen und alten Wallanlagen her bekannt. Diese Wandersage handelt jeweils von einer verwunschenen Jungfrau, die in früherer Zeit an einem derartigen Ort gewohnt habe. In der Osteroder Version sei es die Tochter eines Burgherrn gewesen, die einen Freier abgewiesen habe. Dieser soll daraufhin die Burg zerstört und

die Jungfrau mit Hilfe geheimer, im Morgenlande erlernter Zauberkünste in einen bösen schwarzen Hund verwandelt haben, der fortan tief unter der Ruine habe hausen müssen. Der Jungfrau sei es nur einmal im Jahr – am ersten Ostertag – erlaubt gewesen, sich in ihrer wahren Gestalt und Schönheit zu zeigen. Viele Leute sollen sie schon gesehen haben, und manche von ihnen seien von ihr auch beschenkt worden. Doch keiner habe es vermocht, ihr in den Berg zu folgen, in den sie jeweils durch eine eiserne Tür wieder verschwunden sei. Zu denen, die sie gesehen haben wollen, habe auch ein armer Leineweber gehört. Dieser sei von der schönen Jungfrau mit einer Lilie beschenkt worden, die aus Gold und Silber bestanden habe. Als der Herzog davon hörte, habe er dem Leineweber die kostbare Blume abgekauft und seiner Gemahlin geschenkt. Zudem seien drei Lilien in das herzogliche Wappen aufgenommen worden.

Von der Osteroder Burg, die bis ins 16. Jahrhundert eine Residenz der Welfenherzöge war und schon Heinrich den Löwen sowie seinen Sohn Kaiser Otto IV. beherbergt hat, ist nur noch wenig vorhanden. Dazu zählt vor allem der Stumpf des Bergfriedes, der in jüngster Zeit gründlich restauriert wurde.

29

Schon in der Karolingerzeit eine Feste

Die Poppenburg bei Nordstemmen

Wo im südlichen Niedersachsen im heutigen Landkreis Hildesheim die Bundesstraße 1 die Leine überquert, erhebt sich auf einem steil zum Fluß abfallenden Felsen die weithin sichtbare Poppenburg, die einst der Stammsitz eines Grafengeschlechtes gleichen Namens war. Ihr Entstehen soll in die Zeit der Karolinger zurückreichen, wobei es für möglich gehalten wird, daß es hier schon zur Zeit Kaiser Karls des Großen, der von 742 bis 814 lebte, eine erste Befestigungsanlage gegeben hat. Der Name der Burg soll sich von einem Grafen Poppo herleiten, der ein sächsischer Edeling gewesen sei. Erbaut wurde die Burg zum Schutz der Heerstraße, die hier – bevor die Leine überbrückt wurde – unmittelbar unterhalb des Burgfelsens als Furt durch das Wasser führte. Voll in das Licht der Geschichte trat die Poppenburg jedoch erst im Jahre 1049, als der mächtige Kaiser Heinrich III. im Gedenken an seinen Vater Kaiser Konrad II. die Burg dem Hildesheimer Bischof Azelin mit der Maßgabe schenkte, daß er eine Hälfte von ihr der Hildesheimer Domkirche überlassen müßte. Heinrich III. soll mit diesem Geschenk die Verpflichtung verbunden haben, daß im Dom alljährlich am 4. Juni für seinen verstorbenen Vater eine Seelenmesse gelesen werden müsse. Inwieweit und ob überhaupt diese Überlieferungen mit dem tatsächlichen Geschehen übereinstimmen, läßt sich jedoch nicht erkennen. Vor allem wird bezweifelt, daß die Hildesheimer Domkirche vom Kaiser wirklich die eine Hälfte der Poppenburg geschenkt bekommen hat. In der Urkunde von 1049 – so wird entgegnet – sei als Gegenstand der Schenkung nicht die halbe Poppenburg bezeichnet, sondern ein Landgut zu Poppenburg, dessen Wirtschaftsgebäude schon damals – wie heute noch – am Fuße des Burgfelsens an der Leine lagen.

Was sich auf und an der Poppenburg in jener frühen Zeit ereignet hat, ist nirgends schriftlich festgehalten. Erst um die Mitte des 12. Jahrhunderts werden als Grafen von Poppenburg die Brüder Beringer und Friedrich urkundlich erwähnt, jedoch ohne daß ersichtlich wäre, ob und wie sie mit den Vorbesitzern der Burg verwandtschaftlich zusammenhingen. Ihre Unterschriften finden sich auf mehreren Urkunden, unter anderen auf der 1143 vom Hildesheimer Bischof Bernhard I. ausgestellten Gründungsurkunde des Klosters Derneburg und auf einem Schutzbrief desselben Bischofs für das Kloster Lamspringe. Einer der Söhne Beringers, Graf Bernhard von Poppenburg, wurde erstmals in einer Urkunde von 1169 erwähnt, als der Welfenherzog Heinrich der Löwe das Kloster Lamspringe mit Gütern beschenkte. Diese und weitere Bezeugungen wichtiger Urkunden lassen erkennen, in welch hohem Ansehen diese Poppenburger Grafen gestanden haben.

Von einem Bruder des genannten Grafen Bernhard, der Adelbert hieß, weiß man, daß er an einem Kreuzzug des Kaisers Friedrich Barbarossa in das Heilige Land teilgenommen und sich in den Jahren von 1189 bis 1191 bei der Belagerung der palästinensischen Hafenstadt Akkon besonders hervorgetan hat. Er beteiligte sich 1197 ein weiteres Mal an einem Kreuzzug, der von Kaiser Heinrich VI. angeführt und in Sachsen vom Hildesheimer Bischof Konrad I. vorbereitet worden war. Von diesem Kreuzzug kehrte Graf Adelbert nicht mehr zurück. Welches Schicksal ihm beschieden war, ist nicht bekannt. Jedenfalls hat er das Ansehen des Poppenburger Grafengeschlechtes gemehrt, was man von einem anderen Grafen, der Wittekind hieß, nicht sagen kann. Dieser, der völlig aus der Art geschlagen zu sein schien, herrschte auf der Poppenburg als Raubritter. Da er sich ständig in Geldnot befand, mußte er auch immer mehr von seinem Besitz veräußern, wobei Bischof Konrad II. von Hildesheim der alleinige Käufer war. Dieser begann unverzüglich mit dem Ausbau seines Burganteiles. Dabei ließ er sich ein Wohnhaus mit zugehörigen Wirtschaftsgebäuden errichten, das er als Sommerresidenz nutzte. Während seiner Aufenthalte auf der Poppenburg war er auch jeweils bestrebt, die vorüberziehenden Kaufleute vor Wittekinds Räubereien zu bewahren. Wittekind hatte keine männlichen Nachkommen. Als er um 1269 starb, hinterließ er nur Töchter, von denen eine, die Mechthild hieß, Äbtissin des Marienklosters in Gandersheim war.

Mit Wittekind erlosch das vorher so angesehene Grafengeschlecht von Poppenburg. Sein Nachfolger als Burgherr wurde der Ritter Albert I. Bock von Wülfingen, der – wie vermutet wird – ein Schwager des Verstorbenen war. Die Burg selbst soll Bischof Konrad II. an sich genommen haben, nachdem ihm ohnehin schon eine Hälfte von ihr gehört hatte. Oda, die Gemahlin Wittekinds, nahm ihren Witwensitz auf der nahen Wittenburg, von der aus sie die Poppenburg sehen konnte (s. „Die Wittenburger Kirche"). Auf Albert I. folgte sein Sohn Albert II. Bock, der der

Die im Leinetal weithin sichtbare Poppenburg, die schon zur Zeit der Karolinger entstanden sein soll, diente dem Schutz eines wichtigen Flußüberganges, der heute noch von der vielbefahrenen Bundesstraße 1 genutzt wird.

letzte Graf von Poppenburg war. Die Burg, in der zwischendurch auch Tempelherren gewohnt haben sollen (s. „Die ehemalige Süpplingenburg"), ging in der Folgezeit durch mehrere Hände und gelangte um 1411 in den Besitz des Stiftes Hildesheim. Damit brachen über die Poppenburg mehrmals schwere Zeiten herein, und dies vor allem, nachdem Bischof Johann IV. die von 1519 bis 1523 währende Hildesheimer Stiftsfehde entfacht hatte (s. Bd. III „Der Gedenkstein im Wieheholz"). Als nach den Kriegshandlungen, die auch an der Poppenburg stattfanden, das Große Stift Hildesheim geteilt wurde, kam die Burg an die Welfen, und zwar an Herzog Erich I. von Calenberg. Erst 1629 gelangte sie wieder an das Bistum Hildesheim, das 1654 nach Einrichtung einer Amtspfarrei auf der Burg eine Kapelle baute. 1785 ließ Fürstbischof Friedrich-Wilhelm von Hildesheim im mächtigen dreistöckigen Palas der Burg in den beiden unteren Geschossen, in denen sich bis dahin das Brauhaus befunden hatte, eine Pfarrkirche einrichten. Diese ist noch heute vorhanden.

30

Einst für Augustiner-Chorherren erbaut

Die Kirche von Wittenburg

Wer von Hannover aus auf der Bundesstraße 3 in Richtung Süden fährt, kann bei Wülfingen westlich der Straße in der Ferne eine kleine Kirche mit einem freundlich-roten Dach erblicken. Sie steht einsam auf einem Höhenrücken und dient dem heute zur Stadt Elze gehörenden Ort Wittenburg als Gotteshaus und zudem für kulturelle Veranstaltungen. Die Anhöhe, auf der sich die Kirche erhebt und die an deren Stelle einst die Wittenburg trug, hat den seltsam anmutenden Namen „Finie" erhalten, den man auch „Vinie" geschrieben finden kann. Er soll aus dem Lateinischen stammen und in der einen Schreibweise auf das Wort „finis" für Grenze zurückgehen und in der anderen auf „vinea", das bei den alten Römern Weinberg bedeutete. Beide Erklärungen ergeben im Hinblick auf die Wittenburger Verhältnisse einen Sinn: Der eine Begriff könnte sich auf die Grenze des in den Jahren um Christi Geburt von den Römern besetzten germanischen Gebietes, die hier durch das Cheruskerland verlief, beziehen, und der andere könnte sich davon herleiten, daß hier möglicherweise am sonnigen Südhang des Höhenrückens einst Weinbau betrieben wurde. In Wittenburg wird heute – wie es Hinweisschilder im Ort zu erkennen geben – die Schreibweise mit „F" bevorzugt, die in der Tat zutreffender sein dürfte. Ähnlich wie die einstige Barenburg – eine Wallanlage im nahen Osterwald – auf Anordnung von Arminius errichtet worden sein soll, könnte zur Zeit des Kampfes der Cherusker gegen die Römer auch schon hier eine Festung geschaffen worden sein, die dann durch weiteren Ausbau zur Wittenburg wurde.

Der Name dieser einstigen Burg soll ursprünglich lateinisch „album Castrum" gelautet haben, was „weißes Schloß" bedeutet und sich im späteren deutschen Namen „Wittenburg" wiederfand. Die Burg wird wahrscheinlich der Bezeichnung „weiß" entsprechend aus Muschelkalk, wie er hier im Umland gewonnen werden konnte, erbaut gewesen sein. Als Bauherren werden die Billunger genannt, die zur Zeit Kaiser Ottos des Großen von 966 an Herzöge in Sachsen waren (s. „Die einstige Suderburg"). Später wurde die Wittenburg von Rittern bewohnt, die so viele Räubereien begangen haben sollen, daß die Burg bei Kaufleuten und anderen Reisenden mehr und mehr in Verruf geriet. Die Wittenburger Raubritter sollen nicht nur habgierig gewesen sein, sondern auch sehr grausam gegenüber den Ausgeplünderten. Sie fesselten und knebelten diese, banden sie dann an Waldbäume und überließen sie ihrem Schicksal. Wer zu jener Zeit Burgherr war, läßt sich nicht feststellen. Nach einer alten Urkunde stiftete die Herzogin Ethela von Sachsen, die eine der letzten Billungerinnen und Witwe des 1059 verstorbenen Herzogs Bernhard II. von Sachsen war, für ihr Seelenheil 12 Hufen Land bei Osethe – heute eine Wüstung bei der Stadt Elze – und das „Castrum Wittenburgh". Der Besitzwechsel führte zur Umwandlung der wehrhaften Burg in ein friedliches Mönchskloster. Wie dies vor sich ging, ist weitgehend unbekannt. Nach einer anderen Überlieferung soll gegen Ende des 12. Jahrhunderts die damalige Besitzerin der Wittenburg, die Adelheid geheißen haben soll, die Burg mit allem Zubehör samt dem Patronat über die Burgkapelle dem Domstift Hildesheim geschenkt haben.

Wie es heißt, soll Adelheid im Jahre 1177 ihren Witwensitz auf der Wittenburg bezogen haben. Sie habe dann an der Burg eine Klus errichten lassen und diese mit einem Klausner besetzt. Dieser fromme Einsiedler, der dem Karthäuserorden angehörte, soll einer Legende zufolge die Klus 139 Jahre lang bewohnt und während dieser unglaublich langen Zeit viele Wunder bewirkt haben. Entsprechend groß sei der Zulauf der Bevölkerung gewesen. Nachdem der Klausner 1316 schließlich doch vom Tod ereilt worden war, habe Bischof Heinrich II. von Hildesheim die Klus zu einem Kloster ausbauen lassen und mit Augustiner-Mönchen besetzen. Die Legende soll den Tatsachen insoweit entsprechen, als schon vor der Gründung des Klosters auf der Wittenburg Eremiten ohne besondere Ordensregel gelebt haben. Dieser geistlichen Bruderschaft verlieh der Hildesheimer Bischof 1328 den Status eines Augustiner-Chorherren-Stiftes, und gleichzeitig wurde der Schutzheilige gewechselt. War es bis dahin der Heilige Willehad gewesen, der zu seinen Lebzeiten Erzbischof in Bremen war, so wurde nun das Kloster der Jungfrau Maria anvertraut. Der Geist des Klausnertums lebte im Kloster Wittenburg jedoch fort. Es wurde das erste im Sachsenland, das der Windesheimer Kongregation beitrat, einer geistlichen Vereinigung, die nach einem niederländischen Augustiner-Chorherren-Stift benannt war und sich um die Wiedereinführung einer strengeren Ordnung und Zucht in den Klöstern bemühte (s. „Das ehemalige Kloster Frenswegen").

Von der Wittenburg, die auf einem Höhenrücken im Leinetal schon vor 2000 Jahren als Festung bestanden haben soll und die 1328 in ein Augustiner-Chorherren-Stift umgewandelt wurde, ist nur die spätgotische, aus Bruchsteinen erbaute Kirche erhalten.

Während sich die Hildesheimer Bischöfe um den Ausbau des Klosters sehr bemühten, ließen sie die Wittenburg mehr und mehr verfallen. Sie hatten zwischenzeitlich die Poppenburg in ihren Besitz gebracht, die für sie bedeutend wertvoller war, so daß sie ihr auch viel mehr Aufmerksamkeit zuwandten (s. „Die Poppenburg bei Nordstemmen"). Von der Wittenburg blieb nichts übrig, und auch die Klostergebäude verschwanden bis auf die Kirche. Nach Einführung der Reformation 1543 im Wittenburger Kloster konnte sich dieses nicht mehr halten. Es wurde aufgelöst. Die letzten Chorherren sollen sich in das Michaeliskloster zu Hildesheim zurückgezogen haben, mit dem das Wittenburger Kloster von jeher

An das Wittenburger Kloster, das sich nach Einführung der Reformation nicht mehr halten konnte, erinnern im Dorf am Fuße des Kirchenhügels lediglich einige wenige Mauerreste.

in enger Verbindung gestanden hatte. Die noch verbliebene Kirche wurde verschlossen. Im Jahre 1580 nahm Herzog Heinrich Julius von Braunschweig-Wolfenbüttel, der später in seiner Residenzstadt Wolfenbüttel mit der Kirche Beatae Mariae Virginis den ersten großen Sakralbau nach der Reformation in Deutschland schuf, die Wittenburger Klosteranlage in Besitz und machte sie zu einem fürstlichen Kammeramt (s. Bd. I „Die Marienkirche in Wolfenbüttel"). Mit der Verwaltung des früheren Klosterhaushaltes in Wittenburg betraute er Amtleute. 1629 erschienen in Wittenburg einige Augustiner, um entsprechend dem in diesem Jahre von Kaiser Ferdinand II. erlassenen Restitutionsedikt die den Katholiken entrissenen geistlichen Güter zurückzufordern. Ihr Bemühen blieb jedoch ohne Erfolg.

Die Kirche, wie man sie noch heute sehen kann, ist ein einschiffiger spätgotischer Bruchsteinbau aus den Jahren 1497/98, der durch verschiedene Raumbreiten und Höhenlage der Fußböden die Brüderkirche von einem Laienhaus unterscheidet. An der Südseite der Brüderkirche wurde wenig später eine Sakristei angebaut. Das Gotteshaus besitzt dem gotischen Stil entsprechend hohe Spitzbogenfenster, die jedoch an der Südwand fehlen. An deren westlicher Hälfte – dem Laienhaus – sind stattdessen Konsolsteine und vermauerte Türen zu sehen. Diese geben zu erkennen, daß hier einst ein zweigeschossiger Flügel angebaut war, der sich nach Süden erstreckte und an seiner Westseite – wie vermutet wird – von einem Kreuzgang begleitet war. Die einstige Tür am westlichen Ende der Südseite dürfte der Verbindung des Kreuzganges mit dem Kirchenschiff gedient haben. Die Wittenburger Kirche besitzt keinen Turm, sondern nur einen sechseckigen Dachreiter in Form einer offenen Laterne, in der die Läuteglocke hängt. Der Innenraum wird von einem neugotischen Altar mit einer Kreuzigungsgruppe und reliefierten Halbfiguren alttestamentarischer Patriarchen beherrscht.

Ebenso wie die Wittenburger Kirche wegen ihrer exponierten Lage schon von weitem gesehen werden kann, bietet sich von ihrem Standort aus dem Betrachter eine weite Rundsicht. Diese Möglichkeit kam nicht nur dem schaurigen Treiben der einstigen Raubritter zugute, die von der Finie aus schon sehr früh zu erkennen vermochten, wo sich lohnende Beute näherte. Der Vorteil der Rundsicht wurde auch militärisch genutzt. In diesem Gebiet fanden ehemals Truppenmanöver statt, bei denen der Stab jeweils unweit der Wittenburger Kirche seinen Standort hatte. Das brachte einem hervorspringenden Hügel der Finie den Namen „Feldherrnstand" ein. Auf ihm hatte auch Kaiser Wilhelm II. gestanden, als er dem hier im Jahre 1912 abgehaltenen Manöver beiwohnte.

31

Von zwei Burgen gibt es nur noch eine

Die Wasserburg Hinte

Von den vielen Burgen, die es einst in Ostfriesland gab, haben nur wenige die Zeiten bis heute überdauert. Zu ihnen zählt die Wasserburg in Hinte im Südosten des Landkreises Norden. Hinte, das bereits um das Jahr 1000 als „Hinuti" erstmals erwähnt wurde, galt zu jener Zeit als der Mittelpunkt des Emsiger Landes. Hier trafen mehrere Land- und Wasserwege zusammen, die dem Ort ein besonderes Gewicht verliehen. Er soll in bezug auf Handel und Wandel sogar Emden übertroffen haben, das damals noch ein Fischerdorf war, jedoch später die größte und bedeutendste Stadt Ostfrieslands wurde. Aber nicht nur Geschäftsleute kamen in Hinte zusammen, sondern auch viele Gläubige, was zugleich erklärt, warum dieser Ort ein so großes Gotteshaus besitzt. Es ist ein um 1500 errichteter einschiffiger gotischer Backsteinbau von etwa 43 Meter Länge, der aus fünf Jochen und einem vieleckigen Chor besteht. Das Besondere von Hinte kam auch darin zum Ausdruck, daß es nicht nur eine Burg besaß, sondern zwei: eine Wester- und eine Osterburg. Die Westerburg, die es heute nicht mehr gibt, hatte traurige Berühmtheit erlangt, weil in ihr die legendenumwobene Quade Foelke, die Gemahlin des Ritters Ocko tom Brok, geboren war. Diese sei so quade, das heißt so böse gewesen, daß sie sogar ihren Schwiegersohn Lütet Attena veranlaßt hat, ihre Tochter Ocka zu töten, weil diese sich ehrenrührig verhalten hatte. Zudem soll sie noch dafür Sorge getragen haben, daß ihr Schwiegersohn und dessen Vater Häuptling Hero Attena, der mit diesem Geschehen überhaupt nichts zu tun hatte, zum Tode verurteilt und enthauptet wurden (s. Bd. II „Die Burgen von Dornum"). Die Westerburg in Hinte wurde 1436 von den Cirksenas und den Hamburgern vollständig zerstört.

Was sonst zu jener Zeit in Hinte geschah, läßt sich nur in Bruchstücken erkennen. So weiß man, daß Habbo tho Hinte der erste urkundlich erwähnte Häuptling dieses Ortes war. Er wurde 1312 genannt. Eine zweite Erwähnung ist aus dem Jahre 1421 bekannt, aus der hervorgeht, daß damals eine Frau namens Adda Volkmersma die Besitzerin der Osterburg war. Sie ließ das heute noch vorhandene Bauwerk errichten, nachdem die alte Osterburg vorher abgebrannt war. Etwas mehr ist aus dem 16. Jahrhundert zu erfahren, als die Burg in den Besitz der aus der Grafschaft Hoya stammenden Familie von Frese überging. Wie überliefert ist, war bereits 1491 ein Victor von Frese gemeinsam mit dem Grafen Edzard I. von Ostfriesland, der später „der Große" genannt wurde, in Palästina zum Ritter des Heiligen Grabes geschlagen worden. Victor blieb im Dienste Edzards und kämpfte an dessen Seite in vielen Schlachten. Sein Schwert, von dem er sich nie trennte, hängt noch heute in der Burg Hinte. Und diese gehört noch immer der Familie von Frese. Neben den Fürsten Knyphausen in Lütetsburg (s. Bd. II „Die Lütetsburg bei Norden") und den Grafen von Wedel in Gödens (s. Bd. II „Schloß und Neustadt Gödens") bilden die von Frese die einzige weitere noch heute in Ostfriesland bestehende alte Adelsfamilie.

Die Burg Hinte hat die Jahrhunderte seit ihrem Wiederaufbau nach dem Brand von 1436 bis heute gut überdauert, obgleich sie nicht nur friedliche Tage gesehen hat. So wurde sie 1602 von den Emdern besetzt, die noch zu Lebzeiten des 1599 verstorbenen Grafen Edzard II. mit diesem als dem ostfriesischen Landesherrn in einen Glaubenskonflikt geraten waren. Während das 1561 von Emden nach Aurich verlegte Grafenhaus unter Edzard II. wie auch unter dessen Sohn Enno III. der Lehre Martin Luthers treu blieb, gewannen in Emden unter starkem niederländischen Einfluß die Reformierten, das heißt die Anhänger Zwinglis und Calvins, die Oberhand. Der Glaubenskonflikt führte so weit, daß die Emder 1609 mit ihren Truppen die Residenzstadt Aurich überfielen, plünderten und das Archiv nach Emden entführten. Zu diesem Zeitpunkt war die Burg Hinte bereits nicht mehr von den Emdern besetzt, sondern schon vorher durch Truppen des Grafen Enno III. befreit worden. Bald darauf wurde an dem aus Backstein errichteten gotischen Bauwerk, das von einem breiten Wassergraben umzogen ist, eine weitere Veränderung seines Aussehens vorgenommen, indem seine Außenfronten im Stil der Hochrenaissance neu gestaltet wurden. Der älteste Teil der Burganlage ist der Westflügel mit seinem markanten Treppengiebel.

In unmittelbarer Nähe der Burg steht auf einer hohen Warf die Kirche von Hinte. Diese vermag Betrachter zu beeindrucken, obgleich sie keinen Turm besitzt, sondern nur einen Dachreiter. Ihre Glocken hängen in einem freistehenden Gebäude südlich neben dem Chor. Diese Trennung von Hauptbau und Glockenstuhl wurde – wie bei anderen Kirchen auch – wegen der Nachgiebigkeit des Marschuntergrundes vorgenommen. In der Mitte der

Die Wasserburg Hinte ist eine der ganz wenigen Burgen, die es in Ostfriesland heute noch gibt. Eine zweite Burg, die in Hinte bestanden hat und in der die legendenumwobene Quade Foelke geboren worden war, wurde 1436 zerstört.

Südwand der Kirche ist ein breiter vermauerter Spitzbogen zu erkennen, der einst die Verbindung zu einer Seitenkapelle hergestellt hat. Im Innern der Kirche sieht man an der Decke noch einen Rest der Ausmalung aus lutherischer Zeit, die Christus als Weltenlenker darstellt. Besonders fällt auch ins Auge, daß sich in der Kirche viele Grabplatten befinden, von denen einige sehr kunstvoll gestaltet sind. Sie zeigen ganzfigurige Darstellungen der Verstorbenen. Eine der Platten deckt die Grabstätte der 1449 aus dem Leben geschiedenen Hebe Attena, die die Mutter der Gräfin Theda von Ostfriesland war. Und diese wiederum, die Ostfriesland lange Jahre mit fester Hand regierte, war die Witwe des ersten ostfriesischen Reichsgrafen Ulrich sowie die Mutter von Edzard dem Großen (s. Bd. I „Die Burg Stickhausen").

Ganz besonderes Interesse fand einst in der Kirche von Hinte das Grabdenkmal des 1564 verstorbenen Junkers Omcke Ripperda, das eine für Ostfriesland ungewöhnliche Form besaß. Es ruhte in Abweichung von anderen nicht auf Konsolen, sondern stand an der Wand und baute sich vom Boden aus etagenweise verjüngend dreigeschossig auf. Im unteren Geschoß der Grabplatte war ein Sarkophag mit dem darauf ruhenden Verstorbenen zu sehen. Omcke hatte mit 14 Jahren durch einen Unfall beide Beine verloren und diese schwere Verletzung nicht überlebt. Er wurde auf dem Sarkophag mit Bandagen dargestellt. Das zweite Geschoß zeigte den jünglingshaften unversehrten Körper des Toten so, wie dieser wohl beim Jüngsten Gericht zum ewigen Leben auferstehen wird. Im oberen Geschoß war in einem Rundschild das Wappen der Ripperda zu sehen, und im Dreiecksgiebel darüber bekrönte ein Totenschädel die gesamte Bildkomposition. Das 6 Meter hohe und bis zu 2,5 Meter breite Wandgrabmal wurde 1981 wegen seines schlechten Zustandes abgebaut und eingelagert. An ihm waren bereits um 1910 viele Fehlstellen durch Gips ergänzt worden, nachdem seine Wiederherstellung schon 1898 als dringlich angesehen worden war. Bei der Restaurierung, die nunmehr vorgenommen wird, sollen vor allem auch die bisher aus Holz bestehenden Hauptstrukturteile durch solche aus Sandstein ersetzt werden. Da diese Arbeiten zur Zeit der Erstellung des vorliegenden Buches noch nicht beendet waren, konnte auch das Ripperda-Denkmal hier nicht in Bildform dargestellt werden.

32

Sie gehörte zu den anmutigsten Burgen

Die Katlenburg

Die Rhume, die die zweitgrößte Quelle Deutschlands besitzt, fließt auf ihrem Weg zur Leine kurz vor Northeim an einer steil abfallenden Bergzunge vorbei, die einst eine der anmutigsten Burgen auf niedersächsischem Boden trug: die Katlenburg. Ein Merian-Stich aus dem Jahre 1654 läßt ihr wohlgefälliges Aussehen noch erkennen. Sie ermöglichte einen weiten Blick in das südwestliche Vorland des Harzes. Ihre Besitzer waren einst die Grafen des Lisgaues – jenes Gebietes, das Osterode, Duderstadt und Teile Northeims umfaßte. Wann und von wem die Burg erbaut wurde, ist unbekannt. Sie soll schon vor Ende des ersten nachchristlichen Jahrtausends eine Reichsburg gewesen sein. Hell im Lichte der Geschichte erschien sie erstmals im Jahre 1002, als die Brüder Heinrich und Udo von Katlenburg, die dem Stader Grafengeschlecht entstammt haben sollen, gemeinsam mit den Brüdern Benno und Siegfried von Northeim in der Königspfalz Pöhlde am Nordfuß des Rotenberges den Markgrafen Eckehard von Meißen ermordeten (s. Bd. III „Das Kloster Harsefeld"). Mit dieser Bluttat unterbanden sie das Bestreben Eckehards, dem verstorbenen Kaiser Otto III. auf den Thron zu folgen. Deutscher König und römischer Kaiser wurde Heinrich II.

Den Nachfolgern des Grafen Udo von Katlenburg, der das Grafenamt im Lisgau von 1013 bis 1033 innehatte, war nur wenig Lebensglück beschieden. Sein Sohn – Graf Dietrich I. – fiel 1056 in einer Schlacht gegen die slawischen Liutizen bei Werben in der Altmark. Dessen Sohn – Graf Dietrich II. – wurde 1085 im Freiheitskampf der Sachsen gegen Kaiser Heinrich IV. bei Erfurt erschlagen, und dessen Sohn wiederum – Graf Dietrich III. – starb 1106 bei einer Belagerung der Stadt Köln an einer Seuche. Da Dietrich III. und seine Ehefrau Adele, die zu diesem Zeitpunkt erst 16 Jahre alt war, keine Kinder hinterließen, war mit seinem Tod das Haus Katlenburg ausgestorben. Die Herrschaft ging an die Welfen über. Der letzte Graf von Katlenburg – so heißt es – habe die Kinderlosigkeit vorausgesehen und deshalb schon einige Jahre vor seinem Ableben beschlossen, das Andenken an das Katlenburger Grafengeschlecht

Von der auf einem hohen Bergsporn südöstlich von Northeim erbauten Katlenburg ist nur der Grundriß geblieben, weil neue Gebäude jeweils an der Stelle zerstörter entstanden sind. Auch als die Kirche erneuert werden mußte, geschah dies auf den Grundmauern des früheren Gotteshauses.

durch eine fromme Stiftung zu verewigen. So ließ er im Bereich der Burg ein Kloster errichten, das dem Heiligen Johannes – einem der vier Evangelisten – geweiht und mit Mönchen des Augustinerordens besetzt wurde. Im Jahre 1140 zogen jedoch Nonnen ein. Bis zum Jahre 1105 war die Klosterkirche bereits so weit fertiggestellt, daß Dietrich III. in der Krypta unter dem Altar beigesetzt werden konnte. Seine Gemahlin Adele fand hier 1123 ihre letzte Ruhe.

Um von dem Kloster kriegerische Unruhen möglichst fernzuhalten, hatte Dietrich III. zur Verdeutlichung der Friedfertigkeit alle Festungswerke der Burg abtragen lassen. Die Steine wurden für den Bau des Klosters verwendet. Da dieses viele Schenkungen erhielt, wurde es sehr wohlhabend. Der Wohlstand soll auch zu einem stattlichen Aussehen des Klosters beigetragen haben. Doch von der Pracht ist nichts geblieben. Nachdem schon einmal im Jahre 1304 eine Feuersbrunst dem Kloster Schäden zugefügt hatte, wurde es 1346 von einem Frevler angezündet und fast völlig eingeäschert. Der damalige Propst ließ es wieder aufbauen, doch 1521 ging es erneut in Flammen auf. Auch dieses Mal konnten die Schäden behoben werden. Im Jahre 1532 kam mit der Einführung der Reformation das Ende des Klosters. Es blieb zwar noch bis 1558 bestehen, doch neue Nonnen durften nicht mehr aufgenommen werden. Offenbar hatte schon vorher die Klosterzucht stark nachgelassen. So soll eine Katlenburger Nonne mit einem Mönch unerlaubten Umgang gehabt haben. Als dies ruchbar wurde, hätten die beiden beschlossen, entweder zu fliehen oder gemeinsam zu sterben. Sie sollen den Tod gewählt haben. Der Mönch habe sich aus einem Fenster gestürzt, und die Nonne habe sich erhängt. Sie seien an der inneren Klostermauer beigesetzt worden. Den Halsstrick habe man noch lange im Kloster aufbewahrt und die in Stein gehauenen Gesichter der beiden als Warnung vor derartigem Vergehen in eine Klosterwand eingefügt. Dieses Steinbild sei jedoch bei einem Brand vernichtet worden.

Im Jahre 1558 kam Katlenburg in den Besitz Herzog Philipps des Älteren von Grubenhagen, der es noch im selben Jahr seinem Sohn Philipp dem Jüngeren übergab. Dieser verlegte seinen Sitz nach Katlenburg und ließ dort aus Gebäuderesten des Klosters an dessen Stelle ein Renaissanceschlößchen errichten. Zudem wurde der Klostergarten in einen Lustgarten umgewandelt. Philipp der Jüngere lebte hier mit seiner Gemahlin Clara, die eine Tochter Herzog Heinrichs des Jüngeren von Braunschweig-Lüneburg war, auf großem Fuß, verlegte aber 1595 seine Hofhaltung auf das Schloß Herzberg südlich des Harzes (s. „Das Schloß Herzberg"). Dieser Herzog hatte in Katlenburg besondere Sorgfalt auf die Ausschmückung der Kirche verwendet. Er ließ einen Altar und einen Predigtstuhl errichten sowie den Taufstein durch einen schöneren ersetzen. Wenig später schenkte er der Kirche auch noch eine Orgel. Herzog Heinrich Julius von Braunschweig-Lüneburg, der Bischof zu Halberstadt war, stiftete eine Glocke. Das alles ging jedoch im Dreißigjährigen Krieg, in dem die Katlenburg mehrmals in Mitleidenschaft gezogen wurde, verloren.

Im Kriegsjahr 1622 machte der protestantische Herzog Christian von Braunschweig-Wolfenbüttel – genannt der „tolle Christian" – die Katlenburg zeitweilig zu seinem Hauptquartier. Als ein Jahr später Johann Graf von Tilly, der Feldherr der Katholischen Liga, im Untereichsfeld lagerte und seine Truppen die nähere und weitere Umgebung unsicher machten, raubten sie auch die Katlenburg aus und zerstörten Teile der Burg wie auch des Ortes. Den schlimmsten Schaden erlitt die Katlenburg jedoch im Frühjahr 1626, als sie von dänischen Truppen, die in Northeim einquartiert waren, und zudem von Northeimer Bürgern eine Woche lang geplündert und anschließend in Brand gesteckt wurde. Kirche und Schloß waren danach so verwüstet, daß mehr als zwei Jahrzehnte lang darin nur noch wilde Tiere – darunter Wölfe – zu hausen vermochten. Die entstandenen Schäden konnten erst in den Jahren von 1647 bis 1650 unter den Herzögen Friedrich und Christian Ludwig von Braunschweig-Lüneburg behoben werden.

Widerwärtiges brachte auch der 1756 begonnene Siebenjährige Krieg. Diesmal blieben zwar die Gebäude unbeschädigt, dafür aber wurde das Innere der Kirche entweiht und verwüstet. So sperrten an einem Augusttage des Jahres 1761 die an diesem Krieg beteiligten Franzosen in der Kirche 150 gefangene Gegner ein, die das Gotteshaus derart besudelten, daß in der Folgezeit der Gottesdienst in der Totenkapelle stattfinden mußte. Im Oktober desselben Jahres mußte die Kirche gefangene Franzosen aufnehmen, die in ihr ebenfalls schrecklich hausten. Sie zerschlugen und verbrannten Bänke und fügten auch der Orgel beträchtliche Schäden zu. Kurz darauf – im November – wurde die Kirche als Heumagazin genutzt. Als dieser Krieg 1763 beendet war, mußten noch immer Schäden beseitigt werden. Doch bauliche Veränderungen wurden an der Kirche nicht mehr vorgenommen, dafür aber an anderen Gebäuden. Wenn man heute das Burggelände besucht, muß man feststellen, daß von der Burg fast nur der Name geblieben ist. Doch immer wieder wurde Verlorenes durch Neues ersetzt. Das gilt nicht nur für die Kirche, sondern auch für andere Bauten. Und da neue Gebäude größtenteils nur an der Stelle zerstörter entstanden sind, ergab es sich, daß der Grundriß der Gesamtanlage heute noch etwa der gleiche ist wie der vor Jahrhunderten. Ähnlich verhält es sich mit dem Anblick: Die heutige, seit Jahren als Freizeit- und Bildungsstätte genutzte Anlage erscheint noch ebenso malerisch wie diejenige, die der alte Merian-Stich zeigt.

33

Wahrscheinlich von Kaiser Lothar gegründet

Das Schloß Herzberg

Wo südlich des Harzes die Lonau in die Sieber mündet, ist am Fuße eines steil abfallenden Berges des den Gebirgsrand säumenden Osteroder Gipszuges der Ort Herzberg entstanden und auf dem Berg selbst das Schloß gleichen Namens. Dieses Schloß hat seinen Ursprung in einem Jagdhaus, das hier in den Jahren von 1024 bis 1029 erbaut worden war. Wann daraus das zuerst Burg genannte Schloß wurde, läßt sich nicht mehr genau ergründen. Es ist möglich, jedoch nicht gesichert überliefert, daß der Erbauer der aus Süpplingenburg bei Helmstedt stammende Kaiser Lothar war (s. „Die ehemalige Süpplingenburg"). Deutlicher erkennbar wird die Geschichte erst, als 1158 der Enkel dieses Kaisers – Herzog Heinrich der Löwe – von seinem staufischen Vetter Kaiser Friedrich Barbarossa die Burg Herzberg erhielt. Das geschah im Tauschwege gegen mehrere in Schwaben – der Heimat Barbarossas – gelegene Erbgüter der von Heinrich geschiedenen ersten Gemahlin Clementia von Zähringen. War die Burg Herzberg bis dahin Reichsgut gewesen, so wurde sie nun Allodialbesitz der Welfen, das heißt deren Privateigentum.

Das blieb sie – durch mehrere Um- und Neubauten in ein stattliches Schloß verwandelt – bis zum Untergang des Königreiches Hannover im Jahre 1866. Allerdings gehörte die Burg beziehungsweise das Schloß infolge der zahlreichen Erbteilungen des Welfenhauses bald Wolfenbüttel, bald Grubenhagen, dann auch Celle und zuletzt Lüneburg-Hannover. Die neuen Rechtsverhältnisse, die 1158 entstanden waren, schlossen nicht aus, daß das Herzberger Welfenschloß noch einmal zur Residenz einer Kaiserin wurde. Diese hieß Maria, stammte aus Brabant und war die Witwe Kaiser Ottos IV., der – ein Sohn Heinrichs des Löwen – der einzige Welfenkaiser war, den es im Heiligen Römischen Reich Deutscher Nation gab. Kaiserin Maria stellte 1218 auf „Hertsberg" eine Urkunde aus.

Das Herzberger Schloß, das sich heute als eindrucksvolle Vierflügelanlage um einen rechteckigen Hof zeigt, gehört zu den wenigen Burgen und Schlössern des Harzes und seines Umlandes, die unzerstört die Gegenwart erreicht haben. Sein heutiges Aussehen erhielt es, als es nach einer Feuersbrunst im Jahre 1510 neu erbaut werden mußte. Das in einer Novembernacht ausgebrochene Feuer soll so rasch um sich gegriffen haben, daß sich der von der Hitze geweckte damalige Herzog Philipp sowie seine Gemahlin Katharina und ihr Sohn Philipp gerade noch in letzter Sekunde durch ein Fenster retten konnten. Der Schildknappe des Herzogs und die Kammerfrau der Herzogin kamen in den Flammen um, und der Sohn des herzoglichen Paares hatte sich eine derart schlimme Erkältung zugezogen, daß er zwei Jahre später an deren Folgen starb.

Der Wiederaufbau des Schlosses war 1528 beendet. Seitdem besitzt es Untergeschosse aus Sandstein, wobei ein Flügel durchgehend aus Stein aufgemauert worden war, während die drei anderen Flügel Obergeschosse in Fachwerkbauweise bekamen. Für die Dächer verwendete man rote Hohlpfannen. An der Ostecke wurde der Schloßturm errichtet, der auch Uhrturm genannt wird. Dieser besitzt über dem steinernen Untergeschoß drei Geschosse aus Fachwerk und ist mit einer verbleiten achteckigen welschen Haube bedeckt. Der Turm wurde mit buntbemalten figürlichen und ornamentalen Schnitzereien an den Fachwerkständern und um das Zifferblatt der Uhr prächtig geschmückt. Das Herzberger Schloß ist eines der wenigen in Niedersachsen, die als Fachwerkbauten errichtet wurden.

Als im Jahre 1617 Herzberg mit anderen grubenhagenschen Besitzungen an das Haus Celle kam, hat sich auf dem Schloß etwas ereignet, das in die Geschichte sagenumwoben einging. Damals hätten sich – so wurde erzählt – sieben cellische Brüder in das Erbe teilen müssen. Um jedoch eine übermäßige Zerstückelung des ohnehin kleinen Herrschaftsgebietes zu vermeiden, hätten sie sich dahingehend geeinigt, daß sich nur einer von ihnen standesgemäß vermählen und der Stammvater der künftigen Regenten werden dürfe. Weiter sei man übereingekommen, das Los darüber entscheiden zu lassen, wer von ihnen der Auserwählte sein solle. Als weibliche Hälfte der standesgemäßen Ehe sei Anna Eleonore von Hessen-Darmstadt ausersehen gewesen, die zur Zeit der Auslosung in banger Erwartung auf einem Felsblock vor dem Schloß gesessen habe.

Nicht minder bedrückt als die hessische Prinzessin habe sich Georg, der jüngste der sieben Brüder, gefühlt. Denn er und Eleonore seien bereits miteinander heimlich verlobt gewesen. Doch der Losentscheid habe es gut mit ihnen gemeint: Georg sei Sieger geworden. Er sei sogleich aus dem Schloßtor hinaus zu seiner Verlobten gestürmt und habe sie an dem Felsblock in seine Arme geschlossen.

Das Schloß, das – auf einer steilen bewaldeten Anhöhe gelegen – den Ort Herzberg überragt, ist eines der wenigen Schlösser und Burgen des Harzes, die unzerstört die Gegenwart erreicht haben. Es gehörte jahrhundertelang den Welfen und wurde 1154 zur Zeit Herzog Heinrichs des Löwen erstmals in einer Urkunde genannt. Unser Bild zeigt den „Uhrenturm" genannten Schloßturm.

Wo sich dieser Block, der den Namen Freuden- oder Fräuleinstein erhielt, befand, ist heute nicht mehr bekannt. Um so besser weiß man, daß Georg und Anna Eleonore ein glückliches Paar wurden, bis zum Jahre 1635 Schloß Herzberg bewohnten und acht Kinder bekamen. Ihr jüngster Sohn war Ernst August, der der erste Kurfürst von Hannover wurde. Zudem wurde er der Vater Georgs I., des ersten englischen Königs aus dem Welfenhaus. Dieser hatte den Namen nach seinem Großvater – dem Glückspilz von Herzberg – erhalten. Nach ihm kehrte Georg als englischer Königsname bislang fünf weitere Male wieder.

Das Herzberger Schloß hat die Jahrhunderte – wie erwähnt – unzerstört überdauert. Doch gegen Ende des Zweiten Weltkrieges erlitt es schwere Beschädigungen, als am 5. April 1945 in einer nahen Munitionsfabrik 8000 Minen explodierten. Weitere Schäden brachte ihm 1947 die Sprengung von Bunkern ein. Alle diese Zerstörungen sind jedoch längst behoben. Das vielbesuchte Schloß ist heute Sitz eines Amtsgerichtes und beherbergt zudem kulturelle Einrichtungen, darunter auch ein sehenswertes Museum. Vom Ort Herzberg aus führt eine Fahrstraße zum Schloß empor, vor dessen Eingang sich ein Parkplatz befindet. Zu Fuß kann man auch über eine Steintreppe, die 273 Stufen zählt, nach oben gelangen.

34

Ein Rest kaiserlicher Pracht

Die Domvorhalle in Goslar

Fast alle der vielen Besucher Goslars, die vom Stadtzentrum aus auf der „Hoher Weg" genannten Straße dem berühmten Kaiserhaus zustreben, bleiben an deren Ende stehen, um ein auffallendes, wie eine große Kapelle anmutendes Bauwerk mit fragendem Blick zu betrachten. Das Gebäude, zu dem eine Treppe emporführt, besitzt zwei rundbogige Tore, die über einer reich verzierten Säule gekuppelt sind. Oberhalb dieser beiden verglasten Eingänge befinden sich an der Außenwand in zwei Reihen angeordnete Nischen mit Relieffiguren aus einstmals bemalter Stuckmasse. In der mittleren der drei oberen Nischen erkennt man Maria als thronende Himmelskönigin mit dem Jesuskind, und in den Nischen links und rechts neben ihr ist je ein Engel zu sehen. In den fünf Nischen der unteren Reihe sind die Kaiser Konrad II. und Heinrich III. sowie die Schutzheiligen Matthias, Simon und Judas dargestellt. Das Gebäude besitzt ein spitzes Dach und an seinen Wänden links und rechts je einen niedrigen Seitenraum. Wer durch die verglasten Eingangspforten in das Hausinnere blickt, was sich so gut wie keiner der vielen Betrachter entgehen läßt, kann in musealer Aufstellung Kunstgegenstände erkennen, die aus einer Kirche stammen, nämlich aus dem einstigen, heute weitgehend in Vergessenheit geratenen Goslarer Dom, der zu seiner Zeit das herrlichste Baudenkmal im Sachsenland gewesen sein soll.

Dieses großartige Gotteshaus, das leider nur in Abbildungen fortlebt, wurde um das Jahr 1045 auf Veranlassung von Kaiser Heinrich III. aus dem salischen Königshaus zu bauen begonnen. Was und wie es geschah, ist nicht eindeutig überliefert. Das Bauwerk war bis 1050 so weit fertiggestellt, daß es in diesem Jahr vom Erzbischof Hermann von Köln geweiht werden konnte. Es wurde dem Schutz der Apostel Simon und Judas, an deren Gedenktag – dem 28. Oktober – Kaiser Heinrich III. geboren war, anvertraut. Im Jahre 1055 segnete Papst Victor II. unter der Assistenz von 73 Erzbischöfen, Bischöfen und Äbten am Hochaltar der Gottesmutter Maria das fromme Werk und seinen kaiserlichen Stifter. Dieser hatte bereits 1047 mit dem neuen Gotteshaus ein Domherrenstift verbunden, das bald zu großem Reichtum und hohem Ansehen gelangte. Es galt gleichsam als Hochschule für die späteren Bischöfe. Wie angenommen wird, war der Bauplan für den Goslarer Dom vom Hildesheimer Bischof Godehard entworfen und dann von dem begnadeten Baumeister Benno, der ein Freund und Berater Kaiser Heinrichs III. war, in Stein umgesetzt worden. Benno, der einer schwäbischen Bauernfamilie entstammte, wurde oberster Verwalter der Goslarer Kaiserpfalz und später Bischof von Osnabrück. Als solcher erbaute er die Iburg im Osning südlich von Osnabrück in der Form, die sie noch heute besitzt (s. Bd. I „Die Iburg im Osning").

Der Goslarer Dom hatte – wie alte Stiche zu erkennen geben – ein recht wohlgefälliges Aussehen. Er war in romanischem Stil als ungewölbte dreischiffige Basilika mit einem Querschiff, einem halbrunden Chor und einer mit Gemälden geschmückten Kapelle erbaut. Seine Länge betrug 66 Meter, seine Breite 21. An der Westseite besaß er zwei niedrige achteckige Türme und über der von Lang- und Querschiff gebildeten Vierung eine kleine Kuppel. Im 14. Jahrhundert wurde der Chor in gotischem Stil umgestaltet und zugleich durch Anbau von zwei gotischen Seitenschiffen um fast 6 Meter verbreitert. Das kaiserliche Gotteshaus besaß viele wertvolle Reliquien, darunter die Körper des Apostels Matthias und des Heiligen Valerius sowie von fünf weiteren Heiligen. Die Reliquien waren in Sarkophagen und Schreinen aus Gold, Silber und Elfenbein aufbewahrt. Der Dom war auch sehr reich mit Gütern ausgestattet. Das Domstift besaß in der Nähe Goslars zwei Meiereien, und in weiterer Entfernung erstreckte sich sein Eigentum nach Norden bis in die Täler der Oker und der Innerste. Nach Osten reichte der Besitz bis an die Bode und die Saale und im Westen bis Westfalen. Selbst noch am Rhein gehörte dem Domstift ein Weingut. Doch mit dem Hinsinken der Kaiserherrlichkeit verlosch der Glanz des stolzen Stiftes, das sich zugleich zu einem „Seminarium Germaniae" entwickelt hatte, aus dem viele Kirchenfürsten hervorgegangen sind.

Im Dom zu Goslar hat sich nicht nur Friedfertiges und Gottgefälliges ereignet, sondern auch Böses. Wie überliefert ist, hat der Ehrgeiz zweier Kirchenfürsten – des Bischofs Hezilo von Hildesheim und des Abtes Widorad von Fulda – zu einer Schändung des Domes geführt, die so entsetzlich gewesen sein soll, daß sie nach damaliger Auffassung nur vom Teufel bewerkstelligt gewesen sein konnte. Diese beiden Kirchenfürsten waren sich spinnefeind, was dazu führte, daß sich am Pfingsttage des Jahres 1063 zwischen ihren Dienern beim Aufstellen der Sessel im Dom ein Streit entspann. Jeder der beiden beanspruchte für seinen Herrn den Ehrenplatz neben dem Erzbischof von Mainz, der der Primas der deutschen Bischöfe war. Keiner wollte zurücktreten, und nur das energische Eingreifen des Herzogs Otto von Northeim vermochte das Ausbrechen von Feindseligkeiten zu verhindern. Doch ein Jahr später – wiederum am Pfingsttage – kam es aus gleichem Anlaß nicht nur zu einer Rangelei zwischen den Dienern, sondern zu einem offenen Kampf. Bischof Hezilo hatte den ihm ergebenen Grafen Ekbert von Braunschweig gebeten, sich mit einer Schar Bewaffneter im Dom zu verbergen und sogleich loszuschlagen, wenn der Rangstreit zwischen den Dienern wieder beginnen sollte. Und er begann wieder! So kam es zu einem blutigen Gemetzel, das viele Opfer forderte. Nach dieser grauenvollen Schändung blieb der Dom dreieinhalb Jahre unbenutzt. Dann erst wurde er neu zum kirchlichen Gebrauch geweiht – dieses Mal von Erzbischof Anno von Köln.

Gegen Mitte des 13. Jahrhunderts begann der Dom baufällig zu werden. Der Propst klagte, daß es an Mitteln fehle, um die Schäden zu beheben. Er bat 1242 den Bischof von Minden um Hilfe. Durch die Gewährung eines Ablasses konnte jedoch nur der dringensten Not abgeholfen werden. 1285 stürzte ein Teil des Bauwerkes ein. Daraufhin riefen viele deutsche Kirchenfürsten die Gläubigen auf, Mittel zum Wiederaufbau beizusteuern. Mit den eingehenden Spenden konnte ab 1287 mehrere Jahre lang an der Wiederherstellung des Domes gearbeitet werden. Weitere Finanzhilfe brachte die Feier zweier großer, von Papst Bonifaz VIII. verkündeter Jubelfeste in

Den letzten Rest des Goslarer Domes, der 1285 einzustürzen begann, bildet seine Vorhalle. Sie zeugt mit ihrer figurengeschmückten Vorderseite von der Pracht des kaiserlichen Gotteshauses, das 1050 geweiht worden war.

den Jahren 1297 und 1298, bei denen die Reliquienschreine geöffnet und die Reliquien der andächtigen Menge zur Anbetung ausgestellt wurden. Es kam dabei so viel Geld ein, daß 1313 mit einer Erneuerung des Domes begonnen werden konnte. Doch alle Anstrengungen waren vergeblich. Der Dom verfiel und war 1479 – wie eine Urkunde aus diesem Jahr besagt – dem Einsturz nahe. Dieser konnte zwar noch um Jahrzehnte hinausgezögert werden. Doch als 1530 der südwestliche Turm in sich zusammenbrach, gab es keine Rettung mehr, zumal auch die Reformation begonnen hatte und 1566 das Goslarer Domstift ergriff. Das Wenige, was blieb, wurde 1632 im Dreißigjährigen Krieg von schwedischen Truppen geplündert.

Dem Goslarer Dom stand noch weiteres Unheil bevor. Seine baulichen Reste wurden 1819 auf Abbruch verkauft – mit Ausnahme der eingangs erwähnten und hier abgebildeten Vorhalle, die sich an der Nordseite befand und vom Vernichtungswerk verschont blieb. In ihr sind die letzten noch vorhandenen Denkmäler des Domes für jedermann sichtbar aufbewahrt. Sie enthält eine Apostelfigur, vier Säulen aus der Krypta, einen Schlußstein mit Christuskopf, ein Sakramentshäuschen, ein Giebelkreuz und den aus der zweiten Hälfte des 11. Jahrhunderts stammenden „Kaiserstuhl" mit steinernem Sitz und aus Bronze gegossenen Lehnen. Auf diesem Stuhl hat als letzter Kaiser Heinrich IV., der „Büßer von Canossa", gesessen.

Die berühmte, vielbesuchte Kaiserpfalz in Goslar erinnert an die Zeit, in der der Ort durch den Erzreichtum des nahen Rammelsberges aufblühte und unter Kaiser Heinrich III. zum Mittelpunkt des Reiches wurde. Dieser Kaiser ließ nahe seiner Pfalz den Goslarer Dom erbauen.

35

Hier sollen Zwölflinge geboren worden sein

Die einstige Burg Wölpe

Das Gebiet östlich von Nienburg wird seit Jahrtausenden von Menschen aufgesucht, wie die hier von ihnen hinterlassenen Spuren zu erkennen geben. Es sind Gräber, in denen vor langer Zeit Menschen ihre letzte Ruhe fanden. Eines von ihnen ist ein Großsteingrab, das schon in der jüngeren Steinzeit um 3000 vor Christus angelegt wurde und vom Volksmund den Namen „Teufelsbett" erhielt. Rund 1000 Jahre jünger sind die Hügelgräber, auf die man hier noch treffen kann. In ihnen wurden Einzelbestattungen vorgenommen, während die Großsteingräber der Sippenbestattung dienten. Doch ob ein Grab in dieser oder jener Form gestaltet und genutzt wurde, bestand das Baumaterial in jedem Fall aus Steinblöcken, die die Gletscherströme der Eiszeiten aus Skandinavien herantransportiert hatten. Einer dieser „Findlinge" genannten Steinblöcke ist der größte in ganz Norddeutschland. Er ist 7,5 Meter lang, 4,5 Meter breit und fast 3 Meter hoch. Dieser Steinriese wurde nach dem Zwergenkönig Giebich benannt, der – so will es die Sage wissen – einst mit seinem Völkchen unter ihm gehaust haben soll. Im Gegensatz zu dieser Sage waren es keine Zwerge sondern immer wieder Menschen, die sich an den Giebichenstein begaben und hier werkten. Bei einer Grabung im Jahre 1967 kamen neben Gefäßscherben auch Arbeitsgeräte wie Messer, Schaber und Klingen zum Vorschein, mit deren Hilfe Jagdwaffen hergestellt werden konnten. An der nördlichen Schmalseite des Giebichensteines wurden die Reste einer Behausung entdeckt, die in den Boden eingetieft war. Beisetzungen scheinen an diesem Stein jedoch nicht vorgenommen worden zu sein.

Einer anderen Sage zufolge war der Giebichenstein nicht von Gletscherströmen herbeigebracht

Die Burg Wölpe soll sich aus einer Motte, einem Turm auf einem von Menschenhand in feuchtem Gebiet aufgeschütteten Hügel, zu einer stattlichen Burg entwickelt haben. Von dieser ist heute nur noch der Hügel östlich von Nienburg zu sehen.

worden, sondern von einem Riesen, der im nahen Linsburg gewohnt haben soll. Dieser Riese sei auf dem Rückweg von einem Besuch seines Bruders durch Wölpe gekommen, wo schon Christen wohnten, die sich ihm – dem alten Heiden – gegenüber sehr unfreundlich benommen hätten. Dafür wollte er sich rächen. Als er über die Krähe, die damals ein einsamer Heiderücken war und heute ein Waldgebiet ist, wieder Linsburg erreicht hatte, sei er auf den höchsten Hügel des Grinderwaldes gestiegen und habe dort in seine Schleuder einen mächtigen Granitstein gelegt, mit dem er den Wölper Kirchturm zerschmettern wollte. Doch der Wurf sei zu schwach gewesen, so daß der Stein schon in der Krähe zu Boden fiel und hier bis heute liegen blieb. Wie der Stein vorher in den Grinderwald gekommen war, verrät diese Sage allerdings nicht. Dafür aber hält sie die Ortsbezeichnung „Wölpe" in Erinnerung, die es auf Landkarten nicht mehr gibt. Sie lautete vorher – wie Urkunden bezeugen – Wilipa, Wilipe, Welpia, Welepe, Wilepia und Welpa. Die erste überlieferte Nennung stammt aus dem Jahre 1151. Sie findet sich in einem Schreiben des Domkapitels Minden an Wibald, den damaligen Abt des Klosters Corvey an der Oberweser, und bezeichnete mit „Wilipa" eine Burg, die der Mindener Kirche gehörte.

Über die Entstehung dieser einstigen Burg wie auch über die Herkunft der Grafen von Wölpe herrscht Ungewißheit. Eine Vermutung geht dahin, daß die ersten von ihnen nach 1100 aus Ostfalen in das Gebiet der Mittelweser gekommen waren, das zu jener Zeit „Grindergau" hieß und vom Grinderwald bis Drakenburg reichte. Hier erbauten sie die Burg Wölpe. Diese soll eine Motte gewesen sein, das heißt eine turmartige Wehr- und Wohnanlage, die auf einem in feuchtem Gelände von Menschenhand aufgeschütteten Hügel errichtet worden war. Das erste bekannte Mitglied der Wölpeschen Familie hieß Egilbert, dessen Name in der ersten Hälfte des 12. Jahrhunderts genannt wurde. Unbelegt hingegen ist die Nachricht, daß Graf Berthold von Wölpe, der ein Neffe Kaiser Karls des Großen gewesen sein soll, der Stammvater der Grafen von Wölpe sei. Besonders trat Graf Bernhard II. von Wölpe hervor, der ein treuer Waffengefährte und Freund Herzog Heinrichs des Löwen war. Dieser Graf war es auch, der 1215 nördlich von Neustadt am Rübenberge das heute noch bestehende Kloster Mariensee erbauen ließ und reich mit Gütern ausstattete (s. „Das Kloster Mariensee").

Sein Bruder, der Yso – auch Iso geschrieben – hieß, ging ebenfalls in die Geschichte ein und dabei sogar mit einem Rekord. Nachdem Yso Dompropst zuerst in Verden und anschließend in Bremen war, wurde er im Jahre 1205 Bischof von Verden. Eines seiner Verdienste bestand darin, daß er die Stadtmauer für die Verdener Norderstadt errichten ließ. Doch was ihm bis auf den heutigen Tag als Besonderheit

Der Wölper Grafenfamilie entstammte der Verdener Bischof Yso, der noch heute einen Rekord hält. Seine in der Verdener Andreaskirche an der Apsiswand angebrachte Messinggrabplatte mit seinem lebensgroßen Abbild – auf dem Bild nur schwer zu erkennen – gilt als die älteste in Europa.

zugeschrieben wird, ist seine Grabplatte, die in der Verdener Andreaskirche an der Apsiswand angebracht ist. In diese Platte, die aus Messing besteht, ist ein lebensgroßes Abbild von Bischof Yso eingraviert, das ihn mit der Andreaskirche und der Stadtmauer in den Armen zeigt. Die Grabplatte, die aus dem Jahre 1231 stammt, gilt als die älteste Messinggrabplatte Europas, wie man es am Eingang der Andreaskirche lesen kann. Nach dem Ableben des Grafen Bernhard II. standen die Grafen von Wölpe – wie schon erwähnt – auch in engen Beziehungen zur Mindener Kirche und schlossen mit den dortigen Bischöfen in den Jahren 1239 und 1242 Garantieverträge über ihre Burg ab. Als das Wölper Grafengeschlecht kurz nach 1300 ausstarb, gelangte seine Hinterlassenschaft durch Kauf in den Besitz der Welfen. Diese nutzten Wölpe zu dem Ausbau ihrer Landesherrschaft im späteren Fürstentum Calenberg.

Daß Kinderlosigkeit der Wölper Grafen der Anlaß zu diesem Besitzwechsel war, erscheint vor dem Hintergrund einer Wölper Sage geradezu als unwahr-

Die Siedlung Wölpe heißt heute Erichshagen und ist ein Teil von Nienburg. In der Ortsmitte von Erichshagen findet man mehrere Hügelgräber, von denen unser Bild eines zeigt. Sie weisen auf die frühe Besiedlung dieses Gebietes hin.

scheinlich. Wie erzählt wird, gab es bei Nienburg auf einem Hügel am Ortsrand vom späteren Erichshagen vor etwa 1000 Jahren eine Burg, die einem Grafen namens Gero von Aldenhausen gehörte. Dessen Gemahlin habe ihm zwölf Knaben auf einmal geboren! Diese große Kinderschar habe die junge Gräfin so sehr erschreckt, daß sie aus Angst vor ihrem Gemahl der Hebamme den grausamen Befehl erteilte, eines der Kinder zurückzubehalten und die anderen im Burggraben zu ertränken. Die Hebamme habe elf Knäblein in einen verdeckten Korb gelegt und wollte tun, was ihr geheißen war. Auf dem Weg zum Burgwall sei ihr der Graf begegnet, der wissen wollte, was sie in dem Korb trage. In ihrer Angst habe sie geantwortet, es seien junge Wölfe, wie es sie zu jener Zeit im Waldgebiet der Krähe in großer Zahl gab. Der Graf wollte die Tiere sehen und schlug die Decke des Korbes zurück. So sei die Wahrheit an den Tag gekommen. Der Graf habe der Hebamme geboten, ihm zu folgen und darüber, was nun geschähe, für immer zu schweigen. Er habe die Kinder bei verschiedenen Leuten in der Nachbarschaft untergebracht, wo sie bis zu ihrem 14. Lebensjahr geblieben seien. Dann habe er die elf Knaben ebenso kleiden lassen wie den zwölften, der in der Burg aufgewachsen war, und sie alle zusammen der Gräfin mit der Aufforderung vorgestellt, sie solle ihren Sohn heraussuchen. Das sei ihr jedoch wegen der großen Ähnlichkeit aller nicht gelungen. Die Söhne hätten nach ihres Vaters Tod den Namen Wölpe angenommen, was soviel wie „Wölfe" bedeutete.

Über die Burg Wölpe brach in der von 1519 bis 1523 währenden Hildesheimer Stiftsfehde großes Unheil herein: Sie wurde zerstört. Doch die Schäden konnten behoben und die Burg in schloßähnlicher Form wieder aufgebaut werden. Das geschah durch Herzog Erich I. von Calenberg. Dieser wegen seiner Redlichkeit und Tatkraft von der Bevölkerung geliebte Herzog wurde 1535 auch zum Begründer der nach ihm Erichshagen benannten Siedlung, in der Wölpe aufging. Doch Erichshagen führte im Volksmund noch lange den Namen Wölpe weiter. In dem neuentstandenen Schloß fanden sich mehrmals hochgestellte Persönlichkeiten als Besucher ein, darunter 1624 König Christian IV. von Dänemark mit zwei Prinzen. Doch zu jener Zeit herrschte bereits seit sechs Jahren der Dreißigjährige Krieg. Und ein Jahr nach dem Besuch aus Dänemark wurde das Schloß Wölpe von Tilly, dem Feldherrn der Katholischen Liga, erobert und dabei wohl auch zerstört. Seitdem gab es nur noch einen Amtshof, der nach der Aufhebung des Amtes Wölpe 1859 verfiel und 1877 auf Abbruch verkauft wurde. Heute ist nur noch ein von Bäumen bestandener flacher Hügel zu sehen.

An heidnischer Opferstätte errichtet

Die Martinikirche von Moringen

Wie Funde aus der Jungsteinzeit bezeugen, kamen in die Gegend, in der sich die heute zum Landkreis Northeim gehörende Stadt Moringen entwickelt hat, schon sehr früh Menschen. Und auf dem nahen Hagenberg lassen Hügelgräber darauf schließen, daß hier auch in der der Jungsteinzeit folgenden Bronzezeit Menschen lebten. Zudem befand sich auf diesem Berg südöstlich des heutigen Moringer Stadtgebietes eine Wallanlage, die der Volksmund „Hünesche-Burg" nannte und von der sich ein Rest bis heute zu erhalten vermochte. Von diesem Wall aus führte früher ein von Gehöften gesäumter Weg nach Nordwesten zu Quellen, an denen die Menschen jener Zeit ihren Göttern opferten. In der Nähe dieser Kultstätte wurde der Sage nach einst auch unter alten Eichen zu Gericht gesessen. Dabei sollen die für schuldig befundenen Angeklagten jeweils nach dem Urteilsspruch als Sühnopfer der Gerechtigkeit tot oder lebendig in einen der Quellteiche geworfen worden sein. Darauf sei der noch heute gebräuchliche Name „Opferteich" zurückzuführen. Geschichtlich belegt ist, daß sich hier im Moringer Oberdorf bei den Quellen tatsächlich der uralte Gerichtsplatz des einstigen Moringer Gaues befunden hat, auf dem von sieben Richtern unter freiem Himmel Recht gesprochen wurde.

Das Quellgebiet mit dem Opferteich gibt es noch heute im Oberdorf von Moringen. Allerdings ist dieser Teich zwischen Häusern und Gebüsch recht versteckt, so daß er für Ortsfremde nicht leicht zu finden ist. Er liegt auf privatem Grund hinter der Wachsmühle an der Methestraße und hat keinen öffentlichen Zugang. Der Teich, in dem es sprudelt

Die Martinikirche von Moringen entstand an einer alten Kultstätte. Von der ehemaligen dreischiffigen romanischen Basilika stürzten 1730 die beiden Seitenschiffe ein. Danach mauerte man die Arkaden des Mittelschiffes zu. Das Gebäude wird heute nicht mehr als Kirche genutzt.

und quillt, ist fast rund und besitzt in seiner Mitte eine kleine Insel. Einer Sage nach wohnt in ihm der Hakenmann, der ein böser Geist in Menschengestalt sei und ein häßliches Gesicht habe. Er fange mit seiner langen Hakenstange Kinder, um sie aufzufressen. Diese Sage – so heißt es erklärend – sei von Eltern erfunden worden, damit sich ihre Kinder von dem Opferteich und seinen Gefahren fernhalten.

In der Nähe dieser alten Kult- und Gerichtsstätte ließ der Frankenkönig und spätere Kaiser Karl der Große, nachdem er gegen Ende des 8. Jahrhunderts das Sachsenland mit Waffengewalt dem christlichen Glauben zugeführt hatte, eine hölzerne Taufkirche errichten. An die Stelle dieses kleinen Gotteshauses kam im 12. Jahrhundert ein Steinbau in Form einer romanischen Basilika, die dem Schutz des Heiligen Martin anvertraut wurde. Diesem Heiligen, der zu seinen Lebzeiten im 4. Jahrhundert ein römischer Offizier war und der Legende nach die Hälfte seines Mantels einem frierenden Bettler geschenkt haben soll, waren im 9. Jahrhundert im südniedersächsischen Raum zwölf Kirchen geweiht worden. Wie es zu dieser Häufung kam, findet seine Erklärung darin, daß Martin der Schutzheilige des Erzstiftes Mainz war, das zu jener Zeit seine Grenze im Nordosten bis in das Sachsenland vorgeschoben und hier auf den Kirchenbau starken Einfluß genommen hatte (s. „Die Stiftskirche in Fredelsloh"). Die dreischiffige Basilika, die auch ein Querhaus besaß, wurde einem Turm angefügt, der schon vorher um 1100 errichtet worden war. Der imposante Neubau entwickelte sich zum Mittelpunkt des religiösen Lebens in Moringen und seinem näheren Umland.

Wie die Sage weiter zu berichten weiß, soll sich neben der Martinikirche ein Kloster des Templerordens befunden haben. Dieser Orden war zu Beginn des 12. Jahrhunderts in Jerusalem aus einer Vereinigung französischer Ritter hervorgegangen und verbreitete sich später auch im Abendland (s. „Die ehemalige Süpplingenburg"). Der Sage nach hätten die Tempelherren für den Turm der Martinikirche eine neue Glocke gießen und diese an einem Heiligabend vor der Christmette erstmals läuten lassen, ohne daß sie schon getauft gewesen wäre. Diese Unterlassung habe dazu geführt, daß die Glocke durch das Schalloch aus dem Turm gesprungen und in den Opferteich gestürzt sei, an dem man angeblich noch heute jeweils zu Weihnachten ihren Klang vernehmen könne. Der Verlust der Glocke habe den Gottesdienst in der Martinikirche in Mitleidenschaft gezogen und zudem bewirkt, daß das Kloster der Tempelherren aufgehoben wurde. Ein Taucher, der später versucht haben soll, die Glocke aus dem Teich zu bergen, sei nicht wieder an die Wasseroberfläche gelangt. Daß der Templerorden im Oberdorf von Moringen an der Martinikirche tatsächlich ein reich begütertes Kloster besessen hat, wie es in einer Überlieferung des niedersächsischen Chronisten Johannes Letzner heißt, wird von anderen Geschichtsforschern bezweifelt und weiterhin der Sage zugewiesen.

Wenige Jahrzehnte nach dem 1312 vom Papst Clemens V. verhängten Verbot des Templerordens entstand in der Marktsiedlung von Moringen eine Marienkapelle, die sich durch weiteren Ausbau zu einem vielbesuchten Gotteshaus – der Liebfrauenkirche – entwickelte. Hingegen verfiel die Martinikirche im Oberdorf immer mehr. Als im Dreißigjährigen Krieg ihr Turm ausbrannte, konnte er zwar 1659 wiederhergestellt werden, büßte dabei aber ein Drittel seiner vorherigen Höhe ein. In ihm wurden in der Folgezeit Bestattungen vorgenommen. So befand

Nahe der alten Kultstätte wurde auch zu Gericht gesessen. Die Verurteilten sollen dann in einen der Quellteiche, die es hier gibt, geworfen worden sein. Dieser Teich, den unser Bild zeigt, heißt noch heute „Opferteich".

Moringen besaß einst eine Burg, die von einem breiten Wassergraben umzogen war. Wer sie erbaut hatte, ist nicht überliefert. Auf dem Gelände der Burg befinden sich heute Amtsgebäude der Stadt Moringen.

sich in ihm ab 1719 auch die Gruft der Familie von Münchhausen. Im Jahre 1730 stürzte bei Ausbesserungsarbeiten in der Kirche der größte Teil der beiden Seitenschiffe ein, die wegen Geldmangels nicht wieder aufgebaut werden konnten. Stattdessen mauerte man die Arkaden des Mittelschiffes zu, so daß das Bauwerk wenigstens nicht ungeschützt Wind und Wetter preisgegeben war. Aber auch der Liebfrauenkirche drohte Unheil: Sie war auf moorigem Untergrund erbaut worden, auf dem sie abzusinken begonnen hatte. Um ihrem Einsturz zuvorzukommen, wurde sie 1828 abgebrochen. Bis zu ihrer Neuerstellung 1850 fand der Gottesdienst wieder in der alten Martinikirche statt, die danach aber erneut nur als Begräbniskirche diente und später sogar nur noch als Lagerhalle genutzt werden konnte.

Moringen besaß auch eine durch einen breiten Wassergraben geschützte Burg, von der jedoch nicht bekannt ist, wer sie einst erbaute. Das Rätsel glaubte man lösen zu können, als im Boden des Burggeländes bei Grabungen im Jahre 1952 in 4 Meter Tiefe ein versunkener steinerner Torbogen entdeckt wurde, in den die Buchstaben H, HS sowie die Jahreszahl 1158 eingemeißelt waren. Das hatte zur Annahme geführt, daß dies ein Hinweis auf den Welfenherzog Heinrich den Löwen sei und weiter, daß dieser die Burg habe erbauen lassen. Da es aber keinerlei urkundliche Überlieferungen in diese Richtung gibt, wurde der Gedanke an einen Zusammenhang der Moringer Burg mit Heinrich dem Löwen wieder verworfen. Doch ungeachtet dessen kann zur Lebenszeit dieses 1195 verstorbenen Welfenherzogs die Burg Moringen entstanden sein. Sie war wie die Liebfrauenkirche auf moorigem Untergrund erbaut worden, so daß sie ebenfalls von Anbeginn bestandsgefährdet war. Und in der Tat blieb von ihr auch nur wenig übrig. Zu dem Wenigen gehören das Gesindehaus, in dem sich heute ein Museum befindet, sowie ein Langhaus, in dem einst gebraut, gebacken und Getreide gelagert worden war. Dieses Gebäude beherbergt heute Dienststellen der Stadt Moringen, der auch acht Orte ihres Umlandes angehören. Ein weiteres Gebäude, das im 18. Jahrhundert auf den Grundmauern des einstigen Herrensitzes errichtet wurde, wird heute als Rathaus genutzt. Zudem blieben das innere Tor sowie Teile des Wassergrabens erhalten und überdies im Boden des Burggeländes einige Grundmauerreste und das Kellergewölbe der inneren Burg.

37

Ihr Turm wurde zum Wahrzeichen des Ammerlandes

Die Peterskirche zu Westerstede

Westerstede, das 1977 zur Stadt erhoben wurde, ist der Hauptort des Ammerlandes. Es hatte lange seinen von der Landwirtschaft geprägten Charakter bewahrt, doch seit dem Ende des Zweiten Weltkrieges 1945 trat ein deutlicher Wandel ein. In Westerstede entstanden Gewerbe- und Industriebetriebe, das Straßennetz wurde ausgebaut, Schulen und andere öffentliche Gebäude bekamen ein neues Aussehen und der Ortskern wurde zu einer Fußgängerzone umgestaltet. Unverändert hingegen blieb im Herzen der Stadt die dem Apostelfürsten Petrus geweihte Kirche, deren monumentaler Turm mit seiner Höhe von 48 Meter zum Wahrzeichen der Stadt wie auch des gesamten Ammerlandes, das seinen Kreissitz bereits seit 1933 in Westerstede hat, geworden ist. Doch wie stolz sich der Turm dem Betrachter auch zeigen mag, gehört es zu seiner Vergangenheit, daß er schon einen Einsturz erlitt. Er teilt damit ein Schicksal, das in gleicher Weise die anderen bedeutenden Kirchen des Ammerlandes in Wiefelstede, Rastede und Bad Zwischenahn ereilte. Auch deren Türme waren schon eingestürzt, wobei als Ursache der unfeste Baugrund sowie die ehemals mangelnde Erfahrung der Bauleute im Fundamentieren und in der Statik angesehen wurden (s. Bd. III „Die Johanneskirche zu Wiefelstede"). Die überall wieder instandgesetzten Türme haben die Zeit bislang schadlos überdauert, zumal die Kirchen für ihre Glocken eigene Türme bekommen haben.

Der Turm der Westersteder Kirche ist in seinem unteren Teil aus gewaltigen Granitquadern gefügt, die mit viel Mühe aus Findlingen gewonnen worden sind. Einen Gegensatz zu diesem trutzigen Unterbau bildet der obere Teil des Turmes, den man fast schon als graziös bezeichnen möchte. Er ist aus Ziegelsteinen gemauert, durch Friese reich gegliedert und mit einem spitzen Helm bedeckt. Sein ganz besonderes Aussehen, das weithin einmalig ist, verleihen ihm die vier achtseitigen Türmchen, die an den Ecken des Turmdaches hervorragen. Sie haben dem Turm den Namen „De Goos mit veer Küken" eingebracht. Zudem behauptet der Volksmund, daß der Turm ein wenig schief sei, und kennt auch die Ursache. Es wird erzählt, daß vor langer Zeit die Ostfriesen den Westerstedern den stattlichen Kirchturm nicht gegönnt hätten. So seien sie eines Nachts mit mehreren Ochsen nach Westerstede gekommen, hätten ein langes Seil um die Turmspitze geschlungen und daran die Ochsen ziehen lassen. Der Turm habe jedoch standgehalten, und es sei etwas eingetreten, was von den Ostfriesen nicht bedacht worden war. Als die vorderen Ochsen mit aller Kraft das Seil anzogen und sich dieses nach oben spannte, seien die hinteren Ochsen dadurch hochgehoben worden – so hoch, daß sie in halber Höhe des Turmes in der Luft schwebten. Die Sage will weiter wissen, daß die Ostfriesen flüchteten und die Westersteder, nachdem sie aufgewacht waren, die Ochsen an ihrem Kirchturm hängen sahen. Seitdem soll er etwas schief stehen.

Die Gründung der Westersteder Kirche geht auf Bischof Adalbert von Bremen zurück. Als dieser im Jahre 1120 einen geeigneten Platz für den Bau des Gotteshauses suchte, standen ihm die Angehörigen des alten Rittergeschlechtes von Fikensolt hilfreich zur Seite. Sie stifteten den Baugrund und gaben auch reichlich Geld für die Errichtung der Kirche. Nach deren Fertigstellung wurde sie 1148 dem Schutz des Heiligen Petrus anvertraut. Historiker wollen wissen, daß der Name dieses bedeutendsten Kämpfers für die Verbreitung des christlichen Glaubens all jenen Kirchen und Kapellen gegeben wurde, die an die Stelle alter germanischer Kultstätten getreten waren. Wenn dem so wäre, träfe es auf Westerstede jedoch nicht zu. Hier ist von einer derartigen Kultstätte nichts bekannt. Man glaubt aber, daß es in benachbarten Dörfern wie Torsholt und Südholt heidnische Opferplätze gegeben hat. Die Kirche von Westerstede erhielt auch noch weiterhin Schenkungen der Ritter von Fikensolt wie auch von anderen Wohltätern, darunter viele Bauern, die der Kirche vor allem Land vermachten. Die Fikensolter, denen die Peterskirche zu Westerstede so viel zu verdanken hat, gehörten in den 500 Jahren nach dieser Kirchengründung zu den einflußreichen Adelsfamilien im Ammerland sowie am Hof der Grafen von Oldenburg. Ihr Geschlecht erlosch im Mannesstamm, als Johann von Fikensolt 1613 kinderlos starb. Wo ihre Burg stand, wurde nach mehrmaligem Besitzwechsel um 1760 ein Schloß erbaut.

Dieses Schloß – zutreffender „Schlößchen" genannt – liegt südlich von Westerstede etwas abseits

So stolz sich der Turm der Peterskirche zu Westerstede als das Wahrzeichen des Ammerlandes auch zeigen mag, war er doch schon einmal eingestürzt. Die Ursache dafür lag im unsicheren Baugrund. Beim Wiederaufbau erhielt die Kirche für ihre Glocken einen eigenen Turm, damit sie beim Läuten nicht länger den Kirchturm erschüttern konnten.

der Straße nach Ocholt. Zu ihm geleitet eine vierreihige Lindenallee, die an dem Wassergraben, der das Bauwerk umzieht, endet. Nach Überschreiten der Brücke gelangt man an eine Freitreppe, die zu der Tür im zweigeschossigen Mittelteil des Gebäudes emporführt. Zu seinem Inventar gehört ein Gemälde, das die „Braut von Fikensolt" zeigt und damit an eine von einer Sage verbrämte Begebenheit erinnert. Danach sollte eine Fehde zwischen den Junkern von Fikensolt und Wittenheim durch eine Eheschließung beendet werden. Als am Hochzeitsmorgen die prächtig geschmückte Braut nach Fikensolt fuhr, kam dem reich beladenen Brautwagen niemand entgegen. Selbst an der Brücke über den Burggraben ließ sich der Bräutigam noch nicht sehen. Es erschien nur ein Diener von schwarzer Hautfarbe, der ihr auf einem Samtkissen ein Perlengeschmeide brachte. Die Braut erschrak und sagte: „Perlen bedeuten Tränen". Der Mohr führte sie ins Schloß, wo ihr Bräutigam tot auf dem Bett lag. Dieser war von seiner Haushälterin vergiftet worden, die ihn liebte und nicht wollte, daß er eine andere heiratet. Neueren Erkenntnissen zufolge soll jedoch die Dame auf diesem Gemälde die Prinzessin Charlotte Amelie de la Tremouille – die Schwiegertochter des Grafen Anton Günther von Oldenburg – sein, die mit ihrem Gemahl, Graf Anton I. von Aldenburg, im Schloß Varel wohnte (s. Bd. III „Das einstige Schloß Varel").

Eine weitere geschichtsträchtige und sagenumwobene Stätte findet man südwestlich von Westerstede: den Burgplatz Mansingen, der nach einem früheren Besitzer des Geländes auch „Hammjeborg" genannt wird. Dort soll einst auf einem Hügel die Burg der Ritter von Mansingen gestanden haben, von der heute jedoch nichts mehr zu sehen ist. Lediglich Scherben, die man hier entdeckt hat, geben noch einige Auskünfte. Sie lassen erkennen, daß das Gebäude, das hier gestanden hatte, im 11. Jahrhundert bewohnt war. Es könnte sich um eine Motte – eine Turmhügelburg – gehandelt haben. Alten Karten zufolge war diese Burg an drei Seiten von Bäken umflossen und zudem von einem breiten Wassergraben umzogen. Die Ritter von Mansingen, von denen zehn im 13. und 14. Jahrhundert urkundlich erwähnt wurden, besaßen jedoch auch andernorts Güter. Nach dem Jahre 1385 endeten die urkundlichen Aufzeichnungen – die Spur der Ritter von Mansingen verlor sich. Nur der Burgplatz und die um ihn gesponnenen Sagen halten die Erinnerung an sie wach.

Doch zurück nach Westerstede und seiner Peterskirche. Deren Geschichte – wie hätte es anders sein können – war mit der des Ortes eng verwoben, und das auch im engsten Sinne des Wortes. Gegen Ende des 18. Jahrhunderts verdiente fast die Hälfte der Einwohner ihr Brot mit Leineweben. Als 1793 eine neue Kirchenglocke benötigt wurde, vermochten die Westersteder großzügig Geld zu spenden. Wie überliefert ist, warfen sie neben Silbertalern auch Schmuckstücke in den Schmelztiegel, damit die neue Glocke rein und voll erklingen sollte. 1795 zur Zeit Napoleons I., als in Ostfriesland englische Truppen gemeinsam mit preußischen gegen französische kämpften, erschien in Westerstede unerwartet ein Transport an Ruhr erkrankter Engländer, die das Kirchenschiff als Lazarett benutzten. Sie entzündeten in der Mitte der Kirche ein Feuer, das sie mit Eichenholz von Kirchenpfeilern in Brand hielten. Insgesamt 700 Ruhrkranke sollen hier versorgt worden sein. Zur Behebung der angerichteten Schäden erstatteten die Engländer später 436 Reichstaler. 1807 war Westerstede von Holländern besetzt und 1811 von Franzosen. Als im Herbst 1813 einfallende Kosaken Westerstede von den Franzosen befreiten, bahnte sich bald darauf neues Unheil an: Der Ort wurde im Frühjahr 1815 von einem Brand heimgesucht, der 50 Häuser, Scheunen und Ställe in Schutt und Asche legte. Mit dem Wiederaufbau wurde unverzüglich begonnen.

Unter allen diesen Heimsuchungen hat auch die Westersteder Kirche sehr gelitten. Ihr stolzer Turm war 1833 so mitgenommen, daß für die notwendigen Reparaturen 10 000 Steine und zudem viel Kupfer benötigt wurden. Bei diesen Arbeiten wurde auch der Wetterhahn auf der Turmspitze durch einen 7 Kilogramm schweren Schwan ersetzt. Der Schwan galt einst bei Kelten, Slawen und Germanen als ein Symbol des Lichtes. Im Mittelalter wurde er sogar zu einem Sinnbild Christi. Ungeachtet dessen sagte man dem Kirchturm einstmals auch Übles nach, wie es in einem vielzitierten Kirchspiellied zum Ausdruck kommt: „To Westerstäer, doar steiht de hoge Toorn, doar schall dat ganze Kaspel bi versoorn". Mittlerweile weiß man längst, daß wegen der Bau- und Instandhaltungskosten des hohen Turmes im Kirchspiel Westerstede nichts verdorren mußte, wie es der Liedtext prophezeite.

Auf dem Burgplatz Mansingen südwestlich von Westerstede soll eine Motte gestanden haben. Von dieser Turmhügelburg ist heute außer Wällen und Gräben jedoch nichts mehr zu sehen. Nur Sagen erinnern daran, was hier geschehen sein soll.

38

In einem Ringwall entstanden

Die Kirche Peter und Paul in Thomasburg

Der Name Thomas hat im Bereich des christlichen Glaubens und der christlichen Lehre einen besonderen Platz. Ein Thomas befand sich bereits unter den zwölf Aposteln, dessen Name in dem geflügelten Wort „ungläubiger Thomas" noch heute fortlebt. Zudem gibt es mehrere Träger dieses Namens, die wie der bedeutende Kirchenlehrer Thomas von Aquin oder der englische Staatsmann Thomas Morus und 167 weitere glaubensstarke Persönlichkeiten von Päpsten heiliggesprochen worden sind. Der Name, der aus dem Aramäischen stammen und Zwilling bedeuten soll, ist auch auf der Landkarte Niedersachsens zu finden, und zwar im Osten des Landkreises Lüneburg. Er steht dort in Verbindung mit dem Wort Burg und bezeichnet so als „Thomasburg" ein Dorf. Wer nun aber meint, daß sich diese Ortsbezeichnung von einem Thomas aus dem kirchlichen Bereich oder sonst von einem Träger dieses Namens herleitet, irrt. Hier hat sich das Wort Thomas auf eigene Art und Weise gebildet. Es leitete sich von dem einstigen Personennamen Thodemann her, der sich seinerseits aus dem germanischen Wort „theuda", das Volk bedeutete, entwickelt hatte und von dem auch das heutige Wort „deutsch" abstammt.

Ob der 1296 schriftlich als „Thodemannesborch" erschienene Name tatsächlich so entstanden ist, muß jedoch mit einem Fragezeichen versehen werden. Denn er befindet sich in anderer Lautfolge als „Totimesborch" schon mehr als eineinhalb Jahrhunderte früher in einer Urkunde, in der am 27. September 1124 Papst Calixtus II. dem damals nach Rom gepilgerten Abt Sweder des Benediktinerklosters Rastede den Besitz von Thomasburg bestätigte. Das im Ammerland nördlich von Oldenburg entstandene und 1091 der Jungfrau Maria geweihte Kloster Rastede war im Mittelalter weithin berühmt und auch begütert (s. Bd. II „Die Klostersäulen von

Der Backsteinturm der Kirche von Thomasburg hat es in sich: in ihm steckt der etwa 5 Meter hohe Stumpf eines aus Bruchsteinen errichteten Wehrturmes. In dem Ringwall auf dem Kirchenhügel soll früher eine Burg gestanden haben.

Rastede"). Nach seiner Rückkehr aus Rom sandte Abt Sweder sogleich Mönche nach Thomasburg, um dort mit der Errichtung eines Klosters zu beginnen. In gleicher Weise vollzog sich die Entwicklung in Reinstorf, das ebenfalls im Landkreis Lüneburg liegt und wie Thomasburg der heutigen Samtgemeinde Ostheide angehört. Im 14. Jahrhundert war auch die Mühle von Thomasburg in das Obereigentum des Rasteder Marienklosters übergegangen.

Das Gebiet, in dem am Flüßchen Neetze die Thomasburg und das gleichnamige Dorf mitsamt der noch heute vorhandenen, jedoch nicht mehr in Betrieb befindlichen Mühle entstanden, wurde schon in der jüngeren Steinzeit von Menschen aufgesucht. In jene frühe Epoche der Geschichte weist ein sogenannter Flintmeißel, der hier 1997 bei archäologischen Grabungen des Museums für das Fürstentum Lüneburg an das Tageslicht kam. Nahe dem Fundort – etwa 1 Kilometer entfernt – wurde auch ein altes Grab entdeckt, das der Endphase der Jungsteinzeit zugerechnet wird. Überdies konnten in der Umgebung Spuren aus der römischen Kaiserzeit und der darauffolgenden Völkerwanderungszeit gefunden werden. Die Burg, auf die der Ortsname hinweist, war zunächst nur ein Ringwall auf einem steil abfallenden Hügel. Wann dieser Wall angelegt wurde, ist nicht bekannt. Er blieb auch nicht vollständig erhalten. Heute trägt der markante Hügel die den Apostelfürsten Petrus und Paulus geweihte Thomasburger Kirche.

Wie dieses anheimelnde Gotteshaus entstanden ist, will eine Sage wissen. Danach befand sich einst auf dem Hügel die Burg eines Junkers, der Bülig oder Bülen hieß. Es war die Zeit, in der das Sumpfgebiet der Neetze, das noch heute als feuchte Niederung vorhanden ist, bis an den Fuß des Burghügels reichte. Eines Tages sei der kleine Sohn des Junkers beim Spielen in die Neetze gefallen. Als der Vater sein Kind hilflos im Wasser treiben sah, sei große Angst über ihn gekommen. Er habe gelobt, auf dem Hügel eine Kirche erbauen zu lassen, wenn sein Sohn gerettet würde. Dieser sei gerettet worden, und der Junker habe zu seinem Gelöbnis gestanden: Er habe die Kirche errichten lassen. Soweit die Sage, die es jedoch auch in anderen Versionen gibt. Dabei weist die älteste Fassung darauf hin, daß einem Elternpaar ein Sohn verloren gegangen sei, woraufhin sie die Kirche gestiftet hätten.

Wie die Bebauung der Wallanlage tatsächlich vor sich ging, ist noch unerforscht. Vermutet wird, daß es zuerst die Burg gab, die aus einem Rundturm und einem daran angefügten viereckigen Gebäude bestand. Der aus Feldsteinen gemauerte wuchtige Turm, der mit einem Außendurchmesser von 8 Meter und einer Mauerstärke von etwa 2 Meter den Wehrtürmen von Barskamp, Betzendorf und anderen Orten in den Landkreisen Lüneburg und Uelzen glich (s. „Die einstige Erteneburg"), hat sich nur als ein bis zu 5 Meter hoher Stumpf erhalten. Dieser wurde im Jahre 1644 bei einem Neubau der Kirche, der erfolgen mußte, weil sie im Jahr zuvor zusammengebrochen war, mit einem viereckigen Turm aus Backsteinen umgeben. Der Stumpf des alten Turmes ist heute von außen noch an drei Stellen bis zu einem Meter Höhe zu sehen. Die jetzige Form der Kirche entstand durch einen Umbau in den Jahren von 1907 bis 1909. Als bei der späteren Restaurierung der Kirche in den Jahren von 1990 bis 1993 ein Heizungsgraben ausgehoben wurde, fand man auch die Grundfläche des viereckigen Anbaues an den Turm, aus dem sich dann durch weitere Baumaßnahmen das heutige Gotteshaus entwickelte.

Was man bislang über das Entstehen der Wallanlage wie auch der Kirche weiß, ist nicht zuletzt der unermüdlichen Forschungsarbeit von Günther Hoffmann zu danken, der beruflich als Oberförster im Revier Junkernhof der Lüneburger Ritterschaft lange Jahre tätig war. Um seinem Forschungsbereich nahe zu sein, hat er eigens im Jahre 1970 das ebenfalls auf dem Burgplatz stehende ehemalige Thomasburger Schulhaus käuflich erworben und wohnlich eingerichtet. Wie man im Gespräch mit ihm erfahren kann, hat er nach seiner Pensionierung alle einstigen Wehrtürme des Lüneburger Landes, die in Kirchtürme umgewandelt worden sind, aufgesucht und untersucht. Bei seinen Forschungen hat er auch die Erwähnung des Namens Totimesborg in jener Urkunde des Papstes Calixtus II. entdeckt, in der er anläßlich der Stiftung des Klosters Rastede durch den Ammerländer Grafen Huno erstmals schriftlich genannt wurde. In der Urkunde wird das Stiftungsdatum des Klosters mit 1059 angegeben.

In einer weiteren von Hoffmanns Entdeckungen spielte der Zufall mit: Er wollte eines Tages am Thomasburger Ringwall einen Strauch pflanzen – eine Tätigkeit bei der er mit seinem Spaten auf Holzkohle stieß, die aus Eichenholz entstanden war. Als er der Sache nachging, stellte sich heraus, daß es derartige Holzkohle im gesamten noch vorhandenen Wall gibt. Hoffmann vermutete daraufhin, daß der Wall eines Tages bei Kampfhandlungen in Brand geschossen worden war und dabei das gesamte eingebaute Eichenholz verkohlte. Wie dies alles vor sich ging, bedarf jedoch noch einer genaueren Untersuchung. Wahrscheinlich war der Ringwall ähnlich erbaut worden wie derjenige, den Kaiser Karl der Große anfangs des 9. Jahrhunderts zum Schutz des altsächsischen Gerichtsortes Hollenstedt – heute im Landkreis Harburg gelegen – gegen das Heer des Dänenkönigs Göttrik errichten ließ und in dessen Kern später die Ausgräber große Mengen Holzkohle vorfanden (s. Bd. II „Die Karlsburg von Hollenstedt"). Von den in Thomasburg bislang aufgespürten Funden – vor allem Keramikscherben – ist ein Teil im Lüneburger Museum ausgestellt. Die Forschungen in Thomasburg werden noch weiter fortgeführt.

39

Ein monumentales Bauwerk im Töpferdorf

Die Stiftskirche in Fredelsloh

Fredelsloh im Westen des Landkreises Northeim ist in einer kargen Gegend entstanden, nämlich am Nordende der Weper, eines Muschelkalkrückens, der sich bis Hardegsen erstreckt und einst völlig kahl war. Lange waren alle Bemühungen der Forstleute vergeblich, diesen Höhenzug zu bewalden, weil die vielen Mäuse, die es hier gab, die jungen Bäumchen jeweils so benagten, daß diese abstarben. Erst mit dem Anpflanzen bitterstoffreicher Schwarzkiefern aus dem südlichen Europa, die von den Mäusen gemieden werden, ließen sich Aufforstungserfolge erzielen. Auch mit dem Ackerbau hatte es seine liebe Not. Es hieß, daß hier die Menschen dem Boden nur mit verdoppeltem Fleiß ihr Brot abzugewinnen vermochten. Doch zum Glück enthält dieser nährstoffarme Boden Tonvorkommen, die Fredelsloh zu einem weithin bekannten Töpferdorf werden ließen. Das machte sich auch in klingender Münze bemerkbar.

Im Hinblick auf die hier einst herrschende Not stellt sich die Frage ein, was wohl den Mainzer Erzbischof Adalbert I. bewogen haben mag, in diesem unwirtlichen Gebiet ein Kloster zu gründen und es mit Augustiner-Chorherren zu besetzen, die keine schlichten Mönche sondern Kanoniker und damit Priester waren. Das Bestreben des Erzbischofs hatte seinen Grund darin, die von der Kirchenmetropole Mainz weit entfernte Nordwestgrenze seines Erzbistums bestmöglich zu sichern und zu diesem Zweck „im Namen der heiligen und unteilbaren Dreifaltigkeit" – wie es der Gründungsurkunde aus dem Jahre 1137 zu entnehmen ist – mit einem Kloster einen festen Stützpunkt zu schaffen. Die Grenzen zu den Bistümern Paderborn und Hildesheim waren nur wenige Kilometer entfernt.

Es gibt auch Hinweise darauf, daß dieses Grenzgebiet kein alter Mainzer Besitz war, sondern von Erzbischof Adalbert erst vor der Klostergründung erworben wurde. Von wem ist nicht bekannt. Für möglich wird gehalten, daß die Vorbesitzer die Grafen von Dassel waren. Diese sollen einer Legende zufolge um 1038 an der Quelle, die man noch heute 150 Meter östlich der Fredelsloher Stiftskirche an der Straße „Am Nonnenbach" finden kann, ein Jagdhaus besessen haben. Wie es weiter heißt, sei im Jahre 1070 Graf Johann von Dassel durch einen Traum veranlaßt worden, neben dem Jagdhaus eine Kapelle zu errichten. Diese sei schon bald zu einem Wallfahrtsziel geworden, weil das Wasser der inzwischen „Kapellenborn" genannten Quelle Wunderheilungen bewirkt haben soll. Doch was sich auch immer hier zugetragen haben mag – mit Gewißheit weiß man nur, daß Erzbischof Adalbert von Mainz das Kloster im äußersten Norden seines Erzbistums gegründet und dessen Namen mit Bedacht gewählt hat. Er nannte es „Fridesele", was „Stätte des Friedens" bedeutete. Sicherlich wollte er damit seinen Amtsbrüdern auf den benachbarten Bischofsstühlen in Paderborn und Hildesheim kundtun, daß es seine Absicht war, Frieden zu wahren.

Das war in der Tat auch der Fall, was der Entwicklung des Stiftes, dessen Name sprachlich zu „Fredelsloh" wurde, sehr zugute kam. Es gingen viele Spenden ein, darunter auch größere Schenkungen von Herzog Heinrich dem Löwen, von König Konrad III. und von Kaiser Friedrich Barbarossa. Der gute Ruf des Stiftes hatte auch zur Folge, daß zu dem Chorherrenkonvent ein Chorfrauenkonvent hinzukam. Die Chorfrauen, die zumeist Töchter adeliger Familien waren, nahmen ebenfalls die strenge Augustinerregel an. Sie schlossen sich freiwillig ein, um Christus als ihrem ewigen Bräutigam vermählt werden zu können. Etwa von 1300 an gab es in Fredelsloh überhaupt nur noch einen Frauenkonvent. Wirtschaftlich herrschte Wohlstand. Dem Stift gehörten um diese Zeit zwei Taufkirchen im Leinetal sowie Güter bei Northeim und in Rosdorf. Zudem besaß es das Zehntrecht über fast alle Dörfer der Umgebung.

Unter solchen günstigen wirtschaftlichen Voraussetzungen war es auch möglich, eine stattliche Kirche zu errichten. Dieses monumentale Bauwerk beherrscht noch heute das Ortsbild von Fredelsloh. Es entstand von 1132 an „zur Ehre Gottes, der glorreichen Gottesmutter und des seligen Märtyrers Blasius", wie es in der schon erwähnten Gründungsurkunde des Erzbischofs Adalbert von 1137 heißt. Die Kirche wurde aus rötlichen Sandsteinquadern im romanischen Stil erbaut und bekam die Form einer dreischiffigen ungewölbten Pfeilerbasilika mit Querhaus und einem diesem Querhaus angefügten Chorquadrat nebst halbrunder Apsis. Das Wort „Basilika" ist dem Griechischen entlehnt und bedeutet „Königshaus". So bezeichnete man in heidnischer Zeit die Gerichtshäuser. Diese Gebäude wurden nach der Ausbreitung des Christentums von den Kaisern für christliche Gottesdienste verfügbar gemacht. Dabei kam an die Stelle des Gerichtsstuhles der Altar.

Der in romanischem Stil erbauten Kirche von Fredelsloh sieht man an, daß sie ihr monumentales Aussehen durch die Spenden vieler – darunter auch ein König und ein Kaiser – erhalten hat. Zu ihr gehörte einst ein Kloster.

Im Falle der Basilika von Fredelsloh verdient deren Westriegel besondere Beachtung. Dieser wird von zwei Türmen flankiert, deren quadratische Geschosse sich nach oben verkleinern. Jeder Turm schließt mit einem Satteldach ab. Mit dieser Westfassade wurde eine alte deutsche Tradition des doppelchörigen Kirchenbaues fortgesetzt, der mit den großen karolingischen Klosteranlagen aufgekommen war. Zwei Türme bedeuteten, daß zwei Heilige als Beschützer der Kirche verehrt wurden – im Falle von Fredelsloh, wie schon erwähnt, die Gottesmutter Maria und der im Jahre 316 in Armenien zu Tode gemarterte Arzt und Bischof Blasius, der zu einem der 14 Nothelfer wurde.

Die Geschichte des Stiftes Fredelsloh ist von Freud und Leid geprägt. Am augenfälligsten sind dabei Schicksalsschläge. Zu diesen zählt ein Großbrand, der um 1290 – das Jahr ist nicht genau bekannt – in der Kirche wütete und viel zerstörte. Aber auch das Klostergebäude der Chorfrauen wurde schwer beschädigt. Die Ursache der Feuersbrunst wird mit Streitigkeiten in Verbindung gebracht, die zwischen den drei Welfenbrüdern Heinrich, Albrecht und Wilhelm ausgebrochen waren. Dabei fiel Herzog Heinrich, dessen Sitz Grubenhagen war, über Fredelsloh her, das zum Besitz Herzog Albrechts gehörte, mit dem Herzog Wilhelm verbündet war. In diesem Kampfgeschehen, in dem geraubt und gemordet wurde, kam es zu dem Großbrand, durch den auch der Dachstuhl der Kirche und deren Inneneinrichtung vernichtet wurden.

Mit dem Beheben der Schäden konnte sehr bald begonnen werden, zumal Bischof Otto von Paderborn jedem, der den Wiederaufbau der Fredelsloher Stiftskirche unterstützte, einen vierzigtägigen Ablaß von zeitlichen Sündenstrafen zusagte. Als erstaunlich gilt dabei, daß sich der Erzbischof von Mainz als der zuständige Diözesanbischof zu diesen Vorgängen in keiner Weise geäußert hat. Wirtschaftlich standen dem Stift blühende Zeiten bevor. Es bekam zwar so gut wie keine Schenkungen mehr, doch dafür konnte es sich an einträglichen Geldgeschäften beteiligen und durch Käufe seinen Besitz planmäßig vergrößern. Das Stift soll sich dabei förmlich zu einem Geldinstitut entwickelt haben. Diese Wirtschaftsblüte hielt für das Stift bis zum Ende des 14. Jahrhunderts an. Aber dann erfolgte ein konjunktureller Einbruch, der erst in der zweiten Hälfte des 15. Jahrhunderts aufgefangen werden konnte. Doch schon nahte zu Beginn des 16. Jahrhunderts eine neue Wirtschaftskrise, die in Verbindung mit den Wirren der Reformationszeit zu einer weiteren Verarmung des Stiftes Fredelsloh führte.

Nachdem Elisabeth, die Witwe des Herzogs Erich I. von Braunschweig-Calenberg, im südlichen Niedersachsen der Lehre Martin Luthers Tür und Tor geöffnet hatte, kehrte ihr Sohn Herzog Erich II. zum katholischen Glauben zurück und betrieb in seinem Herrschaftsbereich mit Gewalt die Rekatholisierung. Nach seinem Tode im Jahre 1584 trat Herzog Julius von Wolfenbüttel die Herrschaft über dieses Gebiet an und setzte die Reformation fort. Bei dem Hin und Her wurde das Kloster Fredelsloh immer ärmer und konnte sich letztlich nicht einmal mehr einen tüchtigen Pastor leisten. Doch trotz der Geldnot gelang es, den schon begonnenen Verfall der Klosterkirche zu beenden und die schlimmsten der vorhandenen Schäden zu beheben. Bald brach aber neues Unheil über das Land herein: der Krieg, der 30 Jahre währte. Im Verlaufe dieses Geschehens wurden Fredelsloh und sein Stift im Jahre 1625 von Tillys Truppen heimgesucht und 1627 von Wallensteinschen. Dabei wurden die Klostergebäude zerstört

und die Kirche, die äußerlich zwar weitgehend erhalten blieb, innen verwüstet. Doch nach Beendigung des schrecklichen Krieges gelang es, die baulichen Schäden zu beheben und die Wirtschaft des Stiftes neu zu beleben. Das klösterliche Leben hingegen ging um 1660 zu Ende.

Von der einstigen Ausschmückung des Fredelsloher Gotteshauses konnte leider nur ein Teil in die Gegenwart gerettet werden. Dazu zählen als wertvollste Stücke zwölf Sandsteinreliefs aus der Mitte des 14. Jahrhunderts, die die Apostel darstellen. Sie sind heute in je einer Reihe von sechs Bildern an der Nord- und Südwand des Chores angebracht. Wer die Apostelfiguren genau betrachtet, wie es der Fredelsloher Pastor Fritz Both in seiner Festschrift zur 800-Jahr-Feier der Klosterkirche 1973 beschrieben hat, kann erkennen, daß drei von ihnen einen jugendlichen Typ verkörpern, drei einen mittelalterlichen und fünf einen Typ alter Männer. Eine weitere Figur besitzt einen „modernen" Kopf, der rasch vermuten läßt, daß er ihr bei einer Restaurierung nachträglich aufgesetzt wurde. Pastor Both vermochte an den Gesichtszügen zu erkennen, daß der Kopf des Pastors Dreyer, seines Vorgängers im Amt, als Vorlage gedient hatte. Dieser Pastor hat in Fredelsloh von 1897 bis 1913 gewirkt. Wer die figürliche Kombination bewerkstelligt hat und warum, ist unbekannt.

40

Wo Till Eulenspiegel Pförtner gewesen sein soll

Das Kloster Mariental

Etwa 6 Kilometer nördlich von Helmstedt gelangt man über die Bundesstraße 244 in einer Senke des fast unbesiedelten Lappwaldes zum Kloster Mariental, das in den Jahren von 1136 bis 1138 von dem mächtigen sächsischen Pfalzgrafen Friedrich II. von Sommerschenburg gegründet und zur Hauskirche sowie zur Grabstätte für sich und seine Familie bestimmt wurde. Sommerschenburg, das etwa 10 Kilometer südöstlich von Helmstedt liegt, gehört heute zum Bundesland Sachsen-Anhalt. Pfalzgraf Friedrich II., der ein vom König eingesetzter Reichsfürst war und die Interessen des Königs in dessen Abwesenheit zu vertreten hatte, galt von 1129 an als ein enger Vertrauter des Königs und späteren Kaisers Lothar III. Dieser regsame Pfalzgraf war aller Wahrscheinlichkeit nach von der Errichtung des Kaiserdomes in Königslutter, der 1137 zur Grabstätte Kaiser Lothars und später auch seiner Gemahlin Richenza sowie seines Schwiegersohnes Herzog Heinrich des Stolzen wurde (s. Bd. I „Der Kaiserdom von Königslutter"), zum Bau seiner Kirche in Mariental angeregt worden. Dort ließ er von 1138 bis 1146 in romanischem Stil eine dreischiffige, flachgedeckte Pfeilerbasilika errichten, die unverkennbare Ähnlichkeiten mit dem beeindruckenden Bauwerk in Königslutter aufweist.

Das Marientaler Kloster wurde reich begütert und mit Zisterziensern besetzt. Es waren – dem Vorbild von Jesus und seinen Jüngern nachempfunden – ein Abt und zwölf Mönche. Als Pfalzgraf Friedrich II. 1162 starb und in der Marientaler Klosterkirche seine letzte Ruhe fand, war ein unruhiges Leben zu Ende gegangen, das sich insbesondere auch in die Auseinandersetzungen zwischen den Welfen und Staufern um die Macht im Reich verstrickt hatte. Zudem gab es familiäre Schwierigkeiten. Er war mit der Stader Grafentochter Luttgardis verheiratet gewesen, von der überliefert ist, daß sie ein sehr ausschweifendes Leben geführt habe. Die Folge sei gewesen, daß er sich 1144 mit Hilfe des Papstes von ihr trennte, und zwar mit der Begründung, daß die zwischen ihm und seiner Gemahlin bestandene Verwandtschaft für eine Ehe zu eng gewesen wäre. Luttgardis heiratete nach der Scheidung den dänischen König Erik Lamm und nach dessen Tod den Grafen Hermann II. von Winzenburg, mit dem zusammen sie 1152 von einem Burgritter ermordet wurde (s. Bd. II „Die Ruine der Winzenburg"). Nach dem Aussterben der Pfalzgrafen von Sommerschenburg 1179 mit Adalbert, dem Sohne Friedrichs II., fielen deren Besitzungen und damit auch Mariental nach einigen Umwegen den Welfen unter Herzog Heinrich dem Löwen zu.

Der große Wohlstand des Klosters Mariental führte zur Errichtung von Stadthöfen in Magdeburg und Helmstedt. Auch das berühmte Juleum in Helmstedt – die 1575 von Herzog Julius von Braunschweig-Wolfenbüttel gegründete erste Universität im Sachsenland – wurde auf Grund und Boden erbaut, der dem Kloster Mariental gehört hatte (s. Bd. III „Das Juleum in Helmstedt"). Das Kloster Mariental selbst war jedoch schon 1569, das heißt bereits vor der Helmstedter Universitätsgründung, im Zuge der Reformation aufgehoben und in den Klosterfonds des Herzogtums Braunschweig überführt worden. Bevor aber diese einschneidenden Änderungen eintraten, sollen im Kloster Mariental Dinge geschehen sein, die man glauben kann oder auch nicht. Beschrieben findet man sie erstmals in der 89. Historie des Buches „Ein kurtzweilig lesen von Dyl Ulenspiegel gebore uß dem land Brunßwick", das vom Braunschweiger Zollschreiber Hermann Bote verfaßt worden sein soll und 1515 in Straßburg gedruckt erschien. Diese Historie ist betitelt: „Wie ulespiegel die münch zu Mariental zu d` mette zalt".

Dort kann man lesen, daß sich dieser Schelm – nachdem er alle Lande durchlaufen hatte und alt sowie verdrossen geworden war – in ein Kloster begeben wollte, um dort in williger Armut sein weiteres Leben lang als Buße für seine Sünden Gott zu dienen. Mit dieser Absicht sei er zum Abt von Mariental gekommen. Den habe er gebeten, ihn als einen Bruder in das Kloster aufzunehmen. Der Abt habe seiner Bitte unter der Bedingung entsprochen, daß Eulenspiegel im Kloster ein Amt übernehmen müsse. Und so habe er ihn als Pförtner eingesetzt mit der einzigen Pflicht, aus dem Keller Kost und Bier zu holen sowie die Pforte auf- und zuzuschließen. Bei der Übergabe des Schlüssels soll ihm der Abt eingeschärft haben, daß er nicht jedermann einlassen dürfe, sondern nur jeden dritten oder vierten. Der Abt habe ihm auch den Grund erklärt: Wenn man zu

Das Kloster Mariental bei Helmstedt gilt als sehenswertes Bauwerk. Es ist die einzige der frühen romanischen Zisterzienseranlagen in Niedersachsen, die ihr ursprüngliches Aussehen seit 1136 – der Zeit der Klostergründung – bis heute weitgehend bewahrt hat.

viele einläßt, fressen sie das Kloster arm. Eulenspiegel habe die Anordnung befolgt und nur jeden vierten eingelassen. Alle übrigen habe er abgewiesen, mochten sie zum Kloster gehören oder nicht. Als der Abt merkte, daß Eulenspiegel von seiner alten Tücke nicht lassen wollte, habe er ihm ein anderes Amt übertragen. Fortan sollte er die Mönche des Nachts in der Mette zählen. Das habe Eulenspiegel auch getan, jedoch auf seine Weise: Er brach einige Stufen aus der Holztreppe, über die der Weg zur Mitternachtsmesse führte, mit der Folge, daß jeder durchtreten und nach unten fallen mußte. Und jeder der herunterfiel, sei von Eulenspiegel, der in einem Gemach nebenan in seinem Bett gelegen habe, gewissenhaft gezählt worden. Der Abt jedoch habe ihn nach diesem Streich voller Wut mit den Worten „Lauf zum Teufel" aus dem Kloster gejagt. Eulenspiegel ging daraufhin nach Mölln, wo er bald an der Pest starb.

Man hat sich auch schon viele Gedanken darüber gemacht, ob Eulenspiegel tatsächlich im Kloster Marienthal gelebt hat. Daß es ihn wirklich gab, darf als erwiesen gelten. Er war der um 1300 geborene Tile von Kneitlingen, der einem am Südrand des Elms

Der Gründer des Klosters Mariental war der sächsische Pfalzgraf Friedrich II., ein vom König eingesetzter Reichsfürst, dessen Sitz die Sommerschenburg war. Diese, die unser Bild zeigt, liegt heute im Bundesland Sachsen-Anhalt.

Auf einer Holztreppe, die in die Kirche führte, soll Till Eulenspiegel einen bösen Streich gespielt haben. Er entfernte Stufen, so daß die Mönche in der Dunkelheit abstürzten. Die Holztreppe wurde später durch eine aus Stein ersetzt.

ansässigen Geschlecht des niederen Adels entstammte und sein Leben lang ein rechter Herumtreiber gewesen war (s. Bd. I „Der Eulenspiegelhof in Kneitlingen"). Doch für sein Unterkommen im Kloster Mariental gibt es keine stichhaltigen Nachweise. Es sind dort lediglich Gebäudeteile nach ihm benannt wie „Eulenspiegel-Treppe", „Eulenspiegel-Küche" und „Eulenspiegel-Kapelle". Bekannt ist auch, daß es in diesem Kloster früher farbige Wandmalereien gab, auf denen Eulenspiegel dargestellt war. Von diesen Bildern befand sich eines im Umgang der Kirche unmittelbar an der Tür zur Sakristei und ein zweites in der Nähe der Klosterpforte. Es ist schwer zu entscheiden, ob der in Kneitlingen geborene „Schelm vom Elm" kurz vor seinem Tode wirklich im Kloster Mariental aufgenommen wurde und mit den Bildern die Erinnerung an ihn wachgehalten werden sollte, oder ob der Buchautor Hermann Bote eine Marientaler Sage über einen dort hausenden Kobold, der den Mönchen Streiche gespielt haben soll, aufgegriffen und in sein Eulenspiegelbuch eingefügt hat. Doch unabhängig davon, ob es um wirkliches oder nur erdichtetes Geschehen ging, ist das Kloster Mariental allein schon als Bauwerk sehenswert. Es ist die einzige der frühen romanischen Zisterzienseranlagen in Niedersachsen, die ihr ursprüngliches Aussehen seit der Zeit der Klostergründung bis heute weitgehend bewahrt hat.

41

Aus kostbarem Sandstein erbaut

Die Stiftskirche von Obernkirchen

Mitten im Schaumburger Land, wo einst die Cherusker siedelten, verläuft von Bückeburg aus in nordöstliche Richtung bis in die Nähe Bad Nenndorfs ein leicht S-förmig geschwungener, herrlich bewaldeter Höhenzug von etwa 20 Kilometer Länge, den man die Bückeberge nennt. Dieser Höhenzug stellt geologisch eine Besonderheit dar, weil auf seinem Kamm Sandstein lagert, der fast ausschließlich aus feinen Quarzkörnern besteht und deshalb Supereigenschaften besitzt. Insbesondere ist er gegen alle Einflüsse mechanischer und chemischer Art äußerst widerstandsfähig, so daß er kaum verwittert. Dieser hochwertige Sandstein wurde bereits im Mittelalter entdeckt und ausgebeutet und zu jener Zeit vor allem an der Nord- und Ostseeküste von Rotterdam bis Petersburg zur Erstellung von Bauten genutzt, die Jahrhunderte überdauern sollten. Auf deutschem Boden entstanden aus ihm – nur um einige herausragende Beispiele zu nennen – die Michaeliskirche in Hamburg, das alte Rathaus in Bremen, die Siegessäule in Berlin, die Türme des Kölner Doms und das Ulmer Münster, das die größte gotische Pfarrkirche Deutschlands ist und seit 1890 mit 161 Meter Höhe den höchsten Kirchturm der Welt besitzt. Auch in Hannover gibt es zahlreiche Gebäude aus Sandstein von den Bückebergen, so das Opernhaus, die Börse, das Leibnizhaus und andere mehr. Eines der ältesten Bauwerke aus diesem Gestein ist die Stiftskirche des Ortes, der am Nordwesthang der Bückeberge liegt und dem auch heute noch sehr begehrten Sandstein den Namen gab: Obernkirchen.

Das Entstehen des Stiftes Obernkirchen ist mit Fragezeichen verbunden. Einer Sage nach soll es bereits im Jahre 815 durch Kaiser Ludwig den Frommen – einen Sohn Karls des Großen – gegründet und 936 zur Zeit der Ungarn-Einfälle in deutsche Lande von „Hunnen" zerstört worden sein. Dabei seien mehr als hundert zum Kloster gehörende Personen getötet worden, und die schönste Nonne habe der Anführer der Hunnen verschleppt. Da diese ihm nicht begehrenswert erscheinen wollte, habe sie von ihm ein Messer erbeten und sich damit ihre Nasenspitze abgeschnitten. Mit dieser Entstellung ihres schönen Gesichtes habe sie erreicht, daß der Hunne von seinem Vorhaben abließ. Ein in Stein gehauenes Abbild des Kopfes der Nonne mit abgeschnittener Nasenspitze findet man an einer Ausflußrinne am Ostende der südlichen Außenmauer der Stiftskirche. Inwieweit die Überlieferungen aus der Zeit der Ungarneinfälle den Tatsachen entsprechen, muß dahingestellt bleiben. Urkundlich belegt ist lediglich, daß das Stift Obernkirchen 1167 durch Bischof Werner von Minden als Augustiner-Nonnenkloster gegründet und der Jungfrau Maria geweiht wurde. Dabei wird die Einschränkung gemacht, daß auch schon vorher eine klösterliche Gemeinschaft – zumindest aber eine Missionsstation – bestanden haben kann.

Doch wie auch immer sich die Gründung des Klosters vollzogen haben mag, kann davon ausgegangen werden, daß in Obernkirchen am Helweg vor dem Sandforte – der einzigen Verkehrsader des einstigen Bukkigaues – schon früh ein Gotteshaus entstanden ist, zumal sich hier ganz in der Nähe auf einem Bergsporn östlich des entstandenen Ortes auch die alte Bukkeburg als schützende Festung befunden hat. Diese Kirche scheint aber hier nicht die erste gewesen zu sein. Denn wo eine „obere Kirche" errichtet wurde, muß es logischerweise schon vorher eine untere gegeben haben. So wurde vermutet, daß es die Kirche von Vehlen sei, das nordwestlich von Obernkirchen liegt und heute eingemeindet ist. Aber dieser Gedanke mußte verworfen werden. In Vehlen befand sich in alter Zeit zwar da, wo der Helweg die Aueniederung kreuzte, der zentrale Gogerichtsplatz des Bukkigaues, doch seine Kirche ist eine Tochtergründung der Obernkirchener und kann damit nicht schon vor dieser bestanden haben.

Der Beginn des Klosterlebens in Obernkirchen stand unter einem guten Stern. Das Kloster war weitgehend selbständig und unterstand lediglich der geistlichen Aufsicht der Bischöfe von Minden. Diese trugen auch dafür Sorge, daß das Kloster wirtschaftlich unabhängig blieb. Zudem gab es neben den Mindener Bischöfen Wohltäter aus dem Land- und dem Hochadel, wobei sich die Welfen und die Askanier als besonders freigebig erwiesen. Bereits 1181 – 14 Jahre nach der Gründung des Klosters – ließ es sich den bis dahin erreichten ansehnlichen Besitz- und Rechtsstand durch Papst Alexander III. und Kaiser Friedrich I. bestätigen. Der Kaiser – besser bekannt unter dem Namen „Barbarossa" – verlieh dabei dem Kloster zugleich das Recht, das Dorf Obernkirchen zu einem Marktflecken – dem ersten im Gebiet der Grafschaft Schaumburg – zu erheben. Damit waren die Voraussetzungen für ein weiteres Aufblühen geschaffen. Es konnte mit dem Bau einer Klosterkirche begonnen werden, die an der

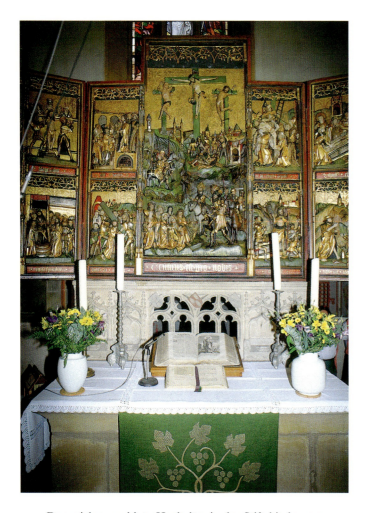

Der reich vergoldete Hochaltar in der Stiftskirche von Obernkirchen gilt als ein beachtliches Denkmal spätgotischer Schnitzkunst. Seine beiden zuklappbaren Flügel sind auf der Rückseite bemalt, so daß der Altar auch geschlossen einen sehenswerten Anblick bietet.

Stelle der alten Dorfkirche entstand und auch deren Aufgaben als Pfarrkirche mit übernahm.

Von diesem in Form einer romanischen Gewölbebasilika errichteten Gotteshaus, das gegen 1200 vollendet war, sind der mächtige Westbau mit seinen zwei Turmhelmen sowie Teile des südlichen Querarmes heute noch erhalten. Das aus drei Schiffen bestehende Langhaus ist erst ein Jahrhundert oder noch später nach der romanischen Basilika erbaut worden. Es besitzt über den Dächern seiner beiden Seitenschiffe quergestellte Giebel – sogenannte Zwerchhäuser – in spätgotischem Stil. Auch der Hochaltar – das Prunkstück der Kirche – entstammt der Spätgotik und gilt als ein beachtliches Denkmal der Schnitzkunst jener Zeit. Er wurde 1996 500 Jahre alt. Mit dem Bauwerk wuchs auch die Zahl der Klosterinsassen. Als 1216 das 1196 gestiftete Augustinerkloster Marienwerder bei Hannover in ein Nonnenkloster umgewandelt wurde, konnte bei dessen Besetzung auf eine größere Zahl von Nonnen aus Obernkirchen zurückgegriffen werden. Das rasche Aufblühen des Klosters in Obernkirchen erwies sich jedoch nicht nur als positiv. Der Wohlstand hatte auch zur Folge, daß in der zweiten Hälfte des 13. Jahrhunderts die klösterliche Zucht nachließ und die Mindener Bischöfe mehrmals mahnend eingreifen mußten. Als dies nicht den gewünschten Erfolg zeitigte, setzte 1473 der dem Schaumburger Grafenhaus entstammende Bischof Heinrich mit harten Maßnahmen eine strengere Beachtung der Augustinerregel durch und entfernte widerstrebende Nonnen aus dem Kloster.

Seit Beginn des 14. Jahrhunderts hatte sich Obernkirchen zu einem vielbesuchten Wallfahrtsort entwickelt. Auslöser war ein legendenumwobenes Marienbild, dem wundertätige Kräfte zugesprochen wurden. Der Zustrom der Wallfahrer versiegte erst wieder, als nach Einführung der Reformation das Bild nach Stadthagen gebracht wurde. Dort ist es irgendwann verschollen. Martin Luthers Lehre veränderte in Obernkirchen überhaupt viel, obwohl sie es zunächst schwer hatte, sich durchzusetzen. Denn die Nonnen wehrten sich heftig gegen die Reformation und verharrten – wie es auch der Propst des Klosters tat – im katholischen Glauben. Wie überliefert ist, hätten sie den vom Schaumburger Grafen Otto IV. eingesetzten ersten protestantischen Pfarrer Matthias Wesche mit dem Ruf „du lügst, du lügst" aus der Kirche vertrieben. Der Zwist sei dann sogar so weit gegangen, daß Graf Otto die Tür zur Nonnenempore habe zumauern lassen, damit die unfreiwillig in Stiftsdamen umgewandelten Nonnen von dort aus den lutherischen Gottesdienst in der Kirche nicht mehr durch Zwischenrufe stören konnten. Nach vielen Klagen und Prozessen, die bis vor das Reichskammergericht gingen, schloß sich das Kloster

An der Ausflußrinne der südlichen Außenmauer der Kirche findet man das steinerne Abbild eines Kopfes. Es soll jene schöne Nonne darstellen, die sich die Nasenspitze abschnitt, um dem Anführer der Hunnen, der sie verschleppt hatte, zu mißfallen.

In Obernkirchen sollen schon sehr früh ein Gotteshaus errichtet und ein Augustiner-Nonnenkloster gegründet worden sein. Anstelle der ersten Kirche entstand später eine romanische Gewölbebasilika, von der noch heute der mächtige Westbau mit seinen zwei Turmhelmen vorhanden ist.

dann doch der neuen Lehre an und nannte sich fortan „Stift Obernkirchen". Einige Nonnen, die ihren Glauben nicht wechseln wollten, verließen das Stift. Die Priorin bekam den Titel Äbtissin, und der ihr zur Seite stehende Propst war fortan ein Amtmann. Von katholischer Seite war zwar noch einmal versucht worden, die Entwicklung zurückzudrehen. Doch der zunächst erzielte Erfolg war nicht von Dauer – 1633 wurde das Stift endgültig evangelisch.

Als 1647 gegen Ende des Dreißigjährigen Krieges durch die Teilung der Grafschaft Schaumburg Obernkirchen hessisch wurde, ließen die Landgrafen in Kassel das Stift zwar unangetastet, verlangten aber, daß fortan neben Damen des schaumburgischen Adels auch solche des hessischen Adels aufgenommen wurden. Obernkirchen gehörte dann fast 300 Jahre lang zu Hessen und wurde 1932 mit der Grafschaft Schaumburg von diesem abgetrennt und politisch wie auch verwaltungsmäßig der damaligen preußischen Provinz Hannover angegliedert. Zusammen mit dieser wurde das Gebiet Schaumburg-Lippe ein Teil des 1946 gegründeten Landes Niedersachsen. Das Stift Obernkirchen war im Verlaufe seines Bestehens nur ein einziges Mal gefährdet, nämlich zu Napoleons Zeiten, als König Jêrome von Westphalen – der Bruder Napoleons – 1810 das Stift auflöste. Aber schon vier Jahre später, als sich die Franzosen zurückgezogen hatten, kehrte im Stift wieder die alte Ordnung ein. Sie blieb bis heute erhalten. Obernkirchen ist ein wirtschaftlich lebendiger Ort geblieben. Dabei erfreut sich auch sein hochwertiger Sandstein noch immer einer guten Nachfrage.

42

Wurden hier Töchter der Heiligen Elisabeth erzogen?

Das ehemalige Kloster Oesede

Südlich von Osnabrück liegt in einer landschaftlich anmutigen Gegend des Teutoburger Waldes die Stadt Georgsmarienhütte, zu der sich 1970 mehrere Gemeinden dieses Gebietes zusammengeschlossen haben. Eine von ihnen ist die Gemeinde Kloster Oesede, die ihren Namen einem Benediktinerinnenkloster verdankt, in das im Jahre 1170 der Edelherr Ludolf von Oesede nach dem Ableben seiner Gemahlin Themud sein hier befindliches Schloß umgewandelt hat. Zugleich bestimmte er den südlichen Querschiffarm der Klosterkirche zur letzten Ruhestätte seines Geschlechtes. Er selber wurde hier 1184 – wie vor ihm schon seine Gemahlin – beigesetzt. Ihr Grabstein, auf dem sie beide dargestellt sind, ist noch heute in der Kirche zu sehen. Dank Ludolfs Schenkungen wie auch derjenigen, die das junge Kloster von den Tecklenburger Grafen, den Osnabrücker Bischöfen und anderen Wohltätern erhielt, vermochte es sehr rasch aufzublühen. Zudem flossen dem Kloster Einkünfte aus seiner Land- und Teichwirtschaft sowie aus Kohlegruben zu. Die Verrichtung der schweren Arbeiten im und außerhalb des Klosters hatte die Osnabrücker Kirche Benediktinermönchen übertragen. Daß sich das Kloster so rasch und so gut entwickeln konnte, war nicht zuletzt auch auf die Tatkraft von Ludolfs Töchtern Goda und Regenwitha zurückzuführen, die von ihm mit den Ämtern der Priorin und der Küsterin betraut worden waren. Zu der erfreulichen Entwicklung des Klosters trugen auch Legenden bei. So soll dem ersten Propst, der Theoderich hieß, in der Klosterkirche die Jungfrau Maria erschienen sein, was in weitem Umkreis viel Aufsehen erregte. Theoderichs Nachfolger, Propst Bernhard, ließ dann an der Stelle der Marienerscheinung einen Altar in Form eines Thrones errichten, der zum Ziel vieler Wallfahrer wurde.

Als günstig für die Entwicklung des dem Schutz der Jungfrau Maria und Johannes dem Täufer anvertrauten Klosters erwies sich zudem, daß in ihm Töchter des Land- und Hochadels erzogen wurden. Diese Möglichkeit soll einer weiteren Legende nach auch von der Landgräfin Elisabeth von Thüringen und Hessen, die auf der Wartburg bei Eisenach wohnte und 1235 von Papst Gregor IX. heiliggesprochen wurde, genutzt worden sein. Wie es heißt, habe sie zwei Töchter in die Obhut des Klosters Oesede gegeben. Die beiden Mädchen hätten dort den Nonnen immer wieder von einem im Besitz ihres Vaters befindlichen schönen und zugleich wundertätigen Bildnis erzählt, das Maria mit dem Jesuskind darstellte und das die Nonnen ebenfalls gerne besessen hätten. Als die beiden Schwestern wieder aus dem Kloster ausschieden, habe ihr Vater – Landgraf Ludwig IV. von Thüringen und Hessen – aus Dankbarkeit für deren gute Erziehung den Oeseder Nonnen einen Wunsch freigegeben. Diese sollen das freundliche Anerbieten dazu genutzt haben, das häufig erwähnte Marienbildnis zu erbitten. Obwohl der Landgraf sehr an diesem Bildnis gehangen habe und es ihm schwergefallen sei, sich von ihm zu trennen, habe er den Wunsch der Nonnen erfüllt. In der Oeseder Klosterkirche soll das Bildnis seinen Platz auf dem von Propst Bernhard errichteten Altar gefunden haben und fortan der Mittelpunkt der Kirche gewesen sein.

Ob die beiden Töchter der Heiligen Elisabeth tatsächlich im Kloster Oesede zeitweilig gelebt haben und ob ein derartiges Bild dem Kloster vom Landgrafen Ludwig geschenkt worden war, läßt sich nicht nachweisen. Die Möglichkeit dazu hat aber am

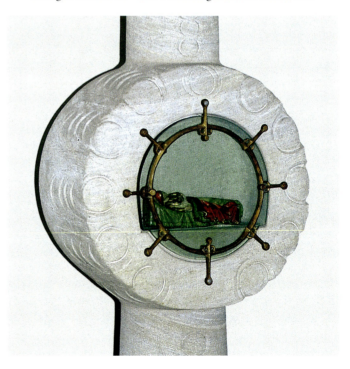

In der Johanneskirche von Kloster Oesede wird in einer Stele das Marienbild aufbewahrt, das der Legende nach der Landgraf Ludwig IV. von Thüringen und Hessen – der Gemahl der Heiligen Elisabeth – den Nonnen geschenkt haben soll.

Die einstige Klosterkirche in Oesede besaß zwei Türme, von denen sie jedoch einen durch Blitzschlag verloren hat. Sie ist als einschiffige Kreuzkirche noch der Romanik verhaftet, zeigt aber bereits schon gotische Formen.

Anfang des 13. Jahrhunderts zumindest bestanden. Nach ihrem historisch belegten Lebenslauf ist Elisabeth 1207 als Tochter des Königs Andreas II. von Ungarn geboren worden. Sie wurde schon als vierjähriges Kind 1211 mit Ludwig, dem damals elfjährigen Sohn des Landgrafen Hermann von Thüringen und Hessen, verlobt und auf der Wartburg erzogen. Die Vermählung mit Ludwig, der 1216 nach dem Tode seines Vaters Landgraf wurde, fand 1221 statt. Die Ehe soll glücklich gewesen sein – Elisabeth gebar 1222 einen Sohn und danach zwei Töchter. Doch das Glück währte nicht lange. Ludwig nahm an einem Kreuzzug Kaiser Friedrichs II. teil, auf dem er 1227 in Italien an einer fiebrigen Erkrankung starb.

Kurz nach seinem Tod brachte Elisabeth noch eine dritte Tochter zur Welt. Der neue Landgraf, Ludwigs Bruder, vertrieb Elisabeth von der Wartburg. Sie fand ihren Witwensitz in der hessischen Stadt Marburg an der Lahn. Wie schon von der Wartburg aus vollbrachte sie auch hier viele barmherzige Taten, wobei sie in streng kirchlicher, fast asketischer Frömmigkeit der Heiligen Hedwig nacheiferte, die die Schwester ihrer Mutter war. Elisabeth speiste Arme, pflegte Kranke und richtete ein Krankenhaus ein. Im Jahre 1231 starb sie in Marburg. Dort wurde über ihrem Grab eine Kirche erbaut und nach ihr benannt. Elisabeth stieg zur Lieblingsheiligen der Deutschen auf, was auch die vielen Legenden beweisen, die um sie gewoben worden sind. Eine davon war die vom Gnadenbild des Klosters Oesede.

Dieses aus Lindenholz geschnitzte und bunt bemalte Bildnis, das in Oesede seit Jahrhunderten verehrt wird, zeigt Maria im Kindbett liegend mit dem Jesusknaben im Arm. Es mißt lediglich 40 Zentimeter in der Länge und knapp 15 Zentimeter in der Breite. Das Schnitzwerk, das zugleich als Behältnis für Reliquien dient, soll in der ersten Hälfte des 15. Jahrhunderts entstanden sein. Es trägt auf seiner Rückseite mehrere Aufschriften, von denen eine lautet: „Dieses Gnaden-Bild hat gehabt die heil. Wittib Elisabeth, und hat der Land-Graff von Hessen anno 1125 dem Kloster Oesede verehret". Merkwürdig an dieser Inschrift ist, daß sie zeitlich allem widerspricht, was über die Gründung des Klosters Oesede, über die Lebensdaten der Heiligen Elisabeth sowie über die ihres Gemahls Ludwig und über die Entstehungszeit des Schnitzwerkes selbst bekannt ist. Dennoch wurde es bis in das 19. Jahrhundert hinein zum Ziel vieler Wallfahrten. Das Gnadenbild, das zu Beginn des 18. Jahrhunderts auch schon einmal gestohlen worden war, jedoch wieder gefunden werden konnte, hat heute seinen Platz in einer Stele, die im nördlichen Querschiffarm des Oeseder Gotteshauses aufgestellt ist.

Aus der Geschichte des Klosters Oesede ist bekannt, daß hier einst eine Glocke die Nonnen siebenmal am Tag zum gemeinsamen Chorgebet zusammengerufen hat. Und auch außerhalb der Zeiten des gemeinsamen Gotteslobes haben sich die Nonnen in die geistige Welt des christlichen Glaubens versenkt, um dem Erlöser und seiner Botschaft stets nahe zu sein. So hatte sich ein ideales, auf Glaubensgehorsam beruhendes Gemeinschaftsleben entwickelt, das aber nicht lange anhielt. Es begann bereits nach dem Tode der ersten Priorin Goda und deren Nachfolgerin Thedela zu versiegen, weil die Klosterfrauen, von einem der drei Ordensideale der Benediktiner Armut, Keuschheit und Gehorsam mehr und mehr abwichen, nämlich vom Armutsideal. Den Nonnen wurde bald noch mehr Freiheit zugestanden. Sie mußten kein Gelübde mehr leisten, brauchten nicht mehr innerhalb des Klosters zu wohnen, durften sich mit Gold und Edelsteinen schmücken und schließlich konnten sie sogar auch heiraten. Daß diese Entwicklung nicht zum Ende des Klosterlebens führte, ist der Bursfelder Kongregation zuzuschreiben – eine Bewegung, die zur Erneuerung des Lebens in den Klöstern des Benediktinerordens wirksam beitrug (s. Bd. III „Das Kloster Bursfelde"). Das Kloster Oesede schloß sich der Bursfelder Reform 1481 an. In den Wirren der Reformationszeit wie auch während des Dreißigjährigen Krieges geriet es erneut in Bedrängnis. Doch in den Folgejahren konnte es sich wirtschaftlich so erholen, daß es eine beachtliche Bautätigkeit zu entfalten vermochte. Dabei wurde die Klosterkirche prunkvoll mit Malereien und Skulpturen ausgestattet, die jedoch leider nicht alle erhalten geblieben sind. Im Jahre 1723 wurde das barocke Konventsgebäude errichtet, das heute noch vorhanden ist. Nach der Aufhebung des Klosters im Jahre 1803 während der napoleonischen Zeit wurde die Kirche in eine Pfarrkirche umgewandelt. Als diese für die Gemeinde zu klein geworden war, baute man in ihrer unmittelbaren Nähe ab 1960 eine zweite Kirche. Das stattliche Konventsgebäude nahm neben anderen Verwendungen eine Schule und das Pfarramt auf.

Die Oeseder Klosterkirche hat man auf einem Gelände errichtet, das – wie aufgefundene Tonscherben und Holzkohlenreste zu erkennen gaben – bereits in vorkarolingischer Zeit besiedelt war. In der Nähe befand sich auch eine alte Gerichtsstätte, die „Hohe Linde", die seit dem Spätmittelalter als Versammlungsplatz für die Landtage der Stände des Fürstbistums Osnabrück diente. Die Johanneskirche ist ein kreuzförmiger Saalbau in romanischem Stil und besaß ursprünglich an ihrer Westseite zwei Türme, von denen jedoch einer im 19. Jahrhundert abgebrochen werden mußte, nachdem ihn ein Blitz in Brand gesteckt hatte. Er wurde nicht wieder aufgebaut. Doch auch mit nur einem Turm ist diese Kirche ein Hort des christlichen Glaubens geblieben. Sie mußte noch einen weiteren schweren Verlust hinnehmen, als sie im Zweiten Weltkrieg am 7. Mai 1944 bei einem Luftangriff bombardiert und dabei ihr Hauptaltar zerstört wurde. Nach dem Kriege behob man die Schäden. Die Restaurierung konnte 1988 beendet werden.

An der „Hohen Linde" in Kloster Oesede, einem alten Landtagsplatz, befindet sich ein barocker Bildstock, der Maria und Johannes den Täufer sowie in ihrer Mitte die Oeseder Klosterkirche und deren Marienbild zeigt.

43

Sie galt nahezu als Fürstensitz

Die Burg Wohldenberg

Im Innerstebergland südöstlich von Hildesheim erstreckt sich zwischen Bockenem und Sehlde der bis knapp 300 Meter hohe Hainberg, der aus drei von Südsüdost nach Nordnordwest parallel streichenden Schichtkämmen besteht. Am Nordende des westlichen Kammes sieht man schon von weitem auf einer vorgeschobenen Kuppe den Bergfried der vielbesuchten Ruine der einstigen Burg Wohldenberg. Der Name dieser Burg wurde 1172 erstmals urkundlich erwähnt. Wer sie erbaute, ist jedoch unbekannt. Man weiß nur, daß sich nach ihr seit 1181 ein Grafengeschlecht nannte. Es waren die Grafen von Wöltingerode, die ihren Stammsitz – die nordöstlich von Goslar am Fuße des Harliberges gelegene Burg Wöltingerode – 1174 in ein Kloster umgewandelt und reichlich mit Besitz ausgestattet hatten. Sie änderten auch ihren Namen von „Waltingerode", wie er ursprüglich hieß, in „Waldeberch". Daraus wurde „Woldenberg" und schließlich „Wohldenberg". Diese Grafen bündelten in ihrer Hand viel Macht. Sie bekleideten nicht nur das Grafenamt im Ambergau, zu dem der Wohldenberg gehörte, sondern auch im Wenzigau, Salzgau, Lerigau, Derlingau sowie in den Gauen Flenithi, Astala und Grete. Zudem waren sie die Schirmvögte der Stifte Gandersheim, Walkenried, Wöltingerode, des Michaelisklosters in Hildesheim, von vier Klöstern in Goslar und noch weiteren derartigen Einrichtungen. Die Grafen von Wohldenberg waren so einflußreich, daß Kaiser Lothar III. sie zu den Fürsten zählte.

Auch im kirchlichen Bereich gelangten mehrere Grafen und Gräfinnen von Wohldenberg zu hohen Würden. Ihrem Geschlecht entstammten Erzbischof Burchard von Magdeburg, Bischof Heinrich III. von Hildesheim sowie die Äbtissinnen Mathilde I. und Mathilde II. von Gandersheim. Auch Bischof Benno von Meißen, der als „Apostel der Slawen" 1523 von Papst Hadrian VI. – dem letzten deutschen Papst – heiliggesprochen wurde, war ein Wohldenberger, nämlich ein 1010 in Hildesheim geborener Sohn des Grafen Werner von Woldenberg. Benno, der von dem ebenfalls später heiliggesprochenen Hildesheimer Bischof Bernward erzogen worden war, starb im hohen Alter von 96 Jahren. Um seine Gebeine in den Wirren der Reformationszeit vor Zerstörungen zu bewahren, überführte sie Herzog Albrecht von Bayern 1576 von Meißen nach München, wo sie seither aufbewahrt werden. Der Heilige Benno wird noch heute als Patron von München und von Altbayern verehrt.

Die Bedeutung, die das Geschlecht der Wohldenberger erlangte, kam auch in der Stattlichkeit seiner Burg auf dem Wohldenberg zum Ausdruck. Wie alte Stiche noch zu erkennen geben, besaß sie eine Vorburg, an deren Nordseite sich das von zwei Türmen flankierte Torhaus befand, das auch als Gefängnis genutzt werden konnte. Hinter diesem begann der östlich und westlich von Mauern gesäumte äußere Burghof, der sanft anstieg und zu dem nach Süden und Westen steil abfallenden Plateau des Berges führte. Dort stand die Hauptburg, zu der das im Renaissancestil erbaute Schloß mit seinem Treppenturm sowie der Küchenbau gehörten, die es jedoch beide nicht mehr gibt. Dagegen ist der hier einst ebenfalls errichtete Bergfried heute noch vorhanden und auch besteigbar. Er ist viereckig mit Seitenlängen von je 7 Meter, besitzt 2 Meter dicke Mauern und trug ehemals ein spitzes Helmdach. Dieses wurde bei Restaurierungsarbeiten durch eine zinnenbewehrte Plattform ersetzt, wobei sich die Höhe des Turmes von 25 auf 18 Meter verringerte. Er bietet jedoch nach wie vor einen weiten Ausblick in alle Himmelsrichtungen.

Den Gipfel seiner Macht und seines Ansehens erreichte das Geschlecht der Wohldenberger zur Zeit der Grafen Hermann I. und Heinrich I. Sie hatten sich bei der Auseinandersetzung zwischen Kaiser Friedrich Barbarossa und Herzog Heinrich dem Löwen um die Macht im Heiligen Römischen Reich Deutscher Nation auf die Seite des Kaisers gestellt, und dieser übertrug ihnen zur Belohnung den Oberbefehl über die sächsischen Adelsgeschlechter, die er mit der Verteidigung der 1180 aus Schutt und Asche entstandenen zweiten Harzburg betraut hatte. Trotz der erlangten Vorrangstellung blieb es nicht aus, daß sich der Abstieg der Wohldenberger anzubahnen begann. Zum einen wurden ihre Finanzen durch die Beteiligung an dem langjährigen Kampf zwischen den Welfen und den Staufern mehr und mehr zerrüttet, und zum anderen verarmten sie durch ihre Freigebigkeit gegenüber Kirche und Klöstern. Die Geldnot raubte ihnen eine Burg nach der anderen. Ihre Verarmung ging so weit, daß sie sogar ihre Burg Wohldenberg zusammen mit 15 dazugehörenden Dörfern an Bischof Otto I. von Hildesheim verkauften. Was dieses 1275 getätigte Geschäft für den Bischof bedeutete, läßt seine bronzene Grabplatte erahnen, die im Dom-Museum von Hildesheim zu sehen ist. Auf ihr ist er mit dem

Der alte Bergfried der Burg Wohldenberg widerstand sämtlichen Abbruchsversuchen und überragt noch heute weithin sichtbar sein Umland. Entsprechend bietet er Besuchern, die ihn besteigen, einen weiten Überblick über das Gebiet südlich des Hildesheimer Waldes, das früher den Ambergau bildete.

Modell einer Burg in den Armen dargestellt, die in einer Inschrift als „Woldenberch" gekennzeichnet ist.

In der Folgezeit ging die Burg Wohldenberg durch viele Hände. Dann kam der Dreißigjährige Krieg, in dem sie zunächst in den Besitz der Schweden geriet. Im Jahre 1641 wurde sie von den kaiserlichen Truppen, die in Bockenem lagen, eingenommen und zum Teil zerstört. Anschließend nutzte der kaiserliche General Octavio Piccolomini die verbliebenen Gebäudereste der Burg als Feldlager. Gegen Ende des Dreißigjährigen Krieges fiel die Burg ein zweites Mal in die Hände der Schweden mit der Folge, daß sie plünderten, was es noch zu holen gab. Nach Beendigung des schrecklichen Krieges ließ Herzog Maximilian Heinrich von Bayern, der von 1650 bis 1688 Bischof von Hildesheim war, die Schäden an der Burg beseitigen. Sie blieb dann bis zur Auflösung des Fürstbistums Hildesheim im Jahre 1802 in dessen Besitz.

Während jener Zeit erlebte die Burg Wohldenberg eine neue Blüte, die vor allem auf die Tatkraft des Hildesheimer Domherrn Johann Friedrich Anthon

Freiherr von Bocholtz zurückzuführen war. Dieser ließ als Drost des Amtes Wohldenberg 1731 eine neue Burgkirche erbauen und dem Heiligen Hubertus, dem Patron der Jäger, weihen. Der jagdbegeisterte Drost war es auch, der in einen Felsen des Hainberges eine Kapelle zu Ehren des Heiligen Hubertus hatte hauen lassen (s. Bd. I „Die Hubertuskapelle im Hainberg"). Zum Glockenturm der neuen Wohldenberger Kirche ließ er einen der Tortürme der Vorburg umgestalten. Die Reste des einstigen Schlosses sowie des Küchenbaues und der alten Burgkapelle wurden noch vor Auflösung des Fürstbistums Hildesheim im Jahre 1800 abgebrochen. Nur der mächtige Bergfried widerstand sämtlichen Abbruchsversuchen.

Südlich der Burg Wohldenberg befand sich westlich von Seesen bei Bilderlahe auf dem 253 Meter hohen Südausläufer des Hebers eine weitere Burg mit einem ähnlich lautenden Namen: Wohlenstein. Diese Burg war ebenfalls von Wohldenberger Grafen erbaut worden. Wann das geschah ist mit zwei Jahreszahlen überliefert: 1251 und 1295. Dabei soll sich die erste Jahreszahl auf den Bau einer Wallanlage mit einem Wachturm beziehen und die zweite auf die Errichtung der eigentlichen Burg mit einem trutzigen Bergfried. Von der Burg Wohlenstein aus konnte die von Frankfurt kommende Heerstraße (heute Bundesautobahn 7) überwacht und auch die aus Thüringen über Herzberg und Osterode kommende Harzrandstraße (heute Bundesstraße 243) eingesehen werden. Diese Burg, die den Süden des Ambergaues zu schützen hatte, wurde gleich nach dem erwähnten Verkauf der Burg Wohldenberg an Bischof Otto I. von Hildesheim zum neuen Wohnsitz der Wohldenberger Grafen. Deren Geschlecht starb jedoch 1383 mit den kinderlosen Grafen Burchard und Johann, die schon vorher ihren Anteil an der Burg im Jahre 1349 verkauft hatten, aus. Im Verlaufe der Hildesheimer Stiftsfehde (s. Bd. III „Der Gedenkstein im Wieheholz") wurde die Burg Wohlenstein im Frühjahr 1519 vom Herzog Erich I. von Calenberg belagert, eingenommen und bis auf den Grund verwüstet.

Die Burg wurde nicht wieder aufgebaut. Was von ihr blieb, ist allein die Ruine des Bergfrieds. Dieser Turm auf quadratischer Grundfläche von etwa 8,5 Meter Seitenlänge und einer Mauerdicke bis nahezu 3 Meter soll mindestens 24 Meter hoch gewesen sein. Von ihm ist jedoch nur noch ein 18 Meter hoher Stumpf des westlichen Teiles vorhanden. Etwa 10 Meter von der Westecke der Turmruine entfernt läßt sich ein verschütteter Brunnen erkennen. Ebenso ist auch noch der Burggraben auszumachen. Doch vom Gemäuer, das nach dem Niederbrennen der Burg noch geblieben war, ist nichts mehr zu sehen. Die Steine wurden abgefahren und zu Bauzwecken in Bilderlahe verwendet. In diesem im Nettetal am Südfuß des Hebers liegenden Ort wurde eine

Der spätere Wohnsitz der Wohldenberger Grafen wurde eine Burg, die einen ähnlich lautenden Namen wie die Burg Wohldenberg trägt: Wohlenstein. Diese Feste, die den Süden des Ambergaues zu schützen hatte, erhielt ebenfalls einen mächtigen Bergfried. Doch von diesem blieb im Gegensatz zum Wohldenberger nur eine Ruine übrig.

Domäne errichtet, die fortan anstelle der Burg als Amtssitz diente. Die geräumige Anlage, die den Namen „Haus Woldenstein" erhielt, ist heute noch vorhanden.

44

Eine wundersame Erscheinung bestimmte den Namen

Das Kloster Mariensee

Wer in Mariensee einen See sucht, bemüht sich vergeblich. Dieser idyllische Klosterort nördlich von Neustadt am Rübenberge hieß ursprünglich auch anders, nämlich Catenhusen. Den neuen Namen verdankt er einer wundersamen Erscheinung. Die nahe Leine sei wieder einmal wie so oft über die Ufer getreten und habe ihr Umland weiter als sonst überschwemmt. Als das Hochwasser dann wieder zu sinken begann, sei auf ihm der Sage nach ein Marienbild herbeigeschwommen. Die Nonnen entdeckten es auf dem Wasser, das wie ein See an ihr Kloster reichte. Dieser Fund habe zur Umbenennung des Klosters geführt. In gleicher Weise hilfreich soll die Gottesmutter bereits vorher etwa zwei Dutzend Kilometer flußaufwärts gewesen sein, wo nördlich von Hannover auf einer heute nicht mehr als solche erkennbaren Leineinsel Graf Konrad von Roden das von ihm 1196 gestiftete Kloster Marienwerder errichten ließ. Dort sei ebenfalls auf dem Wasser ein Marienbild herbeigeschwommen und habe den Bauplatz bestimmt. Ähnliches wird von weiteren Orten berichtet. In Mariensee wurde einer Urkunde zufolge das Kloster im Jahre 1215 vom Grafen Bernhard II. von Wölpe gegründet (s. „Die einstige Burg Wölpe") und mit ansehnlichen Gütern ausgestattet. Auch später erhielt es noch reiche Schenkungen. Zudem erwarb es in gleicher Weise wie die Klöster Marienwerder, Marienrode und Loccum Besitzungen in der befestigten Altstadt von Hannover, um dort die auf dem Klosterland erzeugten Früchte leichter verkaufen zu können. Die Erlöse machten dem Kloster die Errichtung einer dreijochigen Saalkirche aus Backstein möglich, die durch weitere Ausbauten ihr heutiges monumentales Aussehen erhielt.

Mariensee galt als ein Zisterzienser-Nonnenkloster, obgleich es diesem Orden nicht angehörte, sondern nur dessen Regeln, die sehr streng waren, befolgte. Die Hauptaufgabe eines derartigen Nonnenkonvents war das feierliche Gotteslob in Horen, das heißt in Stundengebeten, zu denen sich die Nonnen je nach Jahreszeit sechs- bis achtmal innerhalb von 24 Stunden zusammenfinden mußten. Die Nonnen lebten von der Welt abgeschieden in Klausur. Nur die Äbtissin und die Kellermeisterin durften Verbindung zur Außenwelt halten. Für die gröberen Arbeiten waren Laienschwestern zuständig, die nicht an den Stundengebeten teilnahmen. In dieser Zeit mehrte sich der Wohlstand des Klosters merklich. Doch als kurz nach 1300 das Geschlecht der Grafen von Wölpe ausgestorben und ihr Erbe durch Kauf in den Besitz der Welfen gelangt war, verschlechterten sich die wirtschaftlichen Verhältnisse des Klosters. Zunehmend wurden auch die strengen Ordensregeln nicht mehr beachtet. Diesem Verfall versuchten in der Mitte des 15. Jahrhunderts der reformfreudige Herzog Wilhelm von Calenberg und sein eifriger Klosterreformator Johannes Busch entgegenzuwirken. Aber wie andernorts (s. Bd. III „Die Derneburg bei Hildesheim") widersetzten sich auch in Mariensee die Nonnen den Reformbestrebungen.

Als an einem Tag des Jahres 1455 der Herzog mit seinem Reformer Busch in Mariensee erschien, flüchteten die Nonnen auf das Gewölbe der Klosterkirche und drohten von dort, Busch samt dem Herzog mit Steinen zu bewerfen. Herzog Wilhelm blieb jedoch ungerührt. Er ließ den Nonnen durch Busch seinen Beschluß mitteilen, daß er sie gegen Abend allesamt auf das Schloß Neustadt, am nächsten Tag auf die Feste Calenberg und von dort außer Landes bringen lassen werde. Eine Rückkehr – so drohte er weiter – werde er nicht erlauben. Daraufhin kamen die Nonnen von dem Gewölbe herab, beichteten und kommunizierten, doch die Annahme der Reformen verweigerten sie nach wie vor. Stattdessen stimmten sie einen Verwünschungsgesang an, ergriffen brennende Kerzen und trieben die Reformer aus der Kirche. Dabei kam es zu einer Prügelei, die dem Herzog eine blutende Wunde am Arm einbrachte. Er gelobte, bald zurückzukehren und die Nonnen zum Gehorsam zu zwingen. Seinem Klosterpropst Busch befahl er, mit einem Wagen zum Kloster Derneburg bei Hildesheim zu fahren und von dort die Äbtissin, die Priorin und zwei Nonnen, die bereits die Reformen angenommen hatten, nach Mariensee zu holen. Hier wurde die Derneburger Priorin die neue Äbtissin.

Wie wirr die damalige Zeit war, verdeutlicht das Verhalten einer jungen Nonne von Mariensee, die die leibliche Tochter Herzog Wilhelms war. Diese, die Sophie hieß und ebenso schön wie geistreich gewesen sein soll, sei vom Kaplan des Klosters verführt worden. Sie sei zusammen mit diesem in Männerkleidung aus dem Kloster geflohen, habe mit ihm drei Tage wilder Freuden erlebt und sei dann von ihm treulos verlassen worden. Während der Kaplan aus Furcht vor dem Herzog außer Landes gegangen sei, habe Sophie ein abenteuerliches Leben begonnen.

Dem sehr friedlich anmutenden Kloster Mariensee sieht man nicht an, wie bewegt seine Vergangenheit schon war. Trotz aller Wirren vermochte es ein sicherer Hort des christlichen Glaubens zu bleiben.

Sie soll sich sieben Jahre lang im Lande herumgetrieben und mehrere Kinder zur Welt gebracht haben. Zuletzt sei sie als Amme zum damaligen Bürgermeister von Hildesheim gekommen. Dort habe sie eine nächtliche Erscheinung ihres verstorbenen Säuglings dazu bewogen, in sich zu gehen und sich ihrer Umwelt zu erkennen zu geben. Daraufhin sei sie zu Busch und von diesem nach Derneburg gebracht worden. Dort habe man sie mit großer Freude empfangen. Von hier sei sie ihrem Vater zugeführt worden. Schließlich sei sie wieder nach Mariensee gelangt und dort bis zum Ende ihrer Tage geblieben.

Nachdem im Kloster Mariensee die Reformation Martin Luthers Eingang gefunden hatte, wurde es 1584 in ein evangelisches Damenstift umgewandelt. Es folgten Jahre, die von widerlichen Ereignissen geprägt waren. Besonders im Dreißigjährigen Krieg erlitt das Stift schwere Heimsuchungen – es wurde geplündert und teilweise so zerstört, daß es vorübergehend verlassen werden mußte. 1720 vernichtete ein Großbrand das mittelalterliche Klostergebäude völlig. Es wurde während der Regierungszeit Georgs II., der von 1728 bis 1760 König von England und Kurfürst von Hannover war, in Form einer Vierflügelanlage in barockem Stil neu errichtet. Etwa zur gleichen Zeit erfuhr auch die in den Nordflügel der Klostergebäude eingegliederte alte Kirche, die als einziges Gebäude aus der Gründungszeit des Klosters erhalten geblieben war, eine Umgestaltung. Umfassend erneuert und in ihre heutige Form gebracht wurde die Kirche in den Jahren 1867/68 nach Vorstellungen des verdienten hannoverschen Baumeisters Conrad Wilhelm Hase, dessen Wirken Niedersachsen die Erhaltung vieler Baudenkmäler zu verdanken hat.

Obwohl von der einstigen Innenausstattung der Kirche als Folge der Reformation sowie der barocken Umgestaltung und der Erneuerungen im 19. Jahrhundert viel verloren ging, ist dieses Gotteshaus noch immer sehr sehenswert. Es gibt auch äußerlich noch deutlich zu erkennen, daß es im Geiste der

Das Kloster Mariensee besitzt eine Madonnenfigur, von der schon vermutet wurde, daß sie das der Sage nach auf der Leine herbeigeschwommene Marienbild sei, von dem das Kloster seinen Namen bekommen haben soll.

Zisterzienser erbaut ist. Denn es besitzt zur Aufnahme der Glocken keinen Turm, sondern nur einen Dachreiter, wie es der Bautradition dieses Ordens entsprach. Oft wurde schon gerätselt, ob die auf der Damenempore aufgestellte holzgeschnitzte Madonnenfigur das Marienbild sein könnte, das der Sage nach einst auf dem Leinewasser herangeschwommen kam und dem Kloster den Namen gab. Doch das kann allein schon deshalb nicht der Fall gewesen sein, weil sich die wundersame Begebenheit nach der Gründung des Klosters im 13. Jahrhundert zugetragen haben soll, die Madonnenstatue jedoch aus dem 15. Jahrhundert stammt.

Nicht unerwähnt soll bleiben, daß Mariensee der Geburtsort des Dichters Ludwig Christoph Heinrich Hölty ist, der hier 1748 als Sohn eines Predigers zur Welt kam. Er studierte an der Universität Göttingen Theologie und Sprachen und wurde dort Mitbegründer des „Hain" genannten Freundschafts- und Dichterbundes. Höltys Gedichte – so wird ihm nachgesagt – sind durch Grazie, Weichheit des Gefühls, warmes Naturempfinden und Harmonie der Sprache gekennzeichnet. Seine Balladen gehören zu den frühesten deutschen Versuchen in dieser Gattung der Dichtkunst. Weithin bekannt in deutschen Landen wurde das Lied „Üb' immer Treu und Redlichkeit", dessen Text von Hölty stammt. Sein Schicksal wollte es, daß er bereits im Alter von nur 28 Jahren an Schwindsucht sterben mußte. Seine letzte Ruhe fand er im Herzen Hannovers im alten Nikolai-Friedhof an der Goseriede. Zwar läßt sich die Lage seines Grabes nicht mehr feststellen, doch um so augenfälliger ist das Denkmal, das auf diesem einstigen Friedhof in der Nähe der Ruine der Nikolai-Kapelle an ihn erinnert. Es besteht aus einem Steinsockel mit einem Porträtmedaillon und darüber einem Grabaufsatz, an den sich die lebensgroße Bronzefigur eines Jünglings lehnt. Auch in Mariensee wurde ihm zu Ehren an der Stelle seines Geburtshauses ein Denkmal errichtet, das man gegenüber der Klosterkirche findet.

Mariensee ist heute noch immer ein Hort des christlichen Glaubens. Der Konvent setzt sich aus Frauen zusammen, denen die Klosterkammer eine Stelle verliehen hat. Die Konventualinnen widmen sich insbesondere im Sommer verstärkt der Öffentlichkeitsarbeit. So finden regelmäßig Führungen durch die Kirche, das Konventgebäude und die Gärten statt. Zudem werden Vortragsabende, Konzerte, Ausstellungen und Seminare veranstaltet – so zum Beispiel über das Sticken im Klosterstich sowie über Anbau und Verwendung von Heilkräutern.

Dieses Denkmal neben der Klosterkirche erinnert an den Dichter Ludwig Heinrich Christoph Hölty, der in Mariensee geboren wurde. Sein Vater war hier Prediger.

45

Zwei Brüder töteten sich gegenseitig

Das Schloß Veltheim

Veltheim, das sich von zwei weiteren Orten gleichen Namens auf deutschem Boden durch den Zusatz „an der Ohe" – einem nahen Wald – unterscheidet, findet man im Nordwesten des Landkreises Wolfenbüttel vor der Westspitze des Elms. Es ist ein altes Dorf, das schon in fränkischer Zeit zwischen 531 und 900 – möglicherweise sogar noch früher – entstanden ist. Orte, deren Namen mit „heim" enden, gelten ganz allgemein als sehr alt, dabei insbesondere jene, die wie Veltheim als Bestimmungswort einen umweltbezogenen Begriff enthalten. Im Falle von Veltheim ist es ein Feld, bei Waldheim ein Wald, bei Bornheim eine Quelle, bei Bentheim ein Berghang, bei Steinheim ein Fels und dergleichen mehr. Ein Hinweis darauf, daß Veltheim schon in fränkischer Zeit oder früher gegründet wurde, ist auch dem Namen des Schutzpatrons seiner Kirche zu entnehmen. Diese wurde dem Heiligen Remigius geweiht, der von 440 bis 533 lebte und Bischof von Reims war. Dort taufte und firmte er in seiner Kathedrale am Weihnachtstag des Jahres 496 den Frankenkönig Chlodwig I., der der Begründer des sich vom Atlantik bis nach Thüringen erstreckenden Fränkischen Reiches war.

Veltheim gilt als ein altes Pfarrdorf. Ein „sacerdos" – ein Priester – wurde bereits 1214 genannt. Die Wasserburg, die hier entstand, gehörte der gräflichen Familie von Veltheim-Osterburg, die schon 1196 erstmals urkundlich erwähnt wurde. Nach deren Aussterben im 13. Jahrhundert ging ihr Stammsitz an ihre ehemaligen Ministerialen von Veltheim über. Im Jahre 1430 erlitt die Burg durch Bürger der Stadt Braunschweig, die gegen die Behinderung ihrer Handelswege nach Osten kämpften, beträchtliche Zerstörungen. Eine entscheidende Veränderung in den Besitzverhältnissen in Veltheim trat ein, als 1494 Curd von Veltheim die verbliebenen Reste der Burg an die Familie von Honrodt verkaufte. Einer dieser Familie – Ernst von Honrodt – wurde 1537 vom Braunschweiger Herzog Heinrich dem Jüngeren mit allem belehnt, was zur Burg gehörte – mit dem Gericht, den geistlichen Lehen und den Waldungen. Ernst von Honrodt war es auch, der ab 1555 der um den alten rechteckigen Hof liegenden und an allen vier Seiten von Wassergräben umzogenen Burg durch Umbau ihre noch heute vorhandene Form gab. Das Torhaus hingegen wie auch die auf drei Bögen ruhende feste Brücke wurden erst 1767 erneuert.

In unmittelbarer Nähe des durch den Umbau entstandenen Schlosses erhebt sich am Burggraben auf einer kleinen Anhöhe die Remigiuskirche, deren ursprünglicher Bau 1836 durch einen neuen ersetzt und 1870 um ein Querhaus sowie eine halbrunde Apsis erweitert wurde. Dabei erhielt der alte, wohl noch aus fränkischer Zeit stammende Turm den Eingang der Kirche, während sich vorher in ihm ein Grabgewölbe befunden hatte. Als ein Prunkstück gilt der Flügelaltar der Kirche, der in der zweiten Hälfte des 15. Jahrhunderts aus Holz geschnitzt und reich bemalt wurde. Er zeigt in der Mitte die Anbetung der Könige, flankiert von zwei großen Bischofsgestalten: den Heiligen Remigius und Bernward. Die geöffneten Flügel des Altarschreines zeigen in je zwei Reihen die zwölf Apostel. Besondere Beachtung verdienen auch die Bildnisgrabsteine, auf denen Mitglieder der Adelsfamilie von Honrodt dargestellt sind, darunter Ernst von Honrodt, der Erbauer des Schlosses, und – als Gegenstück – dessen zweite Gemahlin Anna geborene von Schenk. Etwas

Diese Grabplatte in der Veltheimer Kirche zeigt die Brüder Christoph und Hans von Honrodt, die wegen eines Mädchens in Streit geraten waren und sich gegenseitig umbrachten.

Aus den Resten der 1430 durch Bürger der Stadt Braunschweig zerstörten Burg Veltheim, die an allen Seiten von Wassergräben umzogen war, entstand ein Schloß in der noch heute erhaltenen Form.

rätselhaft erscheint ein weiterer Grabstein, auf dem zwei Ritter in voller Rüstung mit Schwert und Streitaxt zu sehen sind. Sie stehen einander so gegenüber, als ob der eine das Spiegelbild des anderen wäre. Wie eine Inschrift zu erkennen gibt, sind es die Brüder Christoph und Hans von Honrodt, die beide im Jahre 1531 am Himmelfahrtstag starben und auch gleichzeitig beigesetzt wurden. Sie waren der Sage nach wegen eines Bauernmädchens, in das sie sich beide verliebt hatten, in Streit geraten. Da keiner von dem Mädchen lassen wollte, kam es zu einem Kampf, in dem sie sich gegenseitig töteten.

Eine recht bedeutsame Entdeckung wurde gemacht, als in der Remigiuskirche in den Jahren 1976/77 im Chorbereich Grabungen vorgenommen wurden. Die Ausgräber suchten nach dem östlichen Turmfundament und fanden dabei eine waagerecht liegende Steinplatte von knapp 1,5 Meter Länge. Da in diese Platte die Jahreszahl 1531 und zudem die Initialen CVH und HVH eingemeißelt waren, lag die Vermutung nahe, daß es ein Gedenkstein zur Erinnerung an die beiden Brüder sei, die sich gegenseitig umgebracht hatten. Doch als man die Platte noch weiter freilegte, gab sie zu erkennen, daß es sich um eine Altarplatte handelte, die man erst später als Grabplatte verwendet hatte. Beim Reinigen der Platte kam in der Mitte ihrer Oberfläche eine Reliquiengruft zum Vorschein, die mit einem Schieferplättchen verschlossen war. Als die Vertiefung geöffnet wurde, war zu sehen, daß sie eine bleiverpackte Reliquie enthielt. Da sich niemand deren Bedeutung zu erklären vermochte, wurde der Fund zur näheren Untersuchung an das Landesamt für Denkmalpflege in Münster/Westfalen geschickt. Dort fand man in dem Bleimantel ein stoffumhülltes Päckchen, das einen menschlichen Zahn mit drei Wurzeln sowie ein möglicherweise von einem Sarg stammendes Holzteilchen und Spuren von verrottetem Pergament enthielt. Diese Pergamentreste führten zur Annahme, daß der Reliquie eine schriftliche Erklärung beigefügt war. Ohne es letztlich beweisen zu können, wird vermutet, daß es sich um einen Zahn des Bischofs Remigius – des Patrons der Kirche – handelt.

46

Nur seine Wälle sind noch erhalten

Das einstige Schloß Wittmund

Wittmund ist wie seine Nachbarstädte Jever und Esens auf dem Nordrand der ostfriesisch-oldenburgischen Geest entstanden. Diese bot im Gegensatz zu der vor ihr liegenden Marsch festen Baugrund, auf dem sich die hier siedelnden Menschen mit ihrer Habe sicher fühlen konnten. Wittmund, das bereits in den Fuldaer Traditionen – einer umfangreichen Sammlung urkundlicher Überlieferungen – im 12. Jahrhundert als „Witmuntheim" und „Widimuntheim" erwähnt wurde, war damals ein Hafenort an der im Mittelalter tief in das Land eingebrochenen Harlebucht. Auch als das vom Meer überflutete Gebiet später wieder verlandete, blieb der Schiffahrt von Wittmund aus zunächst noch eine Wasserrinne zur Küste erhalten. Die Menschen, die hier lebten, waren Friesen, die von Häuptlingen regiert wurden. Um 1400 befand sich Wittmund im Besitz der Auricher Häuptlinge aus dem Geschlecht tom Brok, und ab 1420 wurde es von der Häuptlingsfamilie der Kankena beherrscht, die auf dem Wittmunder Kirchplatz als Wohnsitz drei feste Häuser besaß. Auch das Gotteshaus war befestigt, um als Wehrkirche der Verteidigung dienen zu können. Es war um einen Anbau erweitert worden, in dem sich eine Mühle und ein Brunnen befanden. Diese auch „Burg" genannte Wehrkirche, deren Erbauer Häuptling Keno tom Brok gewesen sein soll, war mit einem breiten tiefen Graben umgeben worden. Mauerreste, die hier entdeckt wurden, lassen vermuten, daß einst unter dem Graben hindurch ein Gang in die Kirche geführt hatte.

Trotz der Anstrengungen zu ihrer Befestigung fiel die Wittmunder Wehrkirche in fremde Hände. So mußte sie im Jahre 1400 Keno tom Brok der Jüngere, der zu dieser Zeit der Besitzer war, an die Hamburger abgeben. Er war von diesen wegen Seeräubereien gefangen genommen worden und konnte sich nur durch die Übergabe der Wittmunder Burg freikaufen. In der Folgezeit wechselte die Burg noch mehrmals den Besitzer. So wurde sie in der Heiligen Nacht des Jahres 1457 vom Häuptling Sibo Attena von Esens erobert, was jedoch völlig kampflos geschah. Der Esenser Häuptling hatte den Knecht des damaligen Wittmunder Burgherrn Häuptling Tanno Kankena bestochen und fand als Gegenleistung eine offene Tür vor. Tanno mußte sich ergeben und Sibo die Burg überlassen. Dieser ließ sich als Häuptling über die Herrlichkeit Wittmund 1461 ein neues, stark befestigtes Schloß erbauen, während die vielumstrittene Wehrkirche für immer ein Gotteshaus wurde. Auf dem Kirchplatz wurde 1458 der erste Wittmunder Friedhof angelegt. Zuvor hatten Wittmunds Verstorbene auf dem Friedhof des nahen Klosters Isum ihre letzte Ruhe gefunden. Sibo Attena gelang es auch, die Herrschaften Esens, Stedesdorf und Wittmund zu dem eine eigene Entwicklung nehmenden Harlingerland zu vereinigen.

Das Schloß, das Sibo Attena in Wittmund errichten ließ, war ein einstöckiges vierflügeliges Gebäude, an dessen Nordostecke sich ein runder Turm mit spitzem Dach erhob. Welche Ausmaße das Schloß besaß, ist nicht überliefert. Schätzungen zufolge soll es 35 Meter lang und 31 Meter breit gewesen sein und, der Durchmesser des Turmes soll etwa 9 Meter betragen haben. Das Schloß war weder von seinem Erbauer Sibo Attena noch von dessen Nachfahren bewohnt worden, und auch andere Häuptlinge oder Fürsten benutzten es nicht als Wohnsitz. Es war lediglich mit einem Burggrafen und 50 Kriegsknechten belegt. Jeweils mittwochs fanden in ihm Gerichtssitzungen statt, und mitunter diente es auch anderen Verhandlungen. Nach dem Tode des Erbauers wurde dessen Sohn Hero Omken Herr von Wittmund. Als zwischen diesem und dem ostfriesischen Grafen Edzard dem Großen Streitigkeiten ausbrachen, zog Edzard 1514 vor das Wittmunder Schloß, um es in Besitz zu nehmen. Das mißlang ihm aber. Erst sein Sohn Enno II. vermochte das von Gräben und Wällen geschützte Schloß zu erobern. Doch er konnte es nicht behalten. Balthasar von Esens, der als Häuptling des Harlingerlandes nach dem Tode von Hero Omken in Wittmund Schloßherr geworden war, besaß einen mächtigen Verbündeten, den er nun zu Hilfe rief. Es war Herzog Karl von Geldern, mit dem zusammen er die ostfriesischen Grafen Enno II. und Johann 1533 in der Schlacht bei Jemgum besiegte (s. Bd. III „Die Bonifatiuskirche zu Arle"). Der Herzog von Geldern nahm das Schloß Wittmund in Besitz und übergab es im Sommer 1537 seinem Befehlshaber Berend von Hackfort.

Bereits drei Jahre später befand sich das Wittmunder Schloß wieder in den Händen Balthasars. Dieser sorgte von hier aus für neue Unruhe. Er entfachte einen Krieg gegen Bremen, indem er in Not geratene bremische Handelsschiffe in den Küstengewässern des Harlingerlandes beschlagnahmen ließ. Dazu verpflichtete er eigens einen Kaperkapitän. Nachdem dieser den Bremern auf der Weser vor ihrer Stadt zehn Schiffe abgenommen hatte, blockierten die Hansestädter im Gegenzug die Seewege zum Harlin-

Als der Preußenkönig Friedrich der Große in Ostfriesland Burgen und Schlösser schleifen ließ, verschwand auch das Schloß Wittmund. Erhalten blieben lediglich der Wall und der Graben, die heute zum Wittmunder Stadtpark gehören.

gerland, steckten auf der zu Wittmund gehörenden Insel Spiekeroog 19 Häuser in Brand und nahmen später auch Balthasars Kaperkapitän samt seiner Mannschaft gefangen. Zudem setzten sie die aus nur drei Schiffen bestehende harlingerländische Flotte auf Grund. Da Balthasar nicht klein beigab und den Kaperkrieg gegen bremische Kaufleute nunmehr auf dem Festland fortführte, unternahmen die Bremer alles, damit Kaiser Karl V. über ihn die Reichsacht verhängte, was auch geschah. Damit war Balthasar rechtlos und vogelfrei geworden, so daß ihn jedermann töten durfte, ohne Strafe befürchten zu müssen. 1540 nahmen die Bremer zusammen mit ihren ostfriesischen Verbündeten Wittmund ein und belagerten auch Esens, wo Balthasar im Herbst desselben Jahres starb.

Da Balthasar keine Nachkommen hinterließ, fiel das Harlingerland an seine Schwester Onna, die die Gemahlin des aus Westfalen stammenden Grafen Otto von Rietberg war. Onna regierte das Harlingerland 20 Jahre lang mit viel Geschick und Umsicht, so daß ihre Untertanen ruhige Zeiten erlebten. Nach Onna wurde ihr Sohn Graf Johann von Rietberg Herr über Wittmund und Esens. Dieser war der letzte selbständige Regent des Harlingerlandes, jedoch nicht der beste. Ihm wird nachgesagt, daß er 1560 einen westfälischen Edelmann namens Münchhausen im Schloß Wittmund ohne ersichtlichen Grund enthaupten ließ. Daraufhin wurde er von Kaiser Ferdinand I. geächtet und auf dessen Befehl nach Köln in ein Gefängnis verbracht, in dem er 1564 starb. Die Rietbergs hinterließen zwei Töchter, von denen eine – Walpurgis – das Harlingerland erbte. Diese verheiratete sich 1581 mit dem Grafen Enno III. von Ostfriesland, wodurch das Harlingerland und mit ihm auch Wittmund unter die Herrschaft des ostfriesischen Grafenhauses kam. Diese territoriale Verbindung beendete zugleich die mehrhundertjährige Selbständigkeit des Harlingerlandes. Die Aufgabe der Selbständigkeit wurde am 28. Januar 1600 mit dem Berumer Vergleich dokumentiert und am 19. September desselben Jahres von Kaiser Rudolf II. bestätigt.

Im Schloß Wittmund geschah 1651 erneut Schauriges, nachdem Enno Ludwig Graf von Ostfriesland geworden war. Seit dem Tode seines Vaters Graf Ulrich II. im Jahre 1648 hatte für ihn – weil er noch unmündig war – seine Mutter Juliane regiert. Der Gräfin standen zwei Berater zur Seite, die wenig auf das Wohl der Bevölkerung und weit mehr auf das eigene bedacht gewesen seien. Zu jener Zeit weilte Enno Ludwig in Wien, wo sich der Kaiserhof der Habsburger befand. Als er von den Vorgängen in der Heimat erfuhr, kehrte er schleunigst zurück und ließ einen der beiden Berater – den Freiherrn von Mahrenholz – wegen Staatsverbrechen anklagen, verurteilen und im Großen Saal des Wittmunder Schlosses enthaupten. Um diesen Vorgang spann sich eine Sage, derzufolge Mahrenholz vor seiner Hinrichtung an ein Fenster getreten sei und auf einen Baum gezeigt habe, der gelbe Äpfel trug. Dabei soll er gesagt haben: „So wahr ich unschuldig bin, wird dieser Baum künftig rote Äpfel tragen". Das sei in der Tat eingetreten. Mahrenholz wurde nach der Enthauptung im Schloßwall beigesetzt. Später wurde sein Leichnam in die Kirche von Hage – östlich von Norden bei Berum gelegen – überführt. Graf Enno Ludwig erhielt 1654 als Landesherr von Ostfriesland den Fürstentitel, und da er ohne männliche Erben starb, bekam sein Bruder und Nachfolger Georg Christian 1662 ebenfalls den Fürstentitel, jedoch dieses Mal für das gesamte Haus Cirksena.

Als 1744 Fürst Carl Edzard starb, war damit zugleich auch das Fürstenhaus der Cirksena ausgestorben. Ostfriesland hörte auf, ein selbständiges Territorium zu sein. Es kam zum Königreich Preußen, in dem zu jener Zeit Friedrich II. – genannt „der Große" – regierte. Die Eingliederung ging schnell vor sich. Der Preußenkönig ließ in Ostfriesland Burgen und Schlösser schleifen, darunter 1764 auch das Schloß Wittmund. Viele von dessen Steinen finden sich noch heute in Wittmunder Häusern, in die sie damals eingebaut worden sind. Übrig blieb nur der viereckige Schloßwall, der 1900 mit Ulmen bepflanzt wurde. Heute führt um ihn herum ein Fußweg, von dessen Südostecke aus der Wall bequem bestiegen werden kann.

47

Schon Steinzeitmenschen waren hier zuhause

Die Burgruine Lichtenberg

Der ursprünglich runde Bergfried der Burg Lichtenberg wurde später sechseckig ummauert. Von diesem Turm blieb nur ein Stumpf, der in den heutigen Aussichtsturm einbezogen wurde.

Im Westen des Salzgitter-Gebietes erstreckt sich südlich der von Braunschweig kommenden Bundesautobahn, deren Trasse dem alten Heer- und Handelsweg nach Frankfurt am Main folgt, ein bewaldeter Höhenzug, den man die Lichtenberge nennt. Diesen Namen bekam er von schroff aufragenden weißen Kalksteinklippen, die einst den Grat des nach Norden steil abfallenden Höhenzuges bildeten. Die Klippen sind fast alle zur Gewinnung von Bausteinen zerstört worden. Erhalten blieben nur jene, die zur Sicherung der Burg dienten, die auf der nördlichsten, in 241 Meter Höhe reichenden Bergkuppe des Höhenzuges erbaut wurde. Die hellen, aus Muschelkalk bestehenden Klippen, in deren Höhlungen vielen Funden zufolge schon Steinzeitmenschen ein Zuhause hatten, gaben auch der Burg den Namen Lichtenberg. Diese hatte einst reichsgeschichtliche Bedeutung. Man weiß zwar nicht, wann genau und von wem sie errichtet wurde. Die Wahrscheinlichkeit jedoch spricht dafür, daß es im 12. Jahrhundert durch Heinrich den Löwen geschah. Ihre Aufgaben bestanden neben der Kontrolle des erwähnten vielbenutzten Heer- und Handelsweges darin, dieses auch von den Hildesheimer Bischöfen beanspruchte Gebiet zu sichern und das Geschehen in der Reichsstadt Goslar zu beobachten (s. „Die einstige Harliburg"). Heinrich der Löwe, der Herzog von Sachsen und von Bayern war und wie sein Großvater Lothar von Süpplingenburg gerne deutscher König und römischer Kaiser geworden wäre, hatte Goslar von 1152 bis 1167 kurz besessen. Doch dann wurde es ihm von Kaiser Friedrich I. Barbarossa, der sein Vetter und sein überlegener Gegenspieler in der Reichspolitik war, wieder entrissen.

Der nach seinem roten Bart benannte Kaiser ließ 1180 auch die Burg Lichtenberg erobern. Anläßlich dieses Ereignisses wurde die Burg erstmals schriftlich erwähnt. Doch 1194 wurde sie bereits wieder welfisch, nachdem Heinrich der Löwe mit Kaiser Heinrich VI., der der Sohn und Thronerbe Kaiser Friedrichs I. Barbarossa war, Frieden geschlossen hatte. Die Begegnung dieser beiden sollte im thüringischen Saalfeld stattfinden. Doch auf dem Wege dorthin, der von Braunschweig aus durch den Harz führte, stürzte Heinrich der Löwe vom Pferd und zog sich eine schwere Schienbeinverletzung zu. Er wurde in das nahe Kloster Walkenried gebracht. Da er seine Reise selber nicht sogleich und dann auch nur langsam fortsetzen konnte, sandte er Boten zu Kaiser Heinrich VI., damit sie bei diesem seine Verspätung entschuldigten. Den Kaiser befiel zunächst Mißtrauen, doch er entschloß sich dann, dem Verletzten entgegenzuziehen. Sie begegneten sich in

Obgleich von der Burg Lichtenberg nur Mauerreste zu sehen sind, läßt sich noch erkennen, daß sie aus einer Hoch- und einer Niederburg bestanden hat.

der Pfalz Tilleda am Kyffhäuser und versöhnten sich hier mit dem Ergebnis, daß die Welfen ihren Allodialbesitz, das heißt Privatbesitz, zu dem auch die Burg Lichtenberg gehörte, vom Kaiser bestätigt bekamen.

Nach dem Tode beider – Heinrich der Löwe starb 1195 und Kaiser Heinrich VI. 1197 – flammten die Auseinandersetzungen zwischen den Welfen und den Staufern wieder auf, was unter anderem zur Folge hatte, daß die Burg Lichtenberg erneut den Besitzer wechselte. Sie wurde 1205 vom Grafen Hermann von Wöltingerode, der Reichsvogt von Goslar war, wieder für die Staufer erobert. Aber schon drei Jahre später gewann sie Kaiser Otto IV., der ein Sohn Heinrichs des Löwen war, für die Welfen zurück. Sie blieb dann auch welfisch und wurde fast dreieinhalb Jahrhunderte lang zum festen Sitz herzoglicher Vögte. In dieser Zeitspanne fiel bei der Erbteilung des Welfenlandes im Jahre 1267 die Burg Lichtenberg an die Linie Lüneburg. Erst bei der neuen Teilung von 1388 kam sie an die Braunschweiger Linie zurück.

Unter den Burgvögten nahmen die aus dem Adelsgeschlecht von Salder eine besondere Stellung ein. Sie gewannen als Inhaber der Vogtei wie auch als Lehnsleute der in weiter Ferne wohnenden Lüneburger Herzöge eine derart mächtige Stellung, daß sie sich schwerer Rechtsvergehen schuldig machen konnten, ohne belangt zu werden. So scheuten sie sich nicht, von der Burg aus die Meierhöfe braunschweigischer Patrizier oder deren Kaufmannszüge zu überfallen, auszurauben und zu brandschatzen, wie es insbesondere aus den Jahren von 1379 bis 1382 überliefert ist. Doch das hatte keine Rückwirkung auf die Burg Lichtenberg, obgleich in ihr große Mengen des geraubten Gutes gelagert worden waren.

Als dann aber 1546 im Zuge der Reformation das Heilige Römische Reich von kriegerischen Auseinandersetzungen erfaßt wurde, in denen sich der streng katholische Kaiser Karl V. und der im thüringischen Schmalkalden gegründete Bund protestantischer Fürsten feindlich gegenüberstanden, brach über die Burg Lichtenberg großes Unheil herein. Sie wurde von dem Grafen Volrad von Mansfeld, der einer der Söldnerführer auf protestantischer Seite war, 1552 mit Hilfe damals neuartiger Waffen erstürmt und niedergebrannt. Übrig blieben fast nur Schutt und Asche. Da die Burg bereits vorher ihre territoriale Bedeutung verloren hatte, wurde sie nicht wieder aufgebaut. Stattdessen errichtete man mit den noch vorhandenen Bausteinen am Fuße des Burgberges zwischen den beiden Dörfern Ober- und Niederfreden, die heute zum Ortsteil Salzgitter-Lichtenberg zusammengeschlossen sind, ein Amtshaus. Dennoch läßt sich an den wenigen erhaltenen Mauerresten auf dem Lichtenberg erkennen, wie die Burg vor der Zerstörung ausgesehen haben mag.

Sie bestand – dem Gelände angepaßt – aus einer Hoch- und einer Niederburg, wobei die obere die ältere und zugleich wehrhaftere war. Zu dieser gehörte der an der höchsten Stelle erbaute Bergfried, der ursprünglich rund war, dann aber im 12. oder 13. Jahrhundert eckig ummauert wurde und dabei eine Mauerstärke von 2,50 Meter erhielt. Von ihm blieb nur ein Stumpf übrig, der in den heutigen, 1893 erbauten sechseckigen Aussichtsturm einbezogen wurde. In den weiteren Ruinenresten der Hochburg lassen sich die der Kemenate – eines beheizbaren Gemaches – sowie die des in den Fels getriebenen, heute noch 60 Meter tiefen Brunnens und die des Backofens erkennen. An der nordöstlichen Außenseite der Hochburg sind Reste vom Herrenhaus und dem einst daran angebauten Verlies zu sehen. Die Hochburg war von der ovalförmigen Niederburg umschlossen, die ihrerseits mit einer starken Mauer umgeben war. Diese Mauer besaß vorgetriebene spitze Ecken und war in Abständen von 22 bis 29 Meter mit 13 runden Verteidigungstürmchen bewehrt. Die vielbesuchte Burganlage befindet sich heute im Besitz der Stadt Salzgitter. Wie die Burg Lichtenberg einstmals ausgesehen haben mag, zeigt ein Modell im Museum der Stadt Salzgitter, das im Schloß Salder untergebracht ist.

48

Kein Stein blieb auf dem anderen
Die Wälle der Harliburg

Der Harli, dessen Name auch „Harly" geschrieben wird, ist ein dem nördlichen Harzrand vorgelagerter Höhenzug mit einer Länge von 5,5 und einer Breite bis zu 1,5 Kilometer. Er stellt geomorphologisch einen Sattel dar, dessen höchste, von einem Aussichtsturm gekrönte Erhebung 256 Meter mißt. An seiner Ostseite fällt der Harli mit steilen Hängen gegen das verkehrsreiche Okertal ab. Auf dem Kopf des Steilabfalles wurde zu Beginn des 13. Jahrhunderts in der Waldmark der später wüst gefallenen Dörfer Stocheim und Dudingerode eine Burg errichtet, die den Namen „Harlingeberg" erhielt.

Diese Bezeichnung änderte sich später zu „Harliburg". Ihr Erbauer war Otto IV., der jüngste Sohn Herzog Heinrichs des Löwen. Otto, der lange Zeit in England bei seinem Onkel König Richard I. Löwenherz verbracht hatte, war 1198 nach dem Tode Kaiser Heinrichs VI. zum deutschen König gewählt worden – zu seinem Verdruß jedoch nicht allein. Denn die deutschen Fürsten, die gegen die Welfen auf der Seite der Staufer standen, erhoben Herzog Philipp von Schwaben zum König. Die Verwirrung, die diese Doppelwahl brachte, entzerrte sich erst wieder, als der Staufer 1208 ermordet und dadurch der Weg des Welfen Otto IV. auf den Kaiserthron frei wurde. Er erhielt die Kaiserkrone im Jahr darauf.

Ebenso wie schon seinem Vater Heinrich dem Löwen mißfiel auch Otto IV. die Staufertreue der unmittelbaren Reichsstadt Goslar und ihrer Bürger. Dieses Unbehagen hatte ihn bewogen, von seiner ererbten, im heutigen Salzgitter-Gebiet liegenden Burg Lichtenberg aus nach dem Vorbild seines Vaters den Handelsverkehr Goslars lahmzulegen und damit die Lebensgrundlage der Stadt zu zerstören (s. „Die Burgruine Lichtenberg"). Doch diese Bedrängnis von Nordwesten her reichte allein nicht aus, der Kaiser-

Wer nicht ortskundig ist, kann heute den einstigen Burgplatz auf dem Harli für einen lichten Buchenwald halten. Lediglich leichte, von Bärlauch bewachsene Unebenheiten deuten noch das Gelände der Harliburg an.

stadt am Nordharz die lebensnotwendige Güterzufuhr abzuschneiden. Diese Erkenntnis gab Otto IV. schon bald den Gedanken ein, auch vom Nordosten her die Handelswege nach Goslar zu sperren. Dazu ließ er auf dem Ostende des Harli über der von Braunschweig nach Goslar führenden Straße mit der Harliburg eine ähnliche Zwingburg erbauen, wie es die auf dem Lichtenberg war. Die neue wirkte sich auf Goslar verheerend aus. Der Stadt war nun fast die gesamte Güterzufuhr abgeschnitten mit der Folge, daß in ihren Mauern eine Hungersnot ausbrach und den größten Teil ihrer Bürger bewog, Goslar zu verlassen. Es wird auch angenommen, daß im Jahre 1206 der auf der Seite Ottos IV. stehende Truchseß Gunzelin von Wolfenbüttel die Stadt Goslar einnehmen und ausplündern ließ (s. Bd. III „Die Ruine der Asseburg"). Aber Otto IV., der als der „Welfenkaiser" in die deutsche Geschichte einging, war das Glück auf die Dauer nicht hold. Er verfiel, nachdem er sich 1210 den Bannstrahl des Papstes Innozenz III. zugezogen hatte, nach und nach in Teilnahmslosigkeit und Trübsinn. 1218 starb er fast unbemerkt, jedoch nicht in seiner Lieblingsburg auf dem Harli, sondern in der Harzburg.

Die Burg auf dem Harli soll ein imposantes Aussehen besessen haben. Es gibt zwar von ihr keine Abbildungen, doch die vorhandenen Wälle, Gräben und Plateaus lassen dies vermuten. Die Burg war aus dem roten Buntsandstein errichtet worden, der sich im Erdmittelalter in diesem Gebiet in Form von Sand über Zechstein abgelagert hatte. Auch Rogenstein, der sich hier zu bilden vermochte, fand beim Bau Verwendung. Die Burg war in den Innenraum eines älteren, möglicherweise altsächsischen Ringwalles hineingesetzt worden. Dabei bedeckte die Kernburg eine Fläche von 50 mal 150 Meter. Sie war samt ihrem geräumigen Vorplatz durch weitere Befestigungsanlagen – darunter ein tief in den anstehenden Rogenstein geschlagener Graben – begrenzt. Vermutlich hatte dieser Graben als Steinbruch gedient, aus dem Material zum Bau der Burg gewonnen worden war. Insgesamt nahmen die von den Wällen und Gräben umgebenen Burgteile eine Fläche von rund 200 mal 400 Meter ein, die heute wie fast der gesamte Harli von Buchenwald bedeckt ist. Das bedeutet, daß Besucher Suchende sein müssen, wenn sie in der Geländeformung die einstige Burganlage erkennen wollen. Nördlich und nordöstlich des Burggeländes finden sich die Reste von fünf Außenwerken, die 1291 bei der Belagerung der Harliburg, deren Folge ihre Zerstörung war, von den feindlichen Streitkräften angelegt worden waren.

Für die Harliburg hatte nach dem Tode Ottos IV. ein unruhiges Dasein begonnen. Die Erben des Verstorbenen aus dem Welfenhaus waren bestrebt, die starke Feste zum Mittelpunkt eines Hoheitsgebietes zu machen, das sie hier zu schaffen suchten. Besonders Herzog Albrecht der Lange verfolgte dieses Ziel mit Eifer. Als er 1279 das Zeitliche gesegnet hatte, wurde das Braunschweiger Land von seinen Söhnen zunächst noch gemeinsam verwaltet. Doch 1285 kam es zu einer Teilung des Herzogtums, bei der der älteste Bruder Heinrich, den man den „Wunderlichen" nannte, die südlichen Teile des Landes erhielt und dazu als nördliche Exklave die Harliburg. Dieser Herzog unterhielt auf der Burg eine starke, wilde Besatzung, die unter dem Befehl eines Grafen von Waldeck stand. Herzog Heinrich ließ es geschehen, daß die Burgritter Straßenraub betrieben und sogar auch ganze Ortschaften in der Umgebung überfielen, um deren Bewohner ebenfalls auszuplündern. Das rief große Empörung hervor und dies in besonderem Maße beim Hildesheimer Bischof Siegfried II., zu dessen Diözese die Harliburg gehörte. Dieser Bischof, der ein geborener edler Herr von Querfurt war, zog 1291 mit einer von anderen Bischöfen sowie vom Landadel und der Stadt Goslar unterstützten Streitmacht gegen das Räubernest auf dem Harliberg. Er belagerte die Burg, nahm sie ein und ließ sie, da von ihr der Landfrieden gebrochen

Zu den Befestigungsanlagen der Harliburg gehörte ein tief in den anstehenden Rogenstein geschlagener Graben, der zugleich als Steinbruch gedient hatte. Aus diesem schluchtartigen Graben war Material zum Bau der Burg gewonnen worden. Ihr Erbauer war Otto IV., der jüngste Sohn Herzog Heinrichs des Löwen.

Aus den Steinen der zerstörten Harliburg entstanden andernorts neue Burgen, darunter die nahe Vienenburg, deren Bergfried noch erhalten ist.

worden war, zerstören. Das geschah so gründlich, daß kein Stein auf dem anderen blieb.

Manchen Besucher der Burgstätte mag es verwundern, daß von den vielen hier einst verbauten Steinen so gut wie keiner mehr vorzufinden ist. Der Grund besteht darin, daß die Steine bereits unmittelbar nach der Zerstörung der Burg neue Verwendung fanden. Erste Abnehmer waren die Ritter von der Gowische, die in den Jahren 1292 bis 1297 im nahen Wiedelah auf dem rechten Okerufer eine Wasserburg errichteten, die 1341 von den Brüdern Hermann, Sigfried und Albrecht von der Gowische an den Bischof Heinrich III. von Hildesheim verkauft wurde. Die übrigen Steine der Harliburg dienten dem Bau der Vienenburg, die um 1300 dem Harli östlich gegenüber auf einem das Gelände beherrschenden Hügel an der Stelle einer frühgeschichtlichen Anlage entstand. Die Vienenburg wurde vom Grafen Burchard VII. von Wernigerode erbaut, der im Auftrag Bischof Siegfrieds II. von Hildesheim, der sein Vetter war, handelte. Daß die Steine der Harliburg so rasche Wiederverwendung fanden, hatte zwei Gründe: Sie boten einerseits den Vorteil, daß sie rascher genutzt werden konnten und zudem billiger waren als solche, die erst noch in einem Steinbruch hätten gewonnen und zurechtgehauen werden müssen. Andererseits sollten die Welfen daran gehindert werden, mit Hilfe der Bausteine von der alten Burg eine neue auf dem Harli zu errichten.

Im Gegensatz zur Harliburg sind die aus ihren Steinen erbauten Burgen heute noch vorhanden. Die Wasserburg Wiedelah wurde allerdings um 1600 zu einem Renaissanceschloß ausgebaut und vermag mit ihrem Aussehen auch heutige Betrachter noch zu beeindrucken. Von der Vienenburg ist als Bestandteil der alten Kernburg der gewaltige Bergfried mit knapp 24 Meter Höhe erhalten. Zudem bestehen noch die Mantelmauer um den Burgplatz sowie die Fundamente einstiger Wohn- und Wirtschaftsgebäude, auf denen später Fachwerkbauten errichtet worden sind. Über die Harliburg gibt es mehrere Sagen, von denen eine wissen will, daß diese Burg einst dem wilden Jäger Hackelberg gehört habe. Dieser soll wenige Kilometer von ihr entfernt gestorben und begraben sein (s. Bd. III „Der Hackelbergstein im Solling").

49

Als „Ithfeste" sagenumwoben

Die Burgruine Lauenstein

Im südlichen Niedersachsen verläuft von Coppenbrügge bis in die Nähe von Eschershausen ein schmaler 22 Kilometer langer Gebirgskamm, dessen Name sich mit drei Buchstaben begnügen muß: Ith. Das war nicht immer so. Er hieß einst „Igath", „Gigath", „Nithe" und ähnlich – Begriffe, die auf die Idisen zurückgehen sollen. So wurden in der germanischen Mythologie den Nornen und Walküren verwandte Jungfrauen bezeichnet, deren Königin die Göttin Frigga – die Gemahlin Odins – war. Der Ith, der reich an Klippen und Höhlen ist und schon in grauer Vorzeit von Menschen aufgesucht wurde (s. Bd. I „Die Höhlen im Ith"), biegt an seinem Nordende scharf nach Südosten ab. Dadurch bildete sich zwischen den bewaldeten Höhen eine Talung, die einer menschlichen Ansiedlung Geborgenheit zu gewähren versprach. Hier entstand der Flecken Lauenstein, der schon oft und nicht zu Unrecht als freundlich, anmutig und malerisch schön gepriesen wurde. Zu diesem Aussehen leistet seine Nikolauskirche mit ihrem mächtigen quadratischen Westturm einen maßgeblichen Beitrag.

Der Name des Fleckens geht auf das „Haus" Lauenstein zurück, ein von Wall und Graben umgebenes Schloß, das sich oberhalb des Ortes unweit der Quelle der Laue auf einem Bergkegel stolz erhob. Wann dieses burgartige Bauwerk, das auch mit dem Namen „Ithfeste" bedacht war, entstanden ist, ließ sich bislang nicht ergründen. Als sicher gilt nur, daß es zu Beginn des 13. Jahrhunderts den Edelherren von Homburg gehörte, die 1238 östlich des Iths die Burg Spiegelberg in ihren Besitz gebracht hatten (s. Bd. III „Die Ruine der Homburg"). Mit großer Wahrscheinlichkeit waren die Homburger auch die Erbauer der Burg Lauenstein. Da die Ereignisse von damals geschichtlich nicht exakt überliefert sind, bemühte sich die Sage, die Lücken zu schließen.

Danach lebte zu jener Zeit auf der Burg Spiegelberg der Graf Moritz von Spiegelberg mit seiner Gemahlin Eilika von Wohldenberg und drei Söhnen. Eines Tages erhielten sie den Besuch von Heinrich von Homburg, der ein Jugendfreund des Spiegelberger Grafen war. Da sich die Jagdgerechtigkeit der Homburger Edelherren bis ins Lauensteinische erstreckte, näherte er sich als getreuer Nachbar in großer Freundschaft, die jedoch nur vorgetäuscht war. In Wirklichkeit hatte er Böses im Sinn. Er bat den Grafen Moritz um die Erlaubnis, auf einer Klippe vor dem Berg oberhalb der Burg Spiegelberg ein kleines Jagdhaus bauen zu dürfen. Und kaum daß er die Erlaubnis erhalten hatte, ließ er auch schon den Bau beginnen. Doch es sollte kein Jagdhaus werden, sondern eine Bergfeste, von der aus er dann die Spiegelberger aus ihrer Herrschaft vertreiben wollte.

Wie aber konnte er sein Vorhaben geheimhalten? Dazu bediente er sich einer weiteren List. Er besuchte den Grafen Moritz erneut, um ihm mitzuteilen, daß er einem Gelübde folgend eine Wallfahrt nach Jerusalem zu unternehmen gedenke. Ob er – Moritz – nicht auch das Bedürfnis verspüre, ein Gleiches zu tun? Sie könnten dann gemeinsam in das gelobte Land reisen. Der Homburger vermochte den Spiegelberger zu überreden. Es wurden die Vorbereitungen getroffen, und schon bald konnte aufgebrochen werden. Doch nach kurzer Zeit stellte sich der Homburger krank und gab vor, nicht mehr weiterreiten zu können. Er bat den Grafen Moritz, daß er allein bis nach Venedig weiterziehen und dort schon alle Vorbereitungen für die Fahrt über das Mittelmeer treffen solle. Er selber wolle, sobald er von seiner Krankheit genesen sei, in aller Eile folgen. Doch kaum daß der Spiegelberger die Weiterreise angetreten hatte, verließ der Homburger das Krankenlager und kehrte eiligst zum Ith zurück. Hier begann er unverzüglich mit dem Bau der geplanten Burg, während Graf Moritz, des Wartens müde, von Venedig aus die Pilgerfahrt nach Jerusalem allein fortsetzte.

Als Moritz wieder in die Heimat zurückkam, mußte er zu seinem Entsetzen feststellen, daß ihn der vermeintliche Jugendfreund von der Homburg schmählich betrogen hatte. Statt eines kleinen Jagdhauses erhob sich auf dem Bergkegel hoch über der Burg Spiegelberg eine trutzige Feste: die Burg Lauenstein. Aber es geschah noch Schlimmeres. Wie eine andere Sage wissen will, habe der Homburger den Spiegelberger zu einem Essen auf die Burg Lauenstein eingeladen und während des Gastmahls die Burg Spiegelberg niederbrennen lassen. Er soll sogar den Grafen Moritz auf das Feuer aufmerksam gemacht und ihn, als er zum Fenster hingesprungen war, um seine brennende Burg zu sehen, von hinten niedergestochen haben. Doch was auch immer sich wirklich ereignet haben mag – das Vorhandensein eines befestigten fürstlichen Amtshauses auf dem Lauenstein war eine Tatsache. Wie es mit seinen Türmen und Mauern ausgesehen hat, gibt ein Merian-Stich aus dem Jahre 1654 zu erkennen. Doch heute sind nur noch einige Ruinenreste vorhanden.

Von der Burg Lauenstein, die auf einem Bergkegel des Iths errichtet worden war und von der viel Unheil ausging, sind nur noch einige Ruinenreste zu sehen. Die Burg wurde abgebrochen, nachdem sie immer baufälliger geworden war.

Soweit es im Gegensatz zur Sage geschichtlich überliefert ist, wurde die Burg Spiegelberg von einem Grafen Bernhard von Poppenburg gebaut (s. „Die Poppenburg bei Nordstemmen"). Dieser Graf soll sich fortan nach der Burg Spiegelberg genannt haben. Das Bemühen der Spiegelberger, auch eine eigene Grafschaft einzurichten, führte zu dem Konflikt mit den Homburger Grafen. Um 1226 soll die Burg Spiegelberg, die am Weg von Lauenstein nach Hemmendorf lag, untergegangen sein. Und wie es in einer weiteren Sage heißt, wurde dann da, wo die Burg der Grafen von Spiegelberg gestanden hatte, aus deren Trümmern die heute vom Lauensteiner Friedhof umgebene Spiegelberger Kapelle erbaut und der Heiligen Anna – der Mutter Marias – geweiht.

Erst nach dem Untergang der Burg Spiegelberg soll von den Edelherren von Homburg die Burg Lauenstein errichtet worden sein. Diese wurde 1247 dem Welfenherzog Otto dem Kind übergeben und von Heinrich von Homburg als Lehen zurückgenommen. Als 1409 mit Heinrich VIII. das Geschlecht der Edelherren von Homburg ausstarb, wurde die Burg Lauenstein mit allem Zubehör den welfischen Herzögen von Braunschweig und Lüneburg übereignet. Diese verpfändeten 1433 die Burg an Bischof Magnus von Hildesheim. Vom Hildesheimer Stift wurde Lauenstein 1497 an Heinrich von Saldern weiterverpfändet, was sich verhängnisvoll auswirkte. Burchard, der Sohn Heinrichs von Saldern, der 1515 Herr auf Lauenstein wurde, trug 1517 maßgeblich dazu bei, daß die Hildesheimer Stiftsfehde entbrannte (s. Bd. III „Der Gedenkstein im Wieheholz"). Der damalige Hildesheimer Bischof Johann wollte die vielen verpachteten Burgen seines Stiftes zurückerlangen, was er mit größtmöglicher Sparsamkeit zu erreichen hoffte. Mit diesem Vorhaben verärgerte er die Stiftsjunker sehr.

Als Burchard von Saldern seine Kündigung erhielt und, da er nicht weichen wollte, vom Lauenstein mit Gewalt vertrieben wurde, schwor er Rache. Er versuchte in einer Nacht durch den unterirdischen Fluchtgang die Burg zurückzuerobern, was ihm jedoch nicht gelang. Ihm war nicht bekannt, daß Statius von Münchhausen, dem der Hildesheimer Bischof den Lauenstein anvertraut hatte, den Geheimgang mit Holz und Erde unpassierbar gemacht hatte. Daraufhin brannte Burchard den Flecken Lauenstein nieder und bekannte sich öffentlich zu

Die der Heiligen Anna geweihte Kapelle auf dem Lauensteiner Friedhof soll der Sage nach an der Stelle erbaut worden sein, an der ehemals die Burg der Grafen von Spiegelberg stand. Für die Errichtung der Kapelle seien die Trümmer dieser Burg verwendet worden.

dieser Untat. Das war der Funke, der die Hildesheimer Stiftsfehde entzündete. 1521 eroberten die Herzöge von Braunschweig und Lüneburg den Lauenstein zurück, und Burchard von Saldern wurde wieder der Burgherr. Er führte in Lauenstein die Reformation ein. Sein Sohn Heinrich geriet jedoch mit den Herzögen in Streit und mußte 1587 die Burg im Zuge einer Zwangsräumung verlassen. Die Burg wurde fortan von Amtmännern verwaltet.

Der Ort Lauenstein hatte im Dreißigjährigen Krieg viel zu leiden, nachdem 1625 kaiserliche Truppen unter Tilly eingefallen waren und fast vier Jahre lang als Besatzung blieben. 1637 quartierten sich schwedische Truppen ein, die ebenfalls große Schäden anrichteten. Und noch schlimmer soll es 1640 gekommen sein, als über 500 „Weimarsche" den Ort plünderten und in den Häusern wie auch in der Kirche alles, was sie nicht rauben konnten, kurz und klein schlugen. Hart getroffen wurde Lauenstein auch zur Zeit der Napoleonischen Kriege, als es von 1806 an mehrmals von französischen Truppen heimgesucht wurde.

Zu dieser Zeit war die Burg Lauenstein, die seit dem Dreißigjährigen Krieg immer baufälliger geworden war, bereits abgebrochen. Außer einigen Mauerresten blieb damals nur der Brunnen erhalten. Wie von einer Sage überliefert ist, soll dieser 80 Klafter – etwa 140 Meter – tief gewesen sein. Das Wasser sei von zwei eigens dazu abgerichteten Hunden aus dem Brunnen gezogen worden. Wurde ein Stein in den Brunnen geworfen, soll es ein derart starkes Echo gegeben haben, daß der Nachklang – was kaum zu glauben ist – etwa 8 Minuten lang angehalten habe. Als die Burg nicht mehr bewohnt und dem Verfall preisgegeben war, sollen sich viele Leute an dem Brunnen belustigt haben. Das sei in besonderem Maße der Fall gewesen, als die fremden Truppen Lauenstein besetzt hielten. Die Soldaten hätten den Brunnen bis über die Hälfte mit Steinen und anderen Trümmerstücken der Burgruine zugeworfen. Er wurde dann um 1845 amtlicherseits vollends zugeschüttet, um die Gefahr auszuschließen, daß jemand hineinstürzt.

Wer heute den Lauensteiner Burgberg besucht, kann sich kaum noch vorstellen, wie es hier früher ausgesehen hat. Es sind nicht nur die Baulichkeiten verschwunden, sondern es ist auch kaum noch etwas von den Klippen zu sehen, die dieses Gelände einst prägten. Zur Zeit, als der Brunnen zugeschüttet wurde, fand auch eine völlige Umgestaltung des Hügels statt. Er wurde aufgeforstet, und zudem wurden auf ihm ein kleiner Aussichtsturm sowie ein kapellenartiges Häuschen errichtet, das zum Ausruhen gedacht war. Beide sind inzwischen auch zu Ruinen geworden. Es ist jedoch weiterhin reizvoll, den Burgberg zu besteigen, zumal wenn man weiß, was sich auf ihm im Laufe der Geschichte zugetragen hat.

50

Von ihr ging viel Macht aus

Die einstige Burg Hoya

Über den Namen der Stadt Hoya im mittleren Weserraum wurde schon viel gerätselt. Leitet er sich davon her, daß hier in der grasreichen Flußmarsch viel Heu für das Vieh gewonnen werden konnte? Oder geht er auf das mittelniederdeutsche Wort „hoge" zurück, das „hoch" bedeutete und auf das hohe Weserufer Bezug nahm? Oder ist eine dritte Erklärung die richtige, die ihn mit einem Friesen namens Hajo in Verbindung bringt, der einer Sage nach hier als erster eine Burg erbaut haben soll, nachdem ihm vorher – wie es heißt – die Rüstringer seine beiden Burgen Potenburg und Memmenburg an der Nordseeküste zerstört hatten? Eine sichere Antwort ist nicht möglich. Gesagt werden kann lediglich, daß von den drei Erklärungen die dritte als die unwahrscheinlichste gilt, weil für den namentlich unbekannten Friesen erst nachträglich dessen Name Hajo erfunden wurde, indem man einfach eine Ableitung von der schon vorher bestandenen Ortsbezeichnung Hoya vornahm.

Wie in Chroniken überliefert ist, war der erste Graf von Hoya tatsächlich kein Einheimischer, sondern ein Landfremder vornehmer Abkunft aus dem Teil Rüstringens, der von der Nordsee verschlungen wurde und seitdem der Jadebusen ist. Dieser friesische Edelmann soll dort in Sunte Hoben, einer Johanniterkommende nahe dem Ort Jadele, nach einem Goldraub vertrieben worden sein. Wie aus der Bückener Chronik hervorgeht, hat der Friese die „alte Hoya" genannte Burg erbaut, nachdem er mit dem gestohlenen Gold den geldbedürftigen Grafen von Stumpenhusen deren Titel, Wappen und Grafschaftsrechte im mittleren Weserraum abgekauft und zudem die Krumme Grafschaft, die den Südteil des alten Verdener Sturmigaues umfaßte, erworben hatte. Er soll damit die Absicht verfolgt haben, an der Weser Zoll zu kassieren. Die Burg „alte Hoya" wurde jedoch vom damaligen Wunstorfer Grafen erobert und zerstört. Das geschah ein weiteres Mal, als der Friese die Burg wieder aufgebaut hatte. Sie wurde dann noch ein drittes Mal errichtet, jetzt aber nicht mehr am Flußufer, sondern auf einer Insel in der Weser, und zwar da, wo sich – wie die Bückener Chronik festhielt – „von beiden Seiten Geestzungen einander entgegenstreckten".

Obwohl es Grafen zu Hoya bereits zur Zeit Kaiser Karls des Großen gegeben haben soll und der erste von ihnen im Jahre 820 erwähnt wurde, gilt der Friese als derjenige, der eine erbliche Dynastie der Grafen von Hoya mit Sitz in Hoya gegründet hat. Der erste urkundlich bezeugte Graf von Hoya war Heinrich I., der 1202 erstmals genannt wurde, und zwar in einer Liste der Benediktiner-Abtei Osterholz (s. Bd. III „Der Hünenstein in Osterholz-Scharmbeck"). Die Frage, ob Heinrich I. mit dem Friesen identisch gewesen sein könnte, wird verneint. Es wird jedoch angenommen, daß sie miteinander wie Vater und Sohn oder Großvater und Enkel verwandt waren. Heinrich I. nahm 1215 Nienburg ein, das bis dahin im Besitz der Grafen von Roden war. Durch geschicktes Taktieren gelang es ihm auch, seinen Söhnen Wedekind, Burchard und Gerhard Positionen in den Domkapiteln von Bremen, Verden und Minden zu verschaffen und auf dieser Grundlage seinem weiteren Sohn und Nachfolger im Grafenamt, Heinrich II., zu einer weltlichen Machtstellung zu verhelfen. Wedekind und Gerhard wurden in Minden und Verden Bischöfe, während es Heinrich II. vorbehalten war, eine Vormachtstellung an der Mittelweser zu begründen. Er bekam den Beinamen „das Beil", mit dem seine von Grausamkeit geprägte Denk- und Handlungsweise gekennzeichnet wurde. Wie es heißt, habe er seinen Gefangenen mit einem Beil die Füße abgehackt. Heinrich II. hatte zwei Frauen, wobei nicht ausgeschlossen wird, daß er noch ein drittes Mal geheiratet hat. Die Zahl seiner legitimen Kinder soll mindestens 25 betragen haben. Sie seien jedoch fast alle vor ihm gestorben.

Die Grafschaft Hoya, die aus kleinen Anfängen entstanden ist, wurde durch Käufe von Land wie auch durch Eroberungen mit Waffengewalt immer größer. Um 1345 entschlossen sich die beiden Hoyaer Grafen Gerhard III. und Johann II., die Brüder waren, ihr Herrschaftsgebiet in die nördlich gelegene Niedergrafschaft mit Sitz in Hoya und in die südliche Obergrafschaft mit Sitz in Nienburg zu teilen. Gerhard III., der in der Burg Hoya residierte, geriet nach der Teilung der Grafschaft in einen Konflikt mit den Bremern. Es kam am 20. Juni 1357 an der Aller zu einer Schlacht, in der Graf Gerhard siegte. Die Bremer gaben sich dennoch nicht geschlagen. Schon im Februar des folgenden Jahres zogen sie mit einer Flotte bei hohem Wasserstand auf der Weser vor die Burg Hoya und versuchten, sie durch Hineinwerfen von Feuer in Brand zu stecken. Das mißlang ihnen jedoch, weil Regenwetter einsetzte. Dafür aber eroberten die Bremer die weiter nördlich nahe der Weser gelegene Burg Thedinghausen zurück, die sich samt ihrem Umland einige Jahre lang in der Hand

Die Burg Hoya, die auf einer heute nicht mehr erkennbaren Weserinsel erbaut worden war und später zu einem Schloß umgestaltet wurde, mußte viel Schlimmes über sich ergehen lassen. An die einstige Burg erinnern nur noch Reste der Befestigungsmauer.

des Grafen Gerhard befunden hatte (s. „Der Erbhof von Thedinghausen").

Nienburg blieb nach der Teilung der Grafschaft Hoya bis 1582 Residenz der Hoyaer Grafen. Sie bauten während dieser Zeit den an einem wichtigen Weserübergang gelegenen Ort zu einer starken Festung aus. An dieses Wirken der Hoyaer Grafen erinnert in Nienburg noch heute der Stockturm, der den letzten erhaltenen Rest der Grafenburg darstellt. Er zeigt sich als ein mächtiges viergeschossiges Bauwerk auf quadratischer Grundlage, dessen Untergeschosse aus Ziegeln gemauert sind, während das Obergeschoß Fachwerk ist. 1582 war das Jahr, in dem das Hoyaer Grafengeschlecht ausstarb und die gesamte Grafschaft in den Besitz des Herzogtums Braunschweig-Lüneburg überging. Die Übernahme wurde den Welfen von Kaiser Rudolf II. jedoch erst 1589 bestätigt, nachdem am 15. September dieses Jahres Agnes, die Witwe des letzten Hoyaer Grafen Otto VIII., gestorben war. Die Burg von Hoya, die von den Grafen zu einem Schloß ausgebaut worden war, wurde nun zum Sitz eines fürstlichen Amtes.

Im Dreißigjährigen Krieg nahm 1622 ein dänischer Major mit seiner Truppe durch Überrumpelung das Schloß Hoya ein und hielt es besetzt. Nach der Schlacht bei Lutter am Barenberge im Sommer 1626 (s. Bd. I „Das Blutfeld im Lutterbecken") mußte das Schloß den Kaiserlichen übergeben werden. Aber noch im selben Jahr gelangte es wieder in die Hände der Dänen, nachdem es von diesen sieben Tage lang belagert und durch Beschuß stark beschädigt worden war. Bei diesen Kampfhandlungen hatte der dänische König Christian IV. einen Schulterschuß erhalten, und auch sein Sohn mußte Blutzoll leisten. Die Dänen verließen Hoya, als Johann Graf von Tilly, der Feldherr der Katholischen Liga, mit kaiserlichen Truppen heranzog. Doch zuvor zerstörten sie den Vorhof, das Vorwerk, die Burgmannshöfe sowie andere Gebäude in der Umgebung des Schlosses und zudem die von den Hoyaer Grafen erbaute Weserbrücke. Die kaiserliche Besatzung verblieb bis 1631 im ramponierten Schloß, das dann später auch noch eine schwedische Besatzung über sich ergehen lassen mußte, bis es 1649 nach dem Friedensschluß dem Welfenhaus als rechtmäßigem Besitzer zurückgegeben wurde. Das Schloß wurde wieder aufgebaut. Gegen Ende des 17. Jahrhunderts wurde der schmale östliche Weserarm, der den Standort des Schlosses zur Insel gemacht hatte, zugeschüttet. Heute sind von der Burg der Hoyaer Grafen nur noch die Reste einer starken Befestigungsmauer sowie der Chor der Schloßkirche erhalten. Diese, die dem Heiligen Martin geweiht war, soll außer dem Hochaltar einst 13 Nebenaltäre besessen haben. Die noch vorhandenen Schloßgebäude aus der Welfenzeit beherbergen heute ein Amtsgericht und ein Grundbuchamt.

51

Wie kam eine Liebesgeschichte zu den Nonnen?

Das Kloster Wienhausen

Viele Klöster sind an Orten errichtet worden, auf die der Legende nach ein Fingerzeig Gottes ihre Gründer hingewiesen habe. So soll das Kloster Mariensee bei Neustadt am Rübenberge sein Entstehen einem Marienbild verdanken, das auf der Leine herbeigeschwommen war (s. „Das Kloster Mariensee"). Desgleichen soll es ein Bildnis der Gottesmutter gewesen sein, das den Standort des Klosters Börstel in der Einsamkeit eines Waldes im Osnabrücker Nordland bestimmte (s. Bd. I „Das Stift Börstel"). Und der Ort, an dem im Süden des Hildesheimer Landes das Kloster Lamspringe entstand, sei einer göttlichen Fügung folgend von einem Kamel ausgewählt worden (s. Bd. II „Das Kloster Lamspringe"). Im Falle der Gründung des Klosters Wienhausen hat man offenbar zunächst ohne ein Zeichen „von oben" gehandelt. Wie die Klosterchronik berichtet, war es 1221 in Nienhagen südlich von Celle errichtet, jedoch schon zehn Jahre später wieder verlassen worden. Man hatte es in sumpfigem Gelände erbaut, in dem die vielen Mücken in der warmen Jahreszeit den Nonnen so arg zusetzten, daß sie nur noch an Flucht zu denken vermochten. Wohin – das soll der Herzogin Agnes als der Stifterin des Klosters ein visionärer Traum eingegeben haben. Dabei sei ihr als zukünftiger Klosterort der Hof eines Ritters namens Bartoldus von der Woldesborch bezeichnet worden, dem sie dann auch ihr Anliegen kundgetan habe. Der Ritter sei zwar zunächst verkaufsunwillig gewesen, habe aber nach dem Erscheinen zweier weißer Tauben und einem von der Herzogin Agnes prophezeiten und auch eingetretenen Schneefall mitten im Sommer schließlich zugestimmt und ihr – von dem Wunder beeindruckt – sogar seine Besitzungen geschenkt.

In Wirklichkeit hat sich wohl alles viel nüchterner zugetragen, als es die fromme Legende erzählt. Agnes von Meißen, die die zweite Gemahlin des Pfalzgrafen Heinrich bei Rhein und damit die Schwiegertochter Herzog Heinrichs des Löwen war, wird das Kloster sicherlich mit hehren Vorstellungen gestiftet haben. Doch die Verlegung aus der Abgeschiedenheit der Fuhseniederung bei Nienhagen nach Wienhausen – beides Orte, die in der näheren Umgebung ihrer Altenceller Burg (s. „Die Burg von Burg bei Altencelle") lagen – dürfte nur noch rationalen Überlegungen gefolgt sein. Bei diesem Ort, der zu jener Zeit „Huginhusen" hieß und schon ein Flecken mit Kirche, Marktrecht, Zoll und Münze war, ließ sich ein Kloster viel leichter unterhalten als irgendwo in der Einsamkeit. Die ersten Nonnen waren Zisterzienserinnen, die vorher dem Kloster Wöltingerode bei Goslar angehört hatten. Nach der Zisterzienser-Regel mußten es – der Zahl Christi und seiner Jünger entsprechend – eine Äbtissin und zwölf Nonnen sein. Zudem mußte das Kloster mit einer Kirche und den sonst noch notwendigen Gebäuden sowie mit Geldmitteln, die seinen weiteren Bestand zu sichern vermochten, ausgestattet sein. Doch in dieser Hinsicht gab es in Wienhausen keine Not. Zum einen hatte der in der Gründungslegende genannte Ritter Bartoldus von der Woldesborch 1241 dem Kloster auch noch die Zehnten zu Gockenholz und Sandlingen vermacht, und zum anderen genoß das Kloster bald die besondere Gunst des Lüneburger Herzogshauses, weil von dessen weiblichen Mitgliedern mehrere darin Aufnahme und zumeist auch ihre letzte Ruhestätte fanden.

Das hatte jedoch auch eine Kehrseite: Der große Anteil von Nonnen aus dem Fürstenstand wie aus dem Adel überhaupt machte es unmöglich, daß ein gemeinsames Klosterleben in Armut, Gehorsam und Keuschheit, wie es die Zisterzienser-Regel verlangte, verwirklicht werden konnte. Dennoch unterschrieb Bischof Conrad II. von Hildesheim 1233 die offizielle Stiftungsurkunde. Das mochte aus der Sicht des Zisterzienser-Ordens nicht als korrekt erschienen sein, hat sich aber bis heute fruchtbringend ausgewirkt. Das Kloster Wienhausen, das noch nie von kriegerischen Ereignissen, von Bränden, Naturkatastrophen sowie dem Bildersturm der Reformation heimgesucht wurde, entwickelte sich zu einem Hort von Kunstschätzen, die bereits Abertausende von Besuchern angelockt haben und es sicherlich auch noch in Zukunft tun werden.

Weithin berühmt geworden sind die Wandmalereien im Nonnenchor, die in einer Vollständigkeit, wie sie in Fachkreisen als einmalig gilt, alle Wand- und Gewölbeflächen dieses Gebäudeteiles bedecken. Sie stellen Ereignisse aus dem Leben von heiliggesprochenen Märtyrern sowie Szenen aus dem Alten und Neuen Testament dar. Auch der Marienaltar im Nonnenchor gehört zu den vielbewunderten Sehenswürdigkeiten. Weiter finden sich beeindruckende Malereien im Kreuzgang sowie in mehreren Glasfenstern. Zu den Kunstwerken zählen auch hochgotische Skulpturen aus Holz, darunter eine lebensgroße Figur der Klosterstifterin Agnes. Doch das Wertvollste, das Wienhausen Besuchern zu bieten hat, sind seine Bildteppiche aus dem 14. und 15. Jahrhundert, die alljährlich in einer elftägigen Sonderausstellung jeweils ab Freitag nach Pfingsten im Kloster gezeigt werden.

Die Wienhäuser Bildteppiche sind ähnlich wie der berühmte Teppich in der nordfranzösischen Bischofsstadt Bayeux, dessen Bilder auf einem 70 Meter langen und 0,5 Meter breiten Streifen die Eroberung Englands 1066 durch die Normannen erzählen, Stickereien mit gefärbten Wollfäden auf Leinengewebe. Allerdings entstand der Teppich von Bayeux schon im 11. Jahrhundert und damit wesentlich früher als die Wienhäuser. Von diesen sind im Kloster neun vollständig erhalten und von einigen weiteren Reststücke. Teppiche wurden von den Nonnen jedoch nicht nur für den Eigenbedarf des Klosters angefertigt, sondern in Auftragsarbeit gegen Entgelt auch für andere religiöse Einrichtungen und darüber hinaus zur Ausschmückung von Schlössern. Das erklärt zugleich, daß sich im Kloster Wienhausen neben Teppichen mit religiösen Motiven auch vier mit weltlichen vorfinden, davon allein drei mit Szenen aus der Tristan-Sage. Daß sich diese mit den Motiven einer Liebestragödie aus dem Sagenkreis um König Artus im Besitz einer Gemeinschaft frommer Frauen befinden, kann als erstaunlich erachtet werden. Möglicherweise waren sie in fremdem Auftrag angefertigt worden. Doch damit ist nicht zugleich erklärt, wie überhaupt dieser Sagenstoff um 1300 – zur Zeit der Anfertigung des ersten Tristan-Teppichs – in das Kloster Eingang finden konnte.

Die Tristan-Sage, die keltischen Ursprungs ist, handelt von einer tragischen Liebesverstrickung. Ein junges Paar – Tristan und Isolde – wurde nach dem Genuß eines Liebestrankes, den sie nicht als solchen erkannten, aneinander in Liebe gebunden, indes Isolde bereits die Verlobte von Tristans Onkel war. Diesem, der Marke hieß und König von Cornwall war, hatte der Liebestrank gegolten und nicht Tristan. Der Irrtum führte in der Zeit danach zu vielen sündhaften Verwicklungen, weil Isolde trotz der entflammten Liebe zu Tristan König Marke geheiratet hatte, aber auch von Tristan nicht lassen wollte. So stellt sich auch die Frage, was die Klosterfrauen von Wienhausen bewogen haben mag, dieses unsittliche Geschehen zum Gegenstand ihrer Stickarbeiten zu machen. Und wie konnten sie überhaupt mit diesem Thema in Berührung kommen? Die Antwort darauf findet sich in der Person Eilharts von Oberg, der ein Ministerialer Herzog Heinrichs des Löwen und auch noch von dessen Sohn Otto, der als der „Welfenkaiser" in die Geschichte einging, war (s. „Die Wälle der Harliburg"). Diese Welfen standen in enger verwandtschaftlicher Beziehung zum englischen Königshaus – zu König Heinrich II. und seiner Gemahlin Eleonore, die wegen ihrer Kunstliebe mit dem Beinamen „Königin der Troubadoure" bedacht worden war. Sie stammten beide aus Frankreich, wobei sich Heinrich II. als Erbe des sagenhaften Königs Artus betrachtete. Über die Verbindung der Welfen mit dem englischen Königshaus kam der aus Oberg gebürtige Ministeriale Eilhart mit der keltischen Sage von Tristan und Isolde in Berührung. Oberg ist heute ein Ort im Süden des Landkreises Peine, in dem noch Spuren einer alten Burg im Gelände des in Privatbesitz befindlichen Gutshofes vorhanden sein sollen. Eilhart wurde – dichterisch begabt wie er war – der erste, der die Sage in Deutschland in höfischer Epik niederschrieb. Das soll um 1170 – manche Literaturhistoriker meinen um 1190 – geschehen sein.

Über den Verfasser dieser Erzählung wurde lange Zeit gerätselt. Sein Werk blieb nur in Fragmenten erhalten, und spätere Abschriften davon überlieferten seinen Namen in verschiedenen Versionen. Lediglich eine Abschrift benannte ihn richtig, nämlich „von Hobergin her Eylhart". Da dies ein Name war, der auch in mehreren sächsischen Urkunden aus der Zeit von 1189 bis 1207 bezeugt ist, war es möglich, den Verfasser der deutschen Dichtung als den schreib- und lesekundigen Eilhart von Oberg zu identifizieren. Eilhart hatte selbst darauf hingewiesen, daß er seinen Text nach der Vorlage eines Buches verfaßt habe. Vermutlich war es eine in französischer Sprache abgefaßte höfische Dichtung. Die Tristan-Sage war zu jener Zeit in Deutschland zwar schon durch fahrende Sänger bekannt geworden, doch Eilharts Dichtung trug dazu bei, sie hier noch berühmter zu machen. Zudem fand sie viele bildliche Darstellungen. So ist es nicht verwunderlich, daß auch die Nonnen von Wienhausen von der aufgekommenen Begeisterung erfaßt und angeregt wurden, zu Nadel und Garn zu greifen. Sie schufen mit ihren Teppichen zugleich ein Zeitdokument, das sich nicht nur in den gestickten Bildern darstellt, sondern auch in Form von Worten, die auf Schriftbändern die einzelnen Szenen erläutern. Diese gehen auf Eilharts Werk zurück.

Die Klosteranlage ist in Wienhausen leicht zu finden. Sie erstreckt sich am Nordwestrand des Ortes jenseits eines Nebenarmes der Aller. Hier stand schon vor der Klostergründung die seit 1051 bezeugte Archidiakonatskirche. Zusammen mit dem Kloster Wienhausen, das seit 1562 ein evangelisch-lutherisches Damenstift ist, vermochte sich die Nachfolgekirche gut zu entwickeln. Diese, die zugleich als Gemeindekirche dient, ist ein barocker Saalbau, der an der Westseite einen gotischen Treppengiebel besitzt. Da das an die Kirche im rechten Winkel angrenzende Klostergebäude an seiner Südseite ebenfalls solch einen Treppengiebel erhalten hat, ist eine vielbeachtete architektonische Komposition entstanden, wie es sie im norddeutschen Raum kein zweites Mal gibt. Sie ist auf dem nebenstehenden Bild zu sehen.

52

In seiner Nähe stand eine heilige Eiche

Das feste Haus Hagen

Der Ortsname „Hagen" kommt häufig vor. Im Postleitzahlenbuch der Deutschen Bundespost ist er in seiner einfachen Form achtzehnmal verzeichnet. Mehr als die Hälfte dieser Hagen-Orte, nämlich zehn, befinden sich in Niedersachsen, wobei einer südlich von Bremerhaven liegt und früher mit der Beifügung „im Bremischen" näher bestimmt worden war. Dieser Ort Hagen entstand einst im sächsischen Gau Wigmodi auf der Grenze zwischen Marsch und Geest und erlangte für die Dörfer jenes uralten Siedlungsgebietes mit seinen zahlreichen „Steenhüschen" genannten Hünengräbern wie auch für das westlich benachbarte Osterstade eine besondere Bedeutung. Sie klingt noch im Ortsnamen an: Das Wort „Hagen" steht für Zaun und kann zudem einen umgrenzten oder befestigten Ort kennzeichnen. Die Befestigung des heute zum Landkreis Cuxhaven gehörenden Hagen bestand einst aus aufgeworfenen Erdwällen, die – hier Damm genannt – mit dichten Hecken bepflanzt oder mit Baumstämmen sowie ineinander verflochtenen Ästen und Zweigen bedeckt waren.

In gleicher Weise wurden in früheren Jahrhunderten heilige Stätten schützend umschlossen, von denen es in Hagen eine gab. Hier befand sich eine heilige Eiche, an der sich einst die Bewohner der ganzen Umgebung versammelten, wenn es Maßnahmen zur bestmöglichen Gestaltung des Gemeinwohles zu beraten und zu beschließen galt. Die Eiche wurde vom Volksmund „Staleke" genannt, was „Stalleiche" bedeutet. Dieser erstmals 1248 urkundlich erwähnte Name soll von dem hier vorgenommenen Aufstallen der Pferde herrühren, wenn sich dafür in der einstigen Burg – dem „festen Haus" – kein Platz mehr fand. Unter der mächtigen Krone des mehrhundertjährigen Baumes wurde früher zu Gericht gesessen und über Leben und Tod entschieden. Der Vorsitzende des Gerichtes hieß „Staller", wobei es offen ist, ob er nach der Eiche oder diese nach ihm benannt worden war. In Hagen scheinen auch Hinrichtungen vorgenommen worden zu sein. Und da der Name des heiligen Baumes auch als „Hengeiche" überliefert ist, kann man darin einen Hinweis erkennen, daß die hier zum Tode verurteilten Verbrecher gleich an dem Baum aufgehängt worden sind, obwohl es eine eigens dafür geschaffene Richtstätte an einem Platz, der Steinfort hieß, gegeben haben soll.

Hagen gehörte etwa von 1100 an zu der alten schon von Kaiser Karl dem Großen an der Unterweser gegen das Eindringen von Seeräubern geschaffenen Grafschaft Stotel und bildete mit seinem Umland deren südlichen Teil. An der Stelle, an der Hagen entstand, waren vom Gelände her alle Voraussetzungen gegeben, um hier eine feste, uneinnehmbare Burg zu errichten. Sie wurde in einer sumpfigen Niederung auf einem von Menschenhand aufgeschütteten Sandhügel erbaut und mit einem mächtigen ringförmigen Wall umgeben. Der Wall war von der Burg so weit entfernt, daß diese von ihm aus mit den Schleudergeschossen jener Zeit nicht erreicht werden konnte. Für den Fall, daß sich nach erfolglosem Beschuß ein Belagerungsheer in die sumpfige Niederung begab, um durch einen Sturmangriff die Burg zu erobern, mußte es deren Besatzung möglich sein, die Niederung unter Wasser zu setzen. Auch das konnte in Hagen geschehen. Und schließlich galt es noch daran zu denken, daß die Burg trotz der Vorsorgemaßnahmen in Feindeshand geraten könnte. Für diesen Fall mußte ein versteckter unterirdischer Gang vorhanden sein, durch den die Besatzung den Belagerern entfliehen oder ihnen in den Rücken fallen konnte.

Alle diese Notwendigkeiten hatte Erzbischof Hartwig II. von Bremen berücksichtigt, der etwa ab 1200 die Burg von Hagen – allerdings zunächst nur aus Holz – erbauen ließ. Dieser Kirchenfürst, der als sehr rührig galt, hatte in den Jahren 1196/97 einen Zug in das Heilige Land unternommen und war in Jerusalem zu einem Mitbegründer und Förderer des Deutschen Ritterordens geworden. Seine Bemühungen in Hagen erwiesen sich jedoch als nutzlos: Die Burg, die vor allem den Bremer Erzbischöfen als Lust- und Jagdschloß dienen sollte, wurde 1212 zur Zeit der Stedingerkriege von den um ihre Freiheit kämpfenden Osterstader und Stedinger Bauern belagert, eingenommen und vermutlich auch mit vereinter Kraft zerstört, nachdem diese schon vorher die Monsilienburg bei Beverstedt erstürmt hatten (s. Bd. III „Die Monsilienburg bei Beverstedt"). Die Siege der aus den Marschgebieten links und rechts der Weser stammenden Bauern wurden 1234 von einem übermächtigen Kreuzritterheer in der erbitterten Schlacht bei Altenesch fürchterlich gerächt (s. Bd. II „Der Hügel St. Veit bei Altenesch"). Schriftlichen Überlieferungen zufolge lebten im festen Haus Hagen aber weiterhin Amtmänner sowie Burgmannen, und die Bremer Erzbischöfe stellten hier Urkunden aus.

Das feste Haus Hagen, das auch „Burg" genannt wird, ist an einer alten Gerichtsstätte entstanden, auf der auch zum Tode Verurteilte hingerichtet worden sein sollen. Heute dient dieses Gebäude aus dem Jahre 1501 vorwiegend kulturellen Zwecken.

Im Jahre 1501 entstand der zweigeschossige Backsteinbau, der heute noch steht. Das ließ sich bei dendrochronologischen Untersuchungen von Deckenbalken und Dachwerk erkennen, die im Zusammenhang mit Restaurierungs- und Sanierungsarbeiten an dem Haus in den Jahren von 1979 bis 1988 vorgenommen worden sind. Bei einer Belagerung im Jahre 1547 durch Bremer Bürger, die sich gegen Erzbischof Christoph, dem letzten katholischen Herrscher in Bremen, auflehnten, soll das Haus Hagen Schäden erlitten haben, die aber wieder beseitigt werden konnten. Etwas Ungewöhnliches geschah am 25. Oktober 1575 in seiner Burgkapelle: An diesem Tage ließ sich hier der damalige Bremer Erzbischof Heinrich von Sachsen-Lauenburg mit Anna von Broich, der Tochter eines Kölner Bürgermeisters, vom Schloßprediger Gade trauen. Dieser Kirchenfürst war Protestant geworden und wagte als erster Erzbischof den Schritt in die Ehe. Für das bremische Domkapitel war das alles so überraschend gekommen, daß es nichts dagegen zu unternehmen vermochte. Doch es wurde nun sogleich eine Bestimmung zum Gesetz erhoben, daß fortan Erzbischöfe, auch wenn sie der Lehre Martin Luthers folgten, nicht heiraten durften (s. „Der Erbhof von Thedinghausen").

Die Burg Hagen dient heute seit der Beendigung ihrer Renovierung im Jahre 1988 vorwiegend kulturellen Zwecken. In ihr befinden sich Ausstellungsräume, ein Vortragssaal sowie das Standesamt, wobei die Trauungen in der ehemaligen Burgkapelle vorgenommen werden. Vorher war in dem Gebäude das Amtsgericht untergebracht. Die heilige Eiche gibt es seit langem nicht mehr. Wo sie einst stand, ist nicht mehr mit Gewißheit bekannt. Möglicherweise befand sich ihr Standort da, wo auf dem Hof der alten Volksschule bereits wieder eine stattliche Eiche wächst. Im Gegensatz zu Hagen ist in Stotel, dem einstigen Grafensitz, vom Schloß überhaupt nichts mehr zu sehen. Nachdem die Osterstader 1213 eine ältere Burg an der Einmündung der Lune in die Weser zerstört hatten, wurde flußaufwärts in Stotel – der Name bedeutet „Ort im Walde" – um 1220 eine neue erbaut, die dann 1350 nach dem Aussterben der Stoteler Grafen in den Besitz des Erzbistums Bremen überging. Unter dessen Herrschaft wurde diese Burg so zerstört, daß 1581 nur ein Trümmerhaufen übrig war, und auch der ist längst verschwunden.

Welfische Grenzfeste wurde zum Räubernest
Die Ruine der Brackenburg

Die Dransfelder Hochfläche, die sich im Süden Niedersachsens zwischen dem Solling, dem Bramwald und dem Leinegraben ausbreitet, ist von Basaltbergen geradezu übersät. Diese Erhebungen sind vor rund 15 Millionen Jahren als glutflüssige Lava aus dem Erdinnern aufgequollen und auf der Erdoberfläche, die hier aus Muschelkalk besteht, zu ihren heutigen Formen erstarrt. Insgesamt sind hier auf diese Weise 35 Basaltberge entstanden, davon 16 in Kegelform. Auf einem der Basaltkegel, dessen Spitze in 461 Meter Höhe reicht und der den Namen „Brackenberg" erhielt, wurde im Mittelalter von den Welfen eine Burg zum Schutze der Südgrenze ihres Herrschaftsgebietes gegen das benachbarte Hessen errichtet. Wann dies genau geschah und wer der Erbauer war, ist nirgends exakt überliefert. Nachgewiesen ist nur, daß die Brackenburg im Jahre 1279 erstmals schriftlich erwähnt wurde. Das war der Fall, als die Söhne des Welfenherzogs Albrecht des Großen – auch „der Lange" genannt – nach dessen Tode den Besitz des Alten Hauses Braunschweig in die Linien Grubenhagen, Braunschweig, Göttingen und Wolfenbüttel aufteilten und dabei Göttingen an Herzog Albrecht den Feisten fiel.

Es vergingen Jahrzehnte, bis die Brackenburg ein zweites Mal Erwähnung fand, nämlich zur Zeit Herzog Ottos des Quaden, der von 1367 bis 1394 regierte. Dieser „böse" Otto war ein Feind der aufblühenden Städte und ein Freund der Ritterschaft, die sich dem Straßenraub verschrieben hatte. Im Jahre 1391 trat er sogar als Hauptmann an die Spitze jenes räuberischen Ritterbundes, der nach seinem Abzeichen am Helm und im Schild „Sternerbund" genannt wurde (s. Bd. III „Das Muthaus in Hardegsen"). Otto der Quade hoffte, mit Hilfe des Sternerbundes das Hessenland an sich zu bringen, wo ihm durch eigene Schuld eine erhoffte Erbschaft entgangen war. In diesen Eroberungskampf bezog der skrupellose Herzog neben anderen Burgen auch die Brackenburg als Stützpunkt mit ein. Er ließ die Gebiete an der Weser, Werra und Fulda mit Brand und Raub überziehen, bis sich das Kriegsglück von ihm wandte. Das Wüten des Quaden hatte besonders die Stadt Dransfeld zu spüren bekommen, die im Sternerkrieg eingeäschert worden war. Lediglich die dem Heiligen Martin geweihte Kirche war vom Feuer verschont geblieben.

Auch nach jener Zeit blieb die Brackenburg noch bis in das 15. Jahrhundert hinein ein berüchtigtes Räubernest. Von ihr aus wurden vor allem thüringische Warenzüge überfallen. Doch Herzog Otto der Einäugige, der inzwischen Landesherr geworden war, dachte über den Straßenraub anders als Otto der Quade, der sein Vorgänger war. Durch die Bürger seiner Stadt Göttingen verstärkt, belagerte er 1411 den Brackenberg. Die Burgbesatzung wehrte sich zwar auf das hartnäckigste, zumal es für sie um Kopf und Kragen ging. Doch der großen Büchse der Göttinger, die 1402 Meister Albrecht von Soest gegossen hatte, vermochte sie auf die Dauer nicht zu widerstehen. Die Burg wurde erstürmt, und Herzog Otto der Einäugige ließ die gesamte Besatzung – wie es heißt – „aufknüpfen". Es gibt Anzeichen dafür, daß gegen Ende des 15. Jahrhunderts vom Brackenberg aus noch einmal die Wege der Kaufleute unsicher gemacht worden sind, denn 1486 zogen die Göttinger erneut vor ihn, eroberten die Burg und brannten sie aus. Zum letzten Male wurde diese Burg 1495 bei der Erbteilung der Söhne Herzog Wilhelms des Jüngeren erwähnt, die das Mittlere Haus Braunschweig in eine Linie Wolfenbüttel und eine Linie Calenberg teilten. Wolfenbüttel bekam Heinrich der Ältere und Calenberg Erich I.

Die Brackenburg ist nach ihrer Zerstörung durch die Göttinger nicht wieder aufgebaut worden,

Der Jungfernstein im Grundbachtal bei Laubach verdankt seinen Namen einer Sage. Ein Riesenfräulein von der Brackenburg soll ihn beim Überschreiten der Werra aufgelesen und ihn dann wieder verloren haben. Die sichtbare Fläche des Steins beträgt etwa 8 Quadratmeter.

Die Brackenburg auf einem Basaltkegel der Dransfelder Hochfläche sollte im Mittelalter die Welfenlande gegen die Hessen schützen. Sie wandelte sich jedoch zuletzt in ein berüchtigtes Räubernest. Nach ihrer Zerstörung durch die Göttinger wurde sie nicht wieder aufgebaut.

sondern blieb nur als Ruine erhalten. Und auch von dieser sind lediglich noch einige Mauerreste vorhanden, so die Südwestecke der Burg, ein Teil der südlichen Umfassungsmauer und Spuren der Fundamente. Sie war in einsamer Waldgegend auf dem eine gute Rundumsicht gewährenden Brackenberg aus dem gleichen schwarzen Basalt, aus dem dieser besteht, erbaut worden. Man findet den Brackenberg auf der Dransfelder Hochfläche südwestlich von Jühnde in der Nähe des alten, schon 990 als „Manisi" erwähnten Dorfes Meensen. Von dort aus führt eine Fahrstraße zum Forsthaus Brackenberg. Der Weg zur Ruine, die heute dicht von Buchenwald umstanden ist und deshalb nicht schon von weitem gesehen werden kann, muß zu Fuß zurückgelegt werden.

Einer Sage nach soll die Brackenburg vor langer Zeit von einem Riesen und seiner Tochter bewohnt gewesen sein. Als die Tochter eines Tages ihre Freundin auf der Burg Sichelnstein (s. Bd. III „Die Burgruine Sichelnstein") besuchte, die ebenfalls ein Riesenfräulein gewesen sei, habe sie beim Überschreiten der Werra einige glänzende, eigenartig klingende Steine aufgesammelt, die sie ihrer Freundin zum Fangballspielen mitbringen wollte. In ihrer Schürze sei jedoch ein Loch gewesen, durch das sie einen der Steine verloren habe. Dieser Stein soll derjenige sein, den man noch heute im dunklen Grundbachtal bei Laubach auf dem Waldboden nahe dem Bachufer liegen sehen kann und der „Jungfernstein" genannt wird. Wie eine andere Sage wissen will, sollte dieser fast runde, bis 80 Zentimeter hohe und eine Fläche von etwa 16 Quadratmeter einnehmende Findling aus Tertiärquarzit im Auftrage der Forstverwaltung von einem Maurer in Stücke zertrümmert werden. Doch dieses Vorhaben sei mißlungen. Es sei ein Gewittersturm aufgekommen, bei dem ein Blitz die alte Eiche neben dem Jungfernstein zerschmettert habe. Daß der Maurer dabei nicht erschlagen worden sei, habe als ein Wunder gegolten. Nie wieder sei versucht worden, den Stein zu sprengen. So liegt er heute noch unversehrt südwestlich von Laubach an dem Waldweg, der vom Bremer Eck nach Süden am Grundbach entlang zur Grundmühle führt. Von der Oberfläche des Steines sind etwa 8 Quadratmeter sichtbar, während die restliche Fläche vom Waldboden bedeckt ist. Wie der Stein tatsächlich an diesen Ort kam, ist unbekannt.

54

Schon Römer sollen hier Wache gehalten haben

Die Burgruine Polle

Als sich die Weser im südwestlichen Niedersachsen ihr Flußbett zu schaffen begann, hatte sie es sehr schwer. Sie mußte gegen eine Landschaft ankämpfen, die sich ihr in Form eines mächtigen Plateaus aus Muschelkalk in den Weg legte. Dieses im Erdmittelalter abgelagerte helle Gestein, das sich besonders an der Steilwand des Breitensteins bei Rühle wie auch an dem langgezogenen halbkreisförmigen Prallhang der Steinmühle für jedermann deutlich erkennbar zeigt, vermochte die Weser nur mit vielen Windungen zu durchbrechen. Das verlängerte in diesem Bereich ihren Lauf beträchtlich. Sie muß heute von Holzminden bis Bodenwerder 31 Kilometer zurücklegen, während die beiden Orte – nach Luftlinie gemessen – nur 18 Kilometer voneinander entfernt sind. An ihrer am stärksten ausgeprägten Krümmung entstand am Westufer auf einem vorspringenden, „Poll" genannten Felsen eine Burg mit einer Siedlung, auf die beide diese Bezeichnung, die „Kopf" oder auch „Spitze" bedeutete, als „Polle" überging. Wann die Burg errichtet wurde, ist nirgends überliefert. Vermutungen gehen dahin, daß Polles Geschichte bereits in der Zeit um Christi Geburt begann, als das Land an der Weser von römischen Truppen unter den Feldherren Drusus, Varus und Germanicus besetzt war. Insbesondere soll Nero Claudius Drusus, der das Land der Germanen bis zur Elbe durchstieß und auf dem Rückmarsch nach einem Reitunfall zu Tode kam (s. „Das Römerlager Scelerata"), vordem überall an der Weser Wachposten aufgestellt und Schutzlager eingerichtet haben. Das könnte auch da geschehen sein, wo die Burg Polle entstand.

Erstmals urkundlich erwähnt wurde die Burg Polle im Jahre 1285. Sie war zu jener Zeit einer der beiden Hauptsitze der Grafen von Everstein geworden, die ein Jahr vorher ihren namengebenden Everstein in der Nähe des Klosterortes Amelungsborn an die Welfen verloren hatten. Es wird für möglich gehalten, daß die Burg Polle zum Zeitpunkt ihrer ersten Erwähnung schon ein Jahrhundert lang bestanden hatte und während dieser Zeitspanne zur Residenz der Grafen von Everstein ausgebaut worden war. Die Eversteiner hatten es verstanden, zu bedeutender Macht aufzusteigen. Das war nur möglich geworden, weil sie sich gegen die Welfen stellten und sich dafür um so enger an die Staufer lehnten. Ihr Verhalten zahlte sich für sie in besonderer Weise aus, als der Welfenherzog Heinrich der Löwe bei der Kaiserwahl 1155 Friedrich Barbarossa aus dem schwäbischen Fürstenhaus der Staufer unterlag. Um 1225 umfaßte der Besitz der Eversteiner den gesamten Weserraum von der von ihnen um 1200 gegründeten Stadt Holzminden über Polle und Ottenstein bis Hameln. Doch mit dem Ende der staufischen Reichsgewalt 1254 folgte dem glänzenden Aufstieg der Eversteiner ein steter Niedergang. Dieser wurde 1257 durch eine Grausamkeit des Braunschweiger Welfenherzogs Albrecht des Langen eingeleitet, der den Grafen Konrad IV. von Everstein nach dessen Gefangennahme durch Aufhängen an den Füßen hinrichten ließ. Dazu wurde jedoch kein Strick benutzt, sondern der Schwertgurt des Eversteiner Grafen.

Auf dem Höhepunkt der Eversteiner Machtentfaltung zeigte sich die Burg Polle als ein trutziges Bauwerk. Wo ihr der steile Burgberg keinen ausreichenden Schutz gewährte, war sie mit Mauern, Gräben und Wällen gesichert worden. An der nördlichen und der südlichen Seite des Burgberges befanden sich doppelte Gräben, über die je eine Zugbrücke führte. Der stattliche runde Bergfried, der heute noch weitgehend erhalten ist, bestand aus mehreren übereinander liegenden Stockwerken. Von seinem untersten Gewölbe führte ein unterirdischer Gang zu dem tiefen Burgbrunnen, der zugleich Ausgangspunkt von Fluchtwegen in den Ort hinein gewesen sein soll. Doch trotz ihrer Wehrhaftigkeit war die Burg Polle nicht uneinnehmbar. Das erwies sich in der Nacht zum Ostersonntag des Jahres 1407. Während die Besatzung schlief, näherte sich der Burg Herzog Heinrich von Braunschweig mit einer Streitmacht von 13 000 Mann. Die Kühnsten von ihnen erstiegen mit Hilfe von Sturmleitern an der Weserseite die Festung und nahmen sie in Besitz. Nach dieser Eroberung fiel die Burg Polle 1408 endgültig an die Welfen, als sich Hermann von Everstein in Hameln neben anderen Zugeständnissen auch dazu verpflichtete, der Verehelichung seiner einzigen Tochter Elisabeth mit dem Lüneburger Welfenherzog Otto, der Heinrichs Neffe war, zuzustimmen. Als Brautschatz mußte er den Welfen die gesamte Grafschaft Everstein ausliefern. Die zu diesem Erbvertrag erforderlichen Verhandlungen fanden 1409 auf der Burg Polle statt.

Als 1618 der Dreißigjährige Krieg ausbrach, griff das Kampfgeschehen auch auf Polle über. Im Spätsommer 1623 wurde die Burg von Tilly, dem Feldherrn der Katholischen Liga, belagert, erobert und ausgeplündert. Dabei wurde auch ein Teil der Amtsgebäude und des Fleckens Polle eingeäschert. Im Juli 1625 überschritt Tilly mit seinen Truppen bei Polle und zudem bei Holzminden die Weser, um den

Dänenkönig Christian IV., der als Oberster des Niedersächsischen Reichskreises die protestantischen Streitkräfte anführte, verfolgen zu können. Und als König Gustav Adolf von Schweden in diesen schrecklichen Krieg eingriff, bekam Polle auch noch

Zu dem, was von der stattlichen Burganlage in Polle geblieben ist, gehört das prächtige halbkreisförmig überwölbte Renaissance-Portal des 1945 gegen Ende des Zweiten Weltkrieges zerstörten Amtshauses. Das Portal zeigt an jeder Seite eine ionische Säule und im Gebälk darüber das von zwei Löwen gehaltene Poller Burgtorwappen.

Die vermutlich um 1200 von den Eversteiner Grafen erbaute Burg Polle wurde im Dreißigjährigen Krieg zerstört. Heute sind auf dem nach drei Seiten steil abfallenden Felsen nur noch die Außenmauern der Burggebäude sowie der besteigbare, einen weiten Blick über das Wesertal gewährende Wartturm vorhanden.

die Zerstörungskraft von dessen Truppen zu spüren. Die Schweden brachten 1641 auf dem westlich von Polle befindlichen Heimberg Geschütze in Stellung und beschossen die Burg, bis sie in Flammen aufging und völlig ausbrannte. So sind heute neben dem Bergfried nur noch die Außenmauern der Burggebäude zu sehen. In Besitz genommen wurde Polle von den Schweden jedoch nicht. Einige Jahre nach dem Ende des Krieges wurde von 1656 an die Unterburg in Polle wieder aufgebaut, während die Oberburg als Ruine bestehen blieb. Bei dem Wiederaufbau der Unterburg entstand ein prächtiges, viel bewundertes Amtshaus im Stil der Weserrenaissance, das aber im April 1945 gegen Ende des Zweiten Weltkrieges zerstört wurde. Übrig blieb nur das wappengeschmückte Portal.

Doch zwischenzeitlich gab es ein weiteres Kampfgeschehen, das Polle hart zusetzte: den 1756 ausgebrochenen Siebenjährigen Krieg. Dabei wurde Polle im Juli 1757 nach der seltsamen Schlacht bei Hastenbeck südöstlich von Hameln von französischen Truppen heimgesucht und ausgeraubt (s. Bd. I „Das Schloß Hastenbeck"). Zudem mußten die Bauern des Amtes Polle den Franzosen mit Pferd und Wagen dienen. Aber nicht nur diesen! Als nach 1758 die Franzosen wieder abzogen, kamen in das Gebiet an der Oberweser die verbündeten Hannoveraner und Preußen, denen die Bauern von Polle ebenfalls Fuhrdienste leisten mußten. Polle spielte auch im Leben des berühmten „Lügenbarons" Carl Friedrich Hieronymus Freiherr von Münchhausen eine bedeutsame Rolle, als er nach vier Jahrzehnten glücklicher Ehe mit seiner Gemahlin Jakobine von Dunten Witwer geworden war. Er bekam wenig später in Bodenwerder den Besuch des mit ihm befreundeten Majors Justus von Brunn aus Polle, der seine bildhübsche siebzehnjährige Tochter Bernhardine mitbrachte. An dieser fand Münchhausen, der das siebzigste Lebensjahr längst überschritten hatte, so viel Gefallen, daß er um ihre Hand anhielt und sie 1794 heiratete. Doch das Zusammenleben mit der jungen Frau verlief ganz anders, als er es sich vorgestellt hatte. Sie lernte in Bad Pyrmont zahlreiche Herren kennen, mit denen sie – wie es heißt – „die Nächte durchtanzte". Darüber hinaus unterhielt sie ein intimes Verhältnis zum damaligen Amtsschreiber in Polle. Es wurde immer offensichtlicher, daß sie Münchhausen nur wegen seines Geldes geheiratet hatte. Als er das erkannte, was bei ihrem ebenso verschwenderischen wie liederlichen Lebenswandel nicht schwer war, reichte er die Scheidung ein. Doch Münchhausen erlebte sie nicht mehr – er starb am 22. Februar 1797. Da die Gerichtskosten sein Vermögen weitgehend aufgezehrt hatten, blieb auch für die geldgierige Bernhardine nur wenig übrig. Sie ging in die Niederlande, wo sich ihre Spur verlor.

55

Vom einstigen Fürstensitz blieb nur ein Rest

Das Schloß Berum

Die Straße, die in Ostfriesland Norden mit Esens verbindet, führt an der Lütetsburg vorbei und erreicht knapp 3 Kilometer weiter Berum. Dieser alte Ort, dessen Name „Heim des Bären" bedeutet, besaß ebenfalls eine Burg, die lange vor der Lütetsburg schon zur Zeit Kaiser Karls des Großen bestanden und einer Sippe namens Tzerklaes gehört haben soll. Die Herrschaft dieser Sippe habe sich auch über Osteel und Marienhafe erstreckt. Doch während das nur vermutet werden kann, darf mit Sicherheit angenommen werden, daß Berum bereits im 14. Jahrhundert Häuptlingssitz der Sydzenas war, der im 15. Jahrhundert an die Cirksenas überging. Edzard Cirksena hatte Frouwe, die Enkelin des Häuptlings Hayo Sydzena, geheiratet und über diese Verbindung die Burg Berum mit allem Drum und Dran erlangt. Als Edzard und Frouwe 1441 an der Pest starben, erlosch zugleich das Häuptlingsgeschlecht der Sydzenas. Berum kam an Edzards Bruder Ulrich, der später – 1464 – von Kaiser Friedrich III. in den Reichsgrafenstand erhoben wurde (s. Bd. II „Die Seefestung Greetsiel"). Ulrich ließ 1444 in Berum anstelle der alten Burg ein Schloß erbauen, das 1453 zu einer würdigen Kulisse seiner Vermählung mit Theda, der Enkelin Focko Ukenas, wurde. Focko Ukena war Häuptling von Leer und galt als der mächtigste Mann seiner Zeit in Ostfriesland.

Das Schloß Berum sah aber nicht nur Erfreuliches. So wurde in seinen Mauern Alf, der Sohn des Grafen Gerhard von Oldenburg, jahrelang gefangen gehalten. Er war 1475 in einer der vielen Grenzfehden zwischen Ostfriesland und Oldenburg bei Stickhausen in die Hände der Ostfriesen geraten (s. Bd. I „Die Burg Stickhausen"). Wie lange der Oldenburger Grafensohn im Berumer Schloß in Gewahrsam war, ist nicht eindeutig überliefert. Es können drei oder sechs oder sogar noch mehr Jahre gewesen sein. Erst als sein Vater ein Lösegeld von 3000 Gulden zahlte und dazu die Ortschaften Zetel, Driefel und Schweinbrück verpfänden mußte, bekam Alf seine

Das Schloß Berum in Ostfriesland war einst ein bedeutender Häuptlingssitz. Jedoch wurde der größte Teil des Schlosses 1764 abgebrochen. Erhalten blieben nur die Vorburg, die unser Bild zeigt, sowie Wälle und Wassergräben.

Freiheit zurück. Das Schloß Berum wurde noch ein weiteres Mal zum Schauplatz eines tragischen Geschehens, und zwar im Jahre 1628, als der Dreißigjährige Krieg wütete und auch Ostfriesland erfaßt hatte. Landesherr von Ostfriesland war kurz vorher Graf Rudolf Christian geworden, der besondere Bekanntheit erlangte, weil er das sechsfeldrige ostfriesische Landeswappen einführte und weil er auf sonderbare Weise sein Leben verlor.

Vom Schloß Berum hatten kaiserliche Truppen, die unter dem Befehl des Kriegsobersten Graf Gallas standen, Besitz ergriffen. Gallas war gekommen, um mit Rudolf Christian wegen der Kontribution – der ausgeschriebenen Kriegssteuer – zu verhandeln. Dabei wurde gezecht und mit Würfeln gespielt. Plötzlich kam Streit auf und zwei der Zecher – ein kaiserlicher Hauptmann und ein Begleiter des ostfriesischen Grafen – gingen hinaus, um sich auf der Wiese vor dem Schloß zu duellieren. Alle drängten sogleich ins Freie. Gallas, der von dem Duell ebenfalls Kenntnis bekommen hatte, befahl, die Wiese sofort zu räumen. Ein Leutnant kam mit der Wache, um dem Räumungsbefehl nachzuhelfen. Dabei hieb er mit der flachen Klinge um sich. Das verdroß den Grafen Rudolf Christian so sehr, daß er einem der Umstehenden den Degen entriß und auf den Leutnant eindrang. Dieser wich zurück, bis er mit dem Rücken am Burggraben stand. Er mußte haltmachen, ob er wollte oder nicht. Um sich zu wehren, streckte er seinen Degen vor sich, was Graf Rudolf Christian nicht zu sehen vermochte, weil ihn die Sonne blendete. Er lief geradewegs in die Waffe des Leutnants, wobei sich die Degenspitze in das linke Auge des Grafen bohrte. Die Verletzung war tödlich – er starb nach kurzer Zeit, gerade 25 Jahre alt.

Im Schloß Berum wohnte vor dem Dreißigjährigen Krieg die Witwe des Grafen Edzard II. bis zu ihrem Lebensende im Dezember 1610. Sie hieß Katharina und war die Tochter des Königs Gustav von Schweden (s. Bd. III „Die Burg Pewsum"). Diese Gräfin aus königlichem Geblüt, die ihre Vermählung mit einem ostfriesischen Grafen ihr Leben lang als Abstieg empfand, ließ im Schloß Berum eine Kapelle einrichten und stellte eigene Prediger ein. Nach dem Dreißigjährigen Krieg wurde das Schloß zum Sitz mehrerer Witwen, die von 1654 an nicht mehr Gräfinnen waren, sondern Fürstinnen. In diesem Jahr hatte Graf Enno Ludwig durch Vermittlung des aus Ostfriesland stammenden Professors Hermann Conring, der an der Universität Helmstedt Rechtslehrer war, den Fürstentitel erhalten. Und Georg Christian, dem Nachfolger Enno Ludwigs, gelang es, daß das Haus Cirksena insgesamt in den Fürstenstand erhoben wurde. Als in der zweiten Hälfte des 17. Jahrhunderts die Fürstin Christine Charlotte, die längere Zeit für ihren Sohn Christian Eberhard die Regierungsgeschäfte geführt hatte, ihren Wohnsitz in Berum nahm, geschah viel zur Verschönerung des Schlosses. Es wurde so stattlich, daß in ihm 1734 die Hochzeit des Erbprinzen Carl Edzard mit der Prinzessin Sophie Wilhelmine von Brandenburg-Bayreuth standesgemäß gefeiert werden konnte. Es war die letzte Hochzeit eines ostfriesischen Fürsten im Schloß Berum. Zwischen ihr und der erwähnten ersten im Jahre 1453 lagen nahezu drei Jahrhunderte.

Als 1744 Fürst Carl Edzard ohne Erben starb, wurde Ostfriesland preußisch. In dieser Zeit erlitt das Schloß Berum das gleiche Schicksal wie die meisten ostfriesischen Burgen und Schlösser: Der Preußenkönig Friedrich der Große ließ sie abbrechen. Das geschah in Berum 1764. Von dem einst ansehnlichen Bauwerk ist außer Wall und Graben nur die Vorburg geblieben, die sich heutigen Betrachtern als ein langgestreckter verputzter Backsteinbau zeigt. An dessen Schmalseite zur Straße hin befindet sich ein schräg gestellter rechteckiger Turm und an der anderen Schmalseite ein stattliches barockes Tor, das von Säulen flankiert und mit einem Dreiecksgiebel geziert ist. An diesem Giebel ist über der Toreinfahrt ein Wappen zu sehen, das von Christine Charlotte, der Gemahlin des ersten ostfriesischen Fürsten Georg Christian, stammt. Die prunkliebende Fürstin, die eine Tochter des Herzogs Eberhard von Württemberg war, ist 1699 in Berum gestorben. Heute bietet das einstige Schloß Urlaubsgästen Ferienwohnungen.

Das barocke Eingangstor des Schlosses Berum ist wohlgestaltet. Es besitzt eine rundbogige Durchfahrt, zu der über den Wassergraben eine Brücke führt.

56

Gegen See- und Strandraub errichtet

Das Schloß Ritzebüttel

Cuxhaven, das zwischen den Trichtermündungen von Elbe und Weser liegt, ist die nördlichste Stadt Niedersachsens. Sie entstand aus einem Zusammenschluß der Gemeinden Cuxhaven, Ritzebüttel und Döse und erhielt 1907 als kommunale Einheit Stadtrechte. Die älteste und zugleich bedeutendste dieser Siedlungen war der Flecken Ritzebüttel, dessen Name erstmals 1310 in Verbindung mit einem „Wolericus Lappe de Ritzebutil" urkundlich erwähnt wurde. Die Lappen, zu denen dieser Wolericus gehörte, waren im nahen Sahlenburg zu Hause und galten als ein sehr altes Adelsgeschlecht, wie überhaupt das Umland von Sahlenburg schon seit langer Zeit besiedelt war. Das beweisen Urnen und Bronzegeräte, die bei Grabungen auf dem Galgenberg von Sahlenburg gefunden worden sind. Dieser von Menschenhand aufgeschüttete 18 Meter hohe Hügel war schon lange, bevor er 1695 zur Richtstätte des Amtes Ritzebüttel wurde, ein Begräbnisplatz. Auch soll er eine Burg getragen haben und von einem Wall mit Graben umgeben gewesen sein. Das wird neben aufgefundenen Mauerresten daraus geschlossen, daß die Flurstelle des Galgenberges noch heute „de Borg" heißt. Ob auch der Ortsname Sahlenburg – wie vermutet wird – darauf hindeutet, ließ sich noch nicht klären. Die Burg, die die Familie Lappe in Sahlenburg besaß, ist heute nicht mehr vorhanden.

Da es in Sahlenburg wegen der schlechten Straßen kaum Warenverkehr gab, brachte der Wegezoll den Herren von Lappe nichts Nennenswertes ein. Doch es gab andere Möglichkeiten zum Erwerb von Geld und Gut. Zu jener Zeit strandeten noch viele Schiffe mit vollen Ladungen auf den Sänden an der Elbmündung und bedurften dann helfender Hände, um wieder loszukommen. Die Helfer waren aber zumeist weniger auf das Leisten von Hilfe bedacht, sondern mehr auf den Raub der transportierten kostbaren Güter. Das war eine Einnahmequelle, die auch die Lappen für sich sprudeln lassen wollten. Deshalb erwarben sie Ritzebüttel, das an einem Priel lag, der zur Elbe führte. Von diesem für ihr Vorhaben sehr günstigen Ort aus suchten sie am Strandraub teilzunehmen und Gewinne zu erzielen. Das scheint ihnen auch gelungen zu sein. Denn sie vermochten hier im 14. Jahrhundert ein Schloß zu bauen, das jenes feste Haus gewesen sein dürfte, das 1342 schriftlichen Belegen zufolge als „Steenborgh" bezeichnet wurde.

Diese Entwicklung konnte den Hamburgern, die vom See- und Strandraub besonders betroffen waren, nicht gleichgültig sein. So blieb es nicht aus, daß sie ihrerseits Abhilfe schufen. Sie hatten bereits in der Mitte des 13. Jahrhunderts die vor der Elbmündung liegende Insel, die damals „Nige O" hieß und heute „Neuwerk" heißt, in Besitz genommen. Dort hatten sie in den Jahren von 1300 bis 1310 einen hohen Turm errichtet, von dem aus sie die Räubereien auf See und am Strand zu verhindern suchten. Das gelang ihnen jedoch nicht zufriedenstellend. Eine Veränderung zu ihren Gunsten trat erst ein, als die Lappen in finanzielle Schwierigkeiten gerieten. Diese hatten Besitzungen im Land Hadeln sowie bei Bederkesa erworben und lebten auf zu großem Fuß. Um ihren übermäßigen Geldbedarf zu decken, verpfändeten sie 1372 den Hamburgern die Kirchspiele Groden und Wolde und öffneten ihnen auch das „Slot tho Ritzebüttel" für eine Zeitspanne von zwei Jahren. Da die Lappen ihre Schuldzinsen nicht fristgemäß zahlten, sich zudem wieder als Strandräuber betätigten und dann sogar 1392 den Turm von Neuwerk in Brand steckten, machten die Hamburger ihrem Ärger darüber im Jahre 1393 Luft. In Ermangelung einer eigenen ausreichenden Streitmacht zu Lande warben sie 800 Bewaffnete aus dem benachbarten Land Wursten an und ließen diese das Schloß Ritzebüttel erstürmen. Die Hamburger veranlaßten dann 1394 die Vettern Wolder und Alverick von Lappe, ihnen das Schloß und das dazugehörige Gebiet mit allen Dörfern zu verkaufen.

Unklar blieb lange, ob es zu jener Zeit bereits den mächtigen Wehrturm gegeben hat, der heute noch in Ritzebüttel zu bestaunen ist, oder ob er erst nach der Übernahme des Schlosses von den Hamburgern erbaut wurde. Um das Rätselraten zu beenden, beauftragte die Stadt Cuxhaven 1984 den Hamburger Universitätsprofessor Dr. Helmut Ziegert, dieses rechteckige, aus einem Kellergewölbe und vier Obergeschossen bestehende Backsteingebäude archäologisch zu untersuchen. Das geschah dann mit Hilfe mehrerer naturwissenschaftlicher Verfahren, die eine recht genaue Datierung sowohl der aus gebrannten Ziegeln als auch der aus Holz bestehenden Bauteile ermöglichten. Die genauesten Ergebnisse erbrachte dabei die Dendrochronologie – eine Methode, die anhand der Jahrringe bestimmter Baumarten wie vor allem der Eiche erkennen läßt, wann der Baum lebte. Die Hamburger Archäologen fanden im Fundament des Ritzebütteler Wehrturmes

Ritzebüttel, das heute ein Stadtteil Cuxhavens ist, gehörte jahrhundertelang zur Hansestadt Hamburg. Die Hamburger ließen auch das von einem Wassergraben und an drei Seiten von einem hohen Wall umgebene Schloß Ritzebüttel als ihren Amtssitz errichten.

unter anderem eine Eichenbohle, die sich in dieser Hinsicht als sehr aussagekräftig erwies. Deren Jahrringe gaben im Vergleich mit dem vorhandenen, bereits einige Jahrtausende in die Vergangenheit zurückreichenden Jahrringkalender zu erkennen, daß sie von einem Baum stammt, der etwa um das Jahr 1398 gefällt worden war. Demnach konnte sein Holz auch erst nach dieser Zeit für den Bau des Turmfundamentes Verwendung gefunden haben. Und das heißt weiter, daß der Turm erst errichtet worden sein konnte, nachdem die Hamburger Ritzebüttel bereits erworben hatten.

Bei den ab 1985 vorgenommenen Sanierungsarbeiten fand man sogar zur Überraschung aller Beteiligten das alte Mauerwerk der einstigen Steenborg auf, die sich bis dahin im Inneren des Wehrturmes verborgen hatte. Da die Hamburger die alte Steenborg stehen ließen, als sie um diese herum und auf ihren Mauern den Wehrturm errichteten, entstand eine Mauerstärke von etwa 3 Meter. Zudem legten sie um dieses Gebäude einen Wassergraben von mehr als 6 Meter Breite an, der jedoch im 17. Jahrhundert wieder zugeschüttet wurde. Der Turm, der nun eine Höhe von 21 Meter und zudem einen Dachstuhl von noch einmal 9 Meter besaß, wurde um 1400 Sitz eines Amtmannes aus Hamburg. Der Turm ist in diesen Ausmaßen noch heute vorhanden.

Nachdem nun die Hamburger die Schiffahrt an der Elbmündung besser schützen konnten, weiteten sie ihren Wirkungsbereich gegen Räubereien auf die

Das älteste Gebäude des Schlosses Ritzebüttel ist der mächtige, inzwischen 600jährige Wohn- und Wehrturm mit einem Kellergewölbe und vier Obergeschossen aus Backstein. In diesem Turm verbergen sich noch die Reste einer mittelalterlichen Steinburg.

offene See aus. Das gelang ihnen mit Hilfe eines kampfstark ausgerüsteten Schiffes. Mit diesem vermochten sie sogar die gefürchteten Seeräuber Klaus Störtebeker und Godeke Michels aufzubringen, die dann in Hamburg zum Tode verurteilt und enthauptet wurden (s. Bd. I „Die Marienkirche in Marienhafe"). In Ritzebüttel zog Frieden ein. 1618 wurde vor dem Wehrturm ein schloßartiger Bau errichtet, der fortan den Vertretern Hamburgs als Amtssitz diente. Turm und Schloß von Ritzebüttel überstanden auch den Dreißigjährigen Krieg. Unruhige Zeiten brachen erst wieder herein, als Napoleon, der Kaiser der Franzosen, weite Teile Europas mit Krieg überzog. Von 1806 an wurde Cuxhaven abwechselnd von Preußen, Engländern, Franzosen und Russen besetzt, und 1810 wurde es sogar zum Bestandteil des französischen Kaiserreiches erklärt. Doch dieser Spuk, der fast den Abriß des Schlosses Ritzebüttel durch die Franzosen gebracht hätte, ging auch vorüber. Im Jahre 1872 kam der eingangs erwähnte Zusammenschluß von Cuxhaven und Ritzebüttel zustande, dem sich 1905 die Landgemeinde Döse zugesellte. Als Cuxhaven schließlich zwei Jahre später zur Stadt erhoben war, gehörte sie zunächst weiter zu Hamburg, wurde dann aber 1937 preußisch und kam 1946 zum damals geschaffenen Land Niedersachsen. Heute befinden sich im Schloß Ritzebüttel Amtsräume der Stadtverwaltung Cuxhaven, von denen sich das Standesamt wegen des romantischen Flairs einer besonderen Beliebtheit erfreut.

57

Fünf Bischöfe waren ihre Bauherren

Die Burg Wittlage

Das Osnabrücker Land ist reich an Burgen und Schlössern. Dieser Sachverhalt findet seine Erklärung nicht allein in dem einstigen Bestreben der Osnabrücker Bischöfe, ihr Stiftsland gegen feindliche Übergriffe bestmöglich zu sichern, sondern auch in ihrer Freude am Bauen. Ihr Vorbild, dem sie als Bauherren nacheiferten, war Bischof Benno II., der vom Jahre 1068 an die Iburg zur Hauptfeste des Osnabrücker Landes um- und ausgestaltete und sich damit zugleich auch als Baumeister ein rühmliches Denkmal setzte (s. Bd. I „Die Iburg im Osning"). Zweieinhalb Jahrhunderte später – etwa um 1310 – wurde eine der Stiftsburgen da errichtet, wo die von Osnabrück nach Minden führende Straße – wie heute noch die Bundesstraße 65 – die Hunte querte. Zuerst folgte die Straße nur einer Furt durch den Fluß, doch mit der Zunahme des Verkehrs erbaute man eine Brücke. Zu deren Schutz wie auch zur Grenzsicherung des Bistums Osnabrück gegen das Bistum Minden wurde nahe der Brücke eine Burg errichtet, die samt der hier entstandenen Siedlung den Namen Wittlage erhielt. Dabei soll „Witt" sumpfiges Waldland bedeuten, und der alte Begriff „Lage" kennzeichnet einen befestigten Ort. Die neue Burg war jedoch nicht allein gegen das benachbarte Bistum gerichtet, sondern mehr noch gegen die Raubritter der auf der Höhe des nahen Wiehengebirges gelegenen ravensbergischen Burg Limberg.

Als Erbauer der Burg Wittlage gilt Bischof Engelbert II. von Weihe, der von 1309 bis 1320 in Osnabrück die Mitra trug. Dieser Kirchenfürst ließ einen Turm errichten, der trotz der Einmuldung, in der dies geschah, die Bezeichnung „Bergfried" erhielt. Er wurde mit einem Graben sowie mit Pfahlwerk befestigt. Etwa 20 Jahre später nahm Bischof Gottfried von Arnsberg – der Nachfolger des Bischofs Engelbert – eine Vergrößerung und Ummauerung der Burg vor. Der Turm bekam eine Höhe von 32 Meter, besaß nun fünf Stockwerke und war mit einem Satteldach gedeckt. Die Stärke seiner Mauern, die nach oben geringer wird, mißt im Erdgeschoß 3,50 Meter. Dieses Geschoß wie auch das darüber liegende und das Kellergeschoß darunter wurden bei der Vergrößerung des Turmes durch Tonnengewölbe verstärkt und damit gegen Einsturz gesichert. Das erste und auch das zweite Stockwerk waren ursprünglich nur über eine Leiter zugänglich. In der Mitte des obersten Stockwerks befand sich ein Kamin und an der östlichen Außenmauer in Form eines Erkers der Abort, dessen Abfluß in luftiger Höhe ins Freie ging. Statt Fenster gab es nur schmale Öffnungen, die zugleich als Schießscharten dienten. Um einströmende Kälte abzuhalten, wurden Holzrahmen mit aufgeschnittenen und getrockneten Schweinsblasen überspannt und in die Maueröffnungen gestellt.

Ein dritter Bauherr der Burg Wittlage, Bischof Otto von Hoya, fügte nach 1410 der Wehranlage ein Herrenhaus hinzu, das fortan als Wohnung des adeligen Amtsdrosten diente. Und in der Zeit von 1482 bis 1508, in der Conrad IV. von Rietberg Bischof von Osnabrück war, wurde die Burg mit neuen Wällen und Gräben so ausgestattet, daß sie sich zu einer kleinen Festung wandelte und dann auch mit dem lateinischen Begriff „castrum" bedacht wurde. Daß ihre Abwehrkraft dennoch nur gering war, zeigte sich im Dreißigjährigen Krieg, in dem in Wittlage die Besatzung von katholischen zu protestantischen Streitkräften und umgekehrt mehrmals wechselte. Diese Entwicklung führte dazu, daß man 1639 die Abwehrkraft der Burg durch ein sogenanntes Blockwerk zu verstärken versuchte. Zu diesem Zweck legte man viereckig behauene Baumstämme übereinander und verzapfte sie so miteinander, daß ein primitives Blockhaus mit Schießscharten entstand. Von diesem aus sollten besonders gefährdete Stellen, zu denen der Zugang zur Burg gehörte, unter gezielten Beschuß genommen werden. Der Erfolg war jedoch geringer als erhofft. Dennoch überstand die Burg den schrecklichen Krieg, während im Amt Wittlage neun Dörfer von umherziehenden Söldnerheeren ausgeplündert, verwüstet und von ihren Bewohnern verlassen worden waren. Nach dem Ende des Krieges diente die Burg Wittlage von 1650 an wieder als Verwaltungssitz des Amtsvogts.

Wer heute die Burg Wittlage besucht, findet sie guterhalten vor. Sie gilt sogar als die besterhaltene Burg aus dem Mittelalter im Fürstbistum Osnabrück, während andere wie die Hunteburg oder die Burg Quakenbrück die schweren Zeiten nicht zu überstehen vermochten. Die Burg Wittlage ist von Wassergräben, die aus der Hunte gespeist werden, im Viereck umzogen. Ebenso hat der Wall diese viereckige Form, wenngleich auch von einem „Befestigungsring" gesprochen wird. Der Zugang zur Wehranlage befindet sich an der Westseite und führt durch einen Torbogen über eine Brücke. Das große durch Gräben und Wälle gebildete Viereck ist zweigeteilt. Seine südliche Hälfte wird von dem ebenfalls viereckigen und von einem besonderen Graben umfriedeten eigentlichen Burghof eingenommen, in dem sich die aus verschiedenen Zeiten

stammenden Schloßgebäude befinden. Zu ihnen gehört das ehemalige Amtshaus, das Bischof Ernst August II. von Braunschweig-Lüneburg in den Jahren 1726 bis 1728 errichten ließ. Dieser Bischof darf nicht mit Herzog Ernst August – dem späteren Kurfürsten von Hannover – verwechselt werden, der nach dem Dreißigjährigen Krieg von 1661 bis 1679 ebenfalls Bischof von Osnabrück war. Beim Abschluß des Westfälischen Friedens war der Osnabrücker Bischofsstuhl den protestantischen Welfen im Wechsel mit einem katholischen Kandidaten zugesprochen worden.

Die Burg Wittlage diente früher mit ihrem hohen Turm dem Schutz einer Brücke über die Hunte sowie der Grenzsicherung des Bistums Osnabrück gegen das Bistum Minden.

Zur Befestigung der Wittlager Wehranlage gehörten einst auch zwei Bastionen, von denen die eine in der Nordostecke und die andere in der Südwestecke des Außenwalles stand. Von diesen Bastionen ist aber so gut wie nichts mehr zu sehen. Die Burg Wittlage, deren Gelände betreten und besichtigt werden kann, beherbergt heute gemeinnützige Werkstätten des Osnabrücker Landes.

58

Stand sie einst an einem See?

Die Burg Bodenteich

Im Süden des Landkreises Uelzen ist in der Senke zwischen dem flachen Höhenrücken der Lüneburger Heide im Westen und dem auslaufenden Höhenrücken des Drawehns im Osten der Flecken Bodenteich entstanden. Das soll – wie es heißt – an einem großen See geschehen sein. Ob dies tatsächlich so zutraf, muß jedoch bezweifelt werden. Die große Senke im Gelände ist geologischen Untersuchungen zufolge das Ergebnis der Auslaugung eines im Boden befindlichen Salzstockes. Dabei sammelte sich an der Oberfläche der Senke Wasser, in dem Torfmoos aufwuchs, aus dem sich dann ein von Tümpeln durchsetztes Moor entwickelte. Möglicherweise besaß einer dieser Tümpel das Aussehen eines Teiches, der Bodenteich den Namen gab. Heute zeigt sich das Gebiet über dem Salzstock als Grasland und wird „Seewiesen" genannt. Das ehemalige Moor besaß an seinem Westrand eine schmale Furt, die schon früh von einer Heer- und Handelsstraße genutzt wurde. Diese verlief in Nord-Süd-Richtung von Uelzen nach Wittingen, wo sie sich dann teilte und in die Richtungen Celle sowie Magdeburg weiterführte. Zur Überwachung der Straße wurde in Bodenteich eine Burg errichtet, über die man aber nicht viel weiß. Sie ist gewissermaßen der dunkle Punkt, in der von der Bodenteicher Heimatforschung sonst vorbildlich aufgehellten Geschichte des Fleckens.

Mit Sicherheit läßt sich nur annehmen, daß es die Burg vor ihrer ersten urkundlichen Erwähnung 1323 bereits längst gegeben hat. Dabei geht eine Vermutung dahin, daß es sich um ein als Adelssitz dienendes festes Haus gehandelt haben müsse. Denn in den schriftlichen Quellen ist mehrmals von einem „borchfrede" oder einem „berchfrede" die Rede. Diese frühe Burg soll sich hinter dem Turm der dem Apostelfürsten Petrus geweihten Bodenteicher Kirche befunden und aus einem Ringwall bestanden haben, der einen gemauerten Wohnturm – eine sogenannte Motte – umgab. Warum diese Burg von der Bodenteicher Adelsfamilie aufgegeben wurde, kann ebenfalls nur vermutet werden. Wahrscheinlich wurde der Standort auf einem Hügel am Rande der Bodensenke für geeigneter gehalten, weil er strategisch günstiger lag und baulich besser genutzt werden konnte. Der Standortwechsel soll um 1235 vorgenommen worden sein.

Wie die neue Burg ursprünglich ausgesehen hat, läßt sich auch nur vermuten. Als sicher gilt, daß es sich um eine Wasserburg gehandelt hat, die von der noch heute an ihr vorbeifließenden Aue und von künstlich angelegten Wassergräben umgeben war. Der Weg zur Burg führte über zwei Brücken. Es wurden ein Herrenhaus aus Backstein und daran angrenzend ein Fachwerkflügel errichtet – Gebäude, die noch heute vorhanden sind. Eine Überraschung war es, als man 1983 im Keller des Fachwerkflügels die Reste eines runden, aus Feldsteinen gemauerten Turmes entdeckte, dessen Entstehen in die Mitte des 13. Jahrhunderts datiert werden konnte. Unklar ist, ob es sich um einen Wohnturm oder einen Bergfried gehandelt hat. Jedenfalls war dieser runde Turm – aus welchen Gründen auch immer – aufgegeben und an anderer Stelle durch einen neuen quadratischen aus Backstein ersetzt worden. Die Ruine dieses Turmes findet man in restaurierter Form ebenfalls noch vor. Sie ist etwa 14 Meter hoch, je 12 Meter lang und breit und kann von den Besuchern der Burg bestiegen werden. Es soll auf dem Burggelände auch eine Kapelle gegeben haben, deren Standort jedoch nicht mehr festzustellen ist.

Die Burg befand sich bis 1328 im Besitz der Ritter von Bodendike, ging dann in das Eigentum der Herzöge Otto und Wilhelm von Braunschweig und Lüneburg über und mußte später von den Herzögen wegen Geldmangels etwa 250 Jahre lang verpfändet werden. Von der Burg aus wurde das Amt Bodenteich verwaltet. Dieses umfaßte mehr als die Hälfte des Gebietes, das heute den Landkreis Uelzen bildet. In die kleinere Hälfte teilten sich die Klöster Oldenstadt, Ebstorf und Medingen.

Es ging nicht immer friedlich zu, insbesondere nicht gegen Ende des 14. Jahrhunderts, als das Raubrittertum seinen Höhepunkt erreichte. Vorausgegangen war auf niedersächsischem Boden der Lüneburger Erbfolgekrieg, der von 1369 bis 1388 wütete und in dem 1373 der Flecken Bodenteich verwüstet wurde. Der Krieg hinterließ nicht nur verbrannte Erde, sondern auch verrohte Menschen (s. Bd. II „Die Prinzensteine bei Winsen [Aller]"). Plündern und Morden gehörte zum Alltag. Um die Wende zum 15. Jahrhundert wurde das Leben allmählich wieder sicherer, als nur noch vereinzelt Adelige Räubereien begingen. Einer von ihnen war Ludolf von Bodendike, der mit seinem Spießgesellen Hasenbalg in Uelzen gefangengenommen und an Herzog Friedrich ausgeliefert wurde. Dieser ließ beide in Lüneburg enthaupten. Daraufhin drohte Werner von Bodendike, seinen Bruder zu rächen, indem er jedem Uelzener Bürger, den er zu fassen

Die ehemalige Wasserburg Bodenteich wurde auf einer Anhöhe neben den Seewiesen erbaut, die früher ein mit Tümpeln durchsetztes Moor waren und damit einen natürlichen Schutz für die Burg bildeten. Unser Foto zeigt Teile des Amtshauses und der restaurierten Turmruine, die bestiegen werden kann.

bekäme, Hände und Füße abhacken lassen wollte. Aber so weit kam es dann doch nicht, weil sein eigenes Leben ebenfalls bedroht wurde. Herzog Friedrich kam einer schriftlichen Aufforderung der mit Uelzen befreundeten Städte Lüneburg, Hamburg und Lübeck nach und untersagte seinem Lehnsmann Werner von Bodendike und den mit ihm verbündeten Rittern die Fortsetzung ihrer Fehde mit Uelzen. Der Bodenteicher Ritter, der offenbar nicht wie sein Bruder den Kopf verlieren wollte, gehorchte. Damit gingen von der Burg Bodenteich keine Räubereien mehr aus.

Flecken und Burg Bodenteich hatten auch in den Kriegen der folgenden Jahrhunderte zu leiden. So brachte die Hildesheimer Stiftsfehde, kaum daß sie 1519 begonnen hatte, dem Flecken großes Unheil. In das Fürstentum Lüneburg waren die Herzöge Erich der Ältere von Calenberg und Heinrich der Jüngere von Wolfenbüttel eingefallen, um zu rauben und zu brennen (s. Bd. III „Der Gedenkstein im Wieheholz"). Dabei wurde Bodenteich verwüstet. Die Burg jedoch blieb ohne Schaden. Im Dreißigjährigen Krieg verursachten 1639 durchziehende schwedische Truppen in Bodenteich eine Feuersbrunst, die mehrere Häuser sowie den Glockenturm der Kirche vernichtete. Auch dieses Mal blieb die Burg unversehrt. Sie wurde erst im Siebenjährigen Krieg, als 1757 französische Truppen einfielen, von den Kampfhandlungen berührt. Die Franzosen wollten sich in ihr gegen die Preußen verteidigen und bereiteten die Burg entsprechend vor. Aber es kam nicht zum Kampf, weil die Franzosen beim Heranrücken der Preußen den Rückzug antraten. Zu leiden hatte die Burg Bodenteich jedoch im Jahre 1812, als gegen Ende der Napoleonischen Kriege russische Kosaken in den Flecken einbrachen und raubten, was sie

Bodenteich besitzt heute mit dem Parksee ein Gewässer, das durch Menschenhand aus dem Mühlenteich und zwei kleinen Seen entstanden ist.

erlangen konnten. Dabei machten sie auch vor der Burg nicht halt. In der Folgezeit war sie mehr und mehr dem Verfall preisgegeben. Sie blieb zwar Amtssitz, jedoch nur bis 1859. Dann wurde das Amt Bodenteich aufgelöst, und die noch bewohnbaren Gebäude der Burg gingen an Privatpersonen über. Die Gebäude wurden zunächst verpachtet und ab 1871 verkauft. Sie blieben ein ganzes Jahrhundert lang in Privatbesitz, bis die Burg 1971 Eigentum des Fleckens Bodenteich wurde. Seitdem dient sie der Aktivierung des Fremdenverkehrs. Im Zuge dieses Bemühens wurde die Kur-GmbH Bodenteich gegründet, die ihre Verwaltung in der Burg einrichtete. Mit dieser Entwicklung ging die Restaurierung der noch erhaltenen Burggebäude einher, in denen schließlich auch ein Museum untergebracht wurde.

Doch in Bodenteich geschah noch mehr. Es wird gewiß mancher Einwohner oder Besucher bedauert haben, daß es den früher vermuteten See nicht gab. Wenn sich das so verhalten hat, schlug das Bedauern in Tatkraft um, die einen neuen See entstehen ließ. In den Jahren von 1968 bis 1974 wurde der ehemalige Mühlenteich in ein 8 Hektar großes, wohlgeformtes Gewässer und dessen Umland auf einer Fläche von 20 Hektar in einen Park – fortan „Seepark" genannt – umgewandelt. Wie einst der Mühlenteich wird auch der Parksee von der Ilmenau gespeist, die westlich von Bodenteich in Bokel entspringt, dort Bokeler Bach genannt wird und in Bodenteich schlicht Aue heißt. Der Seepark zieht ebenso wie die Burg ständig viele Besucher an. Bodenteich darf sich seit 1985 „staatlich anerkannter Kneipp-Kurort" nennen. Der alte Spruch: „Es gibt im ganzen Deutschen Reich nur ein einziges Bodenteich" hat noch heute Geltung.

59

Bevor es zu rauchen begann

Das Schloß Fürstenberg

Das aus Buntsandstein bestehende Sollinggewölbe, das mit einer Höhe bis zu 528 Meter über Normalnull nach dem Harz und dem Kaufunger Wald das dritthöchste Gebirge Niedersachsens ist, erhebt sich allseits sanft aus seinem Umland. Nur an der Weser, wo der mäandrierende Fluß mit der vollen Wucht seiner Strömung gegen das Gebirge prallte, entstanden Steilhänge. Der augenfälligste von ihnen ist eine 45 Meter hohe schroffe Felswand, mit der südlich von Holzminden der Kathagenberg abstürzt. Sein weithin sichtbares rotes Gestein brachte diesem Steilabsturz den Namen „Feuerklippen" ein. Es gibt aber noch einen weiteren Grund, warum er so genannt wurde. Hier haben früher die Weserschiffer angelegt und im Schutze des überhängenden Felsens Feuer gemacht, an dem sie sich eine warme Mahlzeit bereiteten. Zudem befand sich am Fuße des Felsens in einem Gewölbe eine Quelle, die wohlschmeckendes Wasser spendete. Auf dem Berg, der einen weiten Ausblick ermöglicht, errichteten die Welfen um die Mitte des 14. Jahrhunderts auf einem bereits befestigten Platz eine Burg, die aus einem Torturm, zwei Wohntürmen und einer mächtigen Wehrmauer bestand. Diese Burg erhielt den Namen „Vorstenberch", der sich später zu „Forstinberg" und weiter zu „Fürstenberg" wandelte.

Die Welfen hatten schon 1272 aus der alten Grafschaft Dassel-Nienover den größten Teil des Sollings erworben. Zum Erbauer der Burg Fürstenberg wurde – wie vermutet wird – vor 1350 Herzog Ernst I., der dem Göttinger Zweig des Welfenhauses entstammte und der Vater des berüchtigten Herzogs Otto des Quaden war (s. „Die Ruine der Brackenburg" u. Bd. II „Das Kloster Wiebrechtshausen"). Herzog Ernst I. wollte mit der Burg auf der Feuerklippe einen Schutz für sein durch Kauf erworbenes Sollinggebiet gegen Höxter und Corvey, die am linken Weserufer entstanden waren, schaffen. Doch in diesem Bereich, in dem drei Herrschaftsgebiete aneinander grenzten, drohte zu jener Zeit die Gefahr weniger vom Westen als vom Süden her: Die Burg wurde 1545 von den Hessen angegriffen, erobert und in Brand gesteckt. Sie erstand um 1600 neu in Gestalt eines Schlosses im Stile der Weserrenaissance. Dieses Bauwerk ließ Herzog Heinrich Julius von Braunschweig-Wolfenbüttel, der 1596 das Fürstentum Grubenhagen geerbt hatte, gemeinsam mit seiner Gemahlin Elisabeth errichten. Es wurde fortan nicht mehr nur als Amtssitz genutzt, sondern diente zugleich als Jagdschloß.

Im Dreißigjährigen Krieg hatten die Burg Fürstenberg und ihr Umland mehrfach unter dem Durchzug von Truppen zu leiden. Dabei richteten vor allem die Schweden viel Unheil an, als sie 1632, 1640 und ein weiteres Mal 1646/47 die Burg heimsuchten. Einen Ort gab es zu jener Zeit hier noch nicht. Dieser begann erst zu entstehen, als sich 1759 außerhalb der Burgmauer – wie es heißt – „drei Anbauer" niederließen. 1793 besaß der Ort bereits 345 Einwohner und zudem eine Kornmühle, die nicht dem Burgherrn gehörte. Als besonders bedeutungsvoll für die Burg und den Ort erwies sich das Wirken des Hofjägermeisters Johann Georg von Langen, der hier von 1745 bis 1751 lebte. Dieser Forstmann, dessen Vorfahren aus dem Emsland stammten, zeigte dem Waldbau neue Wege auf und ging als „Vater der regelmäßigen Forstwirtschaft" sowie als „Heros der Forstwissenschaft" in die Forstgeschichte ein. Bevor er in Fürstenberg herzoglicher Hofjägermeister geworden war, hatte er in Norwegen im Dienste des dänischen Königs Christian VI. Forsten vermessen und eingerichtet. Doch sein Tatendrang hatte ihn noch weitere Aufgaben suchen lassen mit dem Ergebnis, daß er auch Glashütten, Salzsiedereien, Pechöfen und eine Juchtengerberei schuf, die allesamt zu ihrem Betrieb viel Holz benötigten. Ähnliche Aktivitäten entfaltete er auch im Solling im Dienste des Herzogs Karl I. aus der Nebenlinie Braunschweig-Bevern des Welfenhauses.

Johann Georg von Langen vermochte unschwer vorauszusehen, daß bei der Umgestaltung der Forstwirtschaft im Solling viel Brennholz anfallen würde. Wohin damit? Diese Frage, deren Antwort er bereits von seiner Tätigkeit in Dänemark her kannte, bewog ihn, seinem Dienstherrn die Gründung einer Porzellanmanufaktur vorzuschlagen, wie es eine erste auf deutschem Boden bereits auf der Albrechtsburg in Meißen an der Elbe gab. Dem Herzog Karl, der 1745 in Braunschweig das „Collegium Carolinum" – die erste Technische Hochschule Deutschlands – gegründet hatte, leuchtete der Gedanke seines Hofjägermeisters so sehr ein, daß er ihn auch sogleich aufgriff und in die Tat umzusetzen begann. Bis dahin mußte Porzellan entweder teuer aus China importiert oder aus Meißen bezogen werden. Langens Vorschlag war nicht von ungefähr gekommen. Er hatte bereits 1728 die Albrechtsburg in Meißen und deren Brennöfen kennengelernt. Das war ihm nur möglich geworden, weil sein Onkel, Geheimrat Graf Ludwig Alexander von Seebach, der Verwaltungskommission

Der Welfenherzog Karl I. von Braunschweig, dessen Porzellanbüste unser Bild zeigt, war der Gründer der Fürstenberger Porzellanmanufaktur. Ihm stand dabei der Hofjägermeister Johann Georg von Langen, dessen Name in die Forstgeschichte einging, tatkräftig zur Seite.

der Meißener Manufaktur angehörte. Doch eine Möglichkeit, wichtige streng gehütete Fabrikationsgeheimnisse zu erhaschen, hatte sich ihm dabei nicht geboten. Die Brenntechnik hatte er zwar zu erfassen vermocht, doch welche Materialien zur Herstellung des Porzellans nötig waren, blieb ihm verborgen. Dazu gehörte auch der wichtigste Bestandteil: das Kaolin.

Johann Georg von Langen hatte schon während seiner Tätigkeit in Dänemark den Plan gefaßt, eine Porzellanmanufaktur zu gründen. Das notwendige Fachwissen sollte ihm nun ein „Werksspion" verschaffen, dessen Verwandte in der Meißener Manufaktur arbeiteten. Doch dieses Vorhaben mißlang. Nachdem von Langen Herzog Karl I. seinen Vorschlag zur Einrichtung einer Porzellanmanufaktur in Fürstenberg unterbreitet hatte, versuchten sie jemanden ausfindig zu machen, der die Herstellung des Porzellans kannte und bereit war, für sie zu arbeiten. Sie glaubten, einen derartigen Fachkenner in Johann Christoph Glaser aus Bayreuth gefunden zu haben, wo es zu jener Zeit schon eine Porzellanfabrik gab.

Glaser hatte ihnen als Nachweis seines Könnens Porzellanproben vorgelegt, die jedoch nicht von ihm selbst stammten, sondern von einem Porzellanmaler, in dessen Atelier er angestellt war.

Wie es sich nach langem kostspieligen Probieren in Fürstenberg erwies, reichte Glasers Wissen zur Porzellanherstellung nicht aus. Vor allem war ihm die Kaolin genannte Porzellanerde – ein sehr reiner weißer Ton – völlig unbekannt. So war das von ihm hergestellte Porzellan nicht nur kein einwandfreies, sondern überhaupt keines. Und als von Langen auch noch erfuhr, daß Glaser nicht – wie er vorgegeben hatte – in der Bayreuther Porzellanfabrik tätig gewesen war, nannte er ihn einen Betrüger und Bösewicht, den es zu verachten galt. Glaser wurde aber dennoch nicht entlassen, weil man befürchtete, er könnte anderswo verraten, wie weit das Wissen um die Porzellanherstellung in Fürstenberg bereits gediehen war. Dort wurde 1753 mit Hilfe eines wirklichen Fachmannes, der Johann Benckgraff hieß, aus Wien stammte und Direktor der Höchster Porzellanfabrik gewesen war, ein weiterer Anlauf unternommen. Dieser führte zum Erfolg, obgleich Benckgraff bereits einen Monat nach seinem Eintreffen auf Schloß Fürstenberg an einem Herzleiden verstarb.

In dieser kurzen Zeit hatte aber Johann Georg von Langen so viel zu lernen vermocht, daß er zusammen mit dem von Benckgraff mitgebrachten Maler Johann Zerschinger, der dessen Schwiegersohn war, das Werk in Fürstenberg fortsetzen konnte. Glücklicherweise hatte der Verstorbene das streng geheimgehaltene Rezept der Herstellung des „weißen Goldes" hinterlassen und auch schon die erste Lieferung von Kaolin aus Passau eingeleitet. Es wurde ein neuer Ofen gebaut, in dem Ende Oktober 1753 der erste Brand vorgenommen werden konnte. Das Ergebnis befriedigte den Herzog so sehr, daß er schon wenig später entschied, wie die Produkte aus Fürstenberger Porzellan gekennzeichnet werden sollen. Er wählte für diesen Zweck ein blaues geschwungenes „F", das noch heute als Gütezeichen für die Fürstenberger Erzeugnisse dient, jedoch seit 1918 durch eine Krone geadelt ist.

Nach dem ersten Gelingen eines einwandfreien Brandes stieg die Fürstenberger Manufaktur rasch zu hoher künstlerischer Blüte auf. War anfänglich in einem Keller des Schlosses gearbeitet worden, so mußten nun neue Fabrikationsräume geschaffen werden. Zudem brauchte die Porzellanerde nicht mehr aus dem weit entfernten Passau bezogen zu werden, denn von Langen hatte nördlich des Sollings bei Lenne Ton entdeckt, aus dem Kaolin gewonnen werden konnte. Auf dem Fürstenberger Schloßgelände entstand eine ansehnliche Fabrik, und wo gebrannt wurde, waren damals auch Schornsteine nötig. Diese veränderten das Aussehen des Schlosses in einer Weise, daß es die aus der Nähe von Münster in Westfalen stammende Dichterin Annette von Droste-

Das im Stil der Weserrenaissance erbaute Schloß Fürstenberg erhielt seine Porzellanmanufaktur vor mehr als 250 Jahren. Sie ist damit nach Meißen die zweitälteste auf deutschem Boden, die bis heute ohne Unterbrechung Porzellan produziert.

Hülshoff als „rauchendes Schloß" bezeichnete. Heute raucht das Fürstenberger Schloß nicht mehr. Seine Porzellanfabrik wurde nach einem Beschluß von 1951 von den Grundmauern bis zum First erneuert, und dabei erhielt es moderne Tunnelöfen, so daß seitdem kein Rauch mehr durch hohe Schornsteine abgeführt werden muß. Von den heute in Deutschland noch bestehenden Porzellanmanufakturen ist die Fürstenberger nach Meißen die zweitälteste und damit eine der beiden traditionsreichsten. Sie konnte 1997 ihr 250jähriges Jubiläum feiern.

60

Ein Blitz zerstörte die Kirche

Das ehemalige Kloster Frenswegen

Nordwestlich der Stadt Nordhorn im Landkreis Grafschaft Bentheim ist das einstige Kloster Frenswegen noch heute ein Hort christlicher Frömmigkeit. Es wurde 1394 von dem holländischen Pfarrer Everhard van Eza aus Almelo gemeinsam mit seinem früheren Kaplan, dem Schüttorfer Pfarrer Heinrich Krull, gegründet, nachdem sie vom Grafen Bernhard I. von Bentheim das erforderliche, einer Sage nach von einem Vöglein ausgewählte Bauland erworben hatten. In diesem Kloster, das an der Vechte nahe der Grenze zwischen der Grafschaft Bentheim und der holländischen Landschaft Twente in Form eines Holzhauses mit Kapelle, Speisesaal und Schlafräumen errichtet und zunächst „Marienwolde" genannt wurde, sollten Geistliche des Augustiner-Ordens wie auch andere Aufnahme finden, die sich der „Devotio moderna" öffneten. Mit diesem Begriff aus dem Lateinischen bezeichnete man eine neue Glaubensströmung, die vor allem von einer christusbezogenen Innerlichkeit geprägt war. Zugleich sollte mit der verstärkten Hinwendung zum Gottessohn als dem Erlöser jene Zeit beendet werden, in der immer lockerer in den Tag hineingelebt worden war und in der auch in den Klöstern Zucht und Ordnung stark gelitten hatten. Von dieser um sich greifenden neuen Bewegung wurde nicht zuletzt Graf Bernhard I. erfaßt, und das gleich in einem Ausmaß, daß er seine restlichen Lebensjahre im Kloster Marienwolde verbrachte, um für sein früheres Leben zu sühnen.

Bei den Bemühungen, auch das christliche Zusammenleben im Sinne der „Devotio moderna" neu zu gestalten, erlangte eine Gruppe von Brüdern besondere Bedeutung, die sich in den östlichen Niederlanden zusammengeschlossen hatten und außerhalb eines Ordens wie Ordensleute leben wollten. Um ihre zuerst nur lockere Vereinigung zu festigen, gründeten sie im Jahre 1387 in Windesheim zwischen Deventer und Zwolle ein Kloster, dessen Name 1395 zur Kennzeichnung einer geistlichen Vereinigung wurde, die sich außer der Klosterreformierung auch um die Wissenschaft sowie um die Kunst verdient machte.

Diese Neuschöpfung im religiösen Bereich ging unter der Bezeichnung „Windesheimer Kongregation" in die Geschichte ein. Sie fand bald auch außerhalb der Niederlande Verbreitung. Ihr erstes Tochterkloster auf deutschem Boden wurde um 1400 Marienwolde, dessen Name sich später nach seinem Standort „In dem Vrendeswege" zu Frenswegen wandelte. Ein Jahr nach dem Beitritt zur Windesheimer Kongregation ersetzten die Klosterbrüder die schon vorhandene Kapelle durch eine Holzkirche, die fünf Altäre und eine Glocke erhielt.

Das Kloster soll anfänglich sehr arm gewesen sein, was sich jedoch änderte, nachdem 1414 Heinrich Loder, ein ebenso tüchtiger wie gottesfürchtiger Mann, Prior geworden war. Dieser, der aus dem Kloster Windesheim kam, brachte das Kloster Frenswegen rasch zu wirtschaftlicher Blüte, wozu auch das Bentheimer Grafenhaus mit großzügigen Landschenkungen wirksam beitrug. Loder sammelte ein Vermögen an, das ausreichte, um ein erstes Gebäude aus Bentheimer Sandstein zu errichten sowie mit dem Bau eines Gotteshauses aus demselben hochwertigen Sandstein im Verbund mit Ziegelsteinen anstelle der Holzkirche zu beginnen. Von diesem Prior, der dem Kloster 20 Jahre hindurch vorstand, soll eine große Motivation ausgegangen sein. Sie sei so stark gewesen, daß sie dem Kloster 100 Neuaufnahmen – vornehmlich junge Männer – brachte. Frenswegen erlangte eine derartige Bedeutung, daß seine Ausstrahlung bis weit in den niederländischen, niedersächsischen und auch niederrheinischen Raum reichte. Dabei wurden Kanoniker aus Frenswegen in zwölf Klöstern Vorsteher. Bei einer Visitation, die 1451 der wegen seiner universalen Bildung als Jurist, Theologe, Philosoph, Astronom, Geograph und Mathematiker berühmt gewordene Kardinal Nikolaus von Kues in Frenswegen vornahm, fand er mehr als 130 Hausbewohner vor.

In dieser Zeit gelangte das Kloster Frenswegen zu einem ansehnlichen Wohlstand, der es ermöglichte, die Klosterkirche im gotischen Stil zu Ende zu bauen und sie im Jahre 1445 den Apostelfürsten Petrus und Paulus zu weihen. Der in der Zwischenzeit verstorbene Graf Bernhard I. wurde in dieser Kirche beigesetzt. Schlimme Auswirkungen auf das Kloster Frenswegen hatte die Reformation, die von 1544 an zu einem allmählichen, jedoch stetigen Rückgang des klösterlichen Lebens führte, bis es schließlich im Jahre 1626 ganz zum Stillstand kam. Die Gebäude begannen zu verfallen und die angesammelten Kunstschätze wurden in andere Klöster verbracht oder von den Bentheimer Grafen in Besitz genommen. Zudem plünderten und verwüsteten durchziehende Truppen während des Freiheitskampfes der Niederländer gegen die Spanier, der von 1566 bis 1648 währte, das Kloster. Dennoch blieb es bestehen. Der Konvent lebte in der zweiten Hälfte des 17. Jahrhunderts unter dem Einfluß des energischen

Das Kloster Frenswegen, das zuerst „Marienwolde" genannt worden war, wurde um 1400 das erste Tochterkloster der Windesheimer Kongregation auf deutschem Boden. Die Klostergebäude dienen seit 1974 einer neuen Verwendung: Sie wurden eine Stätte der ökumenischen Begegnung.

münsterschen Fürstbischofs Christoph Bernhard von Galen wieder auf (s. Bd. III „Die Burg Dinklage"). Die Augustiner-Chorherren übernahmen neben ihrer klösterlichen Aufgabe des beständigen Gebetes nun auch seelsorgerische Pflichten in den umliegenden Gemeinden. So sollen allein in Nordhorn von 1675 bis 1810 insgesamt 22 Chorherren aus Frenswegen als Pastoren tätig gewesen sein.

Aus der Zeit des Fürstbischofs Christoph Bernhard von Galen stammen die noch heute erhaltenen Süd- und Ostflügel der Klosteranlage, während der Westflügel wie auch der eine Besonderheit darstellende zweistöckige Kreuzgang erst später hinzukamen. Die Klostergebäude wurden überhaupt im

Vom Innenhof aus kann man auf den Kreuzgang des Klosters Frenswegen blicken, der zweistöckig ist und damit eine Besonderheit darstellt.

Laufe der Jahre häufig um- und ausgebaut sowie in ihrer Innenaufteilung verändert. Zudem mußte das Kloster mehrere Schicksalsschläge hinnehmen. So wurde es im Siebenjährigen Krieg von hannoverschen Reitern heimgesucht, und auch die Französische Revolution wirkte sich beeinträchtigend aus. Doch das einschneidendste Ereignis kam 1813 mit dem Reichsdeputationshauptschluß, durch den das Kloster säkularisiert, das heißt aufgehoben wurde. Die Chorherren bemühten sich zwar, das Klosterleben aufrechtzuerhalten, jedoch ohne Erfolg. So verließen sie Frenswegen nach und nach – der letzte 1815. Nun standen die Klostergebäude viele Jahre leer. 1863 nannte der von der Diözese Osnabrück herausgegebene „Kirchen- und Volksbote" die Klosteranlage „ein Greuel der Verwüstung und Zerstörung". Im Deutsch-Französischen Krieg 1870/71 dienten die verbliebenen Gebäude der Internierung von 600 französischen Kriegsgefangenen, und in den Jahren von 1878 bis 1881 wüteten mehrmals Großbrände. Als 1881 ein Blitz in den Dachreiter der Klosterkirche einschlug, brannte sie fast völlig ab. Von dem stattlichen Bauwerk blieb nach Abtragung der – wie es heißt – „malerischen Ruinenreste" nur die Südwand erhalten, die noch heute eine Vorstellung von der ungewöhnlichen Höhe und Länge der einstigen Kirche vermittelt. Sie war 52 Meter lang, 12 Meter breit sowie 18 Meter hoch und besaß trotz des gotischen Baustils eine prächtige barocke Innenausstattung.

In der Zeit, die dem verheerenden Brand folgte, dienten die erhaltenen Klostergebäude unterschiedlichen Zwecken. Im Ersten Weltkrieg wurden in ihnen russische Kriegsgefangene einquartiert. Nach diesem Krieg richtete man in ihnen ein Zollamt samt Wohnungen für die Beamten ein. Von 1937 bis 1945 nutzten die Nationalsozialisten die Klosteranlage, und nach dem Ende des Zweiten Weltkrieges nahmen in ihnen zunächst englische Besatzungstruppen Quartier. Nach deren Abzug wurden die Gebäude zur Heimstatt von Flüchtlingen und Vertriebenen aus den deutschen Ostgebieten. Als man die Klostergebäude für diesen Zweck nicht mehr benötigte, erhielten sie mit der Gründung der Stiftung Kloster Frenswegen 1974 eine neue Verwendung als Stätte der ökumenischen Begegnung und Besinnung. Seitdem werden in den ehrwürdigen Mauern Christen verschiedener Konfessionen zusammengeführt, um sich in gegenseitiger Toleranz zu üben. Und seitdem gilt die Stiftung Kloster Frenswegen auch als die einzige Institution, die von sechs Kirchen gemeinsam getragen wird. Im Jahre 1996 wurde eine neue Hauskapelle geweiht, die an der Südwand der abgebrannten Kirche in moderner Bauweise errichtet wurde. In ihr fand das Fragment einer vierhundertjährigen Kreuzigungsgruppe, die 1693 für die alte, 1881 abgebrannte Klosterkirche geschaffen worden war, einen neuen würdigen Platz.

Die nach dem Brand abgebrochene Klosterkirche war mit vielen Grabsteinen und Epitaphen ausgestattet. Die Fragmente eines dieser Grabmale – eine 1693 aus Sandstein gestaltete Kreuzigungsgruppe – sind in der neuen Hauskapelle angebracht.

61

Wo ein bedeutender Astronom Pastor war

Die Warnfriedkirche in Osteel

Im Brokmerland, dem einst unwegsamen Sumpfgebiet zwischen Norden, Aurich und Emden, entstanden auf dem Hochmoorrand drei Kirchen von beträchtlichen Ausmaßen: in Marienhafe, Osteel und Engerhafe. Die Marienkirche in Marienhafe (s. Bd. I „Die Marienkirche in Marienhafe") soll so groß gewesen sein wie der Osnabrücker Dom, und die beiden anderen waren nicht wesentlich kleiner. Wie es in einer Sage heißt, sollen diese drei Kirchen mit dem Geld von drei ebenso frommen wie reichen Frauen erbaut worden sein. Sie hießen Mekla, Maria und Engel. Mekla ließ die Kirche in Osteel errichten, Maria die in Marienhafe und Engel die in Engerhafe. Für möglich wird dabei gehalten, daß die Sage von den drei reichen Frauen den erlangten Wohlstand und das Selbstbewußtsein der damaligen Bewohner des Brokmerlandes nach dessen Urbarmachung verdeutlichen sollte. Die Kirchen waren sehr wohlgefällig gestaltet und ausgeschmückt, um viele Gläubige zum Beten anzulocken, und sie besaßen starke Mauern, um in Notzeiten Schutz gewähren zu können. So waren sie Gotteshaus und Festung zugleich. Angenommen wird, daß als erste die Kirche von Marienhafe entstand und dann nach deren Vorbild von denselben Baumeistern und Handwerkern die Kirche in Osteel errichtet wurde. Das geschah nach Einschätzung von Fachkennern spätestens Anfang bis Mitte des 13. Jahrhunderts.

Die Kirche von Osteel wurde auf einer hohen Warf in Kreuzform mit Längs- und Querschiff erbaut. Sie erhielt eine Länge von 63 Meter und eine Breite von 26 Meter. Der stattliche, mit einem Satteldach abschließende Turm, der an die Westseite des Kirchenschiffes angefügt wurde, reichte bis in 44 Meter Höhe und war damit weithin sichtbar. Die Errichtung dieses mächtigen Bauwerkes erforderte Hunderttausende von Ziegelsteinen. Als die Kirche nach vielen Jahren Bauzeit vollendet war, wurde sie unter den Schutz des Heiligen Warnfried – lateinisch Werenfridus – gestellt, der zu Lebzeiten einer der zwölf vom englischen Bischof Egbert entsandten gelehrten jungen Männer war, die als Missionare die heidnischen Friesen zum Christentum bekehren sollten. Dieser Aufgabe kam Warnfried mit großem Eifer nach. Er wirkte in den südlichen Niederlanden, wo er im Jahre 760 starb und seine letzte Ruhe fand. Seine Gebeine wurden 1644 in die Jesuitenkirche zu Emmerich am Niederrhein umgebettet, nachdem die Geusen – niederländische Freiheitskämpfer gegen die Spanier – bereits 1588 den größten Teil davon verbrannt hatten. Warnfried, der mit einem Schiff im Arm dargestellt wird, galt als Schutzheiliger der Schiffahrt. Das macht seine Wahl zum Patron der Kirche von Osteel verständlich, denn dieses Dorf besaß einst Siel und Hafen.

Seit dem Bestehen der Warnfriedkirche in Osteel wirkten an ihr zahlreiche Geistliche – zuerst katholische Priester und nach der Reformation evangelische Pastoren. Einer der Pastoren betätigte sich zugleich als Astronom und erlangte auf diesem Wissensgebiet große Bedeutung: David Fabricius. Er stammte aus Esens im Harlingerland, wo er 1564 als Sohn eines Schmiedemeisters geboren wurde. Dort lernte er auch lesen und schreiben und einiges mehr. Die erworbenen Kenntnisse erweiterte er am Gymnasium in Norden, wo zu jener Zeit Ubbo Emmius, der vielgerühmte friesische Geschichtsschreiber, Rektor war. Anschließend schickte ihn sein Vater auf die Lateinschule in Braunschweig, wo er auch in Mathematik und Astronomie unterrichtet wurde. Danach studierte er an der Helmstedter Universität – dem Juleum – Theologie (s. Bd. III „Das Juleum in Helmstedt"). In seine ostfriesische Heimat zurückgekehrt, erhielt er 1584 eine Berufung als Pastor nach Resterhafe bei Dornum, wo er sich wenig später mit einer jungen Witwe vermählte. Gottesdienst und Seelsorge ließen ihm genügend Zeit für seine astronomische Tätigkeit. Er richtete auf dem Kirchturm eine Sternwarte ein, wobei er die erforderlichen Instrumente selber unter Mithilfe eines Grobschmiedes herstellte. Sein Eifer und seine Rechenkünste erwiesen sich als so groß, daß er auch schwierigste astronomische Aufgaben zu lösen vermochte. Unter anderem berechnete er die Abstände der Planeten von den Fixsternen und verzeichnete in seinem Calendarium alle auffälligen meteorologischen Erscheinungen. Seine Beobachtungen waren so präzise, daß die berühmten Astronomen Tycho de Brahe und Johannes Kepler, mit denen David Fabricius in Verbindung stand, ihn ständig zu weiteren mathematischen und astronomischen Forschungen anregten.

David Fabricius fand auch die Aufmerksamkeit und das Wohlwollen des ostfriesischen Grafenhauses. Als er 1601 einer Einladung Tycho de Brahes nach Prag zu einem Fachgespräch folgte, an dem auch Johannes Kepler teilnahm, trug Graf Enno III. die Reisekosten von Fabricius. Der aus Dänemark stammende Tycho de Brahe und auch der hochgebildete Kaiser Rudolf II., der von Prag aus das Heilige Römische Reich Deutscher Nation regierte, versuchten den ostfriesischen Astronomen für eine Tätigkeit an der Prager Sternwarte zu gewinnen. Das lehnte dieser jedoch ab. Man vereinbarte lediglich, in enger schriftlicher Verbindung zu bleiben. David Fabricius unternahm später noch mehr Reisen, die ihn in die Niederlande und nach Belgien führten. Im Frühherbst 1603 versah er beim Grafen Enno III. im Schloß zu Friedeburg den Predigerdienst, und im Spätherbst dieses Jahres erhielt er die Patronatspfarre zu Osteel, wo er ebenfalls den Lauf der Sterne sowie die Sonnen- und Mondfinsternisse beobachtete. Hier wurde er von seinem ältesten Sohn Johann, der 1587 zu Resterhafe geboren war, nach dessen Ausbildung tatkräftig unterstützt. Johann, der zunächst ebenfalls die Lateinschule in Braunschweig besuchte, studierte ab 1605 an der Universität Helmstedt und dann in Wittenberg und Leiden Medizin sowie – was seiner Neigung mehr entsprach – Mathematik und Astronomie. Um sein Wissen zu vervollkommnen, unternahm Johann ebenfalls mehrere Reisen und traf dabei auch in Prag mit Johannes Kepler zusammen.

Aus der holländischen Universitätsstadt Leiden brachte Johann seinem Vater nach Osteel ein Instrument mit, das zu jener Zeit gerade erfunden worden war: ein Fernrohr. Mit dessen Hilfe hatte Johann als erster die Sonnenflecken entdeckt. Es werden zwar auch andere Astronomen – darunter Galileo Galilei – als deren Entdecker genannt, doch unbestreitbar bleibt zumindest, daß Johann Fabricius als erster über die Sonnenflecken schrieb. Er hatte dunkle Stellen auf der Sonnenscheibe bemerkt, die am 27. Februar 1611 besonders stark hervortraten. Die Flecken kamen – wie er es sah – an der Ostseite der Sonne zum Vorschein, wanderten über die gesamte Scheibe hinweg und verschwanden an der Westseite, um später wieder an der Ostseite sichtbar zu werden. Johann schloß daraus, daß sich die Sonne um ihre eigene Achse dreht. Er errechnete dann auch die Zeit, die die Sonne für eine Umdrehung benötigt. Erst viel später ist der große Einfluß erkannt worden, den die Sonnenflecken auf die magnetischen und meteorologischen Verhältnisse auf der Erde ausüben. Johann Fabricius mußte bereits 1616 – noch keine 30 Jahre alt – sterben. Das genaue Datum und die Umstände seines Todes sind nicht bekannt. Aber auch seinem Vater stand ein frühes und dazu sehr böses Ende bevor. Er wurde bald nach dem Tode seines Sohnes ermordet. Nachdem er 1617 an einem Maientag von der Kanzel herab den Torfstecher Frerik Hoyer des Diebstahls beschuldigt und ihm einen schlechten Lebenswandel vorgeworfen hatte, lauerte dieser ihm auf und erschlug ihn mit einem Torfspaten. Besonders seltsam daran ist, daß David Fabricius den Tag, an dem der Mord geschah, als einen für ihn unglücklichen aus den Sternen gedeutet und deshalb sein Haus den ganzen Tag über nicht verlassen hatte. Erst gegen Abend wagte er sich nach draußen – und dann geschah das Unheil. Der Mörder wurde zum Tode verurteilt und an der Stelle seiner Untat gerädert.

Auch auf die Kirche von Osteel kam nichts Gutes zu. An ihrem Mauerwerk entstanden immer wieder Schäden, die behoben werden mußten. Solange sie noch geringfügig waren, konnten sie finanziell leicht verkraftet werden. Doch als Verschiebungen im Kreuzgewölbe die Mauern um fast einen halben Meter nach außen drückten, wurde die Reparatur sehr kostspielig. Das Kreuzgewölbe mußte entfernt und durch eine Flachdecke ersetzt werden. Im Jahre 1725 war eine Mauer so baufällig geworden, daß sie niedergelegt werden mußte – eine Arbeit, zu deren Bewältigung es der Mithilfe von mehr als hundert Männern bedurfte. Um das Jahr 1772 wies der

Dieses Denkmal, das auf dem Friedhof von Osteel neben der Warnfriedkirche steht und die Urania, die griechische Muse der Astronomie darstellt, ist dem Gedenken an David Fabricius und dessen Sohn Johann gewidmet, die beide wie Johannes Kepler und Tycho de Brahe bedeutende Astronomen waren.

Die in Osteel auf einer hohen Warf erbaute und dem Heiligen Warnfried geweihte Kirche bekam 1603 einen Pastor, der als Astronom weithin berühmt wurde: David Fabricius. Dieser fand in der Nähe seines Gotteshauses einen gewaltsamen Tod.

Kirchturm schwere Schäden auf, die es unverzüglich zu beheben galt. Und im Jahre 1829 schließlich mußte ein sehr großer Eingriff vorgenommen werden, als das von Längs- und Querschiff gebildete Kreuz schadhaft geworden war. Dabei galt es zur Schadensbehebung zwischen zwei Möglichkeiten zu wählen: entweder das Kreuz wieder instandzusetzen oder es abzubrechen. Da nach dem Kostenvoranschlag der Abbruch des Kreuzes als die billigere Lösung erschien, entschied man sich für diesen Weg. Er führte dazu, daß sich das Kirchenschiff fast um die Hälfte verkürzte. Eine derartige Verkleinerung wurde jedoch nicht nur an der Warnfriedkirche in Osteel vorgenommen, sondern nahezu gleichzeitig auch an der Marienkirche in Marienhafe, deren Gemäuer im Laufe der Jahrhunderte ebenfalls brüchig geworden war.

In Osteel wurde 1895 an der Ostseite der Kirche ein Denkmal errichtet, das an David und Johann Fabricius erinnert. Es stellt die Urania – die griechische Muse der Astronomie – dar, die in der rechten Hand ein Fernrohr hält und in der linken eine Tafel, auf der die Sonnenscheibe mit Sonnenflecken zu sehen ist.

62

Von einem Erzbischof für seine Geliebte erbaut

Der Erbhof von Thedinghausen

Thedinghausen, das im fruchtbaren Marschland nahe der Einmündung der Eiter in die Weser liegt und seit der Gebiets- und Verwaltungsreform 1972 zum Landkreis Verden gehört, hat eine bewegte Vergangenheit hinter sich. Hier, wo einst die Interessen mehrerer weltlicher und geistlicher Fürsten aufeinanderprallten, kam es immer wieder zu kriegerischen Auseinandersetzungen, unter denen die Bevölkerung sehr zu leiden hatte. Das war auch der Fall, als die Reformation von Bremen Besitz ergriff und sich Erzbischof Christoph mit Waffengewalt dagegen zur Wehr setzte. Dem arg bedrängten Bremer Kirchenfürsten, der dem Braunschweiger Herzogshaus entstammte, versuchte auch der streng katholische Kaiser Karl V. zu helfen. Er beauftragte den mit ihm befreundeten Herzog Erich II. von Calenberg, als Obrist an der Spitze eines kaiserlichen Heeres das protestantische Treiben in den bremischen Landen zu beenden, was aber kläglich mißlang. Erich II. war mit seinem Heer zunächst nach Bremen gezogen. Doch als er vernahm, daß eine vom Grafen Albrecht III. von Mansfeld angeführte Streitmacht der dem Schmalkaldischen Bund angehörenden protestantischen Fürsten im Anmarsch sei, um den Bremern beizustehen, gab Herzog Erich die Belagerung Bremens auf und zog dem protestantischen Heer entgegen. Es kam am 23. Mai 1547 bei Drakenburg an der Weser zu einer Schlacht, in der Erich II. mit dem kaiserlichen Heer unterlag (s. Bd. II. „Das Prachtportal von Drakenburg"). Das hatte auch böse Folgen für Thedinghausen und sein Umland. Denn dorthin begab sich Graf Mansfeld nach seinem Sieg und nahm die Burg Thedinghausen in Besitz.

Diese 1285 baulich vollendete Wasserburg, für die auch die Bezeichnungen „Feste" und „Schloß" überliefert sind, gehörte zu jenen Schutzwerken, die von den Bremer Erzbischöfen gegen die benachbarten Grafen errichtet worden waren. Die Burg Thedinghausen ließ Erzbischof Giselbert erbauen. Sie bestand aus Fachwerkgebäuden, die einen Innenhof umschlossen und nach außen Schießscharten besaßen. Die Anlage war von Wällen und hölzernen Palisaden sowie von einem breiten Wassergraben, über den eine Zugbrücke führte, umgeben. Die Burgbesatzung bestand aus Rittern und deren Knechten. Die Ritter – auch Burgmannen genannt – wurden für ihre Dienste nicht mit Geld entlohnt, sondern mit Land, das ihnen geliehen war und aus dem sie sich ein Einkommen erwirtschaften konnten. Sie besaßen in Thedinghausen und dessen Umland Höfe, die ebenso wie die Burg mit Wall und Graben umgeben waren. Einige der Burgmannssitze sind heute noch vorhanden, während die Burg selbst, deren Herrschaft sich mehrmals änderte, verfiel und im Jahre 1681 völlig wüst lag. Die Verödung der Burg trug dazu bei, daß einer der Burgmannshöfe von Thedinghausen eine besondere Bedeutung erlangte, nämlich derjenige, den man den Erbhof nannte und auch heute noch so nennt.

Als Erzbischof Christoph 1558 starb, stand der Reformation im Bremischen so gut wie nichts mehr im Wege. Doch trotz der Abtrennung von der katholischen Kirche blieb vieles unverändert. So gab es auch weiterhin Erzbischöfe, allerdings mit dem Unterschied, daß es bald keine Geistlichen mehr waren, sondern nur noch Landesherren. Erzbischöfe dieser Art folgten fünf aufeinander. Es waren jeweils Prinzen aus Fürstenhäusern, die sich jedoch verpflichten mußten, ehelos zu bleiben. Dadurch sollte verhindert werden, daß der Bremer Bischofsstuhl erblich wurde und so der Bildung von Dynastien hätte Vorschub leisten können. Einer der Erzbischöfe dieser neuen Art war von 1596 bis 1634 Johann Friedrich, ein Prinz von Holstein, der sich als einer der fähigsten in der langen Reihe der Bremer Kirchenfürsten erwies. Er bemühte sich um den Aufbau einer modernen Verwaltung im Erzstift Bremen und machte sich vor allem um die Bekämpfung des Aberglaubens als Ursache der Hexenverfolgungen verdient. Der fortschrittlich gesinnte Erzbischof besuchte auch Thedinghausen, wobei er es jedoch vermied, im Schloß zu wohnen, das infolge Verwahrlosung jegliche Behaglichkeit verloren hatte. So nahm Johann Friedrich Quartier im Erbhof, den zu jener Zeit der Edelmann Heinrich Korlhake von Hermeling besaß. Dieser war zugleich erzbischöflicher Drost für das Amt Thedinghausen.

Erzbischof Johann Friedrich lernte im Hause des Drosten dessen Frau Gertrud kennen, die ihn – den Zwangsjunggesellen – sogleich sehr beeindruckte. Daß er Frauen mochte, bezeugen seine zahlreichen Liebschaften. Mit Anna Sophia – der Schwester des Grafen Anton Günther von Oldenburg – hatte er sogar zwei Kinder. Doch zum Verdruß Anton Günthers konnte aus der im Jahre 1600 vollzogenen heimlichen Verlobung der beiden keine Ehe werden, weil andernfalls Johann Friedrich das Erzbistum Bremen verloren hätte. Nachdem 1614 der Drost von

Thedinghausen gestorben war, weilte Johann Friedrich öfter auf dem Erbhof und genoß die Zuneigung, die ihm die verwitwete Frau Gertrud – obwohl sie wesentlich älter war als er – entgegenbrachte. Vier Jahre nach des Drosten Tod kaufte er ihr den Erbhof

Der Erbhof von Thedinghausen zeigt sich als ein einflügeliges zweistöckiges Wohnhaus im Stil der Weserrenaissance, das nach vorne einen Treppenturm und zwei Ausluchten besitzt. Es besteht aus rotem Backstein und kunstvoll bearbeitetem gelben Sandstein. Erbaut wurde der Erbhof von dem evangelischen Bremer Erzbischof Johann Friedrich von Holstein-Gottorp.

zu einem sehr hohen Preis ab. Dann ließ er ein neues Wohnhaus errichten. Es entstand ein rechteckiges zweistöckiges Gebäude im Stile der Weserrenaissance, jedoch schon mit Übergangsformen zum Barock. Erbaut wurde es aus rotem Backstein mit weißen Mörtelfugen sowie aus kunstvoll bearbeitetem gelben Sandstein, der zur Anbringung von Verzierungen diente. Aus ihm entstanden Fenstersimse, Giebel und Säulen, aber auch Platten mit Reliefbildern, die Frauen- und Männerköpfe darstellen. An der Hofseite wurde das Bauwerk mit drei großen rechteckigen Ausluchten – erkerartigen Vorsprüngen – versehen, deren mittlere als Treppenhaus ausgestaltet wurde. Alles in allem erlangte der neue Erbhof ein schloßähnliches Aussehen, das dazu führte, daß er häufig auch „das Schloß" genannt wurde und noch wird.

Der Neubau wurde 1621 in festlicher Weise mit der Hochzeit von Gertruds jüngerer Schwester Hedwig eingeweiht. Aber schon knapp zwei Jahre später starb Gertrud. Dennoch verwaiste der Erbhof nicht. Johann Friedrich besaß zwei weitere uneheliche Kinder, denen er den Erbhof schenkte. Sie hießen Friedrich und Christine, und ihre Mutter war Anna Dobbel in Bremervörde, wo das Erzstift Bremen eine Burg besaß (s. Bd. III „Die Burg Bremervörde"). Anna Dobbel zählte zum großen Kreis der Geliebten Johann Friedrichs. Doch diese beiden Kinder wurden 1621 durch Kaiser Ferdinand II. legitimiert und unter dem Namen „von Holstein" in den Adelsstand erhoben. Inzwischen hatte der Dreißigjährige Krieg begonnen, der in das Erzbistum Bremen und damit auch nach Thedinghausen und dessen Umland viel Not und Elend brachte. Nachdem in den ersten zehn Kriegsjahren allein im Ort Thedinghausen 26 Höfe niedergerissen worden waren und 32 weitere keine Bewohner mehr hatten, wurde der Ort 1632 bei den verheerenden Streifzügen der Pappenheimer Reiterscharen ausgeplündert. Allein auf dem Erbhof wurden 10 Pferde, 4 Bullen und 41 Kühe geraubt.

Zu den Sandsteinverzierungen an der Außenseite des Erbhofes von Thedinghausen gehören mehrere Friese mit Bildnismedaillons, auf denen Porträts von Männern und Frauen in zeitgenössischer Tracht dargestellt sind.

Kurz darauf kamen schwedische Reiter und holten das Letzte, das die Bewohner noch besaßen. Die wiederholten Heimsuchungen seines Landes setzten auch dem Erzbischof Johann Friedrich zu und zerrütteten seine Gesundheit so sehr, daß er 1634 im Alter von 54 Jahren starb.

Als 1648 der verheerende Krieg nach 30 Jahren zu Ende ging, blieben die Schweden, die ebenfalls teilgenommen hatten, im Lande. Dabei hielten sie das Amt Thedinghausen noch 20 weitere Jahre besetzt. Es war samt seinen Einwohnern 1649 von der schwedischen Königin Christine dem General Graf Wirtenberg verliehen worden. Dieser benötigte einen standesgemäßen Wohnsitz und fand ihn im Erbhof, dessen Besitzerin noch Christine von Holstein – die geadelte Tochter des Erzbischofs Johann Friedrich – war. Graf Wirtenberg kaufte ihr den Erbhof für 9 500 Reichstaler ab. 1679 gelangte das Amt Thedinghausen in den Besitz der Herzöge von Lüneburg-Celle und Braunschweig-Wolfenbüttel. Die beiden Welfenhäuser verwalteten das Amt zunächst gemeinsam, teilten es dann aber, wobei der Ort Thedinghausen und damit auch der Erbhof an die Braunschweiger Linie fiel. Bei Braunschweig blieb dann Thedinghausen bis zur eingangs schon erwähnten Gebiets- und Verwaltungsreform von 1972. In dieser Zeitspanne sah der Erbhof, der zum Wahrzeichen Thedinghausens geworden ist, noch viele Besitzer. Man findet ihn im Osten Thedinghausens, vom Ort durch die Eiter getrennt, über einen Zufahrtsweg, der rechts von der in Richtung Weser führenden Straße abzweigt. Er befindet sich heute in Privatbesitz. Wer ihn erbaute, ist unbekannt. Vermutet wird, daß er nach Plänen des Bremer Baumeisters Lüder von Bentheim fertiggestellt wurde.

63

Wo „Maria in der Wiese" verehrt wird

Die Wallfahrtskirche in Germershausen

Das Untereichsfeld südwestlich des Harzes, in dem im Gegensatz zum thüringischen Obereichsfeld niederdeutsch gesprochen wird, gehörte seit dem 14. Jahrhundert zum Kurfürstentum Mainz, dessen weltlicher Herrscher der jeweilige Erzbischof von Mainz war. Heute ist das Untereichsfeld ein Teil Niedersachsens, und zwar des Landkreises Göttingen. Hier findet man einen Ort, der sich von allen anderen dieses Gebietes und weit darüber hinaus unterscheidet: Germershausen. Er ist ein Wallfahrtsort, wie man in Niedersachsen nur wenige weitere kennt. Zu den bekanntesten zählen Rulle und Lage im Landkreis Osnabrück, Wietmarschen im Landkreis Grafschaft Bentheim sowie Bethen im Landkreis Cloppenburg. An diesen Orten soll sich Wundersames begeben haben, das den Glauben zu stärken und die Frömmigkeit zu mehren vermag. In Germershausen – so weiß es die Legende zu berichten – sah eines Abends ein Schäfer in einer hohlen Weide ein helles Licht, das ihn so ängstigte, daß er sich ihm nicht zu nähern wagte. Erst am nächsten Morgen hatte er genügend Mut, der nächtlichen Erscheinung nachzuspüren. Er fand in der Höhlung des Baumes eine Pieta, das heißt ein Bild der Gottesmutter mit dem Leichnam Jesu.

Die Legende weiß weiter zu berichten, daß für dieses Bild eigens eine Kapelle erbaut wurde. Sie entstand auf einer Wiese, die immer wieder Überschwemmungen ausgesetzt war. Deshalb entschloß man sich, die Kapelle auf einer Höhe neu zu errichten, und transportierte sogleich alles Baumaterial dorthin. Dieses befand sich jedoch am nächsten Tag wieder nahe der alten Kapelle auf der Wiese. Daraufhin schleppten die Einwohner das Material erneut nach oben und legten sich dort auf die Lauer. Da erschien eine weißgekleidete Frau, band eine Schnur um einen der Bausteine und zog ihn zur Wiese hinunter. Nun geschah es, daß ihr alle übrigen Steine und Balken folgten. Dieses Wunder bewog die Einwohner, die neue Kapelle doch wieder auf der Wiese zu errichten. Wann sich das alles zugetragen haben soll, ist nicht bekannt. Als gesichert überliefert gilt nur, daß an der Stelle, an der das Gnadenbild gefunden wurde, bereits im Jahre 1549 eine Kapelle stand, die eine Bronzeglocke mit der Jahreszahl 1513 besaß. Der Hinweis darauf ist in einem Protokoll enthalten, das 1549 anläßlich einer Mainzer Visitation der Kapelle angefertigt wurde.

Mit diesem frühesten Hinweis auf das Bestehen einer Kapelle auf einer Wiese in Germershausen ist nicht zugleich gesagt, daß es zu jener Zeit schon eine Wallfahrt zu dem Gnadenbild gegeben hätte. Es war wohl zunächst nur eine auf Germershausen beschränkte Marienverehrung entstanden. Genaues läßt sich nicht mehr ermitteln, weil im Dreißigjährigen Krieg, der auch im Eichsfeld wütete, alle sich darauf beziehenden Aufzeichnungen verbrannt sind. Am 25. April 1626 gingen in diesem Gebiet 17 Dörfer in Flammen auf. Dabei wurde auch das am Seeburger See gelegene Bernshausen zerstört, an dessen Pfarrei Germershausen als Filiale angeschlossen war. In Bernshausen hatten sich sämtliche Germershäuser Unterlagen befunden. Doch Germershausen selbst wurde ebenfalls an diesem Tage in Brand gesteckt. Unklar ist, ob dabei auch die Kapelle niedergebrannt wurde. Das scheint jedoch nicht der Fall gewesen zu sein. Denn aus dem Jahre 1648 ist bekannt, daß an der Kapelle Reparaturarbeiten vorgenommen werden mußten. Dieser Sachverhalt deutet darauf hin, daß sie die Kriegsjahre überstanden hatte.

Auch wenn man nicht weiß, wann erstmals Pilger den Weg zur „Maria in der Wiese" fanden, so darf man doch vermuten, daß dies spätestens im 15. Jahrhundert geschah. Der erste erhaltene schriftliche Hinweis auf eine Wallfahrt nach Beendigung des Dreißigjährigen Krieges stammt aus dem Jahre 1678, als alle Schäden, die die Kapelle erlitten hatte, behoben waren. Wieviel Teilnehmer sich zu dieser Wallfahrt einfanden, ist nicht überliefert. 1682 waren es schon so viele, daß zur Unterstützung der anwesenden Pfarrer aus Bernshausen und den Nachbargemeinden erstmals Franziskaner aus Worbis im Obereichsfeld herbeigerufen wurden. Zudem leisteten später auch die Schulmeister aus den Ortschaften um Bernshausen Hilfsdienste. Deren Aufgabe war es vor allem, während der Wallfahrt als Vorbeter und Ordner tätig zu sein. An den genau registrierten Kosten der verteilten Hostien läßt sich ablesen, daß die Zahl der Wallfahrer jeweils zwischen 5000 und 6000 betrug. Es gab aber auch Wallfahrten mit 8000 und sogar 15000 Teilnehmern. Die Zusammenkunft von so vielen Menschen hatte Begleiterscheinungen zur Folge, die das Mißfallen insbesondere der Geistlichkeit erregten, nämlich das Vorhandensein von immer mehr Krambuden. Der Grundsatz, daß nur Devotionalien sowie Brot und Honigkuchen verkauft werden sollten, wurde jedoch von den Krämern mehr und mehr durchbrochen.

Trotzdem blieb für die Pilger der Wallfahrtsgottesdienst das Wichtigste. Er wurde am Gnadenaltar in der Kapelle zelebriert, wobei deren Türen weit geöffnet waren, damit die im Freien versammelten Wallfahrer die Messe verfolgen konnten.

Zu Beginn des 18. Jahrhunderts soll sich die Kapelle trotz mehrfacher Reparaturen in einem derart erbärmlichen Zustand befunden haben, daß sie dem Wallfahrtsbetrieb nicht mehr gerecht werden konnnte. So wurde 1710 mit einem Neubau begonnen, dessen Ergebnis sich in Form einer Kirche zeigte. Wie es heißt, war sie jedoch nur ein einfaches, anspruchsloses Bauwerk aus Sandsteinquadern, das statt eines Turmes lediglich einen Dachreiter besaß. Hinter der Kirche wurde 1746 eine neue Kapelle zur Aufnahme des Gnadenbildes errichtet, das nicht mehr die eingangs erwähnte Pieta war, sondern eine bekrönte, auf einem Thron sitzende Muttergottes, die in der rechten Hand ein Zepter und im linken Arm das Jesuskind hält. Die aus Lindenholz geschnitzte und bunt bemalte Statue ist 72 Zentimeter hoch. Wann die Umarbeitung der Pieta vorgenommen wurde, ist nicht überliefert. Vermutet wird, daß es in der Zeit der Entstehung der Wallfahrt geschah. Da die ursprünglich bekleidete Statue beim An- und Ausziehen der Gewänder und Schleier im Laufe der Zeit mehrfach Schaden nahm, mußte sie 1876 einer Restaurierung unterzogen werden. Zugleich wurde sie neu dekoriert und fortan nur noch unbekleidet aufgestellt.

Im Jahre 1973 ersetzte man das Gnadenbild durch eine aus Kunststoff angefertigte Kopie, die jedoch nicht lange dem ihr zugedachten Zweck dienen konnte. Denn schon vier Wochen später drangen des Nachts Kirchenräuber in das Gotteshaus ein und stahlen die Statue ohne zu wissen, daß es sich nicht um das Original handelte, sondern um eine Nachbildung. Bald darauf war bereits eine neue Kopie geschaffen, die seitdem ihren Platz im rechten Seitenschiff der von 1887 bis 1889 erbauten heutigen Wallfahrtskirche hat. Das Original wird im Augustinerkloster aufbewahrt, das 1864 neben dem Wallfahrtsplatz errichtet wurde. In diesem Kloster gab es von 1888 an – allerdings mehrfach unterbrochen – auch eine Schule, die jedoch 1970 wegen Schülermangels geschlossen wurde. Seit 1972 beherbergt das Kloster eine nach dem Heiligen Martin benannte katholische Bildungsstätte. Das Gnadenbild von Germershausen soll auch schon zu Wundern verholfen haben, die jedoch nicht so spektakulär waren, als daß sie in das gedruckte Schrifttum des Wallfahrtsortes Eingang gefunden hätten. Es handelte sich zumeist um die Heilung von Krankheiten.

Germershausen wird nach wie vor jährlich von vielen tausend Wallfahrern besucht. Den Höhepunkt bildet jeweils die Große Wallfahrt, die am ersten

Das Gnadenbild von Germershausen hat seinen Platz in der Wallfahrtskirche. Es ist jedoch nicht das aus Lindenholz geschnitzte Original, sondern eine Nachbildung aus Kunststoff. Das Original wird in dem nahe der Kirche befindlichen Augustinerkloster aufbewahrt.

Die heutige Wallfahrtskirche in Germershausen, an deren Stelle vorher nur eine Kapelle stand, wurde in den Jahren von 1887 bis 1889 erbaut. Die Kirche mit dem Gnadenbild wird jährlich von vielen tausend Wallfahrern besucht. Die meisten von ihnen kommen in Fußprozessionen aus den umliegenden Ortschaften.

Sonntag und dem folgenden Montag im Juli stattfindet. Obgleich heute viele Besucher insbesondere aus den weiter entfernten Gebieten wie Hildesheim, Braunschweig und Hannover mit dem Auto oder in Bussen nach Germershausen kommen, haben sich die traditionellen Fußprozessionen aus fast allen Ortschaften des Untereichsfeldes erhalten. Die meisten von ihnen führen Kreuze und Fahnen mit sich. Sämtliche Prozessionen meiden die Landstraßen und benutzen Feldwege, damit ihr Beten und Singen nicht vom Autoverkehr gestört wird. Der Fußmarsch wird von den Wallfahrern zugleich als Bußübung verstanden. Solch ein Wallfahrtstag macht besonders augenfällig, daß das Untereichsfeld ein Hort des katholischen Glaubens geblieben ist und damit seit der Reformation, die hier nicht Fuß zu fassen vermochte, eine konfessionelle Sonderstellung im norddeutschen Raum einnimmt.

64

Die „Perle der Weserrenaissance" ging in Flammen auf

Die Schloßruine Freudenthal in Uslar

Uslar, das im südlichen Bereich des Sollings und dessen Vorlandes den wirtschaftlichen und kulturellen Mittelpunkt bildet, gab es unter dem Namen „Husleri" bereits im 9. Jahrhundert. Dieser Name leitete sich von „Yssellär" her, das „Lager am kalten Wasser" bedeutet haben soll. Vermutlich wurde diese erste Siedlung von Chatten gegründet – Angehörigen eines altgermanischen Stammes, aus dem die Hessen hervorgegangen sind. Von 1139 an gehörte Uslar zum Erzbistum Mainz, das 1202 in dem Ort eine Burg erbauen ließ. Politisches wie auch strategisches Gewicht bekam Uslar jedoch erst, als die Welfen im 13. Jahrhundert begonnen hatten, an die Weser vorzudringen. Nachdem Herzog Albrecht I. von Braunschweig-Lüneburg in einer Auseinandersetzung mit Erzbischof Gerhard von Mainz obsiegt hatte, verlieh er Uslar 1269 die Stadtrechte. Einige Zeit später geriet er jedoch mit seinem Bruder Otto, der Bischof von Hildesheim war, so in Streit, daß dieser 1279 die Burg Albrechts in Uslar zerstörte. Sie wurde neu errichtet, und zwar so rasch, daß sein Sohn Albrecht II. bereits 1288 in Uslar wieder Hof halten konnte.

Uslar blieb dann bis 1866 welfischer Besitz – ein Zeitraum, in dem sich viel ereignete. Das war in besonderem Maße der Fall, als Herzog Erich II. von Calenberg Regent wurde. War schon Herzog Erich I., der Vater dieses Welfensprosses, als Freund und häufiger Begleiter Kaiser Maximilians I. viel unterwegs gewesen, so erwies sich Erich II. als ein wahrer Herumtreiber – und das insbesondere auf Kriegsschauplätzen (s. Bd. II „Das Schloß Landestrost"). Er, der am Hofe Kaiser Karls V. in Regensburg gelebt hatte und dort zum kaiserlichen Oberst bestallt worden war (s. Bd. II „Das Prachtportal von Drakenburg"), ließ von 1559 an am Westrand von Uslar neben der alten Burg ein Schloß erbauen. Dieses wurde zwar nicht – wie es sich Herzog Erich wünschte – das schönste auf der Welt, doch es war immerhin eine der ältesten und wichtigsten der bedeutendsten Schloßanlagen der Renaissance in Norddeutschland. Der Herzog nannte es nach dem schönen Tal, in dem es lag, „Freudenthal".

Erich II. ließ das Uslarer Schloß von Bauleuten aus den Niederlanden und einem Baumeister, der vermutlich ebenfalls von dort stammte, dessen Name jedoch nicht überliefert ist, errichten. Warum er auf Niederländer zurückgriff, hat einen einfachen Grund: Kaiser Karl V. war zugleich König von Spanien und damit auch Herrscher über die Niederlande, und in dessen Diensten hatte Erich oft und lange in den Niederlanden zu tun. Dabei fand er Gefallen an der dortigen Architektur. Die angeworbenen Niederländer und zusätzlich 40 deutsche Steinhauer bewiesen mit dem Schloßbau in Uslar ihr Können. Bis 1565 entstand eine quadratische Vierflügelanlage mit Seitenlängen von mehr als 80 Meter, die einen Binnenhof umschloß und an jeder Ecke der vier Flügel einen vorspringenden Turm besaß. Über dem von einem Wassergraben umzogenen Sockelgeschoß erhoben sich zwei Stockwerke mit langen Fensterreihen. Dieses stattliche Bauwerk wurde 1612 durch eine von einem Blitzschlag verursachte Feuersbrunst zerstört. Wie das Schloß ungefähr ausgesehen hat, läßt ein Merian-Stich aus dem Jahre 1653 erahnen. Auf ihm sind die zu diesem Zeitpunkt noch vorhanden gewesenen Mauerreste zu sehen.

Es wurden mehrfach Versuche unternommen, das als die „Perle der Weserrenaissance" gepriesene Schloß gedanklich zu rekonstruieren. Das tat auch die ehemalige Uslarer Lehrerin Gertrud Witt. Sie schrieb in ihrem 1981 erschienenen Buch „Amt und Festung Uslar", daß die kostspielige Bauweise des einstigen Schlosses schon von da an zutage tritt, wo sich das Mauerwerk über das mehrere Meter im moorigen Untergrund steckende, zumeist aus Sollinger Buntsandstein zusammengefügte Fundament erhebt: Es besteht aus sorgfältig behauenen Quadern aus dem auf den Bückebergen bei Obernkirchen gewonnenen Sandstein, der in damaliger Zeit das beste und teuerste Baumaterial war (s. „Die Stiftskirche von Obernkirchen" u. Bd. II „Die Kukesburg auf dem Nesselberg"). Den gleichen großzügigen Aufwand – so heißt es bei Gertrud Witt weiter – zeigen die zahlreichen kleinen Fenster des allein noch vorhandenen Kellergeschosses. Die rechteckigen Öffnungen werden von einer flachen steinernen Einfassung betont, über der eine breite, abgerundete Schwelle lastet. In dem darüber wuchtenden dreieckigen Giebel ist die Fläche von einem stark vorspringenden Rahmen beschattet und mit einem von Rankenwerk umgebenen Spruchband ausgefüllt. Viele dieser Bänder sind leer, während auf manchen die Buchstaben E.H.Z.B.V.L zu sehen sind, die für „Erich Herzog zu Braunschweig und

Das Schloß, das der Welfenherzog Erich II. in Uslar erbauen ließ und „Freudenthal" nannte, war eines der bedeutendsten Bauwerke der Weserrenaissance. Doch 1612 zerstörte es ein Brand. Heute ist nur noch das Sockelgeschoß zu sehen.

Lüneburg" stehen. Die Fenster im Obergeschoß waren rundbogig und die im zweiten Stockwerk rechteckig wie die im Kellergeschoß, jedoch größer.

So wohlgefällig, wie sich das Schloß nach außen zeigte, war es vermutlich auch innen. Die Räume waren von niederländischen Künstlern prunkvoll ausgemalt. Doch trotz all seiner Pracht hat dieses Bauwerk niemals als fürstliche Residenz gedient. Erich II. erließ 1575 am Tage Mariä Empfängnis – dem 8. Dezember – in einem Feldlager zu Nancy, der Hauptstadt des französischen Departements Meurthe-et-Moselle, ein Dekret, daß der Name Uslar gänzlich abzuschaffen sei. Stattdessen sollten sich die Stadt wie auch das Schloß Freudenthal nennen und denselben Namen „biß zu ewigen Tagen gebrauchen". Da der Rat der Stadt Uslar diese Anordnung nicht befolgte, fiel die gesamte Stadt in Ungnade und wurde von Erich II. fortan gemieden. Er nahm in ihr nur noch Quartier, wenn er sich im Solling zur Jagd aufhielt.

Erich II. erkor zu seinem Wohnsitz Neustadt am Rübenberge, wo er schon von 1573 an begonnen hatte, den Ort zu einer mächtigen Festung auszubauen. Dieser gab er ebenso wie dem Schloß Freudenthal einen phantasievollen Namen, nämlich „Landestrost". Wie überall erwies sich Herzog Erich auch dort als ein ebenso zügel- wie rücksichtsloser Mensch.

Er ließ Dutzende unschuldiger Frauen wegen angeblicher Hexerei auf dem Scheiterhaufen verbrennen. Während in Neustadt das Schloß und die Festungsanlagen erhalten sind, ist in Uslar außer dem Sockel des Schlosses nichts geblieben. Nach dem großen Brand wurde es nicht wieder aufgebaut, sondern als Steinbruch genutzt. Als die Ausgrabungen und wissenschaftlichen Untersuchungen, die 1979/80 am Kellergeschoß vorgenommen wurden, beendet waren, füllte man die meisten von dessen Innenräumen mit Erde auf. Darauf wurde ein Garten mit Blumenbeeten, Strauchwerk, Spazierwegen und einem Springbrunnen in der Mitte angelegt. Sehenswert ist in Uslar auch die Johanniskirche, deren Turm ursprünglich ein Wehrturm der einstigen Uslarer Burg gewesen sein soll. Das Langhaus der Kirche, das als Basilika erbaut war, wurde von dem 1789 in Uslar geborenen Baumeister Georg Friedrich Ludwig Laves zu einer Hallenkirche umgebaut. Eine besondere Kostbarkeit ist der große spätgotische Flügelaltar mit seinen vielen vergoldeten und bemalten Schnitzfiguren.

Vom Bauherrn nie bewohnt

Das Schloß Schwöbber

Der Name des Geschlechtes von Münchhausen, das zum niedersächsischen Uradel zählt, ist weithin bekannt geworden. Das ist maßgeblich auf Carl Friedrich Hieronymus Freiherr von Münchhausen, dem berühmten „Lügenbaron", zurückzuführen (s. Bd. II „Das Rathaus von Bodenwerder"). Aber auch andere Mitglieder dieses im südlichen Weserraum beheimateten Geschlechtes haben sich in das Buch der Geschichte eingetragen. Zu ihnen gehört der 1573 verstorbene Hilmar von Münchhausen, der der Vater jenes Statius von Münchhausen war, der das Schloß Bevern erbauen ließ (s. Bd. III „Das Schloß Bevern"). Hilmar von Münchhausen war kaiserlicher Kriegsoberst und galt als einer der bedeutendsten Söldnerführer seiner Zeit. Im Jahre 1512 auf der väterlichen Burg in Aerzen südwestlich von Hameln geboren, wurde er in Hildesheim für den geistlichen Stand erzogen und erhielt dort später eine Domherrenstelle. Doch lieber als in einer Soutane schlug sein Herz in Landsknechtskleidung, zumal er so gewandet auch eine Ehe eingehen durfte. Er wechselte den Beruf und heiratete Lucia von Reden. Vom Landsknecht stieg er zum Hauptmann auf und diente als solcher Herzog Heinrich dem Jüngeren von Braunschweig-Wolfenbüttel, der einer der bekanntesten unter den damaligen Welfenfürsten war. Dieser blieb dem katholischen Glauben treu und war wie seine Brüder Christoph und Franz – der eine Erzbischof von Bremen, der andere Bischof von Minden – voll Tatkraft, Machtsucht und auch Bedenkenlosigkeit. Bezeichnend für seine selbstherrliche Lebenseinstellung war sein Verhalten gegenüber dem Edelfräulein Eva von Trott, das ihm unehelich neun Kinder gebar (s. Bd. I „Die Stauffenburg und die Liebenburg").

Hilmar von Münchhausen hatte rasch begriffen, daß es einträglicher war, beim Kriegführen für Nachschub an Menschen und Material zu sorgen, statt mit der Waffe in der Hand zu kämpfen. Das wurde am 9. Juli 1553 sehr deutlich, als die grimmige Schlacht bei Sievershausen nordwestlich von Peine ausgetragen wurde (s. Bd. II „Das Moritzdenkmal in Sievershausen"). Während sich Hilmar von Münchhausen dem Eintreiben von Geld zur Bezahlung der Söldner widmete, kämpften seine Brüder Jobst und Johann für Herzog Heinrich den Jüngeren auf dem Schlachtfeld mit dem Ergebnis, daß sie beide in dem blutigen Gemetzel fielen. Dieses tragische Geschehen war für Hilmar von Münchhausen kein Hinderungsgrund, schon wenig später gegen seinen bisherigen Brotherrn, für den seine beiden Brüder gefallen waren, zu Felde zu ziehen. Krieg war für ihn zum Geschäft geworden – wer entsprechend bezahlte, konnte seine Dienste in Anspruch nehmen. Vor allem mietete er Söldner an und verlieh sie wie auch sich selber gegen viel Geld an Potentaten, die Lust auf Krieg verspürten und sich davon einen den Aufwand übersteigenden Gewinn – welcher Art auch immer – versprachen.

Der Handel mit Söldnern blühte. Das Anwerben und Bereithalten eines Söldnerheeres kostete zwar viel Geld, brachte jedoch noch erheblich mehr ein, wenn Truppen benötigt wurden. Und gekämpft wurde vielerorts. Besonders einträglich war für Hilmar von Münchhausen der Schmalkaldische Krieg

Das dreiflügelige Schloß Schwöbber ließ Hilmar von Münchhausen mit dem Geld erbauen, das ihm sein Handel mit Söldnern eingebracht hatte. Es war ihm jedoch nicht gegönnt, darin seinen Lebensabend zu genießen.

1546/47, in dem sich die protestantischen Fürsten und Reichsstädte Deutschlands um der Wahrung ihres Glaubens willen gegen den katholischen Kaiser Karl V. mit Waffen zur Wehr setzten (s. Bd. II „Das Prachtportal von Drakenburg"). In diesem Geschehen, in dem Münchhausen an der Seite des Kaisers stand, erhielt er erstmals den Rang eines Obersten. Guten Gewinn brachte ihm auch der Kampf, mit dem sich von 1566 an die protestantische Bevölkerung der Niederlande von der Unterdrückung durch den spanischen König Philipp II., der ein Sohn Kaiser Karls V. war, zu befreien suchte. Da Münchhausen noch in weiteren Schlachten auf der Seite der Gewinner stand, vermochte er ein beträchtliches Vermögen anzuhäufen, mit dem er – nachdem er sich im Alter von knapp 50 Jahren aus dem Kriegsgeschäft zurückgezogen hatte – nach und nach mehrere Schlösser und Gutshöfe in Pfandbesitz erwerben konnte. Er hatte 1555 auch einige Meierhöfe geerbt, zu denen der Schwöbberhof im weiten Biberbachtal in der Nähe seines Geburtsortes Aerzen zählte. Hier wollte er sich ein eigenes Rittergut schaffen mit einem Schloß als Wohngebäude für sich und seine Erben.

Nachdem er die drei hier wirtschaftenden Bauern gegen angemessene Entschädigung „abgemeiert" hatte, begann er unverzüglich mit den Vorbereitungen zum Bau der geplanten Schloßanlage. Deren Errichtung legte er in die Hände des Hamelner Baumeisters Cord Tönnies, der für ihn schon in Rinteln zu seiner Zufriedenheit tätig gewesen war. Die Vollendung des Bauwerkes erlebte Münchhausen jedoch nicht mehr. Er starb am 19. April 1573 im Alter von 60 Jahren auf seinem Pfandschloß Steyerberg. Sein Leichnam wurde in Nienburg in der Martinikirche mit geradezu fürstlichem Gepränge beigesetzt: 200 Kürassiere in vollem Harnisch gaben ihm das letzte Geleit. An Hilmar von Münchhausen und seine Gemahlin Lucia erinnert ein Epitaph im Chorraum der Nienburger Kirche. Der Bau des Schlosses Schwöbber wurde zunächst von Lucia im Sinne ihres Gemahls und später von ihrer beider Nachkommen fortgesetzt.

Bevor das Schloß Schwöbber bezugsfertig war, starb Hilmar von Münchhausen 1573 auf seinem Pfandschloß Steyerberg. Von diesem zeugt noch das Amtshaus, das als zweigeschossiger Fachwerkbau im Westen von Steyerberg auf einer Insel in der Aue steht.

Das dreiflügelige Schloß entstand von 1570 an in mehreren Bauphasen im Stile der Weserrenaissance. Nach umfangreichen Vorarbeiten zur Befestigung des feuchten Untergrundes wurde mit dem Bau des dreigeschossigen Mittelteiles begonnen, an den nach seiner Fertigstellung 1578 der zweigeschossige Südflügel mit der Torfdurchfahrt angefügt wurde. Dann kam der 1606 fertiggestellte zweigeschossige Nordflügel hinzu, der 1908 ausbrannte, jedoch von 1921 bis 1923 wiederhergestellt werden konnte. Die drei Flügel der nach Osten geöffneten Schloßanlage wurden an den von ihnen gebildeten beiden Ecken mit je einem achteckigen Treppenturm verbunden. Die Türme erhielten geschweifte Helme, und die Schloßflügel wurden mit Erkern und Zwerchhäusern geschmückt, die der flämische Bildhauer Arend Robin mit Rollwerk-, Kugel- und Obeliskdekor verzierte. Die Schloßanlage, die Hilmar von Münchhausen auch unter Berücksichtigung strategischer Überlegungen geplant hatte, wurde mit einem breiten Wassergraben umzogen, der im Norden einen Teich bildete. Mit diesem Graben bekam der freundliche Anblick, den das Schloß bot, eine wehrhafte Verbrämung.

Das Schloß Schwöbber war nie umkämpft. Selbst im Dreißigjährigen Krieg vermochten die Schloßinhaber durch Verhandeln anrückende Truppen von Überfällen abzuhalten. Es gab auch in all den Jahrhunderten, die das Schloß schon überdauert hat, keinen Besitzer, der das Kriegshandwerk ausgeübt hätte. Die Schloßherren gingen friedlichen Betätigungen nach, wobei mehrere von ihnen den Namen Münchhausen in besonderem Licht erscheinen ließen. Schon Hilmar der Jüngere, der nach dem Ableben seiner Eltern den Schloßbau vollendete, hatte sich vom Kriegführen abgewendet und stattdessen an der Universität Heidelberg das Studium der Geisteswissenschaften aufgenommen. Er wurde wegen seiner Bildung eine „Blume des Adels" genannt. Auch einige seiner Söhne studierten: Heinrich Hilmar in Basel, Börries in Wittenberg, Gießen, Straßburg und Basel und Philipp Adolf in Gießen, Straßburg und Tübingen. Philipp Adolf wäre seiner Neigung zur Theologie entsprechend gerne Pastor geworden, ließ sich aber von seinen Verwandten davon abhalten. Er wird als der Philosoph der Familie bezeichnet.

Otto, ein weiterer Schloßherr in Schwöbber, tat sich dadurch hervor, daß er zu Beginn des 18. Jahrhunderts den Schloßpark in französischem Stil anlegen ließ. Dieser Garten zog viel Aufmerksamkeit auf sich. Einer der interessierten Besucher war der russische Zar Peter der Große, der 1716 in Pyrmont zur Kur weilte. Zar Peter, der vom Pyrmonter Kurarzt Seip begleitet wurde, soll sich in Münchhausens Garten alle Pflanzen notiert haben, mit denen er seinen eigenen Garten in St. Petersburg bereichern wollte. Der Neffe des damaligen Schloßherrn, der ebenfalls Otto hieß, hat sich als Naturforscher und Agrarwissenschaftler große Verdienste erworben. Er hielt seine Erkenntnisse in einem umfassenden Werk fest, das er „Hausvater" nannte und das ihm die Ehrenmitgliedschaft in der 1764 in Celle gegründeten Landwirtschaftsgesellschaft einbrachte. Dieser Otto von Münchhausen war es auch, der 1760 den französischen Garten in Schwöbber in einen englischen umwandelte – den ersten dieser Art auf deutschem Boden.

Der Name Münchhausen wurde später auch noch durch zwei Schriftsteller bekannt. Doch die sonnigen Zeiten Schwöbbers, die mehr als drei Jahrhunderte währten, begannen sich anfangs des 20. Jahrhunderts zu verdunkeln. Unter Burchard von Münchhausen, der 1899 Schwöbber übernommen hatte, verschuldete der Besitz immer mehr, so daß Schloß und Park zu verfallen begannen. Hinzu kam der erwähnte Brand von 1908. Schwöbber mußte verkauft werden. Neuer Besitzer wurde 1919 der in Hannover geborene Domänenrat Dr. h. c. Eduard Meyer, der einem alten niedersächsischen Geschlecht entstammte und die Friedrichswerther Güter bei Gotha in Thüringen besaß. Dieser ließ nicht nur den ausgebrannten Nordflügel des Schlosses erneuern, sondern legte auch ab 1922 auf der östlichen Hälfte der Schloßinsel, wo sich ursprünglich der Wirtschaftshof befand, den neubarocken Garten mit Statuen und zwei Pavillons an. Heute ist das Schloß Schwöbber ein Zentrum des Golfsports.

66

Sein Bauherr war eine Frau

Das Wasserschloß Hehlen

Wer im südlichen Niedersachsen im Landkreis Holzminden dem Lauf der Weser folgt, gelangt an deren linkem Ufer zu dem Ort Hehlen, der sich bereits sehr früh zu bilden begann. Das vermögen Fachkenner allein schon seinem Namen zu entnehmen. Sie schließen aus ihm, daß er sich aus vorgermanischer Zeit herleitet, und zwar von dem damaligen Grundwort „kel", das „feucht" bedeutet und auch für Moor und Morast gestanden haben soll. Demnach wäre Hehlen ein Ort, der sich in einem feuchten Gebiet entwickelt hat. Nach einer anderen Erklärung geht Hehlens Name auf das altsächsische Wort „helan" zurück, das sich in „verhehlen" im Sinne von „verbergen" erhalten hat. Nach dieser Deutung könnte eine Siedlung gemeint gewesen sein, die versteckt lag, was auf das alte Hehlen durchaus zugetroffen haben konnte. Möglicherweise war das Versteck ein Wald. Doch woher auch immer es seinen Namen erhalten und wie auch immer sich seine Entwicklung vollzogen haben mag, zählt es zu den ältesten Orten nicht nur des Weserraumes, sondern ganz Niedersachsens. Erstmals niedergeschrieben wurde sein Name in Form von „Heli" zu Beginn des 9. Jahrhunderts in einer Pergamenthandschrift des Klosters Fulda. Das geschah im Zusammenhang damit, daß zu jener Zeit ein Hehlener Grundbesitzer namens Hemmich dem Kloster Fulda Güter geschenkt hatte. Daß das Gebiet um Hehlen noch weitaus früher von Menschen aufgesucht und auch besiedelt worden war, geben Funde aus der Steinzeit und der Eisenzeit zu erkennen.

Das Schloß Hehlen, das in diesem alten Siedlungsgebiet in der zweiten Hälfte des 16. Jahrhunderts in fünfjähriger Bauzeit entstand, wird der Weserrenaissance zugerechnet. Erbaut wurde es von Ilse von Saldern, die mit dem Kriegsobersten und kaiserlichen Söldnerführer Fritz VIII. von der Schulenburg verheiratet war, von dem sie aber bereits seit 1574 getrennt lebte. Sie soll – wie überliefert ist – ein Weib nicht nur mit rauher Außenseite, sondern auch mit männlicher Seele gewesen sein. Ihr Gemahl, der den Titel eines Reichsfreiherrn führte, scheint sich auch nicht viel aus einem Zusammenleben mit ihr gemacht zu haben. Er, der sich schon als Junge mit seinem ersten selbstersparten Geld eine Hellebarde gekauft haben soll, trieb sich lieber auf Schlachtfeldern herum. Dabei wurde er – erst 19 Jahre alt – in Flandern beim Kampf gegen die um ihre Freiheit ringenden Niederländer an seiner Stirn durch einen Steinwurf so schlimm verwundet, daß eine sein Gesicht entstellende Narbe zurückblieb. Die Trennung des Paares hatte sich nach fünfzehnjähriger kinderloser Ehe ohne Streit und Ärger vollzogen. Ilse blieb in Hehlen und Fritz wurde Drost der Vienenburg, die nördlich von Goslar im Harzvorland lag und zu jener Zeit den Herzögen von Braunschweig-Wolfenbüttel gehörte (s. „Die Wälle der Harliburg").

Dank des von Fritz von der Schulenburg mit der Ausübung des Waffenhandwerks verdienten Geldes und der Tatkraft seiner in Hehlen zurückgebliebenen Gemahlin wuchs das Schloß zur gewaltigsten Adelsburg heran, die es bis dahin an der Weser gab. Es bekam und besitzt noch immer vier dreistöckige Flügel, die einen quadratischen Innenhof eng umschließen und an der West- wie auch der Ostecke von je einem Rundturm überragt sind. Diese mit glockenförmigen Helmen bedeckten Türme tragen wesentlich mit zu dem trutzigen Aussehen des aus Bruchsteinen errichteten Bauwerkes bei. Die Mauern des Schlosses sind schmucklos und werden lediglich durch die regelmäßig gereihten Fenster gegliedert. Das Schloß besitzt auch keine Ziergiebel und Zwerchhäuser, wie sie für den Baustil der Weserrenaissance typisch sind, sondern ein schlichtes Walmdach. Dieser Stilbruch ist möglicherweise darauf zurückzuführen, daß sich eine Schuldenlast angehäuft und die Bauherrin zu drücken begonnen hatte. Das stattliche Gebäude ist von einem breiten Wassergraben umgeben, über den zunächst eine Zugbrücke zum rundbogigen Schloßtor führte, die aber später durch eine feste Brücke aus Stein ersetzt wurde. Im Hof des Schlosses steht in der Ost- und der Westecke je ein Treppenturm.

Als recht merkwürdig erscheint die Überlieferung der Bauzeit des Schlosses, die – wie bereits erwähnt – fünf Jahre betragen hat. Die zu dieser Zeitspanne gehörenden Jahreszahlen sind in der Fachliteratur unterschiedlich angegeben: zum einen von 1574 bis 1579 und zum anderen von 1579 bis 1584. Der Widerspruch rührt offenbar von einem Denkmal her, das Ilse von Saldern im Hof des Schlosses Hehlen zur Erinnerung an ihren 1589 – vier Jahre nach Fertigstellung des Schlosses Hehlen – verstorbenen und in der Braunschweiger Johanniskirche beigesetzten Gemahl errichten ließ. Das Denkmal in Form eines Reliefbildes auf einer Platte aus grauem Sandstein zeigt Fritz in Harnisch und auf sein Schwert gestützt. Darunter angebracht ist eine bronzene Inschrifttafel, die einen Hinweis auf das

Das Wasserschloß Hehlen zählt zu den mächtigsten Adelsburgen, die an der Weser entstanden sind. Obgleich seine Mauern keinen Schmuck aufweisen und es auch keine Ziergiebel und Zwerchhäuser besitzt, wird es der Weserrenaissance zugerechnet. Es gilt im Schloßbau sogar als ein Spitzenreiter dieser Stilrichtung.

Jahr 1579 sowie auf die fünfjährige Bauzeit des Schlosses enthält. Offen bleibt dabei die Frage, ob der Bau 1579 erst begonnen oder in diesem Jahr schon beendet wurde.

Das Schloß Hehlen sollte nicht der Verteidigung dienen, sondern ausschließlich Zwecken der Repräsentation. Allerdings nutzte die Schloßherrin, die es bis zu ihrem Tode im Jahre 1607 bewohnte, die vielen Räume nur in geringem Maße. Sie beanspruchte für sich einen Saal, eine Kammer, eine Stube, eine Küche sowie den Weinkeller. Das Schloß blieb später im Besitz sowohl der Schulenburger als auch der Saldern. Das wurde dadurch ermöglicht, daß sich Albrecht VI. von der Schulenburg – der Neffe und Lehnserbe von Fritz – und Oleke von Saldern – Ilsens Nichte – verheirateten. Diese Verbindung trug mit 13 Kindern zugleich zum Fortbestand des Adelsge-schlechtes der Reichsfreiherren von der Schulenburg bei, die 1728 von Kaiser Karl VI. in den Reichsgrafenstand erhoben wurden. Allerdings konnte Albrecht seine Hehlener Erbschaft nie antreten, weil er im selben Jahr wie seine Tante Ilse starb.

Mit dem Schloß Hehlen begann das Entstehen der großen Adelsschlösser der Weserrenaissance, zu deren Spitzenleistungen vor allem die von dem Söldnerführer Jürgen von Klencke ab 1588 erbaute Hämelschenburg sowie das Schloß Bevern, das von 1603 an Statius von Münchhausen – Klenckes Vetter – errichten ließ, zählen (s. Bd. II „Die Hämelschenburg im Emmertal" u. Bd. III „Das Schloß Bevern"). Das Schloß Hehlen blieb fast 400 Jahre lang bis 1956 im Familienbesitz der Grafen von der Schulenburg. Dann wurde es an einen aus Hehlen stammenden Geschäftsmann verkauft.

67

Ein Gotteshaus besonderer Art
Die Gymnasialkirche in Meppen

Meppen, das am Zusammenfluß von Ems und Hase entstand, ist eine alte Siedlung, deren Name keltischen Ursprungs sein und „Ort an den Mündungen" bedeuten soll. Auf einer Sanddüne zwischen den beiden Flüssen wurde in karolingischer Zeit um 780 ein Königshof mit einer Kapelle errichtet. Damit war zugleich ein Missionszentrum geschaffen worden, von dem aus der christliche Glaube im Emsland und darüber hinaus verbreitet werden sollte. Gründer dieser „Cellula Meppia" war der Frankenkönig Karl, der im Jahre 800 in der Peterskirche zu Rom von Papst Leo III. zum Kaiser gekrönt wurde und in den Folgejahren den Beinamen „der Große" erhielt. Dieser bedeutende Herrscher hatte nach langen Kämpfen erkannt, daß er im Sachsenland den christlichen Glauben nur mit friedlichen Mitteln einführen und auf Dauer sichern könne. Und diese Erkenntnis bewog ihn, die Missionierung auf besondere Weise vorzunehmen: Er schickte junge Sachsen in fränkische Domstifte und Abteien, um sie dort im christlichen Glauben erziehen und zu dessen Verbreitung ausbilden zu lassen.

Eine Abtei – Corbie an der Somme bei Amiens in Nordfrankreich – gab sich dieser Aufgabe mit besonderem Eifer hin, zumal ihr Abt Adelhard ein Vetter Karls war und zu dessen engsten Ratgebern gehörte. Mönche dieser Benediktiner-Abtei gründeten 822 an der Oberweser bei Höxter ein Tochterkloster, auf das der Name Corbie überging und sich zu Corvey wandelte (s. Bd. III „Der Bredenstein im Solling"). Karls ältester Sohn und Nachfolger auf dem Kaiserthron, Ludwig der Fromme, übertrug die Missionszelle Meppen 834 den aus dem Emsland stammenden und in Corvey zur Verbreitung des Christentums geschulten Mönchen. Diese und ihre Nachfolger blieben bis 1803 Pfarrherren und Pröpste von Meppen.

Der Ort selbst war inzwischen zu einer Stadt herangewachsen, nachdem er 945 von König Otto I. – dem späteren Kaiser – das Marktrecht verliehen bekommen hatte und 1360 als Marktflecken das Stadt- und Befestigungsrecht erhielt. Von der mittelalterlichen Bedeutung Meppens zeugen nicht nur die entstandenen Festungswälle, die die Stadt umschlossen und noch heute erhalten sind, sondern auch die Zugehörigkeit zur Hanse seit dem 15. Jahrhundert sowie das Rathaus, dessen Bau 1408 begonnen und im Laufe der Jahrzehnte und Jahrhunderte immer wohlgefälliger ausgestaltet wurde. In der Nordostecke der Umwallung war 1374 eine Landesburg – die Paulsburg – gleichsam als optischer Gegenpol zu der schon 834 genannten Propsteikirche St. Vitus errichtet worden. Doch während die Paulsburg im Dreißigjährigen Krieg zu verfallen begann und heute von ihr nichts mehr vorhanden ist, vermochte sich die Vituskirche zu behaupten, wenngleich ihr auch 1643 ein Blitz den Westturm raubte und ihr 1945 durch Beschuß mit Granaten schwere Schäden zugefügt wurden. Eine andere Kirche, die es in Meppen gibt, besitzt keine überragende Lage wie die Vituskirche, sondern ist in die Häuserreihe an der Burgstraße eingefügt. Sie hieß früher Jesuitenkirche und wird heute Gymnasialkirche genannt.

Nachdem die Stadt Meppen im 16. Jahrhundert wie das Emsland insgesamt protestantisch geworden war, versuchten in der Zeit vor dem Dreißigjährigen Krieg die 1614 vom münsterschen Fürstbischof Ferdinand von Bayern ins Land gerufenen Jesuiten in ihr Fuß zu fassen. Im Jahre 1638 fanden sie zunächst am Meppener Markt in einer Scheune Unterkunft. Doch wenig später konnten sie hier einen Burgmannshof erwerben, auf dem sie sich einrichteten und eine Kapelle erbauten. Als Mitglieder der 1534 von Ignatius von Loyola gegründeten Gesellschaft Jesu sahen sie ihre Hauptaufgabe in der Wahrung und Verbreitung des katholischen Glaubens und dienten damit der Gegenreformation. Zudem waren die Jesuiten bestrebt, die Wissenschaft sowie die Bildung der Bevölkerung allgemein zu fördern. Um diesen Zielen nahezukommen, gründeten sie 1642 in Meppen mit Genehmigung des Fürstbischofs Ferdinand ein Gymnasium, auf das er zu dessen Unterhalt den jährlichen an die Missionsstation gewährten Zuschuß von 400 Reichstalern umleitete. Als nach seinem Ableben Christoph Bernhard von Galen sein Nachfolger wurde und dieser den Jesuiten noch zusätzliche finanzielle Unterstützung gewährte, konnte 1652 das Meppener Gymnasium voll im Sinne der Schulordnung der Jesuiten ausgebaut werden.

Die Jesuiten konnten in Meppen an eine langjährige Schultradition anknüpfen. Denn schon vor dem Dreißigjährigen Krieg gab es hier in Verbindung mit der Vituskirche eine Lateinschule, die bereits 1425 erstmals urkundlich erwähnt worden war und zu diesem Zeitpunkt längst bestanden hatte. Bereits in der zweiten Hälfte des 14. Jahrhunderts waren nachweislich drei Studenten aus Meppen an der Karlsuniversität in Prag immatrikuliert, und weitere Meppener studierten im 15. Jahrhundert in Leipzig,

Heidelberg und Erfurt. Die Lateinschule in Meppen, an der diese Studenten ihr Grundwissen erworben hatten, wurde 1602 in ein Gymnasium umgewandelt, das jedoch schon fünf Jahre später wieder geschlossen werden mußte, weil sich die Stadt wegen des gleichzeitigen Ausbaues des Rathauses finanziell übernommen hatte und die Lehrer nicht mehr besolden konnte. Diese hatten daraufhin die Stadt verlassen mit der Folge, daß Meppen nun 35 Jahre lang kein Gymnasium besaß. Erst als die Kriegswirren nachließen, konnten – wie erwähnt – die Jesuiten 1642 pädagogisch wirksam werden.

Ein Jahrhundert später – um 1743 – waren die Jesuiten in Meppen auch in der Lage, ihre kleine baufällig gewordene Kapelle abzutragen und durch die große Gymnasialkirche – wie man sie heute kennt – zu ersetzen. Als nobler Spender für diesen Zweck erwies sich ihr damaliger Landesherr, der münstersche Fürstbischof Clemens August von Wittelsbach (besser bekannt als Kurfürst von Köln). Clemens August, der zu jener Zeit auch das nach ihm benannte Jagdschloß Clemenswerth bei Sögel im Hümmling erbauen ließ (s. Bd. II „Das Jagdschloß Clemenswerth"), stiftete aus seiner Tasche für den Bau der Gymnasialkirche 10 600 Taler und dazu noch 80 000 Ziegelsteine, womit er sich als Spender zum Vorbild für andere machte. In den Jahren 1743 bis 1746 wurde das neue Gotteshaus nach den Plänen von Superior Karl Immendorf aus Haselünne in spätbarockem Stil erbaut und nach Fertigstellung der Unbefleckten Empfängnis Mariens gewidmet.

Vermutungen zufolge hat an der Errichtung der Gymnasialkirche auch der Baumeister des Jagdschlosses Clemenswerth, Generalmajor Johann Konrad Schlaun, mitgewirkt. Dieser war zeitweilig Kommandant der Festung Meppen und wohnte im Jahre 1745 in der Burgstraße ganz in der Nähe der im Bau befindlichen Kirche. Nachgewiesen ist, daß von ihm die Entwürfe für den 1754 errichteten Hochaltar wie auch für die beiden 1757 aufgestellten Seitenaltäre stammen. Zur Schauseite der Kirche wurde deren Fassade gestaltet, die unmittelbar an die Burgstraße grenzt. Sie zeigt figürliche Darstellungen der Gottesmutter und ihres Sohnes sowie von Angehörigen des Jesuitenordens. Zudem ist das Wappen des Fürstbischofs und Kurfürsten Clemens August in die Fassade eingefügt. Die anderen äußeren Seiten der Kirche sind schmucklos geblieben. Sie besitzt auch keinen Turm, sondern nur einen Dachreiter.

Innen ist die Kirche mit Kunstwerken ausgestattet, die sie dem Betrachter als wahres Schmuckkästlein erscheinen lassen. Vor allem zieht der Hauptaltar den Blick auf sich. Er wird von vier Säulen und zwei Pilastern aus farbig bemaltem Eichenholz gestützt und ist mit Schnitzwerk reich verziert. Das Altarbild stellt die Himmelfahrt Mariens dar. Vom Stil her ist das Kircheninnere zweigeteilt: Während der untere Teil des Schiffes noch barock gestaltet wurde, folgt

Die Gymnasialkirche in Meppen ist reich mit Kunstwerken ausgestattet. Das Bild des Hauptaltars – hier schwer zu erkennen – stellt die Himmelfahrt Mariens dar. Die beiden Nebenaltäre, die den Jesuiten-Heiligen Ignatius und Franz Xaverius geweiht sind, wurden von Johann Konrad Schlaun entworfen.

In der alten Festungsstadt Meppen gibt es eine Kirche, die sich allein schon durch ihre Lage von anderen Gotteshäusern unterscheidet: Sie wurde in die Häuserreihe einer Straße eingefügt. Es ist die Gymnasialkirche, an deren Errichtung auch Generalmajor Johann Konrad Schlaun, der Baumeister des Jagdschlosses Clemenswerth, mitgewirkt haben soll.

die Stuckdecke bereits Formen des Rokoko. Hier besteht die Verzierung aus muschelförmigen Medaillons, von denen Heilige des Jesuitenordens, allegorische Figuren, biblische Gestalten und vor allem auch die Heilige Maria auf die Kirchenbesucher herabblicken. Wie es heißt, zeigen sich hier dem aufmerksamen Betrachter die Sphäre Gottes und der Raum, in dem sich Gott dem Menschen offenbart.

Als 1773 Papst Clemens XIV. den Jesuitenorden aufhob, begann für das Meppener Gymnasium und seine Kirche ein neuer Zeitabschnitt. Zwar wurde der Unterricht von den Jesuiten mit Einschränkungen noch bis 1776 fortgeführt, dann aber hörte ihre Tätigkeit in Meppen endgültig auf. In diesem Jahr übernahmen Franziskaner aus Rheine das Meppener Gymnasium und seine Kirche. Die Franziskaner vermochten sich über Jahrzehnte zu halten und erteilten in Meppen auch dann noch Unterricht, als 1811 die Stadt wie ganz Nordwestdeutschland dem Kaiserreich Frankreich eingegliedert worden war. Nach dem Abzug der Franzosen 1813 ging die provisorische Verwaltung an Preußen über und blieb in dessen Händen, bis der Kreis Meppen 1815 auf dem Wiener Kongreß dem Königreich Hannover zugesprochen wurde. Ein Jahr vorher war auch das Verbot des Jesuitenordens zurückgenommen worden. Doch nach Meppen kamen die Jesuiten nicht mehr zurück.

Die Schule wandelte sich in ein weltliches Gymnasium und erfreute sich einer zunehmenden Schülerzahl, so daß ihr Gebäude um ein Stockwerk erhöht werden mußte. Gegen Ende des Zweiten Weltkrieges wurden bei Kampfhandlungen die Schulgebäude beschossen und erheblich zerstört. Die Schäden ließen sich aber so beheben, daß schon bald nach Kriegsende der Unterricht wieder aufgenommen werden konnte. 1956/57 wurde das alte Schulgebäude abgebrochen und durch einen Neubau ersetzt. Von 1959 bis 1967 erfolgte dann eine grundlegende Renovierung der Kirche, die dabei wieder ihren ursprünglichen Zustand erhielt, den sie durch vorausgegangene unsachgemäße Erneuerungen eingebüßt hatte. Weitere Restaurierungsmaßnahmen wurden noch bis 1991 vorgenommen.

68

Ihre Chorgemälde überstanden den Bildersturm

Die Kapelle von Bückelte

Niedersachsen – das geben alle Bände „Wenn Steine reden könnten" zu erkennen – besitzt viele Gotteshäuser, die wegen ihrer Größe, Bauweise oder Geschichte etwas ganz Besonderes darstellen. Man trifft im Land zwischen Harz und Nordsee aber auch auf kleinere und unbedeutender anmutende, die ebenfalls dem Besonderen zuzuordnen sind. Zu diesen gehört die Kapelle von Bückelte, einem kleinen Dorf im Kreis Emsland, das 1966 in die Stadt Haselünne eingemeindet worden ist. Dieses trotz seines massiven Turmes auf Betrachter bescheiden wirkende Kirchlein, das dem in Ägypten geborenen und dort auch die meiste Zeit seines langen Lebens tätig gewesenen Heiligen Antonius geweiht ist, steht auf einem warftähnlichen Hügel des einstigen Dorfbrinks. Von dieser Anhöhe, die die Bückelter „Kapellenberg" nennen, heißt es, daß sie in heidnischer Zeit eine Opferstätte gewesen sei. Das Aussehen des Turmes vermag sogleich das Interesse von Ortsfremden zu wecken, aber es läßt sie nicht ahnen, was das auf einem Findlingsfundament aus roten Backsteinen erbaute Kirchlein in seinem Inneren an Kostbarkeiten birgt. Doch bevor man es betritt, fällt der Blick erst noch auf einen Sandsteinblock über der an der Westseite des Turmes befindlichen Eingangstür, in den römische Ziffern eingemeißelt sind. Diese stellen die Zahl 1508 dar, die als das Baujahr des Turmes gedeutet wird. Das Kapellenschiff – so wird vermutet – war schon vorher entstanden.

Im Inneren der Kapelle vermag der Altar sogleich den Blick der Besucher auf sich zu ziehen. Er besitzt einen prunkvollen holzgeschnitzten Aufsatz, der von Fachkennern dem sogenannten Bauernbarock zugewiesen wird. Wer diesen Altar geschaffen hat, ist nicht bekannt. Vermutungen zufolge war er im Jahre 1733 fertiggestellt und auch geweiht worden. Das Altarbild – Werk eines unbekannten Meisters – zeigt die Geburt Christi mit der Anbetung der Hirten. Nach oben ist der Altaraufsatz mit einer Figur abgeschlossen, die den Schutzpatron der Kapelle darstellt. Antonius stützt sich auf einen ägyptischen Kreuzstab, der an seiner T-Form zu erkennen ist. Zudem ist ihm ein Schwein beigefügt, das unter seiner Kutte hervorschaut. Das Borstentier kennzeichnet diesen Heiligen als Beschützer der Nutztiere und damit zugleich der Landwirtschaft insgesamt. Es brachte ihm in Bückelte den Namen „Schwienetüns" – auch „Swiene-Tünns" geschrieben – ein. Antonius, der 356 nach Christus im Alter von 105 Jahren starb, wurde nach seinem Ableben zu den 14 Nothelfern gezählt und wird seitdem von Gläubigen gegen Feuersnot, Pest und anderes Unheil angerufen. Er, der lange als Einsiedler in der Wüste lebte und deshalb mit dem Beinamen „der Einsiedler" in die Geschichte einging, gilt auch als der Beschützer und Lehrmeister der Mönche, die zu seiner Zeit noch keine festen Regeln kannten.

Das kulturell Wertvollste der Bückelter Kapelle stellen ihre gotischen Chorgemälde dar, die bereits als verloren galten. Sie waren zur Zeit der von Reformatoren ausgelösten Wirren des Bildersturmes in den Gotteshäusern übertüncht worden, was jedoch auch einen sicherlich ungewollten Nebeneffekt hatte:

Der Barockaltar in der Kapelle von Bückelte schließt oben mit einer Figur des Heiligen Antonius ab, dem ein vergoldetes Schwein aus seiner Kutte schaut.

Der dem Heiligen Antonius geweihten Kapelle von Bückelte sieht man äußerlich nicht an, welche Kostbarkeiten sie birgt. Sie wurde auf einem Hügel der Sage nach aus den Trümmerresten der zerstörten Kapelle im benachbarten Klosterholte, wo sich eine Niederlassung von Ordensrittern befunden hatte, errichtet.

Die Gemälde wurden dabei zugleich konserviert. Als sie 1963 bei Restaurierungsarbeiten in der Kapelle unvermutet unter mehreren Farbschichten wieder zum Vorschein kamen, ließ sie die damalige Landeskonservatorin Dr. Roswitha Poppe sachkundig freilegen. Seitdem sind die in Freskomalerei an den Wänden und im Chorgewölbe erstellten Bilder wieder zu sehen. Nach Auffassung von Frau Poppe gelten sie als das vollständigste Beispiel einer spätgotischen Ausmalung eines kirchlichen Raumes im Emsland.

Die Chorfresken setzen das Geschehen fort, das auf dem Altarbild mit der Geburt Christi beginnt. So sieht man an den Rippen der Chorwände um den Altar herum in Zweiergruppen die Apostel und über ihnen – in die Kappen des Gewölbes eingeordnet und durch ein gotisches Rankengeflecht verbunden – Szenen des Jüngsten Gerichts. Weiter ist das himmlische Jerusalem dargestellt, in das die Seligen vom Erzengel Michael geleitet werden, aber auch das weit aufgerissene Höllenmaul ist vorhanden, das die Verdammten verschlingt. Man sieht in diesem Maul zwischen Flammen viele Köpfe nebeneinander aufgereiht, und kleine Teufel bringen weltliche und geistliche Sünder zu diesem Höllenschlund. Am linken Rand der Darstellung stampft ein Teufel Milch in einem Faß zu Butter. Da „Fett" in der Sprache der Bibel „Reichtum" bedeutet, wird in dieser Szene ein Hinweis auf die Habsucht gesehen – eine Hauptsünde, die dem neben dem Teufel stehenden Bauernpaar vorgeworfen wird. Es ist noch vieles Weitere zu entdecken, das die Gläubigen auf den rechten Weg geleiten soll.

Wie die Kapelle von Bückelte einst entstand, geht nicht aus dem Buch der Geschichte hervor, sondern nur aus dem der Sage. Und diese beginnt im Dorf Klosterholte, das südlich von Bückelte nahe der Bundesstraße 213 zu finden ist. Dort habe in früherer Zeit in einer dunklen Oktobernacht ein Bote stürmisch an die Pforte des Ordenshauses gepocht und gerufen, diese zu öffnen. Es drohe Gefahr, habe er zu wissen gegeben. Als sich im Hof die Insassen des Klosters – Priester, Mönche und Ritter – versammelt hatten, habe ihnen der Bote mitgeteilt,

Die wertvollen gotischen Chorgemälde in der Bückelter Kapelle, die während der Reformation zur Zeit des Bildersturmes übertüncht worden waren, konnten wieder freigelegt werden. Unser Bild zeigt den Höllendrachen mit weit aufgerissenem Maul, wie er die Verdammten verschlingt.

daß er von Esterwegen komme. Dort seien das Gotteshaus zerstört und die Insassen des Klosters von eisernen Männern, die plötzlich aus den friesischen Morästen aufgetaucht seien, erschlagen worden. Zudem habe er gehört, daß die eisernen Männer auch nach Klosterholte zu kommen beabsichtigten. Diese schreckliche Nachricht habe die Ordensritter von Klosterholte zur Flucht veranlaßt, wobei niemand wisse, wo sie abgeblieben sind. Als im Morgengrauen die eisernen Männer in Klosterholte erschienen seien und erkannt hätten, daß keine Beute mehr gemacht werden könne, hätten sie in blinder Wut die Einrichtung des Klosters zerschlagen und am heiligen Ort des Gotteshauses Greueltaten verübt.

Wie die Sage weiter zu berichten weiß, habe nur die Kapelle – wenngleich auch verfallen, verödet und entweiht – das Unheil überstanden. In ihr habe später einmal ein verirrter Wanderer Unterschlupf gefunden und sich auf eine zersprungene Altarstufe zur Ruhe gebettet. Da sei ihm im Traum ein hochgewachsener Ritter in strahlender Rüstung erschienen, über der er einen weißen Mantel mit einem roten Kreuz – das Gewand der Tempelherren – getragen habe. Dieser soll dem Wanderer den Auftrag erteilt haben, den Umwohnern des Bruchgebietes zu sagen, daß sie das zerstörte Heiligtum wieder aufbauen sollten, aber nicht an dieser Stätte des Fluches. Das erste Tier, das sie auf dem Friedhof neben der Kapelle weiden sehen, sollen sie „blind döken", das heißt ihm mit einem Tuch die Augen verbinden und es dann laufen lassen. Wo es sich niederlegt, solle die neue Kapelle entstehen. Der fremde Wanderer habe dies weitergegeben, und an einem bestimmten Tag hätten sich Männer aus Klosterholte, Haverbeck, Bramhar und Bückelte versammelt, um den Auftrag auszuführen, wozu ihnen ein Ochse mit verbundenen Augen die notwendige Hilfe geleistet habe. Das Tier sei geraden Weges nach Bückelte gelaufen und habe sich dort auf dem „Berge" unter einer Eiche niedergelassen, auf der dann unter Verwendung der Trümmerreste der zerstörten Klosterholter Kapelle die Bückelter errichtet wurde. Diese Sage bildet die einzige Überlieferung zur Entstehung der Kapelle von Bückelte. Alle anderen schriftlichen Quellen der Kapellengründung sind verbrannt.

Die Sage ist in verschiedenen Versionen überliefert, die sich insbesondere in der Benennung des Ritterordens unterscheiden, der einmal der Johanniterorden gewesen sein soll und das andere Mal der der Templer. Das ist verwirrend und erschwert die zeitliche Zuordnung des Geschehens zu einem geschichtlichen Vorfall: Der Orden der Tempelritter wurde 1312 dem Untergang preisgegeben, als ihn Papst Clemens V. auflöste und die Vermögenswerte der Templer dem Johanniterorden übertrug (s. „Die ehemalige Süpplingenburg"). Infolge dieser Maßnahme kamen im Abendland viele Templer zu Tode, sei es, daß sie im Gefängnis starben oder als Ketzer hingerichtet wurden oder bei Überfällen auf ihre Ordenssitze durch Mord ihr Leben verloren. Doch wenn auch in jeder Version der Sage dem träumenden Wanderer ein Ritter in weißem Umhang mit rotem Kreuz – wie schon erwähnt die Ordenstracht der Tempelherren – erscheint, findet sich andererseits kein Hinweis darauf, daß in Klosterholte jemals etwas anderes bestanden hat als ein Ordensgut der Johanniter. Diese trugen im Gegensatz zur Ordenstracht der Templer einen roten oder schwarzen Umhang mit einem weißen Kreuz. Klosterholte hat – wie aus einer Schenkungsurkunde hervorgeht – als Johannitergut im Jahre 1378 noch bestanden. Es wurde 1401 von den Johannitern aufgegeben und an die Stadt Meppen verkauft. In diesem Zeitraum könnte sich der in der Sage erwähnte Überfall der eisernen Männer auf Klosterholte ereignet haben. Sie sollen Ritter des Grafen von Tecklenburg gewesen sein und zu jener Zeit viele Orte im Gebiet, das an das ihre grenzte, heimgesucht und ausgeraubt haben. Da auch darüber schriftliche Überlieferungen fehlen, läßt sich nur vermuten, daß die Bückelter Kapelle zwischen 1401 und 1508 entstanden ist.

Literaturverzeichnis

Abendroth, Amandus Augustus „Ritzebüttel und das Seebad zu Cuxhaven", Hamburg 1818

Alphei, Cord „Geschichte Adelebsens und Lödingsens", Göttingen 1990

Americanus, Bernardus „Aus Eichsfelds Vorzeit", Heiligenstadt 1892

Andrè, Gustav „Stift Fischbeck" in „Große Baudenkmäler", Heft 211, München Berlin 1970

Anhelm, Erich „Die Sage von der Entstehung der Burg und Siedlung Adelebsen", Göttingen 1981

Appuhn, Horst „Kloster Wienhausen", Wienhausen 1986 u. „Chronik des Klosters Wienhausen", Celle 1968

Asche, Theodor „Sagen von Goslar", Goslar 1904

Bahlow, Hans „Deutschlands geographische Namenwelt", Frankfurt am Main 1985

Barner, Wilhelm „Unsere Heimat – Das Land zwischen Hildesheimer Wald und Ith", Erster Band, Hildesheim und Leipzig 1931 u. „Siedlung und Wohnen – Urgeschichte" in „Der Landkreis Alfeld", Bremen-Horn 1957

Bauer jun., Alfred „Aus der Urgeschichte unserer Heimat" in „Elfhundert Jahre Wallenhorst", Wallenhorst 1995

Baum, Ulrich „Ithland – Sagenland", Horb am Neckar 1987, „Lauenstein aus Sage und Geschichte", Lauenstein 1972, „Lauenstein Heiteres und Besinnliches", Lauenstein 1976 u. „Aus der Lauensteiner Chronik", Bad Münder 1991

Beck, Andreas „Der Untergang der Templer", Freiburg, Basel, Wien 1992

Behne, Axel Jürgen „Die Burg Hagen im Bremischen – Geschichte – Baugeschichte – Kunstgeschichte", Driftsethe 1994

Bentrup, Werner „Kirchen in Schaumburg", Stadthagen 1987

Bergmann, Helmut „Thedinghausen", Jever 1982

Bernheiden, Christine „Der Erbhof Thedinghausen", Kiel 1990

Bestmann, Frithjof „Bassum – Kirche und Stift im Wandel der Zeiten", Sulingen i. Han. 1980

Blumenberg, Thomas „Geschichte der Burg Wohldenberg und der katholischen Pfarrkirche St. Hubertus", Wohldenberg 1993

Boehm, Hartmut „Die Hornburg", Hornburg 1994

Both, Fritz „800 Jahre Klosterkirche in Fredelsloh", Northeim 1975

Brediendiek, Karl Heinz „Die kirchlichen Bau- und Kunstdenkmäler" in „Friesland – ein Heimatbuch", Jever 1950

Brosius, Dieter „Nach achthundert Jahren – Fünf Urkunden zur Geschichte des Stiftes Obernkirchen", Rinteln 1967

Bruch, Rudolf vom „Die Rittersitze des Emslandes", Aschendorf, Münster Westf. 1962

Bruns, Wilhelm, Hartung, Wolfgang, Haubold, Wolfgang, Heidemann, Günther, Riedel, Karl Veit, Riest, Hermann, Schmidt, Heinrich u. Zoller, Dieter „Heimatchronik des Kreises Ammerland", Köln 1975

Büsing, Fritz „Westerstede – damals und heute", Westerstede 1986

Bumke, Joachim „Mäzene im Mittelalter", München 1979

Busch, Ralf „Die Burg in Altencelle – Ihre Ausgrabung und das historische Umfeld erstmals vor 1000 Jahren genannt", Schriftenreihe des Stadtarchivs Celle und des Bomann-Museums, Heft 19, Celle 1990

Cassel, Clemens „Geschichte der Stadt Celle", Celle 1930

Christ, Karl „Drusus und Germanicus", Paderborn 1956

Clasen, Carl-Wilhelm u. Kiesow, Gottfried „Kloster Mariensee", Hannover 1957

Deecke, Karl „1000 Jahre Evessen / Gestaltung eines vorbildlichen Dorffestes" in „Braunschweigische Heimat", 38. Jg., Heft 4, Braunschweig 1952

Dobbertin, Hans „Starb Drusus in Schellerten?" in „Heimatland", Heft 6, Hannover 1986, „Steinerne Römergebäude in Magdeburg, Hildesheim, Corvey und Paderborn?!" in „Heimatland", Heft 6, Hannover 1991 u. „Nochmals zum Drusus-Todesort Scelerata" in „Heimatland", Heft 3, Hannover 1993

Edel, Ludwig „Der 'alte Hof' in Schüttorf und die Entstehung der Reichsgrafschaft Bentheim", in „Der Grafschafter", Folge 97, Jg. 1961, Heimatbeilage der Grafschafter Nachrichten.

Ehlers, Joachim „850 Jahre Mariental – Zisterziensisches Ordensleben und Landesherrschaft im 12. Jahrhundert", Festschrift des Braunschweigischen Vereinigten Kloster- und Studienfonds, 1988

Elster, Theodor „Der Landkreis Uelzen", Oldenburg (Oldb) 1991

Engel, Helmut „Die Katlenburg" in „Große Baudenkmäler", Heft 191, München Berlin 1965

Falldorf, Ingrid „Kloster Mariensee", Lindenberg 1997

Fantini, Rudolf „Kirche und Stift Bassum" in „Große Baudenkmäler", Heft 224, München Berlin, 1987

Fehler, Anna „Zwei Burgen Südhannovers", in „Niedersachsen", 21. Jg., Nr.1, 1. Okt. 1915

Friedrich, Ernst Andreas „Naturdenkmale Niedersachsens", Hannover 1980 u. „Gestaltete Naturdenkmale Niedersachsens", Hannover 1982

Frank, Werner Hartmut u. Pilger, Andreas „Geologie und Kulturgeschichte im Dreieck Goslar – Bad Harzburg – Harliberg", Clausthal-Zellerfeld 1984

Füllner, Gustav „Evessen – Ein Dorf, ein Hügel und ein Baum" in „Heimatbuch Wolfenbüttel", 15. Jg., Wolfenbüttel 1969

Gade, Heinrich „Historisch-geographisch-statistische Beschreibung der Grafschaften Hoya und Diepholz", Hannover 1901

Gehrke, Dietmar „Ein Gruß aus der Vorzeit – alte und neue archäologische Funde aus dem Landkreis Lüneburg", Lüneburg 1997

Geppert, Alexander „Meppen – Abriß einer Stadtgeschichte", Meppen/Ems 1951

Germing, Wolfgang „350 Jahre Windthorst-Gymnasium Meppen", Meppen 1992

Goetz, Hans-Werner u. Welwei, Karl-Wilhelm „Altes Germanien – Auszüge aus den antiken Quellen über die Germanen und ihre Beziehungen zum Römischen Reich", Zweiter Teil, Darmstadt 1995

Graichen, Gisela „Wo Arminius die Römer schlug" in Gisela Graichen/ Hans Helmut Hillrichs „C14 – Vorstoß in die Vergangenheit", Gütersloh 1992

Gramatzki, Horst „Das Stift Fredelsloh", Einbeck 1972

Greiffenhagen, C. „Die Geschichte der Burg Poppenburg b. Nordstemmen an der Leine" in „Hannoverland", 9. Jg., Hannover 1915

Günther, Hermann „1000 Jahre Erzbergbau im Raum Gittelde" in „Festschrift 1000 Jahre Gittelde", Seesen 1953

Haar, Georg von der „Die Kirchhofsburg zu Ankum" in „Land und Leute", Nr. 153, Osnabrück 1958

Haber, A. „Das Kirchspiel Jesteburg" in „Zwischen Elbe, Seeve und Este" herausgeg. von Heinrich Laue und Heinrich Meyer, Harburg an der Elbe, 1925

Haenchen, Mathias „Romanische Baukunst in Mariental" in Römer, Christof „Das Zisterzienserkloster Mariental bei Helmstedt 1138 – 1988", München 1988

Hahne, Otto „Schatzgraben an der Kaisermauer in Gittelde 1723", in „Braunschweigische Heimat", Juni 1953, Heft 2, 39. Jg., Braunschweig 1953

Haiduck, Hermann „Importierte Sarkophage und Sarkophagdeckel des 11. und 12. Jahrhunderts im Küstengebiet zwischen Ems und Elbe" in „Jahrbuch der Gesellschaft für bildende Kunst und vaterländische Altertümer zu Emden", 65. Band, Aurich 1985

Hake, Aloys „Die Bückelter Kapelle", Sögel 1984

Hardinghaus, Bernhard „Die Überführung des hl. Alexander" u. „Aus der Geschichte der Kirche und Pfarre Wallenhorst" in „Elfhundert Jahre Wallenhorst", Wallenhorst 1995

Hardt, Matthias „Hannoversches Wendland – Eine Grenzregion im frühen und hohen Mittelalter" in „Beiträge zur Archäologie und Geschichte Nordostniedersachsens – Bernd Wachter zum 70. Geburtstag, Schriftenreihe des Heimatkundlichen Arbeitskreises Lüchow-Dannenberg", Heft 8, Lüchow 1991

Heine, Hans-Wilhelm „Frühe Burgen und Pfalzen in Niedersachsen – Von den Anfängen bis zum frühen Mittelalter", Hildesheim 1991

Helmbold, Marie Luise „Geschichte des Stiftes Fischbeck bei der Weser", Göttingen 1982

Henninger, Karl u. Harten, Johann von „Niedersachsens Sagenborn", Bd I. u. II, Hildesheim 1953 u. 1955

Hessing, Erich „Die Kirchen im Landkreis Lüneburg", München – Zürich 1987

Heutger, Nicolaus C. „Das Kloster Mariensee bei Neustadt a. Rbge. – ein Monument niedersächsischer Kultur" in „Alt-Hannoverscher Volkskalender", Sulingen 1974 u. „Das Stift Möllenbeck an der Weser", Hildesheim 1987

Hillmer, Rolf „Natur- und Kulturdenkmäler im Raum Suderburg", Uelzen 1982 u. „Geschichte der Gemeinde Suderburg", Uelzen 1986

Hodemacher, Jürgen „Der Landkreis Helmstedt seine Städte und Dörfer", Cremlingen 1990

Hoffmann, Hans „Der Harz", Frankfurt am Main 1982

Hoffmeyer, L. „Das Amt Wölpe und der Grinderwald mit dem landesherrlichen Jagdschloß Linsburg", Nienburg a. d. Weser 1922

Höpcke, Walter „Die Geschichte der Stadt Cuxhaven" in „Die Stadt Cuxhaven und der Kreis Land Hadeln", Oldenburg 1961

Hucker, Bernd Ulrich „Friedrich II. von Sommerschenburg, Pfalzgraf von Sachsen, Reichsfürst und Klostergründer" u. „Eulenspiegel in der Zisterzienserabtei Mariental" in Römer, Christof „Das Zisterzienserkloster Mariental bei Helmstedt 1138 – 1988", München 1988 u. „Die Grafen von Hoya", Hoya 1993 u. „Eine unbekannte Bassumer Sage" in „Heimat zwischen Hunte und Weser", Mitteilungsblatt des Kreisheimatbundes Diepholz e.V., Nr. 10, Januar 1990"

Hummerich, Annedore „Historische Streifzüge durch das Ammerland", Oldenburg 1989

Iba, Eberhard Michael „Aus der Schatzkammer der Deutschen Märchenstraße", Bremen 1987

Jacoby, Marianne „Die Wallfahrt Germershausen in Geschichte und Gegenwart", Göttingen 1987

Jedding, Hermann „Geschichte und Bedeutung des Fürstenberger Porzellans" in „Weißes Gold aus Fürstenberg", Braunschweig 1988

Jesse, Wilhelm „Gittelde als Münzstätte" in „Festschrift 1000 Jahre Gittelde", Seesen 1953

Jordan, Karl „Heinrich der Löwe – eine Biographie", München 1980

Jünemann, Kurt „Alt-St.-Alexander Wallenhorst", Osnabrück 1983

Jürgens, Adele „Hohenkirchen – ein Marschendorf im Wandel der Zeit", Jever 1982

Kelly, John Norman Davidson „Reclams Lexikon der Päpste", Stuttgart 1988

Kilian, Rainer „Chronik der Gemeinde Emstek", Oldenburg 1987

Klaube, Manfred „Führer durch die Stadt Bockenem und den Ambergau", Bockenem 1977

Knapstein, Carl „Die Gymnasialkirche zu Meppen", Meppen 1979 u. „Meppen in alter und neuer Zeit 834-1984", Meppen 1983

Knüppel, Friedhelm u. Blunk, Harro „In 100 Minuten durch die Bodenteicher Geschichte", Bodenteich 1995

Koch, Josef „Gieboldehausen – Geschichtsbilder aus einer Fleckengemeinde", Duderstadt 1958

Kölling, Friedrich „Geschichte des Klosterdorfes Möllenbeck-Hessendorf" in „Schaumburger Heimathefte", Heft 16, Rinteln 1972

Komber, Walter „Ortschronik Wittlage – Burg – Amt – Dorf", Melle 1988

König, Werner Harro „Zwischen Aller und Elbe", Faßberg 1979

Krämer, Bernd u. Leiber, Christian „Weserrenaissance im Landkreis Holzminden", Stadtoldendorf 1989

Kreft, Herbert u. Soenke, Jürgen „Die Weserrenaissance", 5. Aufl., Hameln 1980

Kremser, Walter „Niedersächsische Forstgeschichte", Rotenburg/Wümme 1990

Krumsiek, Rolf „Obernkirchen – Chronik einer alten Stadt", Obernkirchen 1981

Krumwiede, Hans-Walter u. Meyer-Bruck, Heinz „Das Tausendjährige Stift Fischbeck", Göttingen 1977

Krüsselmann, Wilhelm „Siedlungs-, Wirtschafts- und Sozialgeschichte des Kirchspiels Ankum bis zum Ausgang des 16. Jahrhunderts", Quakenbrück 1937

Küchenthal, Werner „Hornburg Burg Dorf Flecken Stadt", Hornburg 1964

Kühlken, Friedrich „Zwischen Niederweser und Niederelbe", Osterholz-Scharmbeck 1950

Kummer, Karl „Die Muschelkalkrücken der Lichtenberge, Lebensraum steinzeitlicher Höhensiedler" in „Braunschweigische Heimat", Jg. 44, Braunschweig 1958

Lauer, Hery A. „Archäologische Wanderungen in Ostniedersachsen", Angerstein 1979 u. „Archäologische Wanderungen – nördliches Niedersachsen, westliche Lüneburger Heide, Mittelwesergebiet", Angerstein 1983 u. „Archäologische Wanderungen in Südniedersachsen", Angerstein 1988

Leiber, Christian „Die Jungsteinzeit zwischen Hildesheimer Wald und Ith" in „Materialhefte zur Ur- und Frühgeschichte Niedersachsens", Heft 21, Hildesheim 1987

Leiner, Karl „Panorama Landkreis Norden – Bilder, Wappen, Menschen, Notizen", Norden 1972

Leiste, Franz „Veltheim a. d. Ohe – eine Dorfchronik", Braunschweig 1986

Lent, Dieter „Die Geschichte von Hehlen an der Weser im Überblick", Bodenwerder 1989

Lichtenstein, Franz „Eilhart von Oberge", (Nachdruck), Hildesheim, New York 1973

Lindemann, Dietmar „Hornburg, das 'Rothenburg des Nordens'" in „Unser Harz" Nr.1, 31. Jahrgang, Clausthal-Zellerfeld 1983

Löns, Hermann „Der Wehrwolf", Jena 1941

Loo, Leo van de „Die ältesten urkundlichen Erwähnungen von Schüttorf aus den Jahren 793 und 802" in „Der Grafschafter", Folge 58, Jg. 1957, Heimatbeilage der Grafschafter Nachrichten.

Lucka, Wilhelm „Baudenkmale in Niedersachsen – Landkreis Uelzen", Bd. 27, Braunschweig/Wiesbaden 1984

Lücke, Heinrich „Schloß Schwöbber im Wandel der Zeiten", Clausthal-Zellerfeld 1969

Lutosch, Gerhard „Die Ortsnamen des ehemaligen Landkreises Grafschaft Hoya – Ihr Alter und ihre Bedeutung", Syke 1978

Maier, Hansgeorg „Niedersachsens älteste Kirchenglocke" in „Niedersächsischer Heimatkalender 1950", 4. Jg, Goslar 1950

Manger, Robert „Die Klosterkirche in Oldenstadt nach den vorläufigen Grabungsergebnissen der Jahre 1970 und 1971" in „1000 Jahre Oldenstadt", Oldenstadt 1972

Marcus, Paul „Herzog Bernhard von Anhalt (um 1140 bis 1212) und die frühen Askanier in Sachsen und im Reich", Frankfurt am Main, Berlin, Bern, New York, Paris, Wien 1993

Maschmeyer, Dietrich „Zur äußeren Gestalt des Frenswegener Gutsbezirkes und seiner Baulichkeiten" in Voort, Heinrich „Das Bentheimer Land, Band 100, – Beiträge zur Geschichte des Klosters Frenswegen", Bad Bentheim 1982

Meier, P. J. „Süpplingenburg" u. „Elmsburg" in „Die Bau- und Kunstdenkmäler des Herzogtums Braunschweig, Erster Band, Die Bau- und Kunstdenkmäler des Kreises Helmstedt", Wolfenbüttel 1896 u. „Evessen" in „Die Bau- und Kunstdenkmäler des Herzogtums Braunschweig, Dritter Band, Die Bau- und Kunstdenkmäler des Kreises Wolfenbüttel, Zweite Abteilung, Die Ortschaften des Kreises mit Ausschluß der Kreisstadt", Wolfenbüttel 1906

Mergell, Bodo „Tristan und Isolde", Mainz/Rhein 1949

Meyer, Carl „Pastor Johann Carl Gottlieb Runge und der Runenstein von Jesteburg" in „Jesteburg in Wort und Bild", Jesteburg 1979

Meyer, Johannes „Die Provinz Hannover in Geschichts-, Kultur- und Landschaftsbildern", Hannover 1888

Meyer, D. Philipp „Die Anfänge des Fleckens Adelebsen" in „Northeimer Heimatblätter", 1955, H. 2

Meyer-Jelmstorf, Karl „Heimatbuch der Stadt und des Kreises Uelzen – Zweiter Band: Heimatkunde des Kreises Uelzen", Uelzen 1931

Michler, Wiebke „Kloster Wienhausen – Die Wandmalereien im Nonnenchor", Hamburg 1968

Mithoff, H. Wilh. H. „Kunstdenkmale und Alterthümer im Hannoverschen", Bd. 1 bis 7, Hannover 1871, 1873, 1875, 1877, 1878, 1879 u. 1880

Müller, Theodor „Das Amt Thedinghausen", Thedinghausen 1928 u. „Ostfälische Landeskunde", Braunschweig 1952

Neukirch, Albert; Niemeyer, Bernhard u. Steinacker, Karl „Renaissanceschlösser Niedersachsens", Hannover 1939

Noah, Robert „Gottes Häuser in Friesland und Wilhelmshaven", Norden 1991

Niel, Fernand „Auf den Spuren der Großen Steine", Herrsching 1989

Nöldeke, Arnold „Die Kunstdenkmäler der Provinz Hannover Bd. IV. Regierungsbezirk Osnabrück, 3. Die Kreise Wittlage und Bersenbrück", Hannover 1915 u. „4. Die Kreise Lingen und Bentheim", Hannover 1919

Nowak, Josef „Maria in der Wiese", Hildesheim 1978

Ohlmer, Walter „Chronik 1000 Jahre Moringen 983 – 1983", Hildesheim 1983

Oppermann, August v. u. Schuchhardt, Carl „Atlas vorgeschichtlicher Befestigungen in Niedersachsen", Hannover 1916

Osten, Gerhard „Die Benediktinerabtei Oldenstadt" in „Grünes Herz der Heide – Der Landkreis Uelzen", Uelzen 1981 u. „Historisch-geographische Untersuchung der Gemeinde Oldenstadt sowie des frühen Ullessen" in „1000 Jahre Oldenstadt", Oldenstadt 1972

Otten, Hermann „Kloster Oesede in Georgsmarienhütte", Lippstadt 1978

Perpere, Jean-Claude „Redende Steine", München 1981

Peuckert, Will-Erich „Niedersächsische Sagen", Bd. 1 bis 7, Göttingen 1964, 1968, 1969 u. Petschel, Günter, 1975, 1983 u. 1993

Pischke, Gudrun „Osterode im Mittelalter – Werden und Wachsen einer alten Stadt" in Leuschner, Jörg „Osterode – Welfensitz und Bürgerstadt im Wandel der Jahrhunderte", Hildesheim, Zürich, New York 1993

Prigge, Hans „Chronik des Fleckens Polle", Dortmund 1977

Prigge, Johann, Wittkopp, Friedrich, Faupel, Karl u. Wagner, Wolfgang „Was Polle und seine Burg erzählen", Polle 1994

Puhrsch, Gerhard „Dorfchronik von Heyersum", Heyersum 1984

Raveling, Jakob „Osteel und Leezdorf – einst und jetzt", Norden/Ostfriesland 1987

Ravens, Jürgen Peter „Vom Bardengau zum Landkreis Lüneburg", Lüneburg 1969

Reimers, Holger „Ludwig Münstermann – Zwischen protestantischer Askese und gegenreformatorischer Sinnlichkeit", Marburg 1993

Renner, Johann Georg Friedrich „Aus der Geschichte der Stadt Osterode am Harz", Osterode am Harz 1926

Rokahr, Herbert „Die Chronik von Katlenburg", Northeim 1973

Rothert, Hermann „Heimatbuch des Kreises Bersenbrück, Band I – Geschichte", Quakenbrück 1933

Ruhlender, Otfried, Creydt, D. u. Pawlik, G. „Burgen, Schlösser, Alte Warten" in „Historische und landschaftliche Sehenswürdigkeiten, Solling und Umgebung", Bd. 1, Holzminden 1986

Runge, Wolfgang „Kirchen im Oldenburger Land, Bd. II, Kirchenkreis Ammerland" Oldenburg 1985

Rupprecht, Rolf „Kloster Oesede bis 1970", Osnabrück 1981

Sauermost, Burkard „Das Augustiner-Chorherrenstift Sankt Marienwolde in Frenswegen", Nordhorn 1980

Schäfer, Heinrich „Chronik des Kneipp-Kurortes Bodenteich", Bodenteich 1985

Scheibe, Karl „Catlenburg, Geschichte der Burg und Dorfschaft" in „Geschichte Südhannoverscher Burgen und Klöster. 11.", Leipzig 1904

Schilling-Mannack, Sigrid „Geschichte der Burg Bodenteich", Bodenteich 1989

Schirnig, Heinz „Funde und Fundstellen um Uelzen", Hildesheim 1979 und „Großsteingräber an Ems und Hase" in Peters, Hans-Günter „Von Speerspitzen und Steingräbern", Sögel 1982

Schlegel, Birgit „Überblick über die Geschichte Katlenburgs bis zum Ersten Weltkrieg" in Oley, Karl-Heinz „Katlenburg – Geschichte und Gegenwart", Northeim 1989

Schnath, Georg „Die Herrschaften Everstein, Homburg und Spiegelberg", Göttingen 1922

Schneider, Ludwig „Orts- und Gewässernamen im Landkreis Lüneburg", Lüneburg 1988

Schönhoff, Friedel „Kloster Oesede, Georgsmarienhütte" in „Schnell, Kunstführer", Nr. 1684, München und Zürich 1988

Schreiber, Friedrich „Die Eversteiner und ihre Zeit" in „Heimatkundliche Arbeitsgemeinschaft im Kreis Holzminden", 9. Folge, IX. 1986

Schreuer, Siegfried „Die Geschichte der Burg Lichtenberg von den Anfängen bis zur Zerstörung", Heft 1 der Sonderveröffentlichung des Stadtarchivs Salzgitter, 1980

Schriefer, Heinrich „Hagen und Stotel", Fischerhude 1988

Schütte, Otto „Die Kirche zu Evessen" in „Niedersachsen" Jg. 19, Hannover 1913/14

Schulenburg, Dietrich Werner Graf von der u. Wätjen, Hans „Geschichte des Geschlechts von der Schulenburg – 1237 bis 1983", Wolfsburg 1984

Schultz, Hans Adolf „Burg Lichtenberg" u. „Elmsburg" in „Burgen und Schlösser des Braunschweiger Landes", Braunschweig 1980 u. „Die Katlenburg, der Sitz der Grafen des Lisgaues" in „Unser Harz" 4/1958, Clausthal-Zellerfeld

Schuppenhauer, Eva u. Hillmann, Ruth „Die Geschichte von Westerstede" in „Westerstede und das Ammerland aus vergangener Zeit – Westerstede – eine Gemeinschaftsarbeit der Primen der Oberschule Westerstede im Jahre 1950"

Schwarzenfeld, Gertrude von „Cornwall – König Arthurs Land", Dießen vor München 1977

Schwesig, Helmut „Hölzerne Glockentürme in Niedersachsen unter besonderer Berücksichtigung der Konstruktion", Dissertation Universität Hannover, 1983

Segers-Glocke, Christiane „Kloster Mariental" in „Grosse Baudenkmäler" Heft 384, München Berlin 1988

s.n. „Herzberg am Harz", Herausgeber Stadt Herzberg am Harz 1995

s.n. „Die St.-Johannes-Basilika zu Süpplingenburg", Herausgeber Ev.-luth. Kirchengemeinde St. Johannes in Süpplingenburg

Siebert, Walter „Der Weg zum Manierismus im Mittelweserraum", Bückeburg 1985

Specht, Heinrich „Der Landkreis Grafschaft Bentheim" in „Die Landkreise in Niedersachsen", Reihe D, Bd. 9, Bremen-Horn 1953 u. „Die gläserne Kutsche" in „Das Bentheimer Land", Bd. 1, Nordhorn 1967

Stadler, Johann Evangelist u. Ginal, J. N. „Vollständiges Heiligen-Lexikon", Hildesheim New York 1955

Steinacker, Karl „Gittelde" in „Die Bau- und Kunstdenkmäler des Herzogtums Braunschweig, Band 5, Die Bau- und Kunstdenkmäler des Kreises Gandersheim", Wolfenbüttel 1910

Steiner, Gerhard „Ein kurzweilig Lesen von Till Eulenspiegel geboren aus dem Lande zu Braunschweig", Berlin 1983

Stoffregen, Heinrich „Chronik von Wülfinghausen und Wittenburg", Leipzig 1895

Stolberg, Friedrich „Befestigungsanlagen im und am Harz von der Frühgeschichte bis zur Neuzeit", Hildesheim 1968

Tacke, Eberhard „Der Landkreis Holzminden" in „Die deutschen Landkreise, Die Landkreise in Niedersachsen", Reihe D, Bd. 4, Bremen-Horn 1951

Tammen, L. u. Finke, L. „Ein Gang durch Westerstede" in „Westerstede und das Ammerland aus vergangener Zeit – Westerstede – eine Gemeinschaftsarbeit der Primen der Oberschule Westerstede im Jahre 1950"

Tietmeyer, Klemens „Kloster Frenswegen – Vergangenheit und Gegenwart", Nordhorn 1983

Tode, Alfred „Aus der Frühgeschichte Gitteldes" in „Festschrift 1000 Jahre Gittelde", Seesen 1953

Toennissen „Geschichte der Gemeinde Esenshamm", Oldenburg 1913

Tüting, Ernst „1000 Jahre Ankum", Löningen 1976

Tuitjer, Hans-Günter „Archäologische Funde aus der Sammlung des Museums Nienburg", Nienburg-Langendamm 1989

Uhde, Heinrich „Tausend Jahre Gittelde" in „Festschrift 1000 Jahre Gittelde", Seesen 1953 u. „Der 'Kaiserhof' in Gittelde am Harz", in „Braunschweigische Heimat", 24. Jg., Heft 5, Braunschweig 1933

Visch, Wessel Friedrich „Geschichte der Grafschaft Bentheim", in „Das Bentheimer Land", Bd. 103", Bad Bentheim 1984

Voß, Georg „Das Fabricius-Denkmal zu Osteel, Kreis Norden", ca. 1896

Wachter, Berndt „Hitzacker" in „Hannoversches Wendland, Führer zu archäologischen Denkmälern in Deutschland", Bd. 13, Stuttgart 1986 u. „Bohrung und Grabung auf dem Weinberg in Hitzacker (Elbe) 1970" in „Nachrichten aus Niedersachsens Urgeschichte", Bd. 40, 1971 u. „Die Burg auf dem Weinberg in Hitzacker (Elbe) – eine slawische Fürstenburg" in „Die Kunde", Neue Folge 26/27, Jahrg. 1975/76

Wächter, Hans „Westerstede – Gegenwärtiges und Vergangenes", Westerstede 1986 u. „Mansie-Lindern – Dorfbuch einer alten Bauerschaft im Ammerland", Oldenburg 1990

Warneke, Edgar F. „Burgen und Schlösser im Land von Hase und Ems", Osnabrück 1985 u. „Alte Kirchen und Klöster im Land zwischen Weser und Ems", Osnabrück 1990

Wehking, Sabine „Die Geschichte des Amtes Gieboldehausen", Duderstadt 1995

Wendorf, Willi „Die Katlenburg als Freizeit- und Bildungsstätte" in Oley, Karl-Heinz „Katlenburg – Geschichte und Gegenwart", Northeim 1989

Wendowski, Andreas „Cuxhaven: Ein Wehrturm aus dem Mittelalter" in Dannenberg, Hans-Eckhard „Kulturlandschaft zwischen Elbe und Weser – 25 Jahre Landschaftsverband der ehemaligen Herzogtümer Bremen und Verden", Stade 1988

Wernicke, Michael „Die Wallfahrt in Germershausen", Würzburg 1978

Wienke, Hans-Martin „Polle/Oberweser – Alter Burgflecken und Residenz der Grft. Everstein und Umgebung", Detmold 1986

Wiens, Reinhard „Bassum, Berichte, Erzählungen, Geschichten und Sagen aus dem Raum Bassum", Hildesheim 1976

Wiese, Otto „Das blaue F" in „Der Landkreis Holzminden", Oldenburg 1967

Wilcke, Ferdinand „Geschichte des Ordens der Tempelherren", (Nachdruck), Osnabrück 1979

Wilhelm, Pia „Kloster Wienhausen, Bd. 3 Die Bildteppiche", Wienhausen ca. 1970

Winterberg, Maria Bonaventura u. Bühnen, Alfons „Use Dörp – Festschrift zum 1150jährigen Jubiläum des Dorfes Thuine/Emsland im Jahre 1986", Lingen (Ems) 1986

Witt, Carl „Engere Heimat – Beitrag zur Geschichte der ehemaligen Aemter Liebenburg und Wöltingerode", Solbad Salzgitter (Harz), 1917

Witt, Gertrud „Amt und Festung Uslar", Uslar 1981

Woebcken, Carl „Friesische Kirchen", Bremen-Wilhelmshaven 1923, „Das Land der Friesen und seine Geschichte", Oldenburg 1932 u. „Friesische Schlösser", Bremen-Wilhelmshaven 1922

Wolf, Siegmund A. „Geschichte der Stadt Hitzacker und ihrer Bürgerhäuser 1258–1958", Uelzen 1958

Wolff, Carl „Die Kunstdenkmäler der Provinz Hannover, II. Regierungsbezirk Hildesheim, 1. und 2. Stadt Goslar", Hannover 1901

Wolff-Metternich, Beatrix Frfr. „Museum, Porzellanmuseum Fürstenberg", Braunschweig 1992

Ziegert, Helmut „Zur Datierung des Wehrturms Schloß Ritzebüttel in Cuxhaven", Cuxhaven 1985

Zoller, Dieter „Das sächsische Gräberfeld bei Drantum" in „Frühes Christentum zw. Weser und Ems", Cloppenburg 1968

Register

Geographie

Adelebsen 79, 80, 81
Aerzen 182, 183
Ägypten 37, 49, 190
Ahlden 11
Ahlhorn 36
Ahlhorner Heide 9
Albstedt 19, 20
Alexandria 37
Aller 34, 143
Almelo 168
Alpen 84
Altencelle 32, 33, 34, 145
Altenesch 148
Altmark 29, 95
Amelungsborn 152
Amiens 187
Ammerland 108, 111
Amsterdam 46
Ankum 73, 74
Anreppen 25
Arle 133
Armenien 114
Artlenburg 37, 38, 39
Aschendorf 46
Atlantik 131
Aue 119, 162, 184
Augsburg 48, 84
Aurich 15, 93, 133, 171

Bad Grund 64, 66
Bad Harzburg 138
Bad Nenndorf 119
Bad Pyrmont 154, 184
Bad Zwischenahn 108
Bamberg 84
Bardowick 21, 37
Barskamp 38, 39, 112
Basel 184
Bassum 49, 50, 51
Bayern 125
Bayeux 146
Bayreuth 166
Bederkesa 157
Belgien 6, 172
Bentheim 16, 46, 47, 48, 131, 168, 177
Berlin 119
Bernshausen 58, 177
Bersenbrück 74
Berum 134, 155, 156
Betheln 6, 7, 8
Bethen 177
Betzendorf 38, 112
Beuster 6
Beusterburg 6, 7, 8
Bevensen 78
Bevern 182, 186
Beverstedt 15, 148
Biberbachtal 183
Bilderlahe 127
Blauer Berg 78
Bleckede 29, 38, 39, 70
Blexen 43
Bloße Zelle 35, 36
Bockenem 125, 126
Bode 99
Bodenteich 162, 163, 164
Bodenwerder 152, 154, 182
Böhmen 70
Bokel 164
Bonn 6
Borkum 23
Bornheim 131
Börstel 145
Brabant 97
Brackenberg 150, 151
Bramhar 192
Bramwald 150

Braunschweig 12, 14, 23, 64, 82, 116, 131, 132, 135, 138, 144, 165, 171, 172, 176, 179, 185
Breitenberg 60
Breitenstein 152
Bremen 43, 49, 52, 103, 119, 133, 143, 149, 174, 176, 182
Bremerhaven 43, 78, 148
Bremervörde 176
Bretagne 18
Brocken 35, 36
Brokmerland 171
Bruchsal 6
Bückeberge 119, 180
Bückeburg 119
Bückelte 190, 191, 192
Bücken 49
Bültensee 15
Burg 32, 33, 34
Burgdorf 34
Bursfelde 124

Calenberg 128, 150
Carnac 18
Celle 21, 32, 34, 97, 145, 162, 184
China 165
Cloppenburg 9, 36, 177
Coppenbrügge 140
Corbie 187
Cornwall 146
Corvey 55, 69, 70, 103, 165, 187
Cuxhaven 15, 18, 19, 78, 148, 157, 158, 159

Dänemark 49, 104, 165, 166, 171
Dannenberg 30
Dassel 165
Derneburg 88, 128, 129
Destedt 12
Deventer 168
Diepholz 33, 34, 49
Dinklage 169
Dönitz 29
Donnern 15, 16
Dornum 93, 171
Drakenburg 103, 174, 180, 183
Dransfeld 150
Dransfelder Hochfläche 150, 151
Drantum 36
Drawehn 162
Driefel 155
Duderstadt 58, 60, 95

Ebstorf 17, 162
Eichsfeld 59
Eichstätt 36
Einbeck 80
Eisenach 122
Eiter 174, 176
Elbe 23, 24, 29, 30, 37, 39, 70, 82, 152, 157, 158, 165
Elbe-Seitenkanal 70
Eldagsen 24
Ellrich 66
Elm 12, 26, 27, 28, 61, 118, 131
Elmsburg 26, 27, 28
Elsen 25
Elze 90
Emden 11, 46, 93, 171
Emmerich 171
Emmertal 186
Ems 10, 23, 187
Emsigerland 93
Emsland 9, 10, 165, 187, 190, 191
Engerhafe 171
England 85, 146

Engter 40
Erfurt 188
Erichshagen 104
Eschershausen 140
Esens 133, 134, 155, 171
Esenshamm 43, 44, 45
Esterwegen 192
Evessen 12, 13, 14

Fallstein 82
Fischbeck 67, 68, 69
Franken 59
Frankfurt a. M. 127, 135
Frankreich 6, 16, 18, 59, 62, 187, 189
Fredelsloh 106, 113, 114, 115
Frenswegen 68, 90, 168, 169, 170
Friedeburg 172
Friesland 46, 52
Fuhse 32
Fulda 150, 185
Fürstenau 9, 74
Fürstenberg 35, 165, 166, 167

Gandersheim 58, 88, 125
Georgsmarienhütte 122
Germershausen 177, 178, 179
Gieboldehausen 58, 59, 60
Giersfeld 73
Gießen 184
Gildehaus 46
Gittelde 64, 65, 66
Gödens 93
Gorleben 30
Goslar 64, 66, 84, 99, 100, 101, 125, 135, 136, 137, 138, 145, 185
Gotha 184
Göttingen 24, 59, 66, 79, 80, 130, 150, 177
Greetsiel 155
Grinderwald 103
Gronau 8
Grone 80
Groningen 46
Großer Sohl 36
Grundbach 150, 151
Grünenplan 35

Hadeln 157
Hage 134
Hagen im Bremischen 148, 149
Hagenberg 105
Hahle 60
Hainberg 125, 127
Halberstadt 82, 83, 84, 96
Hamburg 21, 22, 37, 44, 49, 52, 119, 158, 159, 163
Hameln 67, 152, 154, 182
Hämelschenburg 186
Hannover 10, 21, 24, 51, 90, 97, 119, 120, 128, 130
Harburg 21, 32, 112
Hardegsen 113, 150
Harlebucht 133
Harliberg 125, 137, 138, 139
Harlingerland 133, 134, 171
Harrendorf 18, 20
Harsefeld 95
Harz 35, 36, 58, 64, 66, 85, 95, 97, 135, 137, 138, 165, 177, 190
Harzvorland 82, 185
Hase 187
Haselünne 188, 190
Haslah 19, 20
Hastenbeck 154

Haverbeck 192
Heber 127
Hehlen 185, 186
Heidelberg 184, 188
Heidenheim 36
Heimberg 154
Helmstedt 5, 17, 61, 97, 116, 156, 171, 172
Hemmendorf 141
Hermannsburg 76
Herzberg 96, 97, 98, 127
Hessen 51, 121, 150
Hessisch Oldendorf 67
Heyersum 7, 8
Hildesheim 5, 6, 21, 23, 25, 68, 82, 88, 89, 90, 91, 113, 125, 126, 127, 128, 145, 179, 182
Hildesheimer Börde 23
Hildesheimer Wald 6, 7, 126
Hils 35, 36
Hilwartshausen 67
Hinte 93, 94
Hitzacker 29, 30, 31
Höchst 166
Höhbeck 23, 30
Hohenkirchen 52, 53, 54
Hollenstedt 112
Holstein 70
Holzminden 23, 35, 152, 165, 185
Hon 40, 41
Hornburg 82, 83, 84
Höxter 23, 165, 187
Hoya 50, 93, 143, 144
Hümmling 188
Hunte 160
Hunteburg 160

Iberg 64
Iburg 41, 160
Ilmenau 72, 76, 164
Innerste 6, 99
Innerstebergland 125
Irland 16
Italien 59, 60, 84, 123
Ith 140, 141

Jadebusen 143
Jastorf 17, 70
Jeetzel 20, 29, 30, 31
Jerusalem 61, 62, 63, 78, 106, 140, 191
Jesteburg 5, 21
Jever 52, 133
Jühnde 151

Kärnten 55
Kassel 121
Kathagenberg 165
Katlenburg 66, 95, 96
Kaufunger Wald 165
Kemnade 76
Kiel 29, 32, 70
Kleinasien 73
Klosterholte 191, 192
Kneitlingen 12, 118
Köln 24, 95, 119, 134
Königsberg 24
Königslutter 27, 61, 116
Krähe 103, 104
Kunkenbeke 11
Kunkenvenne 11
Kyffhäuser 136

Lage 177
Lamspringe 88, 145
Lappwald 61, 116
Laue 140
Laubach 150, 151
Lauenburg 37, 38
Lauenstein 140, 141, 142
Lausitzer Gebiet 30
Leer 155

Leiden 172
Leine 88, 89, 91, 95, 113, 128, 130, 145, 150
Leineberg 79
Leipzig 187
Lemgo 82
Lenne 166
Lerbach 85
Lethe 18
Lichtenberg 135, 136, 137, 138
Liebenburg 66, 182
Lindau 58
Lingen 9
Linsburg 103
Lippe 23, 25
Loccum 128
Lohberge 21, 22
Lonau 97
London 11
Lothringen 59
Lübbow 18, 19
Lübeck 163
Lüchow-Dannenberg 19
Lucklum 12, 27, 28
Lune 149
Lüneburg 5, 37, 38, 76, 97, 111, 112, 144, 163
Lüneburger Heide 17, 21, 162
Lütetsburg 93, 155
Lutterbecken 144

Magdeburg 23, 116, 162
Maiburg 73
Mainz 58, 106, 113, 177, 180
Marburg a. d. Lahn 123
Marienberg 6
Marienburg 6
Marienhafe 155, 159, 171
Marienrode 128
Mariensee 103, 128, 129, 130, 145
Mariental 5, 116, 118
Marienwerder 120, 128
Mecklenburg 30
Mederns 53
Medingen 78, 162
Meensen 151
Meißen 125, 165, 166, 167
Meppen 187, 188, 189, 192
Meurthe-et-Moselle 181
Michelsberg 6
Minden 11, 55, 103, 119, 120, 143, 160, 161, 182
Mingerode 60
Minsen 53
Mittelmeer 140
Möllenbeck 55, 56, 57, 73
Mölln 118
Moordorf 16
Moringen 76, 105, 106, 107
München 72, 125
Münden 11, 67, 79
Münster 11, 132, 166

Nancy 181
Neetze 112
Nesselberg 180
Nettetal 127
Neustadt (Rübenberge) 103, 128, 145, 181
Neuwerk 157
Niederfreden 136
Niederlande 154, 168, 172, 180, 183
Nienburg 102, 104, 143, 144, 183
Nienhagen 145
Nordafrika 43
Norden 93, 134, 155, 171
Nordenham 43
Nordheide 21

Nordhorn 168, 169
Nordsee 23, 43, 143, 190
Nordseeküste 119
Nordstemmen
 6, 88, 91, 141
Northeim 95, 96, 105, 113
Norwegen 165
Nürnberg 64

Oberaden 23, 25
Obereichsfeld 177
Oberfreden 136
Oberg 146
Obernkirchen
 119, 120, 121, 180
Ocholt 110
Oesede 122, 124
Ohlenstedt 20
Oker 99, 137, 139
Oldenburg
 43, 54, 111, 155
Oldenstadt 70, 71, 72, 162
Oldorf 53
Örtze 76
Osnabrück 18, 19, 20, 40,
 41, 42, 73, 99, 122,
 124, 145, 160, 161,
 170, 171, 177
Osning 41, 99, 160
Osteel 155, 171, 172
Osterholz 8
Osterholz-Scharmbeck
 85, 143
Osterode 66, 85, 86, 95,
 97, 127
Osterstade 148
Osterwald 90
Ostfalen 103
Ostfriesland 15, 16, 93, 94,
 110, 134, 155, 156
Ostheide 112
Ostseeküste 119
Ottenstein 152

Paderborn 25, 113
Paris 55
Passau 166
Peene 30
Peine 146, 182
Pesaro 84
Petersburg 119, 184
Pewsum 156
Piesberg 40, 41
Pöhlde 66, 95
Polle 152, 153, 154
Prag 171, 172, 187

Quakenbrück 160
Quedlinburg 64

Ramelsloh 21, 49, 53
Rammelsberg 66, 101
Rastede 108, 111, 112
Ratzeburg 30
Regensburg 180
Reims 131
Reinstorf 112
Reitlingstal 26, 27
Resterhafe 171, 172
Rhein 6, 23, 24, 99, 171
Rheine 189
Rheinland 76
Rhume 58, 95
Rinteln 55, 56, 73, 183
Ripdorf 17, 70
Ritzebüttel 157, 158, 159
Rom 23, 24, 40, 41, 48, 58,
 59, 84, 111, 112, 187
Rosdorf 80, 113
Rotenberg 95
Rothenburg
 ob der Tauber 84
Rotterdam 119
Rühle 152
Ruhr 11
Rulle 177
Rüstringen 53, 143

Saale 24, 99
Saalfeld 135
Sachsen-Anhalt 116, 118

Sahlenburg 157
Salder 136
Salzbach 8
Salzgitter 82, 135, 136, 137
Sambleben 12
Schaumburger Land
 55, 56, 67, 119, 121
Schaumburg-Lippe 121
Schelle 24
Schellerten 5, 23, 24, 25
Schieringer Forst 39
Schiffdorf 78
Schladen 60, 82
Schmalenfleth 44
Schmalkalden 136
Schöningen 12, 26, 28
Schöppenstedt 13
Schunter 26, 61
Schüttorf 46, 47, 48, 168
Schwaben 97
Schweden 49
Schweinbrück 155
Schweiz 6
Schwerin 30
Schwöbber 182, 183, 184
Schwülme 79, 81
Seeburger See 58, 177
Seedorf 17
Seesen 64, 127
Sehlde 125
Seppensen 21, 22
Seseke 23
Sichelnstein 151
Sieber 97
Sievershausen 182
Silbersee 15
Sillenstede 52
Skandinavien 6, 102
Sögel 188
Solling 139, 150, 165, 166,
 180, 181, 187
Soltau 80
Sommerschenburg
 116, 118
Somme 187
Söse 85
Spaden 78
Spanien 16, 59, 180
Spiekeroog 134
St. Moritz 49
Stade 37
Stadthagen 120
Stauffenburg 66, 182
Stedesdorf 133
Steinfurt 47
Steinheim 131
Steinmühle 152
Steyerberg 183, 184
Stickhausen 94, 155
Stotel 148, 149
Stöttinghausen 33, 34
Straßburg 11, 46, 116, 184
Suderburg 76, 77, 78, 90
Südhoth 108
Süpplingenburg 26, 61,
 62, 63, 89, 97, 106, 192

Taunus 23
Tegernsee 72
Terheide 16
Tettens 53
Teutoburger Wald 122
Thedinghausen 143, 144,
 149, 174, 175, 176
Thomasburg 111, 112
Thuine 9, 10
Thüringen
 64, 127, 131, 184
Tirol 61
Torsholt 108
Trier 43
Tübingen 184
Twente 168
Twieflingen 27, 28
Twistringen 33

Ueffeln 19, 20
Uelzen 16, 70, 72, 76, 112,
 162, 163
Ulm 119
Ungarn 123

Untereichsfeld
 58, 96, 177, 179
Uslar 81, 180, 181

Varel 110
Vechte 46, 168
Vehlen 119
Vehrte 18
Veltheim (Ohe)
 12, 131, 132
Venedig 140
Venner Ecke 18
Verden 11, 70, 72, 82, 103,
 143, 174
Verdun 49
Vienenburg 139, 185
Visbek 36
Vörden 40
Vorpommern 30

Waldheim 131
Walkenried 125, 135
Wallenhorst 40, 41, 42
Wallis 49
Wangerland 52, 53
Wangerooge 53
Wartburg 122, 123
Wehdel 15
Weichsel 73
Weinberg 29, 30, 31
Wendland 30
Weper 113
Werden (Ruhr) 11
Wernigerode 82
Werra 150, 151
Weser 23, 43, 55, 56, 57,
 67, 70, 76, 79, 81,
 103, 133, 143, 148, 149,
 150, 152, 154, 157, 165,
 174, 176, 180, 182, 185,
 186, 187
Weserbergland 55
Wesermarsch 44
Wessenstedt 16, 17
Westerstede 108, 110
Westfalen 55, 99, 134, 166
Wiarden 53
Wiebrechtshausen 165
Wiedelah 139
Wiefelstede 108
Wieheholz
 80, 89, 127, 141, 163
Wiehengebirge 18, 160
Wien 134, 166
Wienhausen 145, 146
Wiesens 15, 16, 17
Wietmarschen 177
Wildeshausen 40, 41
Wilhelmshaven 44
Windesheim 168
Winsen (Aller) 162
Winzenburg 116
Wipperau 72
Wittenberg 172, 184
Wittenburg 88, 90, 91, 92
Wittingen 162
Wittlage 160, 161
Wittmund 133, 134
Wohldenberg
 125, 126, 127
Wohlenstein 127
Wolfenbüttel 31, 82, 84,
 92, 97, 131, 150
Wöltingerode 125, 145
Worbis 177
Wülfingen 90
Wüppels 53
Wursten 157

Xanten 49

Zetel 155
Zwolle 168
Zypern 62

Geschichte

Adalbert, Pfalzgraf von
 Sommerschenburg 116
Adalbert, Erzbischof von
 Bremen 102
Adalbert I., Erzbischof
 von Mainz 113
Adaldag, Erzbischof von
 Bremen 49
Adam von Bremen, Chronist 49
Adelebsen, Berthold von
 80
Adelebsen, Bertold 80
Adelebsen, Bodo von
 79, 80
Adelebsen, Detmar von 79
Adelebsen, Ditmar von 80
Adelebsen, Eilhard von 80
Adelebsen, Hans von 80
Adelebsen, Reinhard von
 79, 81
Adeleiff, Edelfräulein 79
Adelhard, Abt in Corbie
 187
Agilfred, Bischof von Lüttich 40
Agnes, Gemahlin Kaiser
 Heinrichs III. 84
Agnes von Meißen 145
Agnese von Mandelsloh,
 Äbtissin in Fischbeck 69
Albrecht der Lange, Herzog von Braunschweig
 62, 85, 138, 150, 152, 180
Albrecht II., Herzog von
 Braunschweig 180
Albrecht der Feiste, Herzog von Göttingen 150
Albrecht, Herzog von
 Sachsen-Lauenburg 31
Albrecht, Herzog von
 Bayern 125
Albrecht von Soest, Meister 150
Aldenhausen, Gero Graf
 von 104
Alexander III., Papst 119
Alexander, Heiliger
 40, 41, 42
Alfheid, Äbtissin in Fischbeck 67
Aliso, Römerkastell 25
Alluvium 43
Altena, Burg 46
Ambergau 125, 126, 127
Andreas II., König von
 Ungarn 123
Andreas, Heiliger 58
Anna, Heilige 141, 142
Anna Eleonore von Hessen-Darmstadt 97, 98
Anna von Broich 149
Anno, Erzbischof von
 Köln 100
Ansgar, Erzbischof von
 Bremen 21, 49, 52, 53
Anton I., Reichsgraf von
 Aldenburg 110
Anton Günther,
 Graf von Oldenburg
 110, 174
Antonius der Einsiedler,
 Heiliger 190, 191
Aquin, Thomas von, Kirchenlehrer 111
Arminius, cheruskischer
 Fürst 21, 90
Arnulf von Kärnten, Kaiser 55, 67
Artus, britischer König 146
Askanier 37, 119
Asseburg, Ruine 138
Astala, Gau 125
Athanasius, Kirchenvater
 54
Attena, Hebe 94
Attena, Hero 93
Attena, Lütet 93

Attena, Sibo 133
Aufidius Bassus,
 römischer
 Geschichtsschreiber
 23
August der Jüngere, Herzog von Braunschweig-Wolfenbüttel 31
Augustiner 46, 56, 68, 90,
 91, 92, 96, 113, 119, 120,
 121, 168, 169, 178
Augustinus, Kirchenvater
 54
Augustus, römischer Kaiser 23, 43
Aunjetitzkultur 28
Azelin, Bischof von Hildesheim 88

Balduin II., König von Jerusalem 61
Balthasar von Esens, friesischer Häuptling 133,
 134
Bardengau 37, 76
Barenburg, Wallanlage 90
Barock 38, 79, 124, 129,
 146, 156, 170, 176, 188,
 190
Basilius, Kirchenvater 54
Beda Venerabilis, Heiliger
 85
Benckgraff, Johann 166
Benedikt, Papst 84
Benediktiner 36, 61, 70, 76,
 85, 111, 122, 124, 143,
 187
Benno, Bischof von Meißen, Heiliger 125
Benno II., Bischof von Osnabrück 99, 160
Bentheimer Grafen
 46, 168
Bentheim, Anna Gräfin
 von 46
Bentheim, Arnold I. Graf
 von 46
Bentheim, Arnold II. Graf
 von 46, 47
Bentheim, Bernhard I.
 Graf von 46, 168
Bentheim, Egbert Graf
 von 46
Bentheim, Simon Graf von
 46
Bernhard, Kirchenvater 54
Bernhard I. von Sachsen
 37
Bernhard I., Bischof von
 Hildesheim 88
Bernhard von Clairvaux,
 Abt 61
Bernhard, Propst in
 Oesede 122
Bernward, Bischof von
 Hildesheim, Heiliger
 125, 131
Bertha, Schwester von Biso 58
Billunger, Grafen, später
 Herzöge in Sachsen 27,
 61, 76, 77, 90
Billung, Amelung, Bischof
 von Verden 76
Billung, Bernhard II., Herzog von Sachsen 90
Billung, Eilika, Tochter des
 Magnus 37
Billung, Ethela, Gemahlin
 Bernhards II. 90
Billung, Frederuna, Tochter Wichmanns 76
Billung, Hermann, Markgraf von Lüneburg und
 Herzog in Sachsen 38,
 76
Billung, Imma, Tochter
 Wichmanns 76
Billung, Magnus, Herzog in
 Sachsen 37
Billung, Wichmann d. Ä.,
 Graf im Bardengau 76

Billung, Wulfhild, Tochter des Magnus 37
Birk, sächsischer Edler 49
Biso, Graf im Lisgau 58
Blasius, Märtyrer 113, 114
Bocholtz, Johann Friedrich Anthon Freiherr von 126, 127
Bock von Wülfingen, Albert I., Ritter 88
Bock von Wülfingen, Albert II., Graf von Poppenburg 88
Bodendike, Ritter 162
Bodendike, Ludolf von 162
Bodendike, Werner von 162, 163
Bonifatius (Wynfreth), Missionar und Heiliger 36
Bonifaz VIII., Papst 100
Bote, Hermann 116
Brackenburg, Ruine 150, 151
Brahe, Tycho de, Astronom 171, 172
Brok, tom, friesische Häuptlinge 133
Brok, Keno tom 133
Brok, Keno tom, der Jüngere 133
Brok, Ocko tom, Ritter 93
Bronzezeit 6, 8, 10, 16, 17, 27, 28, 40, 105
Brunkelburg 26
Brunn, Bernhardine von 154
Brunn, Justus von, Major 154
Bruno, Bischof von Verden 70
Bukkeburg 119
Bukkigau 119
Bülig, Sagengestalt 112
Burchard, Erzbischof von Bremen 49
Burchard, Erzbischof von Magdeburg 125
Burg von Burg 32, 33, 34
Bursfelder Kongregation 124
Busch, Johann 128, 129

Calixtus II., Papst 111, 112
Calvin, Johann, Reformator 93
Canossa 101
Cassius Dio, römischer Geschichtsschreiber 23, 24
Chatten 180
Cherusker 8, 23, 64, 90, 119
Chlodwig I., Frankenkönig 76, 131
Christenverfolgung 49
Christian IV., König von Dänemark 104, 153
Christian VI., König von Dänemark 165
Christian, Herzog von Braunschweig-Wolfenbüttel 74, 96
Christian Ludwig, Herzog von Braunschweig-Lüneburg 96
Christianisierung 25, 36, 43, 52, 70, 171
Christine, Königin von Schweden 176
Christoph, Erzbischof von Bremen 149, 174, 182
Cirksena, ostfriesische Häuptlinge, später Grafen und Fürsten 93, 134, 155
Cirksena, Carl Edzard, Fürst von Ostfriesland 134, 156
Cirksena, Christine Charlotte, Gemahlin Georg Christians 156

Cirksena, Christian Eberhard, Fürst 156
Cirksena, Edzard, Häuptling von Greetsiel 155
Cirksena, Edzard I. (der Große), Reichsgraf von Ostfriesland 93, 94, 133
Cirksena, Edzard II., Reichsgraf von Ostfriesland 93, 156
Cirksena, Enno II., Reichsgraf von Ostfriesland 133
Cirksena, Enno III., Reichsgraf von Ostfriesland 93, 134, 171, 172
Cirksena, Enno Ludwig, Fürst von Ostfriesland 134, 156
Cirksena, Frouwe, Gemahlin des Häuptlings Edzard 155
Cirksena, Georg Christian, Fürst von Ostfriesland 134, 156
Cirksena, Johann, ostfriesischer Graf 133
Cirksena, Juliane, Gemahlin Ulrichs II. 134
Cirksena, Katharina, Gemahlin Edzards II. 156
Cirksena, Rudolf Christian, Graf 156
Cirksena, Sophie Wilhelmine, Gemahlin Carl Edzards 156
Cirksena, Ulrich, Reichsgraf von Ostfriesland 155
Cirksena, Ulrich II., Reichsgraf von Ostfriesland 134
Cirksena, Ulrich, Bruder von Edzard I. Cirksena 155
Cirksena, Theda, Gemahlin Ulrichs 94, 155
Cirksena, Walpurgis, Gemahlin Ennos III. 134
Clara, Gemahlin Philips II. von Grubenhagen 96
Clemens II., Papst 82, 84
Clemens V., Papst 62, 106, 192
Clemens XIV., Papst 189
Clemens August, Kurfürst von Köln 188
Clementia von Zähringen 97
Conrad II., Bischof von Hildesheim 145
Conrad IV., Bischof von Osnabrück 160
Conring, Hermann, Professor 156
Corrigia, Otto, römischer Adeliger 59
Cosmas, Heiliger 55

Dall, Johann, Thuiner Pfarrer 11
Damian, Heiliger 55
Dänen 96
Daniel, Prophet 54
Dassel, Grafen von 113
Dassel, Johann Graf von 113
Derlingau 125
Derneburg 128
Detmar, Knappe 79
Deutsch-Französischer Krieg 16, 170
Deutschritterorden 12, 26, 27, 28, 62, 148
Devotio moderna 168
Diepholz, Edelherren von, später Grafen 51
Dionysius, Heiliger 55, 56, 73
Dobbel, Anna 176

Dolberge, Ricbert Graf von 67
Dreißigjähriger Krieg 15, 16, 34, 42, 50, 51, 53, 61, 66, 68, 74, 83, 101, 104, 106, 114, 121, 124, 126, 129, 142, 152, 154, 156, 159, 160, 161, 163, 165, 176, 177, 184, 187
Drogo, Bischof von Minden 55
Droste-Hülshoff, Annette von, Dichterin 166, 167
Drusus, Nero Claudius, römischer Feldherr 23, 24, 25, 37, 152

Eberhard, Herzog von Württemberg 156
Ecbert, Graf 67
Eckehard I., Markgraf von Meißen 66, 95
Egbert, englischer Bischof 171
Eilhard von Oberg 146
Eisenzeit 15
Eiszeit 15
Ekbert, Graf von Braunschweig 100
Elbgermanen 70
Eleonore, Gemahlin Heinrichs II. von England 146
Elisabeth, Gemahlin Erichs I. von Calenberg 114
Elisabeth, Gemahlin von Herzog Heinrich Julius 165
Elisabeth, Herzogin von Braunschweig 66
Elisabeth, Herzogin von Grubenhagen 85
Elisabeth, Heilige 122, 123, 124
Elmsburg 26, 28
Emmius, Ubbo, Historiker 171
Engelbert II., Bischof von Osnabrück 160
Engländer 110, 159
Erich I., Herzog von Braunschweig-Calenberg 89, 104, 114, 127, 150, 163
Erich II., Herzog von Braunschweig-Calenberg 114, 174, 180
Erik Lamm, König von Dänemark 116
Ernst I., Herzog von Braunschweig-Göttingen 165
Ernst II., Herzog von Grubenhagen 86
Ernst August, Kurfürst von Hannover 98, 161
Ernst August II., Bischof von Osnabrück 161
Erster Weltkrieg 170
Erteneburg 37, 39, 76, 112
Es und Sam, Kirchenstifterinnen 43
Esus, auch Hesus, Götze 43
Eulenspiegel, Till 5, 12, 116, 118
Everstein, Grafen 152, 154
Everstein, Elisabeth von 152
Everstein, Hermann Graf von 152
Everstein, Konrad IV. Graf von 152
Eza, Everhard von, Klostergründer 168
Ezechiel, Prophet 54

Fabricius, David, Pastor und Astronom 5, 171, 172, 173
Fabricius, Johann, Astronom 172, 173
Farngau 73
Ferdinand I., Kaiser 134
Ferdinand II., Kaiser 92, 176
Ferdinand, Fürstbischof von Münster 187
Fikensolt, Ritter 108, 110
Fikensolt, Johann von 108
Flenithi, Gau 125
Florus, römischer Geschichtsschreiber 23
Folkard, Priester 55
Franken 36, 85, 131
Franz, Bischof von Minden 182
Franz Xaverius, Heiliger 188
Franziskaner 189
Franziskus, Heiliger 11
Franzosen 96, 106, 110, 121, 142, 154, 159, 163, 181, 189
Französische Revolution 170
Freiheitskampf der Niederländer 47, 74, 168
Frese, Anna, Äbtissin in Bassum 50
Frese, Victor von, Ritter 93
Freudenburg 51
Freudenthal 180
Friedrich I. Barbarossa, Kaiser 37, 72, 88, 97, 113, 119, 125, 135, 152
Friedrich II., Kaiser 60, 123
Friedrich III., Kaiser 155
Friedrich II. (der Große), König von Preußen 134, 156
Friedrich, Herzog von Braunschweig-Lüneburg 96, 162, 163
Friedrich II., von Sommerschenburg, Pfalzgraf 116, 118
Friedrich Wilhelm, Fürstbischof v. Hildesheim 89
Friesen 11, 52, 133, 171
Frigga, germanische Göttin 140
Fuldaer Traditionen 133

Gade, Schloßprediger 149
Galen, Christoph Bernhard von, Fürstbischof von Münster 169, 187
Galilei, Galileo, Astronom 172
Gallas, Kriegsoberst 156
Gallien 23
Gauß, Karl Friedrich, Gelehrter 24
Gegenreformation 47, 187
Georg I., König von England 98
Georg August, Kurfürst von Hannover und König Georg II. von England 129
Georg, Herzog von Celle 97, 98
Georg, Heiliger 11
Gerhard, Erzbischof von Mainz 180
Gerhard, Erzbischof von Bremen 49
Germanen 21, 24, 30, 43, 110, 152
Germanicus, Gajus Julius Cäsar, römischer Feldherr 152
Germanien 23, 24, 25, 37, 90
Germanischer Krieg 23

Gertrud, Gemahlin Korlhakes 174, 176
Geusen 171
Giebich, Zwergkönig 102
Giselbert, Erzbischof von Bremen 174
Glaser, Johann Christof 166
Goda, Priorin 122, 124
Godehard, Bischof von Hildesheim 99
Golgatha 16
Gosmann, Friedrich, Pastor 40
Gotik 37, 38, 46, 49, 66, 91, 92, 93, 99, 119, 120, 123, 146, 168, 170, 181, 190, 191
Gottfried von Bouillon 61
Gottfried, Bischof von Osnabrück 160
Göttrik, König von Dänemark 112
Gowische, Ritter von der 139
Gowische, Albrecht von der 139
Gowische, Hermann von der 139
Gowische, Sigfried von der 139
Gregor I., Papst 36
Gregor IX., Papst 122
Grete, Gau 125
Grindergau 103
Grubenhagen 85, 86, 97, 114, 165
Gunzelin von Wolfenbüttel, Feldherr 138
Gustav Adolf, König von Schweden 153
Gustav Wasa, König von Schweden 156

Habsburger 134
Hackelberg, Sagengestalt 139
Hackfort, Berend, Drost 133
Hadrian IV., Papst 125
Hain, Dichterbund 130
Hajo, Sagengestalt 143
Hammjeborg 110
Hanse 46
Harliburg 137, 138, 139, 146, 185
Hartwig II., Erzbischof von Bremen 148
Harzburg 125, 138
Hase, Conrad Wilhelm, Baumeister 129
Hasenbalg, Räuber 162
Hedwig, Heilige 123
Hedwig, Schwester von Gertrud Korlhake 176
Heiliges Land 55, 61, 62, 67, 81, 148
Heiliges Römisches Reich Deutscher Nation 64, 73, 97, 125, 136, 172
Heineburg 67, 68
Heinrich I., König 33, 59, 60, 76, 79, 82
Heinrich II., Kaiser 66, 95
Heinrich III., Kaiser 84, 88, 99, 101
Heinrich IV., Kaiser 61, 95, 101
Heinrich V., Kaiser 61, 82
Heinrich VI., Kaiser 88, 135, 136
Heinrich II. Plantagenet, König von England 146
Heinrich der Löwe, Herzog von Bayern und Sachsen 27, 28, 30, 37, 60, 66, 72, 79, 81, 82, 85, 86, 88, 97, 98, 103, 106, 113, 116, 125, 135, 136, 137, 145, 146, 152,

Heinrich der Schwarze, Herzog von Bayern 37
Heinrich der Stolze, Herzog von Bayern 116
Heinrich, Pfalzgraf bei Rhein 27, 28, 85, 145
Heinrich, Erzbischof von Bremen 149
Heinrich II., Bischof von Hildesheim 90
Heinrich der Ältere, Herzog von Braunschweig-Wolfenbüttel 150
Heinrich der Jüngere, Herzog von Braunschweig-Wolfenbüttel 96, 131, 163, 182
Heinrich Julius, Herzog von Braunschweig-Wolfenbüttel 92, 96, 165
Heinrich Mirabilis, Herzog von Braunschweig-Grubenhagen 58, 85, 138
Heinrich, Albrecht und Wilhelm, Herzöge von Braunschweig 66, 114
Heinrich, Bischof von Minden 120
Heinrich III., Bischof von Hildesheim 125, 139
Heinrichsburgen 34
Helmburg, Äbtissin in Hilwartshausen 67, 69
Helweg vor dem Sandforte 119
Hemmich, Grundbesitzer im Wesertal 185
Hermann, Landgraf von Thüringen und Hessen 123
Hermann II., Graf von Winzenburg 116
Hermann, Markgraf von Brandenburg 31
Hermann, Erzbischof von Köln 99
Hermann, Bischof von Verden 70
Hessen 151, 165, 180
Hezilo, Bischof von Hildesheim 99, 100
Hieronymus, Kirchenvater 54
Hildburg, Edelfrau 55, 56
Hildesheimer Stiftsfehde 80, 89, 104, 127, 141, 142, 163
Hildesheimer Stiftsjunker 141
Hinte, Habbo tho, Häuptling 93
Holofernes, biblische Gestalt 78
Holstein, Christina v. 176
Holstein, Friedrich von 176
Hölty, Ludwig Christoph Heinrich, Dichter 130
Homburg 140
Homburg, Edelherren von 140, 141
Homburg, Heinrich Edelherr von 140, 141
Homburg, Heinrich VIII. Edelherr von 141
Honorius, Papst 60
Honrodt, Adelsfamilie 131
Honrodt, Anna von 131
Honrodt, Christoph von 131, 132
Honrodt, Ernst von 131
Honrodt, Hans von 131, 132
Hornburg und Moersleben, Conrad Graf v. 84
Hornburg und Moersleben, Suidger von, später Papst Clemens II. 84
Hosken, Hayo, Häuptling 44

Hoya, Grafen von 51, 143
Hoya, Agnes, Gemahlin Ottos VIII. 144
Hoya, Anna von, Äbtissin in Bassum 50
Hoya, Burchard Graf von 143
Hoya, Gerhard Graf von 143
Hoya, Gerhard III. Graf von 143
Hoya, Heinrich I. Graf von 143
Hoya, Heinrich II. Graf von 143
Hoya, Johann II. Graf von 143
Hoya, Otto III. Graf von 51
Hoya, Otto VIII. Graf von 50, 144
Hoya, Wedekind Graf von 143
Hoyer, Frerik, Torfstecher 172
Hubertus, Heiliger 127
Hunnen 34, 119, 120
Huno, Graf des Ammerlandes und Rüstringens 112

Idisen, mythologische Gestalten 140
Immendorf, Karl, Superior 188
Innozenz III., Papst 138
Isaias, Prophet 54
Isang oder Iso, sagenhafter Graf 58
Isolde, Königin von Cornwall 146

Jacque de Molay, Großmeister des Templerordens 62
Jakobine von Dunten 154
Jarst, Schwester Edo Wiemkens d. Ä. 44
Jastorf-Kultur 70
Jedute, Götzin 78
Jeremias, Prophet 54
Jérôme, König von Westphalen 121
Jesuiten 187, 189
Johann, Herzog von Sachsen-Lauenburg 31
Johann, Erzbischof und Kurfürst von Mainz 58
Johann IV., Bischof von Hildesheim 89
Johann Friedrich, Erzbischof von Bremen 174, 175, 176
Johannes, Heiliger 54, 62, 68, 70, 96 122, 124
Johanniterorden 62, 192
Judas, Heiliger 99
Judith, biblische Gestalt 78
Julius, Herzog von Braunschweig-Wolfenbüttel 114, 116
Jungsteinzeit 6, 7, 36, 73, 105

Kankena, friesische Häuptlinge 133
Kankena, Tanno 133
Karl der Große, Kaiser 20, 26, 30, 36, 40, 41, 46, 59, 64, 65, 73, 76, 82, 88, 103, 106, 112, 119, 143, 148, 155, 187
Karl IV., Kaiser 60
Karl V., Kaiser 134, 136, 174, 180, 183
Karl VI., Kaiser 186
Karl I., Herzog von Braunschweig 35, 165, 166

Karl, Herzog von Geldern 133
Karolinger 32, 34, 36, 37, 88, 89, 114, 187
Karthäuser 90
Katharina, Gemahlin Philipps von Grubenhagen 97
Katholische Liga 69, 96
Katlenburg, Adele, Gemahlin Dietrichs III. 95
Katlenburg, Dietrich I. Graf von 95
Katlenburg, Dietrich II. Graf von 95
Katlenburg, Dietrich III. Graf von 95, 96
Katlenburg, Heinrich Graf von 95
Katlenburg, Udo Graf von 95
Kelten 70, 110, 146, 187
Kempe, Schwiethart, Vogt 74
Kepler, Johannes, Astronom 171, 172
Klassizismus 38
Klencke, Jürgen, Söldnerführer 186
Kneitlingen, Tile von 118
Knyphausen, ostfriesische Fürsten 93
Königreich Hannover 189
Königsmarck, Hans Christopher Graf von, schwedischer Generalgouverneur 34, 84
Konrad II., Kaiser 88, 99
Konrad III., König 113
Konrad I., Bischof von Hildesheim 88
Konrad II., Bischof von Hildesheim 88
Korlhake von Hermeling, Heinrich, Drost 174
Kosaken 110, 163
Krimmelburg 26
Krülcken, Sagengestalt 78
Krull, Heinrich, Pfarrer 168
Kues, Nikolaus von, Kardinal 168

Lactantius, Kirchenschriftsteller 43
Langen, Johann Georg von, Hofjägermeister 35, 165, 166
Langobarden 21, 70
Lappe, Adelsfamilie 157
Lappe, Alverick von 157
Lappe, Wolder von 157
Lappe, Wolericus de Ritzebutil 157
Largau 49
Lauenstein, Burg 140, 141, 142
Laurentius, Heiliger 47, 48, 58, 59
Laves, Georg Friedrich Ludwig, Baumeister 181
Leo III., Papst 64, 187
Leo IV., Papst 40
Lerigau 36, 125
Letzner, Johannes, Chronist 106
Lichtenberg, Burg 135, 136
Liudger, Bischof von Münster und Heiliger 11, 46, 48
Liudolfinger 33, 59, 82
Liutgard, Äbtissin in Bassum 49
Liutizen 95
Livia, Gemahlin von Kaiser Augustus 23
Loder, Heinrich, Prior 168
Lothar I., Kaiser 40

Lothar, Graf von Süpplingenburg, später deutscher König und römischer Kaiser Lothar III. 27, 61, 62, 70, 97, 116, 125, 135
Loyola, Ignatius von 187, 188
Lüder von Bentheim, Baumeister 176
Ludwig I. (der Fromme), Kaiser 59, 73, 119, 187
Ludwig IV., Landgraf von Thüringen und Hessen 122, 123, 124
Lukas, Evangelist 54
Lüneburger Erbfolgekrieg 162
Lünzhopsberg 36
Luther, Martin, Reformator 50, 54, 68, 93, 114, 120, 129, 149
Luttgardis, Gemahlin Hermanns II. von Winzenburg 116

Magdeburg 23
Magnus, Bischof von Hildesheim 141
Mahrenholz, Freiherr von 134
Mansfeld, Albrecht III. Graf von, Heerführer 174
Mansfeld, Ernst Graf von, Heerführer 15, 74
Mansfeld, Volrad Graf von, Heerführer 136
Mansingen, Ritter von 110
Marbod, König der Markomannen 21
Margaretha, Äbtissin in Gandersheim 58
Maria, Gemahlin Kaiser Ottos IV. 97
Marinus I. u. II., Päpste 58
Marke, König von Cornwall 146
Markomannen 21
Markus, Evangelist 54
Mars, römischer Kriegsgott 43
Marschalk, Äbtissin in Bassum 50
Martin, Heiliger 70, 106, 150, 178
Mathilde I., Äbtissin in Gandersheim 125
Mathilde II., Äbtissin in Gandersheim 125
Matthäus, Evangelist 54
Matthias, Heiliger 99
Mauritius, Heiliger 49, 64
Maximian, römischer Kaiser 49
Maximilian I., Kaiser 180
Maximilian Heinrich, Herzog von Bayern 126
Mechthild, Äbtissin in Gandersheim 88
Meckla, Maria und Engel, Sagengestalten 78
Megalithkultur 9, 18, 36
Meginhart, Chronist 41
Melanchthon, Philipp, Reformator 54
Memmenburg 143
Merian, Matthäus, Kupferstecher 36, 71, 83, 95, 96, 140, 180
Michels, Godeke, Seeräuber 159
Michelsberger Kultur 6
Minnigerode, Hans von, Burgmann und Amtmann von Gieboldehausen 60
Mittelalter 119, 124
Monsilienburg 148
Morus, Thomas, englischer Staatsmann 111
Moses 13

Münchhausen, Adelsfamilie 107, 134, 182, 184
Münchhausen, Burchard von 184
Münchhausen, Carl Friedrich Hieronymus Freiherr von, „Lügenbaron" 154, 182
Münchhausen, Hilmar von, Söldnerführer 182, 183, 184
Münchhausen, Hilmar der Jüngere von 184
Münchhausen, Jobst von 182
Münchhausen, Johann von 182
Münchhausen, Otto von 184
Münchhausen, Statius von 141, 182, 186
Münstermann, Ludwig, Bildhauer 53, 54

Napoleon Bonaparte, Kaiser der Franzosen 9, 28, 56, 110, 121, 124, 159
Napoleonische Kriege 142, 163
Niederländer 74
Nienburg 34
Nikolaus, Heiliger 37, 73
Normannen 21, 52, 146
Nornen 140
Northeim, Grafen von 66
Northeim, Albrecht Graf von 79, 81
Northeim, Benno Graf von 95
Northeim, Siegfried Graf von 66, 95
Northeim, Otto Herzog von 100

Ocka, Tochter der Quaden Foelke 93
Odin, germanischer Gott 140
Oesede, Ludolf Edelherr von 122
Oldenburg, Grafen von 108
Oldenburg, Anna Sophia von 174
Oldenburg, Gerhard Graf von 155
Oldenburg, Alf, Sohn des Grafen Gerhard 155
Omken, Hero 133
Osethe 90
Ostara, germanische Göttin 95
Osterstader 148
Ostfalen 64
Otto I. (der Große), Kaiser 48, 64, 66, 67, 70, 76, 90, 187
Otto II., Kaiser 73
Otto III., Kaiser 26, 61, 66, 79, 95
Otto IV., Kaiser 85, 86, 97, 136, 137, 138
Otto das Kind, Herzog v. Sachsen 27, 79, 85, 141
Otto, Herzog von Lüneburg 152
Otto der Quade, Herzog von Braunschweig-Göttingen 80, 150, 166
Otto der Einäugige, Herzog von Braunschweig-Göttingen 150
Otto, Herzog von Braunschweig und Lüneburg 31, 162
Otto, Herzog von Braunschweig, Komtur des Templerordens 62
Otto, Markgraf von Brandenburg 31

Otto, Bruder von Bernhard I. von Sachsen-Anhalt 37
Otto der Reiche, Graf von Ballenstedt 37
Otto, Bischof von Osnabrück 160
Otto, Bischof von Paderborn 114
Otto I., Bischof von Hildesheim 125, 127, 180
Ottonen 55, 71, 73

Palästina 88, 93
Pankratius, Heiliger 58
Pappenheim, Gottfried Heinrich Graf zu, Reitergeneral 83, 176
Pauline, Schwester Napoleons 56
Paulus, Apostel 38, 69, 112, 168
Peter der Große, Zar 184
Petrus, Apostel 38, 55, 56, 69, 108, 112, 162, 168
Philipp von Schwaben, König 137
Philipp I., Herzog von Grubenhagen 96
Philipp II., Herzog von Grubenhagen 96, 97
Philipp II., König von Spanien 183
Philipp IV., König von Frankreich 62
Piccolomini, Octavio Reichsfürst von, Feldherr 84, 126
Pipinsburg bei Osterode 85
Pippin der Kurze, Frankenkönig 26
Plinius d. Ä., römischer Geschichtsschreiber 43
Poppenburg 88, 91
Poppenburg, Adelbert Graf von 88
Poppenburg, Beringer Graf von 88
Poppenburg, Bernhard Graf von 88, 141
Poppenburg, Friedrich Graf von 88
Poppenburg, Oda, Gemahlin Wittekinds 88
Poppenburg, Wittekind Graf von 88
Poppo, sächsischer Edeling 88
Potenburg 143
Preußen 74, 110, 134, 154, 156, 159, 163, 189
Ptolemäus, Claudius, Geograph 37

Quade Foelke 93, 94
Querfurt, Gebhard Graf von 61

Reden, Lucia von 182, 183
Reformation 50, 56, 71, 92, 96, 101, 114, 116, 120, 124, 125, 129, 136, 142, 145, 168, 171, 174, 179, 190
Regenwitha, Küsterin 122
Reichsdeputationshauptschluß 170
Remigius, Heiliger 76, 131, 132
Renaissance 93, 96, 125, 139, 153, 180
Ribe, Hermann, Ritter 30
Richard I. Löwenherz, König von England 137
Richenza von Northeim, Gemahlin Kaiser Lothars III. 27, 61, 116
Riem, Ritter 59
Riem, Benedix 59
Riem, Burchardt 59, 60

Riem, Gangolf 59
Riem, Johann II. 60
Riem, Otto 59
Riem, Wilhelm 59
Rietberg, Johann Graf von 134
Rietberg, Onna, Gemahlin Ottos 134
Rietberg, Otto Graf von 134
Ripdorf-Stufe 70
Ripperda, Omcke, Junker 94
Robin, Arend, Bildhauer 184
Roden, Grafen von 143
Roden, Konrad Graf von 128
Rokoko 189
Romanik 13, 49, 51, 68, 71, 74, 99, 105, 106, 113, 114, 116, 118, 120, 121, 123
Römer 8, 21, 23, 24, 25, 90, 106, 152
Römische Kaiserzeit 5, 23, 112
Rudolf II., Kaiser 134, 172
Runge, Johann Carl Gottlieb 21, 22
Russen 159

Sachsen 11, 20, 33, 36, 61, 70, 76, 82, 88, 95, 112, 185
Sachsenland 50, 60, 64, 76, 90, 106
Saldern, Adelsfamilie 136, 186
Saldern, Burchard von 141, 142
Saldern, Heinrich von 141, 142
Saldern, Ilse von 185
Saldern, Oleke von 186
Salier 99
Salzgau 125
Scelerata, Römerlager 8, 24, 25, 37, 152
Schaumburger Grafen 56, 120
Schaumburg, Otto IV., Graf von 120
Schlacht an der Unstrut 61
Schlacht auf dem Lechfeld 48, 64, 67
Schlacht auf den Streitäckern 80
Schlacht bei Altenesch 148
Schlacht bei Drakenburg 174
Schlacht bei Hastenbeck 154
Schlacht bei Hessisch Oldendorf 69
Schlacht bei Jemgum 133
Schlacht bei Lutter am Barenberge 144
Schlacht bei Sievershausen 182
Schlacht bei Soltau 80
Schlacht bei Werben 95
Schlacht im Wittenfelde 40
Schlaun, Johann Konrad, Generalmajor und Baumeister 188, 189
Schmalkaldischer Bund 174
Schmalkaldischer Krieg 182
Schnitger, Arp, Orgelbauer 44
Schulenburg, Grafen von der 186
Schulenburg, Albrecht VI. von der 186
Schulenburg, Fritz VIII. von der, Söldnerführer 185
Schweden 34, 83, 84, 101, 126, 142, 154, 163, 165, 176

Seebach, Ludwig Alexander Graf von 165
Segestes, cheruskischer Fürst 21
Seip, Pyrmonter Kurarzt 184
Siebenjähriger Krieg 96, 154, 163, 170
Siegfried, Bischof von Hildesheim 58
Siegfried II., Bischof von Hildesheim 138, 139
Siegfried von Plötzkau, Abt in Oldenstadt 70
Simon, Heiliger 99
Sixtus und Sinnicius, Heilige 52, 53
Slawen 26, 29, 30, 37, 76, 82, 110, 125
Sophie, Tochter Herzog Wilhelms von Calenberg 128
Spanier 47, 168, 171
Spätmittelalter 29
Spiegelberg, Burg 140, 141
Spiegelberg, Moritz Graf von 140
Stade, Grafen von 95
Staufer 116, 125, 136, 137, 152
Stauffenburg 66
Stedinger 148
Steinzeit 40, 46, 112, 135
Sternerbund 150
Stötebeker, Klaus, Seeräuber 159
Stotel, Grafen von 149
Stumpenhusen, Grafen von 143
Sturmigau 143
Sueton, römischer Geschichtsschreiber 23
Sunte Hoben, ehemalige Johanniterkommende 143
Sweder, Abt von Rastede 111, 112
Sydzena, friesische Häuptlinge 155
Sydzena, Hayo, Häuptling 155

Tecklenburg, Grafen von 122, 192
Tecklenburg, Konrad Graf von 46
Tempelritter 61, 62, 63, 89, 106, 192
Thebäische Legion 49
Thedela, Priorin 124
Themud, Gemahlin Ludolfs von Oesede 122
Theoderich, Propst 122
Thiedericus de Hidesaker, Burggraf 30
Thomas, Heiliger 111
Threcwithi, Gau 41
Thüringer 150
Tiberius Claudius Nero, römischer Kaiser 23, 25, 43
Tilleda, Pfalz 136
Tilly, Johann Graf von, Feldherr 51, 68, 83, 96, 104, 114, 142, 152
Tönnies, Cord, Baumeister 183
Tremouille, Charlotte Amelie de la, Prinzessin 110
Trichterbecherkultur 6
Tristan, Ritter 146
Trott, Eva von, Edelfräulein 182
Tzerclaes, friesische Sippe 155

Uffo, Burgherr 55
Ukena, Focko, Häuptling von Leer 155
Ullo, Adliger 70

Ungarn 33, 48, 59, 60, 64, 67, 119
Urania, Muse 172, 173

Valerius, Heiliger 99
Varus, Publius Quintilius, römischer Statthalter 152
Velteim-Osterburg, Grafen von 131
Veltheim, Curd von 131
Victor, Heiliger 49, 50
Victor II., Papst 99
Vinci, Leonardo da 54
Visbeker Braut und Bräutigam 9, 10, 36
Vitus, Heiliger 38
Völkerwanderungszeit 112
Volkmersma, Adda 93

Waldeck, Grafen von 138
Waldeck, Otto Fürst von 80
Waldemar, König von Dänemark 37
Walküren 140
Wallenstein, Albrecht von, Feldherr 83, 114
Walpurga, Äbtissin 36
Waltbert, Graf des Lerigaues 40, 41, 42
Warnfried (Werenfriedus), Heiliger 171, 173
Wedel, Grafen von 93
Weichselkaltzeit 73
Welfen 27, 37, 58, 62, 66, 76, 80, 86, 89, 95, 103, 114, 116, 119, 125, 128, 136, 137, 138, 139, 141, 146, 151, 152, 161, 165, 180, 182
Wendelburg, Äbtissin in Möllenbeck 55
Wenden 37, 59
Wenzigau 125
Werlaburg 82
Werner, Bischof von Minden 119
Wernigerode, Burchard VII., Graf von 139
Wesche, Matthias, Pfarrer 120
Weserrenaissance 79, 154, 165, 167, 175, 176, 180, 181, 184, 185, 186
Wessenstedt-Stufe 17
Westfälischer Friede 161
Wibald, Abt von Corvey 70, 103
Widorad, Abt in Fulda 99
Widukind, Sachsenherzog 36, 40, 41, 73
Wiemken, Edo d. Ä., Häuptling von Rüstringen 44, 53
Wiener Kongreß 189
Wigmodigau 148
Wiho, Bischof von Osnabrück 73
Wilhelm I., Kaiser 16
Wilhelm II., Kaiser 92
Wilhelm der Jüngere, Herzog von Braunschweig-Lüneburg 150
Wilhelm von Lüneburg 85
Wilhelm, Herzog von Braunschweig und Lüneburg 162
Wilhelm, Herzog von Calenberg 128
Wilhelm, Sohn des Heinrich Mirabilis 85
Willehad, Bischof von Bremen und Verden, Heiliger 43, 90
Windesheimer Kongregation 68, 90, 168, 169
Wirtenberg, schwedischer Graf und General 176
Wittenburg 90, 91

Wittenheim, Junker von 110
Wohldenberg, Grafen von 125, 127
Wohldenberg, Eilika von 140
Wohldenberg, Heinrich I., Graf von 125
Wohldenberg, Hermann I., Graf von 125
Wohldenberg, Werner Graf von 125
Wohlenstein, Burchard Graf von 127
Wohlenstein, Johann Graf von 127
Woldesborch, Bartoldus von, Ritter 145
Wölpe, Burg 102, 104
Wölpe, Grafen von 103, 104, 128
Wölpe, Bernhard II. Graf von 103, 128
Wölpe, Berthold Graf von 103
Wölpe, Egilbert Graf von 103
Wöltingerode, Grafen von 125
Wöltingerode, Hermann Graf von 136
Wunstorf, Grafen von 143

Yso, Bischof von Verden 103

Zerschinger, Johann 166
Zisterzienser 86, 116, 128, 130, 145
Zweiter Weltkrieg 74, 98, 108, 124, 153, 154, 170, 189
Zwingli, Ulrich, Reformator 93